NEAL BASCOMB
O ENCOURAÇADO POTEMKIN

NEAL BASCOMB

NEAL BASCOMB
O ENCOURAÇADO POTEMKIN
77 DIAS DECISIVOS DO MOTIM VERMELHO DE 1905

Tradução
Fernanda Ravagnani

OBJETIVA

© Neal Bascomb, 2007

Todos os direitos desta edição reservados à
EDITORA OBJETIVA LTDA.
Rua Cosme Velho, 103
Rio de Janeiro – RJ – CEP: 22241-090
Tel.: (21) 2199-7824 – Fax: (21) 2199-7825
www.objetiva.com.br

Título original
Red Mutiny: Eleven Fateful Days on the Battleship Potemkin

Capa
Rodrigo Rodrigues

Imagem de capa
Rodrigo Rodrigues

Revisão
Eduardo Carneiro
Ana Kronemberger
Tamara Sender

Diagramação
Trio Studio

CIP-BRASIL. CATALOGAÇÃO-NA-FONTE
SINDICATO NACIONAL DOS EDITORES DE LIVROS, RJ

B315e

Bascomb, Neal

O encouraçado Potemkin : onze dias decisivos do motim vermelho de 1905 / Neal Bascomb ;
tradução Fernanda Ravagnani. - Rio de Janeiro : Objetiva, 2010.

Tradução de: Red mutiny : eleven fateful days in the battleship Potemkin

439p.   ISBN 978-85-390-0049-4

1. Russia - História - Revolução, 1905-1907. I. Título.

10-0466.   CDD: 947.083

                                 CDU: 94(47)"1905/1907)"

Para meus avós
LESTER E BETTY LINCK
SUMPTER E HELEN BASCOMB

Sumário

NOTA DO AUTOR • 8

PRÓLOGO • 11

PARTE I • 15

PARTE II • 95

PARTE III • 267

ÍNDICE DE PERSONAGENS • 363

AGRADECIMENTOS • 369

NOTAS DE PESQUISA E BIBLIOGRAFIA • 370

NOTAS • 386

ÍNDICE REMISSIVO • 427

Nota do autor

Motim é um grave crime militar e – junto com a traição – o mais sério crime contra o Estado. Seus autores correm o risco de ser submetidos à corte marcial e quase certamente de ser punidos com a morte. É raro, porém, que o ato tenha importância histórica. Os bandos isolados de marinheiros ou soldados que se rebelam contra os superiores dificilmente ganham lugar na memória coletiva do país, muito menos na do mundo. Com a exceção do motim dentro do encouraçado Potemkin.

Em junho de 1905, no mar Negro, a tripulação a bordo do Potemkin matou o capitão e assumiu o controle do navio de guerra mais poderoso da frota russa. A insurreição tinha começado devido a um protesto contra a carne cheia de vermes, mas a sopa *borshtch* estragada foi só um pretexto para o motim, uma ação planejada com meses de antecedência por marinheiros transformados em revolucionários. A Rússia inteira estava à beira da insurreição contra o governo despótico do tsar Nicolau II, e os marinheiros queriam colocar o navio ao lado do povo, para levar à queda do tsar.

Com a bandeira vermelha da revolução desfraldada, o Potemkin dominou o mar Negro por 11 dias. Perseguidos de porto a porto por esquadrões de navios de guerra e destróieres, os marinheiros incitaram revoltas em terra, inspiraram outras tripulações a se amotinarem, combateram por terra e por mar e desnudaram as fundações apodrecidas do Império Russo. Os marinheiros também atraíram a atenção internacional, dominando as primeiras páginas dos jornais durante semanas e forçando outros chefes de Estado a pedir ao tsar uma solução para a situação, antes que ela abalasse o frágil equilíbrio de poder do mundo. Pressionado dentro da Rússia e no exterior a aceitar a paz com o Japão e a concordar com reformas que violavam seu juramento sagrado de preservar a autocracia, o Potemkin preocupou enormemente o tsar. Como os telegramas de seus comandantes navais diziam que "o mar está nas mãos de amotinados" e havia informações de que a revolução generalizada viria a seguir, a preocupação era compreensível.

Foram fatos extraordinários, como mostrou o famoso filme russo *O Encouraçado Potemkin*, criado pelo diretor Sergei Eisenstein em 1925, sem contar as dezenas de livros escritos sobre o motim por seus atores e por acadêmicos russos. Todas essas fontes, no entanto, em maior ou menor grau, sofreram a influência da política, principalmente da política pós-Revolução Bolchevique. Mais de um século se passou desde que o primeiro tiro a bordo do Potemkin deflagrou o levante, e sua história merece ser libertada de todos os mitos e tendenciosidades que por tanto tempo a obscureceram. Me proponho a contar essa história pelos olhos dos marinheiros do Potemkin, na esperança de revelar quem eles eram, o que os motivou a ousar se amotinar, como eles conseguiram sobreviver por 11 dias com a Rússia e o mundo contra si, e o que por fim acabou encerrando a jornada. Além disso, para traçar um panorama completo, entremeei a visão das tripulações de outros navios da frota, dos oficiais navais que tentaram sufocar o levante, dos generais que enfrentaram a instabilidade em toda a região, do próprio tsar Nicolau, entre outros.

Fica claro hoje, em retrospectiva, que os eventos de 1905, incluindo o motim do Potemkin, funcionaram apenas como um "ensaio" para a revolução que acabaria derrubando o tsar do poder. Doze anos e a tragédia de uma guerra mundial se passariam antes que essas mudanças acontecessem. Também sabemos que qualquer chance da substituição do regime do tsar por um governo mais democrático se extinguiu no momento em que os bolcheviques tomaram as rédeas do país em outubro de 1917, e conhecemos bem o terror e o sofrimento que Lenin e seus sucessores infligiram ao povo russo, na tentativa de pôr em prática suas teorias políticas. É inevitável que esses fatos, assim como volumes de propaganda, afetem nossa percepção sobre os marinheiros, suas ambições e suas chances de obter algum tipo de vitória.

A verdade é que os marinheiros do Potemkin não estavam lutando para avançar para um estágio da história proposto pela filosofia política; estavam agindo contra um regime autocrático desastroso que os encarava meramente como vassalos do Estado, que existiam apenas para servir – e sofrer, como era quase sempre o caso. O motim mostrou a disposição que alguns deles tinham de enfrentar as enormes dificuldades e a morte quase certa para acabar com a opressão. Assim como aqueles que invadiram a Bastilha contra o reinado de Luís XVI ou lutaram contra o rei George III nas colônias americanas, os líderes do Potemkin eram pessoas comuns, de carne e osso, na linha de frente de uma batalha para conquistar a liberdade pessoal e uma voz sobre como suas vidas e seu país deveriam ser dirigidos. Sozinhos no mar Negro, sem saber se alguém se juntaria a eles na luta, mas certos de que o tsar da Rússia usaria todo o seu considerável poder para esmagá-los, os marinheiros ousaram se rebelar. Agiram enquanto outros ficaram de fora impassíveis, para depois os julgar e tentar usar o empenho dos marinheiros para os próprios fins.

Prólogo

A história nada faz, não possui enormes riquezas, não trava combates. É o homem, o homem de verdade, que faz tudo, que possui, que luta. Não é a "História", como se fosse uma pessoa, que usa os homens como meios para chegar a seus objetivos; a história não passa da atividade de homens em busca dos próprios objetivos.

— KARL MARX[1]

NO NÚMERO 91 DA RUE DE CAROUGE, na cidade de Genebra, em um apartamento minúsculo abarrotado de revistas e livros empoeirados, sentados sobre caixas de mudança, dois homens falavam de revolução.[2] Era o fim de julho, o ano era 1905, e o foco da conversa era a Rússia.[3]

Os dois tinham acabado de se conhecer. O primeiro, Vladimir Ilyich Ulyanov, morava no apartamento com a mulher. Usava o pseudônimo Lenin. Quando falava de seus rivais, os mencheviques, seus olhos escuros se tornavam penetrantes, ele agarrava o colete e se retraía, como se armazenando veneno para um ataque.[4] Embora a polícia secreta russa, a Okhrana, acompanhasse seus movimentos, o considerando um inimigo do Estado, Lenin era uma figura praticamente desconhecida fora dos círculos socialistas. Um dia ele governaria a Rússia, mas suas realizações até julho de 1905 eram limitadas, e ele atuava mais como jornalista que como líder revolucionário.[5]

Agentes da Okhrana em Genebra também estavam observando o convidado de Lenin naquela tarde, mas seus feitos e nome eram conhecidos no mundo todo. Herói para alguns, vilão traidor para outros, Afanasy Nicolayevich Matyuchenko foi o líder do motim no encouraçado Potemkin, uma rebelião que tinha acontecido apenas um mês antes e que tinha obrigado o tsar Nicolau II a questionar o alcance de seu poder. Lenin, que ficara tão surpreso com o levante como todo mundo, já tinha escrito que o motim de 11 dias no mar Negro liderado por Matyuchenko marcara o primeiro passo importante para a Revolução Russa. "O Rubicão foi cruzado", declarou no jornal socialista *O Proletário*.[6]

Para muitos, as histórias sobre Matyuchenko conjuravam a imagem de um titã, mas o marinheiro de 26 anos sentado diante de Lenin estava longe de parecer fabuloso.[7] De baixa estatura, tinha um rosto magro, musculoso, de ossos pronunciados típicos dos eslavos, e o lado direito da boca ligeiramente torto, que dava a expressão de alguém com um segredo a esconder. Seus olhos, que muitos de seus camaradas mais próximos sabiam escurecer de fúria, ficavam quase escondidos sob as espessas sobrancelhas ruivas. Mas não era sua aparência, nem seu passado de camponês de um vilarejo ucraniano, que fazia dele um gigante; era a presença que ele impunha. Os homens instintivamente procuravam orientação nele. Era inteligente, ótimo orador, e de uma coragem impulsiva. O mais importante, talvez, era o fato de as pessoas reconhecerem, como disse um de seus camaradas, que "ele não vivia para si, mas para os outros".[8]

Depois do fim do motim, Matyuchenko tinha fugido pela costa do mar Negro até Bucareste, onde ficara hospedado com o professor Zik Arbore-Ralli, um emigrado russo que já havia tido relações estreitas com os revolucionários Mikhail Bakunin e Sergei Nechayev.[9] Agentes da Okhrana na Romênia mantinham Matyuchenko sob a mais estrita vigilância, mas estavam proibidos de executar captura em solo estrangeiro. Temendo que os agentes russos acabassem agindo de forma precipitada, Arbore-Ralli e vários marinheiros do Potemkin fizeram uma contribuição para o enviar à Suíça, a fim de que Matyuchenko se juntasse à comunidade de líderes revolucionários russos lá exilados.

Viajando com um passaporte búlgaro falso, Matyuchenko chegou de trem a Genebra no começo de julho. Buscou apoio financeiro para seus ex-companheiros de tripulação e orientações sobre os próximos passos da luta contra o tsar. A polícia secreta russa logo o localizou em

Genebra, quando ele se reuniu com várias pessoas que já estavam sendo observadas. De novo, tudo o que os agentes podiam fazer era vigiar. Na Suíça, ele se aproximou do padre Georgy Gapon, o herói dos trabalhadores de São Petersburgo que tinham feito uma manifestação no Palácio de Inverno no primeiro dia do ano, mas Matyuchenko mal conseguia suportar as outras personalidades revolucionárias que conheceu.[10] Todos os líderes partidários tentaram recrutá-lo. De forma bem direta, Matyuchenko recusou todas as ofertas. "Isso não é para mim", disse a um representante da ala terrorista de um partido. "Sou um homem do povo. Faça o que quiser, simplesmente não posso fazer isso."[11]

Aqueles líderes intelectuais da revolução professavam seu amor e seu respeito por Matyuchenko, mas ele sabia que eles o consideravam nada mais que um marinheiro ignorante a quem poderiam ensinar a dançar conforme sua música.[12] Um partido o reprovou por não ler o bastante de Karl Marx. Outro propôs que ele se concentrasse mais em August Bebel. Pensar com a própria cabeça aparentemente não era uma opção em Genebra, refletia Matyuchenko. Ele detestava os conflitos entre os partidos acerca da teoria. Enquanto eles se acotovelavam para saber qual partido merecia o crédito pelo motim do Potemkin, marinheiros que tinham colocado a vida em risco ao lado de Matyuchenko estavam bem afastados do pelotão de fuzilamento. O povo faminto da Rússia era um mero detalhe para aqueles revolucionários. Eles não tinham o direito nem mesmo de fazer comentários sobre o motim – fossem bons ou ruins. Os marinheiros tinham agido, e eles só falavam e rabiscavam polêmicas.

Matyuchenko encontrou em Lenin o combatente mais beligerante e cáustico, alguém que tinha dividido os social-democratas russos e criado uma polêmica atrás da outra desde seu apartamento, a respeito do verdadeiro caminho da revolução. Naquela tarde, Matyuchenko contou a ele sobre o Potemkin. Tinha perdido vários amigos no motim, e os sentimentos de desespero e triunfo ainda estavam bem crus na narrativa.[13]

Essa história, a deles, começa em São Petersburgo, no coração do inverno de 1905.

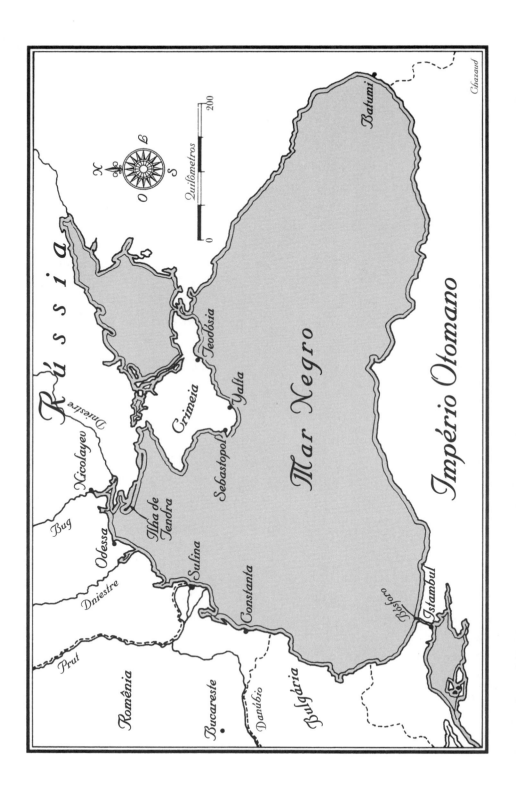

I

Onde há muita água,
pode esperar que desastres virão
— Provérbio russo[14]

Brilha em toda tua beleza,
Cidade de Pedro, e permanece
Inabalável como a própria Rússia
E que os elementos indomados
Façam as pazes contigo.

— ALEXANDRE PUSHKIN,
O Cavaleiro de Bronze[15]

1

O RIO NEVA CORTA O CENTRO DE SÃO PETERSBURGO, uma grande
artéria de gelo. Em sua superfície corria um bonde elétrico
temporário, assim como trenós puxados a cavalo. Os cocheiros
dos trenós, envoltos em lã, barbas brancas do gelo de sua própria respiração, seguiam rotas definidas por galhos de pinheiro. Patrulhas policiais
procuravam pontos onde o gelo era fino, marcando-os com bandeiras
vermelhas, mas na maioria das áreas o gelo era espesso o suficiente para que
trabalhadores cortassem pedaços do tamanho de um piano, que seriam
guardados para os meses quentes do verão. Rinques de patinação pontilha-
vam o rio, usados por aqueles que tinham a sorte de ter tempo livre para
se divertir. Debaixo da superfície congelada, a água seguia inexoravelmente
para o golfo da Finlândia, mas esse era um pensamento distante para o
povo de São Petersburgo, que se reunia no Neva e em suas margens para
celebrar a Bênção das Águas. Era o dia 6 de janeiro de 1905.[16]

Nicolau II deu início às cerimônias do dia com uma inspeção das
tropas em um dos grandes salões abobadados do Palácio de Inverno.
Em seu uniforme azul-marinho, com detalhes dourados, do famoso
Regimento dos Guardas Preobradjensky, ele caminhava entusiasmado
ao longo dos homens alinhados, parando aqui e ali para um cumprimento: "Bom dia, meus filhos", a que vinha rápido a resposta: "Saúde
a Vossa Majestade." Homem baixo e delgado, 1,69 metro de altura, o
Imperador e Autocrata de Todas as Rússias era famoso por seu sorriso
terno e seus olhos azuis de ar arrependido. Aos 36 anos, irradiava bem
menos autoridade que seu pai, Alexandre III, cuja sombra o perseguia
constantemente. Embora Nicolau estivesse preocupado com a guerra

entre a Rússia e o Japão, que já tinha quase um ano, sua expectativa era de que as cerimônias daquele dia, uma mistura de observância religiosa com parada militar, pudessem animá-lo.

Depois da inspeção, ele avançou pelo palácio barroco de 1.054 aposentos, um monumento de 400 metros de extensão à imensa riqueza da nação – concentrada, revoltantemente, nas mãos de poucos. O caminho pelas vastas e ricamente decoradas câmaras estava repleto de gente em busca de um aceno ou de um olhar do tsar: guardas imperiais de uniforme branco de gala, com capacetes dourados e prateados adornados com o símbolo da águia russa de duas cabeças, cossacos de paramentos azuis e de sabres desembainhados, senadores de sobretudos escarlates, diplomatas e dignitários em seus melhores trajes, almirantes e generais quase caíam de tantas medalhas e damas da corte em vestidos esvoaçantes em tons de rosa ou verde-claro.

Nicolau ia de braço dado com a rainha-mãe. Seu tio, o grão-duque Alexei, acompanhava a tsarina Alexandra, seguido pelo restante da família real. A imperatriz e as grã-duquesas vestiam trajes de veludo e reluziam de diamantes, pérolas e outras pedras preciosas. Lideradas pelo grande marechal da corte imperial, que andava de costas e levava um bastão dourado, iam de salão em salão, acompanhados pelo hino nacional. Por fim, passaram pela Galeria Militar de 1812, um longo corredor com 332 retratos de oficiais russos que lutaram contra Napoleão, e entraram na catedral do palácio.[17] Imagens dos santos padroeiros da família imperial forravam a câmara ricamente ornada, e o sol da manhã brilhava através das janelas redondas da cúpula.[18]

Paramentado de dourado e prateado, o metropolita de São Petersburgo, o chefe da Igreja Ortodoxa russa da cidade, deu início à missa ao meio-dia. Nicolau baixou a cabeça e rezou; um forte incenso de cravo e óleo de rosas saturava o ar. Cercado por tantos símbolos de seu poder, e das pessoas investidas em sua continuidade, Nicolau pode ter acreditado que a prece que fizera a Deus no dia 1º de janeiro, de que "no ano que está por vir Ele dê à Rússia o fim vitorioso para a guerra, uma paz sólida e uma vida tranquila, sem perturbações", logo seria atendida.[19] Afinal de contas, no ano anterior, Deus o havia finalmente abençoado com um filho, Alexei.

Mas séculos de história haviam mostrado que o povo da Rússia, e não Deus, era quem realizava a maior parte dos desejos do tsar. A cidade de São Petersburgo, por exemplo, erguida para dar a Pedro, o Grande, seu impulsivo "paraíso", fora construída ao custo das vidas de dezenas de milhares de servos, que se afogaram ou morreram de cólera quando escavavam as fundações de seus primeiros edifícios, em uma terra pantanosa sujeita a grandes enchentes.[20]

Em sua vida privada, Nicolau gostava de fazer o papel de um russo comum, usando camisa de camponês, comendo *borshtch* e ocupando aposentos modestos dentro de seus grandes palácios.[21] Mas pouco compreendia a vida dos camponeses. Havia uma outra São Petersburgo além das cúpulas douradas, das mansões elegantes e das construções militares e do governo mantidas a muito custo que se enfileiravam nas margens de granito do Neva. Nessa São Petersburgo, assim como em outras cidades russas, operários atravessavam a neve suja para trabalhar nas fábricas, onde as 14 horas de trabalho diário rendiam salários de fome. Seus patrões não os tratavam melhor que a escravos, e os operários moravam em alojamentos sem janelas, até 11 em um mesmo quarto, com bancos de madeira servindo de cama, trapos de travesseiro, e com paredes cobertas da fuligem dos lampiões de querosene. Queriam um salário e condições de vida melhores – e recentemente vinham alimentando o desejo de entrar em greve para consegui-los.[22]

Em toda a extensão do Império Russo – um sexto das terras do mundo na época, partindo do golfo da Finlândia, na direção leste, atravessando a Sibéria e chegando às quentes águas do Pacífico, e desde o Ártico gelado ao norte até o mar Negro e a fronteira com o Império Otomano – viviam os 135 milhões de súditos do tsar, a maioria camponeses que trabalhavam na terra e jamais saíam dos vilarejos em que moravam, exceto talvez para servir de bucha de canhão nas guerras do tsar.[23] Dentre essa gente, ninguém jamais veria com os próprios olhos o bom tsar batiuchka (tsar-pai) descrito pelas histórias e pela tradição, o indivíduo cuidadosamente escolhido por Deus para zelar por eles.[24] Só sabiam, porém, que muitos de seus filhos partiam para a guerra e não voltavam, que a terra que cultivavam mal os poupava da fome, mesmo nos melhores anos, e que o tsar nunca parecia ouvir seus pedidos de ajuda.

Às 12h45, o metropolita concluiu a missa e as grandes portas da catedral se abriram. Nicolau entrou em outra procissão, essa liderada pelo clero, que cantava ao descer a escadaria de mármore Carrara branco até o exterior do palácio, no Neva, para a Bênção das Águas. De cabeça nua e sem manto, como ditava a tradição, Nicolau recebeu o frio como um tapa na cara.

Enquanto caminhava sobre o tapete vermelho até o pavilhão a céu aberto no Neva, especialmente erguido para a cerimônia, com um domo azul incrustado de estrelas e encimado por uma cruz, só via em torno de si a multidão devota. Ela lotava as margens, a ponte do palácio, os degraus da bolsa de valores e o próprio rio. Soldados a mantinham a uma distância adequada. Nas janelas do Palácio de Inverno, cor de cereja, integrantes da corte pressionavam os narizes contra o vidro, acompanhando em silenciosa reverência.

Um buraco tinha sido aberto no gelo sob o pavilhão. A água que corria por baixo, mais quente que o ar exterior, fazia com que da abertura saísse vapor. A cerimônia começou. Nicolau beijou a mão do metropolita e o Livro Sagrado. Um coro cantava hinos litúrgicos solenes, e então o metropolita levou uma grande cruz dourada, atada a uma corrente, até o buraco no gelo. Depois de abençoar o Neva mergulhando três vezes a cruz em suas águas, deu sua bênção. Em seguida, do outro lado do rio, um canhão do Forte de Pedro e Paulo disparou sua saudação. O estrondo sacudiu as janelas do Palácio de Inverno. Uma fumaça azul atravessou o rio. Ao mesmo tempo, sinos de igrejas badalaram por toda a cidade.

Então, da outra margem do rio, de repente, veio outro clarão e um barulho. Desta vez o estrondo do canhão era claramente diferente, "mais pesado e peculiarmente bélico", como descreveu uma testemunha.[25] Painéis de vidro quebraram-se nas janelas superiores do Palácio de Inverno. Alguém tinha armado o canhão com munição de verdade, em vez da de festim. Nicolau fez o sinal da cruz, achando que alguém estava tentando matá-lo, mas não se mexeu para se proteger. Não deu sequer um passo.

Nicolau tinha um destemor mórbido em relação à morte. Sua irmã mais nova, Olga, comentou uma vez que ele estava resignado a perder a vida no trono.[26] O assassinato tinha sido o destino de seu avô e de quase metade dos outros tsares desde que Ivan, o Terrível, governara a Rússia.[27] Afinal, Nicolau tinha nascido no dia 6 de maio, o que fazia com que seu santo padroeiro fosse Jó, que sofreu terríveis provações nas mãos de Deus.[28] Nicolau acreditava no significado de tais coisas.

O canhão parou. Um policial que estava em um dos extremos do pavilhão caíra; o sangue manchava a neve perto de sua cabeça. Estilhaços tinham cortado ao meio uma faixa perto dali. No Salão de Nicolau, no palácio, damas e seus companheiros tremiam; muitos estavam gravemente feridos, vários cobertos de cacos de vidro. O almirante Fyodor Avelan, ministro da Marinha, sangrava por um corte no rosto. Mesmo assim, enquanto gritos de alarme soavam pelo palácio e os guardas se apressavam a ver o que tinha acontecido, o tsar concluiu a cerimônia, recebeu sua bênção com a água santificada, e só então retornou ao palácio. Seu séquito e a corte palaciana esperaram por alguma reação: raiva, um estremecimento de medo, um sinal de gratidão por ter sobrevivido – qualquer coisa. Nada. De olhos baixos, caminhou de volta para o palácio, sem parar nem se virar para inspecionar os danos.

A guarda em torno do palácio foi redobrada, a polícia correu para o forte para investigar, mas tirando isso o incidente foi logo esquecido. Um banquete de Estado foi realizado enquanto o pavilhão, agora incrustado de estilhaços, era desmontado. O buraco no gelo logo se fechou com o frio. A investigação nunca descobriu se a Guarda Imperial usara munição de verdade por acidente em um canhão apontado para o pavilhão onde se aglomerava a família Romanov.

Às 16h, Nicolau deixou o Palácio de Inverno em sua carruagem, seguindo para seu refúgio em Tsarskoye Selo, a meia hora de São Petersburgo.[29] O acontecimento do dia era um mau presságio para o ano que começava. Uma onda de descontentamento crescia entre seu povo, e a Guerra Russo-japonesa ia mal: com a rendição de Porto Artur, uma base naval estratégica russa no mar Amarelo, em dezembro, e com a derrota em inúmeras batalhas no Extremo Oriente, Nicolau precisava de um sucesso militar para apaziguar o povo e recuperar as chances de vitória sobre o Japão.

Sua esperança de sucesso estava em uma esquadra de navios russos, liderada por Zinovy Petrovitch Rojestvensky, que atravessava mais de 12 mil quilômetros do globo para esmagar a Marinha japonesa.[30]

Naquele mesmo dia, o almirante Rojestvensky e os quase dez mil homens sob seu comando aguardavam, literalmente, em Hellville, uma cidade que ficava na ilha de Nossi-Bé, perto de Madagascar. Sua Segunda Esquadra do Pacífico, um diversificado conjunto de oito encouraçados, sete cruzadores blindados, nove destróieres e várias embarcações auxiliares (rebocadores, navios de carga, um navio condensador, um navio-hospital e uma oficina flutuante), aguardava no porto.[31]

As ordens recebidas por Rojestvensky de São Petersburgo eram para permanecer ancorado em Hellville e esperar reforços, que viriam com a Terceira Esquadra do Pacífico. A Primeira do Pacífico, a esquadra à qual Rojestvensky deveria ter se reunido, tinha sido perdida na queda de Porto Artur. Ao saber da notícia, duas semanas antes, de que tinha de ficar em Hellville, o almirante pediu a seu assessor que telegrafasse ao ministério da Marinha: "Diga a eles que quero ser dispensado do comando", ordenou.[32] Bateu a porta de sua cabine, trancou-a por via das dúvidas e teve um colapso nervoso.

Segundo a maioria dos relatos, o almirante Rojestvensky, de 55 anos, era um dos ícones da Marinha russa. Na revista de sua esquadra, antes da partida de Revel, em setembro de 1904, ao lado de Nicolau II, ele tinha mesmo essa aparência. Como descreveu uma pessoa presente, "seus largos ombros estavam enfeitados de dragonas com monogramas e águias negras. Medalhas e estrelas reluziam em seu peito. [...] Sua figura vigorosa dominava não apenas o tsar, mas todos os membros da comitiva, e seus olhos negros e agudos demonstravam uma determinação destemida. [...] Ele ficou ali, esguio como uma baqueta, olhando tão resoluto para Nicolau que parecia que nada conseguiria detê-lo".[33] Rojestvensky tinha se destacado na Academia Naval, havia mostrado sua coragem em combate na Guerra Russo-turca de 1877-78 e, apesar da reputação de brutalidade e de um estado de espírito às vezes cruel, tinha subido na hierarquia da Marinha devido a seu apego à disciplina e à exatidão, além de sua ótima mão para a política na corte.[34]

Quando aceitou o comando da Segunda Esquadra do Pacífico, uma posição que exigiria que ele viajasse do Báltico até o Extremo Oriente, em uma rota desprovida de bases russas e sob risco iminente de ataque, para abordar a superior frota japonesa em suas próprias águas, estava morrendo por sua própria espada – e sabia disso. "Estamos fazendo o que tem de ser feito, defendendo a honra da bandeira", disse publicamente antes de partir.[35] Sabia bem que sua esquadra ou jamais chegaria ao destino ou, se chegasse, provavelmente enfrentaria um massacre. Mesmo assim, Nicolau estava determinado que eles partissem.

A condução da guerra com o Japão pelo tsar era tão aleatória quanto os motivos de sua eclosão – garantir o controle territorial na Coreia e na Manchúria.[36] Nicolau tinha sido levado por seus ministros a um conflito facilmente evitável: alguns respondiam a seu desejo de expandir o império, outros pensavam em seus interesses comerciais no Extremo Oriente, e alguns achavam que "uma guerrinha vitoriosa" retardaria uma revolução. Esses ministros encontraram em Nicolau um ouvinte atento. Em 1890, quando ainda era o jovem filho do tsar e fazia uma excursão pelo Oriente, sobrevivera por pouco a uma tentativa de assassinato em Otsu, no Japão, quando um agressor pulou do meio da multidão com uma espada, atingindo Nicolau na testa; o segundo golpe do assassino foi desviado, mas Nicolau ficou com uma cicatriz permanente. O incidente alimentou um profundo ressentimento para com o povo japonês, a quem chamava de "macacos". Seu belicoso primo, o kaiser Guilherme II, também o incitou à guerra; um telegrama enviado ao tsar do barco do kaiser revela sua atitude: "O Almirante do Atlântico cumprimenta o Almirante do Pacífico."

Quando a guerra estourou, depois de um ataque surpresa japonês a Porto Artur no dia 26 de janeiro de 1904, os russos se reuniram em torno do tsar em uma onda de patriotismo.[37] "Só temos que lançar nossos chapéus sobre o inimigo para que ele fuja" era uma expressão comum nas ruas. Mas logo, no campo de batalha, haveria um desastre atrás do outro. A campanha militar foi mal financiada, mal equipada e mal conduzida. Generais russos combatiam uma guerra do século XIX, com direito a ataques de baioneta, contra um inimigo bem-posicionado e armado com artilharia. "Ovelhas levadas ao sacrifício", disse um observador dos soldados russos. Nicolau, de sua parte, mandava ícones para as tropas a fim de elevar seu moral. Elas teriam preferido armas mais modernas e talvez menos oficiais brigando entre si ou bebendo champanhe na véspera da batalha.

Rojestvensky sabia que sua missão era apenas mais um na longa série de erros do alto-comando russo, mas, se tinha de haver uma esquadra, ele acreditava ser o melhor homem para comandá-la. Poucos marinheiros a bordo da Armada sabiam direito o motivo de estar sendo enviados para lutar com os japoneses. Tinham sido recrutados para a Marinha em fazendas de camponeses ou nas favelas das cidades. Muitos não sabiam ler, e encaravam os encouraçados como "monstros de metal".[38] Na primeira metade da viagem desde Libau, pela costa oeste da África e em torno do cabo da Boa Esperança, até Madagascar, enfrentaram provações inimagináveis. Em circunstâncias melhores, a Marinha russa já era cruel com os escalões mais baixos – os marinheiros suportavam oficiais abusivos, comida insossa, alojamentos lotados e trabalhos cansativos –, mas naquela viagem eles desceram a um nível inédito de inferno.

Impedido de parar na maioria dos portos porque ajudar os russos violaria a neutralidade dos países, Rojestvensky assegurou que a esquadra comprasse quanto carvão fosse possível dos carvoeiros alemães que encontrassem pelo caminho.[39] Comprar carvão no mar já era perigoso por si só, mas conviver com seu armazenamento nos conveses e em cabines, corredores, banheiros, oficinas – por todo lado – ao atravessar os sufocantes trópicos, de quase 50 graus, era uma tortura diária. O pó do carvão fazia os olhos arderem e entrava nos pulmões. Homens desmaiavam de hipertermia ou simplesmente enlouqueciam de dor. Entre outros horrores estavam os vorazes ratos a bordo, a disenteria, o convés tão quente que fazia bolhas nos pés descalços e os furacões, durante os quais ondas de 12 metros arrancavam para sempre os marinheiros dos navios.[40]

Ainda assim, Rojestvensky conseguiu chegar a Madagascar com a maior parte de sua tripulação, mas as ordens para esperar em Hellville destruíram o moral de toda a equipe, causando ainda mais dano que o calor e o pó de carvão. Rojestvensky ficou arrasado.[41] Por várias semanas, seus oficiais ouviram seus lamentos na cabine trancada. Quando reaparecia, aparentava 20 anos mais velho, abatido e apático. Houve quem em sua equipe imaginasse que ele tinha sofrido um derrame, pois arrastava a perna esquerda. O que eles sabiam com certeza, quando janeiro virou fevereiro e depois março, era que a frota estava se desmoronando.

Dia após dia, torpedeiros negros levavam para o mar os vitimados pela malária, pela febre tifoide ou pela própria mão. Depois de um único tiro de canhão, os corpos, costurados em tecido, eram despejados. Aqueles que restavam no porto sofriam de uma série de doenças, sem contar a comida estragada, o calor massacrante e as chuvas torrenciais. Muitos sofriam de urticária tropical e se coçavam até sangrar, tratando os arranhões com querosene ou água-de-colônia. À noite, dormiam nus em colchonetes no convés. Macacos, galinhas, vacas, lebres e porcos, levados a bordo pelos marinheiros, abarrotavam todos os navios. O mau cheiro era insuportável. Baratas e ratos infestavam as cabines. O musgo e as cracas se acumulavam nos cascos dos navios, e tubarões rondavam a frota, ansiosos para devorar qualquer pedaço de carne estragada lançado no mar.

A disciplina entrou em colapso. Os homens se embebedavam, jogavam, roubavam os malgaxes e desobedeciam aos superiores. Havia sinais de motim por toda parte, e mesmo assim Rojestvensky, que tinha a fama de ter dado um soco que arrancara os dentes de um marinheiro por uma pequena transgressão, perdoava com facilidade. "Como posso intimidar homens dispostos a me seguir até a morte os condenando à forca?", perguntou a seu principal subordinado. A ordem se deteriorou ainda mais quando chegaram os relatos das greves em massa pela Rússia e de como o tsar permitira a carnificina do próprio povo, até de mulheres e crianças, quando eles fizeram uma passeata até o Palácio de Inverno para pedir uma vida melhor. A revolução parecia ser iminente. Além do mais, os editoriais dos jornais estavam pessimistas quanto à própria missão da esquadra – escreviam que a Armada estava fadada a ter o mesmo destino daquela que a Espanha mandara contra a Inglaterra em 1588.

Por fim, no dia 4 de março, Rojestvensky, que tinha, à custa de pura determinação, retomado o controle de sua frota semidestruída, decidiu que bastava. Não podia mais ficar esperando por uma frota de velhos "autoafundantes" – como ele chamava a Terceira do Pacífico –, que muito provavelmente seria um estorvo em um combate marítimo. Desobedecendo às ordens que recebera, o almirante deixou Hellville e navegou pelo vasto oceano Índico. Não sabia que, naquele dia, milhares de soldados da infantaria russa morriam em um confronto ao sul da cidade de Mukden, na Manchúria.[42] A batalha, em que mais de

meio milhão de homens se enfrentaram, foi a maior da Guerra Russo-
-japonesa, e a maior da história moderna. Os russos sacrificaram 90 mil
homens em Mukden.

Avançando a lentos seis nós, passando por panes de motor e vários
outros problemas mecânicos como a perda do leme de um encouraçado, a esquadra abriu caminho no oceano. Ignorada pelos navios de
reconhecimento japoneses e pelo alto-comando russo por três semanas,
a esquadra finalmente surgiu na costa de Cingapura em quatro colunas;
dias depois, ancorou na baía de Cam Rahn, próximo à Indochina francesa. Sob ordens diretas, dessa vez do próprio Nicolau, Rojestvensky
esperou mais uma vez pela Terceira do Pacífico. Um mês depois, a esquadra chegou. Antes do amanhecer do dia 14 de maio, a frota reunida
partiu para a base naval em Vladivostok, onde Rojestvensky pretendia
consertar seus encouraçados e melhorar o moral de seus marinheiros
antes de enfrentar a frota japonesa. A esquadra traçou um curso pelo
estreito da Coreia, nas águas entre a costa japonesa e a ilha de Tsushima. Rojestvensky rezou para que eles, escondidos em meio à neblina,
passassem incólumes pelo inimigo, mas seu destino, agora nas mãos do
famoso almirante japonês Togo, não corresponderia a seus desejos.

"Esquadra inimiga quadrante 203 [...] aparentemente seguindo para
a passagem oriental."[43] A mensagem, das 4h45, de um navio de reconhecimento japonês, foi bem recebida a bordo do *Mikasa*, a nau capitânia da frota japonesa. O almirante Togo Heihachiro, que tinha 1,60
metro de altura e pesava menos de 60 quilos, esperava havia meses pelo
surgimento dos russos. Finalmente, aquele herói da Marinha japonesa,
responsável por tantos triunfos brilhantes sobre os russos, poderia dar
cabo do inimigo em uma batalha definitiva. Com os binóculos Zeiss no
pescoço, o uniforme preto abotoado embaixo do queixo e a adorada espada em uma bainha dourada sobre o quadril esquerdo, ele calmamente
começou a dar ordens a seus oficiais na ponte. Respingos de água salgada chegavam ao convés conforme a frota avançava da base ao sudeste.
Um marinheiro cantava, sozinho: "E tempestades barulhentas dissipam
o orvalho da manhã. [...] Que então o triunfo de nossas embarcações
[...] Despedace os navios russos e toda sua tripulação."

Para o fim da manhã, de volta ao *Suvorov*, Rojestvensky observava quatro cruzadores japoneses acompanhando os movimentos de sua frota, como lobos vigiando a presa. Eles não conseguiriam passar para chegar até Vladivostok. Interceptações de rádio indicavam que Togo estava a caminho. Na noite anterior, o clima na frota russa tinha sido de nervosismo e expectativa. Marinheiros dormiram com as armas ao lado e olhavam para o mar negro; nas sombras formadas pelo luar enxergaram torpedeiros que jamais se materializaram, e compartilharam o medo que sentiam. "Ela nunca vai superar se eu for morto", disse um. "Brrr! É horrível lá no fundo", disse outro.[44] Rojestvensky tinha conseguido dormir umas poucas horas em uma poltrona na ponte de vante, mas estava desde cedo debruçado sobre os mapas. Apesar da aproximação da batalha, ordenou a todos os navios que prestassem suas homenagens ao aniversário da coroação do tsar. Padres fizeram as preces apressadamente. Copos de vodca foram erguidos: "À saúde de Sua Majestade, o Imperador, e de Sua Majestade, a Imperatriz! À Rússia!"[45]

Antes do fim da cerimônia, veio a ordem para que assumissem os postos de combate em toda a frota. Depois de fazer o sinal da cruz, os marinheiros correram para suas posições a fim de esperar a batalha. A névoa da manhã havia se dissipado, e as encostas de Tsushima se erguiam sobre eles a oeste.

Às 13h19, os almirantes das duas frotas avistaram uma fumaça negra no horizonte e, minutos depois, em suas frotas. A 16 quilômetros de distância, os japoneses formavam uma linha cinza uniforme que contrastava com o mar agitado.[46] Os russos, cujos encouraçados tinham chaminés pintadas de amarelo, eram um alvo bem visível. No papel, as duas frotas eram mais ou menos equivalentes. Cada uma tinha 12 navios de linha de combate, e embora os japoneses tivessem mais armas, os russos possuíam armas mais potentes. Togo levava vantagem na velocidade e no número de destróieres e torpedeiros, mas não era insuperável, desde que Rojestvensky acertasse no comando da batalha. O almirante russo, no entanto, já não era o mesmo líder forte e determinado que tinha zarpado de Libau oito meses antes.

Desde o início do dia, Rojestvensky, que comandava um total de 48 embarcações, já reduzira suas chances de vitória, ao mexer na cadeia de comando e fornecer parcos planos para a batalha.[47] Durante o confronto, deu apenas duas ordens, ambas antes do disparo do primeiro tiro. Sua primeira ordem, dada antes mesmo de a tropa japonesa ser avistada, posicionou a frota em uma formação em linha (talvez porque o almirante temesse um ataque pelo leste e não quisesse ficar exposto). A segunda ordem, dada depois de avistar os navios de Togo bem à sua frente, revogou a primeira, instruindo a frota a voltar para a formação em coluna. Essa ordem veio tarde demais, e só aumentou a vantagem dos japoneses, que aproveitaram a confusão russa para executar com perfeição uma das manobras mais ousadas da história naval.

Às 13h55, enquanto as duas frotas se posicionavam para o combate, Togo ergueu a mão direita e riscou um semicírculo no ar. O grito "Tudo a bombordo!" soou em todos os seus navios. Por causa do mar pesado e da fumaça, Togo havia interpretado mal a aproximação inicial dos russos e se viu em má posição para seguir seu plano original, que era isolar duas das divisões do inimigo. Depois de seus navios terem passado de estibordo a bombordo diante da frota de Rojestvensky, seguindo para a posição contrária, ele deu ordem para que a direção fosse totalmente invertida. Durante vários minutos, sua frota ficaria exposta em um único ponto, no qual os russos poderiam concentrar o fogo. Foi uma aposta, mas, se os navios sobrevivessem à virada, a frota poderia seguir no curso paralelo, e então, com sua velocidade superior, os japoneses poderiam cruzar a formação do inimigo, em um ponto ideal para varrê-lo com seu fogo.[48]

Durante a execução da virada, armas dispararam da capitânia *Suvorov*, mas a maioria das granadas de artilharia errou o alvo. E o mais grave era que a maior parte da frota de Rojestvensky, que deveria estar lançando uma chuva de granadas sobre o *Mikasa*, estava mergulhada no caos, por causa da segunda ordem de voltar à formação em coluna única. Navios tiveram de desacelerar, alguns chegando a parar totalmente, para não abalroar o que vinha na frente. Isso também fez com que eles virassem alvos fáceis para os devastadoramente precisos canhoneiros japoneses.

"Fogo! Fogo!" Primeiro o *Mikasa* de Togo, depois cada navio que completava a virada, lançou salvas de mais de quinhentas armas para a nave capitânia russa e para o *Oslyabya*, que liderava a segunda divisão da frota e fora um dos navios obrigados a parar. Em poucos minutos, o alcance das granadas japonesas ficou menor. O *Oslyabya*, um encouraçado moderno, mas de formato estranho, com um casco alto e inclinado e de longas chaminés, recebeu um impacto de grande calibre na linha-d'água, perto da proa. O mar invadiu os compartimentos do navio, e logo ele começou a tender perigosamente para bombordo, proa para baixo. Os japoneses aproveitaram a vantagem, fazendo chover "granadas" sobre o *Oslyabya*. A torre da proa foi arrancada, decapitando um marinheiro e aleijando o restante dos que estavam lá dentro. Ao ser carregado para baixo em uma maca, um marinheiro que tivera o pé arrancado gritou: "Monstros! Sanguinários! Veem o que vocês começaram? Que sejam varridos da Terra de Deus!" Um oficial caiu perto dali, o peito destroçado. A maioria dos gritos e lamentos dos que morriam se perdeu em meio ao fogo, que transformou o casco e o convés do navio em confete de aço retorcido. O fogo consumia o navio, o ácido das granadas de artilharia japonesas se alimentando da pintura. O *Oslyabya* tremia da proa à popa ao ser atingido inúmeras vezes. Pouco tempo depois, grande parte das armas a bordo ficou em silêncio. Uma fumaça negra e densa subia de cada alojamento, e o ar ficou extremamente quente. Pedaços de carne enchiam os conveses, onde antes havia homens. Enquanto o segundo oficial do navio corria em círculos, em pânico, a proa afundava cada vez mais. E as granadas continuavam chegando. O capitão, que tinha morrido três dias antes da batalha, jazia em um caixão na capela do navio, o único a ter paz naquele dia.

O almirante Togo erguia-se desprotegido em seu passadiço superior, com um pé à frente, os lábios contraídos, observando sua frota avançar sobre os russos e atirar tão rápido quanto as tripulações conseguissem recarregar as armas.[49] Seus assessores tentaram levá-lo para uma posição mais segura – 12 granadas russas já tinham atingido o *Mikasa* –, mas Togo estava gostando da paisagem. No mastro de proa, a seu lado, as bandeiras de batalha, içadas no início do combate, declaravam que A ASCENSÃO OU A QUEDA DO IMPÉRIO DEPENDE DESTA BATALHA. DÊ TUDO, CADA UM DE VOCÊS.

Na torre de comando cilíndrica do *Suvorov*, Rojestvensky assistia à batalha através da pequena abertura de uma vigia recortada na estrutura de aço de 25 centímetros de espessura. O *Oslyabya* tinha saído da linha. A maior parte da frota estava totalmente desorganizada por causa do selvagem ataque japonês, e os navios de Togo estavam a apenas 3 quilômetros. A distância diminuía a cada minuto.[50]

– Excelência, precisamos mudar a distância – gritou o comandante de Rojestvensky, em meio ao barulho das explosões. – Já estamos ao alcance deles e eles vão deixar as coisas quentes para nós.

O almirante se virou, com um brilho nos olhos.

– Ainda não. Eles também estão ao nosso alcance.

Por cima dele e por toda a volta, granadas japonesas de mais de um metro cruzavam o ar antes de explodir. No exterior da torre blindada de Rojestvensky, o *Suvorov* estava em situação desesperadora. Homens faziam de tudo em meio à fumaça, escorregando nas poças de sangue, para ajudar os feridos, para fugir do fogo ou simplesmente para se proteger da chuva de metal fervente. Os canhoneiros continuavam em posição, mas grande parte dos telemetristas tinha morrido, e os atiradores miravam basicamente no escuro. O mastro principal tinha desaparecido. As adriças de sinalização já não existiam. Por todo o navio, incêndios isolados começavam a se juntar, formando um único inferno.

Às 14h30, a torre de comando – o cérebro do navio, como descreveu um observador – foi atingida. Duas vezes. A blindagem atenuou a força do choque, mas estilhaços de granada ricochetearam pela pequena câmara até cortarem a carne. Rojestvensky e seu comandante sofreram cortes no rosto e nos braços. O timoneiro e o oficial da artilharia morreram e jaziam sobre seus instrumentos, o sangue cobrindo os painéis. De joelhos, o almirante permaneceu na torre, mas seus transmissores de voz e de telégrafo haviam sido danificados, o leme estava enguiçado e ele não conseguia enxergar nada por causa da fumaça e das chamas que cobriam o navio. Com menos de meia hora de batalha, Rojestvensky havia perdido completamente o controle sobre sua frota. A armada russa se desintegrou, e foi cada homem e cada navio por si. Togo manteve o ataque em formação, consciente da vitória.

Às 14h50, o *Oslyabya* foi o primeiro encouraçado a afundar. Com o motor parado, as armas em silêncio e a proa submersa, o navio foi alvo de uma granada de 360 quilos a bombordo. Depois outra. E mais outra. A água entrou por um rombo "grande o bastante para passar uma *troika*"[1], como descreveu um sobrevivente. Quando o navio ficou na vertical, marinheiros pularam em um mar de fogo. Um oficial gritou: "Saiam do navio, o demônio vai pegar vocês! Se não saírem, vão ser engolidos! Saiam!" Mais de 200 homens não tiveram sequer chance de escapar. Trancados sob escotilhas à prova de bala e esquecidos por seus companheiros, aqueles que estavam nas salas de máquinas e nas praças das caldeiras afundaram com o navio, berrando por ajuda na escuridão, até que o mar gelado se fechasse sobre eles.[51]

Naquela altura, a frota de Togo já dirigia seus ataques para os outros encouraçados russos. Às 19h, a batalha estava praticamente encerrada. Ao longo da noite, torpedeiros e destróieres de Togo arrasaram os navios que tinham escapado à aniquilação sob a luz do dia.[52] Na manhã do dia 15 de maio, os corpos de milhares de marinheiros russos enchiam as águas do estreito da Coreia. Com toda sua frota, Togo cercou os quatro encouraçados russos remanescentes e exigiu sua rendição. Algumas embarcações tinham fugido durante a noite, entre elas um torpedeiro que levava um delirante e ensanguentado almirante Rojestvensky, que tinha abandonado o *Suvorov* antes de ele afundar. Um destróier japonês o capturou depois, naquele mesmo dia.

Para vencer uma das maiores batalhas navais da história, comparável em dimensão e em significado à vitória do almirante Horatio Nelson em Trafalgar, Togo tinha perdido o total de três torpedeiros.

A notícia chegou a São Petersburgo no dia seguinte.

Na manhã do dia 16 de maio, a superfície congelada do rio Neva se quebrava. Das margens e das ruas perto dali, parecia que alguma força invisível estava destruindo o gelo com um machado gigante. Primeiro, rachaduras apareceram na superfície, depois as aberturas se alargaram, entre os pedaços de gelo. A superfície do rio, um cobertor branco uniforme durante o inverno, estava agora cheia de pedras de gelo cinzento e sujo. Aos poucos, a corrente começou a levar os enormes bancos de gelo rio abaixo. Eles se chocavam, giravam e se quebravam em pedaços

---

[1] Carruagem ou trenó conduzido por três cavalos.

menores, soltando o gelo mais teimoso das margens do rio.[53] Nas semanas seguintes, o Neva finalmente correria livre para o golfo da Finlândia. Era um processo incansável, inevitável.

Vinte e cinco quilômetros ao sul de São Petersburgo, naquela mesma manhã, Nicolau cavalgava por Tsarskoye Selo. O ar tinha o perfume dos lilases úmidos.[54] Nicolau adorava sua propriedade de campo. Atrás de uma cerca de ferro e cercada por cossacos montados, Tsarskoye Selo era um paraíso, bem distante do caos da cidade. No parque de 320 hectares onde Nicolau galopava, erguiam-se dois palácios com amplos jardins, um zoológico, arcos do triunfo, várias capelas, alamedas serpenteando pelos bosques, um lago artificial pontilhado de veleiros – e até mesmo um pagode chinês e banhos turcos.

Nicolau concluiu o passeio diante do Palácio de Alexandre, onde tinha se refugiado após a cerimônia da Bênção das Águas em janeiro. Construído um século antes, o palácio de cem aposentos era modesto se comparado ao Palácio de Catarina, perto dali, que concorria com Versalhes em tamanho e opulência. Mesmo assim, Nicolau e sua família não eram privados de luxo nos extensos salões dourados e câmaras cor de malva iluminados por lustres de cristal e perfumados por flores frescas. Ali, centenas de serviçais bem-vestidos atendiam a todas as suas necessidades. No entanto, quando Nicolau entrou pelo palácio naquela manhã, o ambiente luxuoso não deve ter importado muito. Esperava desesperadamente notícias sobre a esquadra de Rojestvensky.

Na noite anterior, tinha se trancado com seu conselho de guerra no escritório de paredes de imbuia, estudando os mapas para definir onde poderia estar a frota. Seu ministro naval, o almirante Avelan, tinha garantido que, mesmo que Togo tentasse fugir da frota russa, Rojestvensky eliminaria completamente os japoneses, ainda que tivesse que bombardear um dos portos deles. Tamanha era a bravata do círculo mais próximo a Nicolau.[55]

Os boatos mais malucos circulavam por São Petersburgo.[56] Havia gente que falava de uma grande vitória japonesa. Outros diziam que a frota russa tinha chegado intacta a Vladivostok; os vendedores de jornais já distribuíam a história nas ruas. Mas se Nicolau fosse acreditar em cada informação telegrafada ou em cada mensagem de cônsul, Rojestvensky já teria ganhado a batalha um mês antes, no estreito de Malaca, perto da Indochina, e não haveria mais motivo de preocupação.

Mas havia; ele estava preocupadíssimo. Os últimos quatro meses e meio tinham acabado com suas esperanças de um ano tranquilo. No dia 9 de janeiro, três dias depois de ter escapado da morte no Neva, 120 mil trabalhadores e suas famílias, em suas melhores roupas de domingo, tinham se reunido no Palácio de Inverno para pedir a ele que atenuasse sua opressão. A multidão indefesa, que carregava imagens e até o retrato dele, se recusou a se dispersar, e os soldados avançaram com a cavalaria sobre ela, matando 130 e ferindo muitos outros. "Domingo Sangrento", como muitos o chamavam.[57]

Tumultos eclodiram nos dias e semanas seguintes. Um defensor de Nicolau descreveu, na época: "Greves pululam na Rússia como arbustos na estepe, uma superando a outra, de Petersburgo a Baku, de Varsóvia ao coração da Sibéria. Todo mundo está engajado [...] operários, universitários, maquinistas, professores, funcionários de fábricas de cigarros, farmacêuticos, advogados, barbeiros, balconistas, telegrafistas, estudantes. [...] O clima está carregado. [...] As pessoas que se cruzam perguntam: 'O que vai acontecer? O que vai acontecer?'"[58] No campo, os "queridos" camponeses de Nicolau saqueavam as mansões dos proprietários ou simplesmente as incendiavam, não deixando nada de pé. A maioria dos oficiais de alto escalão temia morrer. No dia 4 de fevereiro, um terrorista assassinou o governador-geral de Moscou, tio de Nicolau, o grão-duque Sergei, lançando uma bomba na carruagem dele, ao sair do Kremlin. Nobres transfigurados em liberais pressionavam por uma voz na direção do país. Enquanto isso, revolucionários deixavam claro que só ficariam satisfeitos com a cabeça do tsar. Em maio, embora Nicolau não tivesse como esperar uma vitória definitiva sobre o Japão, era obrigado a questionar o que aconteceria dentro da Rússia se Rojestvensky fracassasse.

Quando entrou no Palácio de Alexandre depois da cavalgada, Nicolau recebeu a primeira informação confiável, um telegrama do capitão do cruzador *Almaz*, que tinha conseguido fugir dos japoneses e chegara havia pouco a Vladivostok. Ele contou que o *Suvorov*, o *Oslyabya* e o cruzador *Ural* tinham sido destruídos e que o encouraçado *Alexandre* havia sido gravemente danificado. O *Almaz* tinha partido do estreito da

Coreia antes do fim da batalha, mas não havia outros navios em Vladivostok. O capitão perguntava, no telegrama: "É possível que nenhum dos navios da esquadra tenha chegado a Vladivostok?" Era inconcebível que todos os outros tivessem sido destruídos.

Nos dois dias que se seguiram, no entanto, os terríveis fatos da batalha chegaram do Extremo Oriente. A história registrou diferentes relatos sobre a reação de Nicolau às notícias. Um deles afirma que ele estava em um jantar da corte, recebeu um telegrama sobre a frota, pegou sua cigarreira de ouro e pediu que o mestre de cerimônias anunciasse: "Sua Majestade Imperial permite que se fume." Em outra história, ele estava no trem imperial com seu ministro da Guerra e reagiu às péssimas notícias com vigor, formulando novos planos para a guerra dali a minutos. Uma outra conta que ele abriu o despacho quando jogava tênis. "Que desastre terrível", teria dito, para depois pegar a raquete e terminar a partida.[59]

Pode ser que alguma dessas histórias seja verdadeira, ou nenhuma, mas Nicolau era realmente famoso por seu recolhimento, por nunca expor suas emoções quando lidava com problemas. Mas em seu diário, normalmente reservado a descrições pedantes de suas refeições, de atividades de lazer e do tempo, ele foi sincero. Nos dias 16 e 17 de maio, estava "deprimido" e frustrado com as notícias inadequadas e frequentemente contraditórias. No dia 18 de maio, escreveu sobre um sentimento "difícil, doloroso e triste" que afetava sua alma. Na noite seguinte, pareceu aceitar a verdade: "Agora, por fim, a horrível notícia da destruição de praticamente toda a esquadra na batalha foi confirmada. O próprio Rojestvensky é prisioneiro!" Na mesma ocasião, ele lamentou que a beleza do dia de primavera só tenha agravado sua tristeza.[60]

Ministros do governo, grupos liberais, revolucionários exilados e líderes mundiais se apressaram a apontar culpados, a fazer sua agenda avançar e a prever o futuro político do tsar. As imprensas russa e internacional acompanhavam cada movimento, muitas vezes impondo descaradamente o próprio ponto de vista. Mas ninguém falou diretamente dos cerca de 4.830 homens sacrificados na batalha de Tsushima, nem do dobro desse número que compunham os feridos e capturados. Isto é, até que um bando de marinheiros da Frota do Mar Negro fizesse ouvir a sua voz.

2

AFANASY MATYUCHENKO, contramestre de torpedo do encouraçado Potemkin, subiu a íngreme encosta do monte Malakhov, a leste de Sebastopol, na manhã de 10 de junho de 1905. Então coberta de ciprestes e acácias, a colina já fora terra de ninguém, minada e cheia de trincheiras, palco de um cerco de 349 dias às forças russas pelos britânicos e franceses durante a Guerra da Crimeia. Aquele conflito tinha quase destruído a Frota do Mar Negro inteira, no porto. Só restava a ruína da torre que havia defendido o monte, cinquenta anos antes.[61]

Perto do alto da colina, Matyuchenko encontrou uma mulher descansando recostada a uma árvore. "Tem alguma água para beber?", perguntou.

"Siga em frente. Vire à direita na fonte", ela respondeu, em código.[62]

Depois de alguns minutos seguindo uma trilha estreita que quase não se via em meio à vegetação, Matyuchenko ouviu vozes e sentiu cheiro de fumaça de cigarro através das árvores. Por fim, chegou a uma clareira próxima a um dos cemitérios da colina. Mais de cem marinheiros de uniformes listrados de azul e branco e mais alguns homens e mulheres em roupas civis conversavam ali. Era um encontro secreto da Tsentralka, a organização revolucionária dos marinheiros. Espalhados pela área em torno, marinheiros faziam guarda para avisar da aproximação das patrulhas da polícia ou navais, que desesperadamente tentavam capturar integrantes da Tsentralka.

O vice-almirante Grigory Tchukhnin, o comandante da Frota do Mar Negro, tinha deixado claro em discursos a bordo de cada navio que considerava a presença de revolucionários entre seus marinheiros equivalente a uma doença como a lepra: eles tinham de ser extirpados antes que suas ideias se disseminassem.[63] Ordenava revistas frequentes e de surpresa nos alojamentos da tripulação, procurando marinheiros que portassem livros subversivos. Seus oficiais estavam sempre alerta para detectar reuniões secretas.[64] Havia espiões e informantes por todo lado. Até o padre de um navio foi flagrado tentando eliminar os simpatizantes da revolução, perguntando aos marinheiros, na confissão: "E agora, meu filho, você tem algum sentimento ruim contra ... talvez seus superiores o insultem?"[65] Marinheiros suspeitos de atividades revolucionárias foram transferidos dos encouraçados para navios auxiliares, como embarcações de transporte ou treinamento. Os surpreendidos com literatura subversiva ou fazendo propaganda eram presos e muitas vezes mandados a campos de trabalho forçado.

Para Matyuchenko, que observava Sebastopol lá embaixo desde a clareira, era um risco que ele tinha aceitado correr para poder lutar contra o tsar e contra o tipo de vida a que era submetido na Marinha. A base da Frota do Mar Negro ficava na região norte da cidade, bastante fortificada. Enquanto muitos capitães moravam em casas particulares, Matyuchenko e os outros se aglomeravam como gado em quartéis sem ventilação, vítimas de enxames noturnos de percevejos e ratos. As janelas eram gradeadas e as camas não muito melhores que tábuas de madeira.[66] O encanamento do esgoto vazava pelas paredes, e a água salobra do rio com que eles se lavavam deixava um cheiro forte e uma camada suja sobre a pele.[67] Embora a "cidade augusta", o apelido de Sebastopol, fosse principalmente uma cidade militar, o que ficava claro com os sete encouraçados e os destróieres, torpedeiros e barcos auxiliares ancorados no porto, uma placa na maior avenida da cidade dizia: PROIBIDA A ENTRADA DE CÃES E DE MILITARES DE BAIXA PATENTE.[68]

Além dessas opressões, a destruição da frota de Rojestvensky mostrava a Matyuchenko e aos outros revolucionários que eles estavam lutando pela causa certa. Alguns tinham perdido amigos na batalha, e os marinheiros entendiam melhor que ninguém a incompetência e a negligência de uma liderança que tinha mandado tanta gente para o túmulo. Também estava claro que eles podiam ser os próximos. "Se temos de sacrificar nossas vidas contra os japoneses", observou um marinheiro da Frota do Mar Negro depois de ficar sabendo de Tsushima, "podemos muito bem nos sacrificar pela libertação da Rússia".[69] Matyuchenko, um dos primeiros revolucionários da frota, disseminou esse sentimento entre os marinheiros.

Três dias antes da reunião no monte Malakhov, um incidente em Sebastopol provou a Matyuchenko que os marinheiros da frota estavam prontos para a revolta. Quando soldados que guarneciam uma fortaleza em Sebastopol atacaram seus superiores, o vice-almirante Tchukhnin ordenou aos navios no porto que se preparassem para bombardear a fortaleza. As tripulações a bordo de dois dos encouraçados rejeitaram o comando. No *Santíssima Trindade*, um marinheiro informou seu oficial responsável: "Chega de sangue, não vamos atirar contra quem protesta. Pedimos, Vossa Excelência, que informe o comandante de que não vamos atirar. Não são os soldados nossos irmãos?"[70] No *Ekaterina II*, a tripulação ameaçou destruir o navio para não atirar contra a fortaleza. Apesar de o comandante da guarnição ter conseguido conter o levante sozinho, e de 17 marinheiros terem sido presos por insubordinação, o incidente mostrou a força da convicção entre as tripulações. Pouco depois, a Tsentralka reuniu seus integrantes.

Desde o princípio, a reunião na colina teve clima combativo. Normalmente, nesses encontros, os marinheiros cantavam músicas revolucionárias, tomavam decisões sobre táticas operacionais, conversavam sobre política com operários e líderes locais de vários partidos revolucionários e desabafavam sua frustração para com os superiores.[71] Vez ou outra propunham resoluções exigindo o fim da guerra e declarando seus objetivos.[72] Em março, tinham proclamado esses objetivos em detalhes em um documento chamado "A Resolução dos Marinheiros do Mar Negro", revelando sua esperança na "abolição do regime autocrático e na criação de uma república democrática". Essa república seria comandada por uma assembleia constituinte, com representantes eleitos pelo voto popular direto, igualitário, secreto e universal.

Eram ambições nobres – e tinham a traição em sua essência –, mas escrever resoluções era só o primeiro passo para a concretização de tais objetivos. Naquele dia, porém, os participantes da reunião deveriam decidir, depois de meses de debates, se tomariam uma atitude e dariam início a um motim em toda a frota para deflagrar a revolução.

Todo mundo queria ser ouvido; poucos tentavam chegar a um consenso. Alguns líderes revolucionários só falavam da teoria – de como "não se pode fazer a revolução, ela tem de acontecer sozinha".[73] Outros falavam de ações duras e levantes armados, como se vidas não estivessem sendo colocadas em risco ao se escolher esse caminho. Matyuchenko detestava esse tipo de bate-boca, mas ficou quieto. Um radical de Sebastopol, chamado Pyotr, argumentou que um levante na frota inteira seria prematuro.[74] Como Tchukhnin continuava eliminando os revolucionários, naquele momento mesmo em que a reunião acontecia, Pyotr pediu que os planos fossem adiados até que seu contingente estivesse reforçado. Suas palavras foram recebidas com gritos de protesto de todos os lados, cada voz tentando sufocar a dos outros.

Em seguida Aleksandr Petrov, um maquinista recém-expulso do *Ekaterina II*, depois de sua tripulação ter descumprido a ordem de atirar contra a fortaleza, se levantou para falar. Alto, de rosto largo e quadrado, Petrov mantinha o queixo elevado, como se tivesse nascido aristocrata.[75] Proveniente de uma família de funcionários de Kazan, o maquinista de 23 anos tivera a vantagem de uma boa instrução e dos ensinamentos sobre política e canções revolucionárias desde cedo, por parte dos irmãos mais velhos. Quando foi recrutado para a Marinha, começou a incitar os marinheiros, e seu encouraçado passou a ser conhecido como o "Kate Vermelho", devido a seu sucesso.

"Sabemos como é difícil criar um levante generalizado. Depois de começar em um ponto, ele corre o risco de perder a força e morrer em outro", começou Petrov, as palavras fluindo com facilidade; elas estavam esperando havia anos. "O Exército só vai passar para o lado do povo quando confiar no levante generalizado. Para isso é necessário que o levante atinja uma vasta região. E não temos essa vasta região? O mar Negro?! Quem, senão nós, os marinheiros, depois de iniciar a revolução em Sebastopol, pode levá-la até o Cáucaso e de lá para Odessa e Nikolayev? Quem, senão nós, será capaz de atrair imediatamente o Exército para que ele participe da revolução?"[76]

Muitos outros ecoaram suas palavras.[77] Próximo a Matyuchenko, seu amigo e também marinheiro do Potemkin Grigory Vakulentchuk gritou: "Adiar significa o fracasso da revolução. Neste mesmo instante, em todo lugar, trabalhadores e camponeses estão em greve. Temos de nos unir à luta comum."[78]

O debate tendeu para o lado deles, e os marinheiros rapidamente passaram à discussão das táticas. Muitos concordavam que o motim deveria acontecer logo depois que a frota se unisse para manobras perto da ilha de Tendra, no final daquele mês. Matyuchenko queria agir antes. "Por que esperar pela saída para o mar?", perguntou aos ali reunidos. "O motim tem de começar imediatamente. Amanhã mesmo!"[79] Mas foi vaiado, por causa de sua impetuosidade costumeira.[80] Quando a discussão passou para qual navio deveria sinalizar o início do levante, Matyuchenko propôs o Potemkin. Mas a maioria achava que o encouraçado *Rostislav* tinha maior força simbólica, como nau capitânia da frota.

Ao final da reunião, os marinheiros da Tsentralka parabenizaram uns aos outros pelo plano de ação: quando a frota se reunisse, no dia 21 de junho, e o *Rostislav* atirasse com sua bateria principal, o motim generalizado pela tropa começaria. "Que o tsar se reúna ao pai antes do que previa!", gritou um marinheiro enquanto a reunião se dispersava.[81] A clareira foi desocupada, e os marinheiros voltaram a pé para Sebastopol, Matyuchenko entre eles. Embora suas ideias não tivessem sido adotadas, ele estava feliz com o fato de os líderes da Tsentralka pelo menos terem se mexido para entrar na revolução. Essa era a meta que ele tinha estabelecido para si mesmo havia muito tempo.

Em 1879, em um casebre de paredes de barro e telhado de palha, nasceu Afanasy Nikolayevitch Matyuchenko.[82] Ele dividia a moradia, um espaço de apenas 5 por 5 metros, com os pais e cinco irmãos.[83] O casebre tinha um fogão, uma mesa grande para as refeições e, em um canto, símbolos religiosos. A família dormia em cima da estufa e sobre os bancos de madeira encostados às paredes. Nos longos invernos, punham para dentro os porcos, bezerros e gansos. A porta e as janelas ficavam sempre fechadas para isolar o frio, e o ar ficava quase irrespirável com o fedor dos animais.

Do lado de fora do casebre, o vilarejo de Dergachi, na "Pequena Rússia", ou Ucrânia, era igual a qualquer outra comunidade de camponeses do império, administrada pelos anciões. Os camponeses levavam uma vida comunal, isolada do resto do mundo. Usavam os mesmos sapatos de treliça e as túnicas de algodão que os camponeses usavam havia séculos. As estradas que levavam à cidadezinha frequentemente ficavam cheias de atoleiros, e um forasteiro que conseguisse entrar ali nada encontraria de interessante. O vilarejo quase não tinha árvores e arbustos. O poço de água potável ficava perto do bebedouro dos cavalos. Os campos de trigo, cevada, beterraba e outras culturas se dividiam em faixas estreitas de terra; cada família do vilarejo cultivava um pouco. Era uma vida violenta e primitiva, baseada na responsabilidade para com a comunidade, no apego à terra e em um temor arraigado à autoridade, fosse ela representada pelos moradores mais velhos, pelo tsar ou por Deus.

O pai de Afanasy, Nikolai, nascera servo, e ficara preso ao proprietário de terras até a Emancipação de 1861, uma das várias reformas lançadas por Alexandre II logo após a Guerra da Crimeia. A liberdade pesou como um fardo sobre sua existência banal.[84] Nikolai devia altas somas ao governo pela terra, e, como estava subordinado à assembleia do vilarejo, não podia plantar o que bem quisesse. Tampouco podia deixar o vilarejo para procurar outro trabalho sem a permissão da assembleia.

Quando Afanasy era criança, seu pai não conseguiu sustentar a família com a lavoura. Tornou-se então sapateiro, ganhando apenas o suficiente para a subsistência. Aos 9 anos de idade, Afanasy foi matriculado em uma escola dominical na igreja para aprender a ler, uma oportunidade incomum (embora crescente) para filhos de camponeses naquela época.[85] Afanasy era determinado e tinha vontade de aprender, por isso seus pais lhe deram a oportunidade de ir à escola. Dividia seu tempo livre entre ler e pescar, mas ambas as atividades lhe foram tiradas no início da grande fome de 1891, quando os campos na Rússia inteira viraram pó, deixando vilarejos inteiros devastados pela fome e por doenças como cólera e tifo. O pai dele, que sempre bebera bastante, virou um bêbado imprestável. Afanasy teve que trabalhar para ajudar a alimentar a família. Tinha 12 anos quando começou a consertar sapatos no quarto escuro, depois que o pai apagava.

Aos 15 anos, Afanasy decidiu que a vida não podia ser só aquilo. Treze quilômetros a sudeste do vilarejo, a cidade de Kharkov estava rapidamente se industrializando, e funcionava como centro de transporte do sul da Rússia. Encontrou um emprego durante o dia como zelador, depois como operador de óleo em máquinas a vapor – apenas mais um dentre as legiões de camponeses que seguiram caminho semelhante para conseguir sobreviver. Ali levou uma vida de operário urbano, respirando a fumaça negra que era cuspida pelas chaminés das fábricas.[86] Quando os contramestres ficavam insatisfeitos com o ritmo do trabalho, batiam na cara dos operários; quando os trabalhadores iam embora, eram revistados, como se estivesse implícito que se tratava de ladrõezinhos. Tinham poucos direitos reconhecidos. A maioria, como Matyuchenko, trabalhava seis dias por semana, 12 ou mais horas por dia, e levava para casa menos de seis rublos por mês. (Um jantar decente em um dos hotéis da cidade custava dois rublos.[87]) Ao fim do dia, homens, mulheres e crianças deixavam as fábricas pálidos e exaustos, para chegar a alojamentos lotados, de pé-direito baixo e lavatórios piores que os de animais. As más condições inutilizavam, todo ano, um em cada sete operários com alguma doença grave.[88]

Matyuchenko, por sua vez, voltava para o vilarejo toda noite. Ali tinha momentos em que ainda podia ser adolescente, lendo livros que tinha tomado emprestado da biblioteca perto do armazém.[89] Também aprendeu a tocar música. Com os poucos copeques que sobravam do que dava à família, comprou um acordeão. Depois do trabalho, tocava seu novo instrumento para o deleite dos amigos, que cantavam e dançavam.

Uma noite, um guarda do vilarejo cansou do acordeão. Foi até lá e confiscou o instrumento. Matyuchenko tentou brigar com ele, correndo o risco de ser preso, mas seu pai o segurou e implorou ao guarda que não registrasse o incidente. Pelo resto da vida, Matyuchenko se lembraria da sensação de amargura e impotência. Alguns meses depois, tentou se vingar. Não era permitido que grupos de garotos se reunissem à noite, para evitar tumultos, e era tarefa do guarda dissolver qualquer tipo de aglomeração. Em uma noite de verão, Matyuchenko e vários outros meninos atraíram uma patrulha com sua cantoria e depois fizeram uma emboscada com pedras e paus. Os guardas fugiram, mas depois descobriram que Matyuchenko era o líder do bando. Eles prenderam e espancaram o adolescente até ele desmaiar, em uma cela da prisão. Quando Matyuchenko finalmente acordou, os hematomas em seu rosto doíam só de encostar. Um ressentimento profundo cresceu dentro dele.

Em Kharkov, Matyuchenko começou a se encontrar com outros operários do armazém, depois do fim do turno, para conversar sobre as injustiças que viam por todo lado. Uma vez chegou até a convidá-los a ir a sua casa, em Dergachi. A conversa em torno da mesa se voltou para a necessidade de destronar o tsar. O pai de Matyuchenko ouviu a discussão de fora do casebre e depois, nervoso, chamou o filho de lado:

– Não é possível ficar sem tsar. Isso nunca vai acontecer. Lembre-se, filho, de que, assim como não há mundo sem Deus, não pode haver terra sem tsar![90]

Matyuchenko olhou para o pai e para os trapos que ele vestia.

– Você sabia que o tsar possui mais terra que qualquer outra pessoa na Rússia? Você sabia que existem outros países que *não* são governados por um tsar, e que as pessoas desses países têm uma vida melhor que a nossa?

Poucos meses antes de completar 18 anos, Matyuchenko já tinha deixado o pai e suas tradições para trás. Havia um mundo inteiro fora de Dergachi, e até fora de Kharkov, um mundo sobre o qual ele tinha lido nas histórias da Revolução Francesa, de Oliver Cromwell, e nas aventuras de Giuseppe Garibaldi.[91] Como muitos jovens que tinham saído dos vilarejos para as cidades, ele queria ter uma vida melhor. Fizera amizade com gente que tinha sofrido terrivelmente, como ele, e essas pessoas tinham ideias sobre a vida baseadas na razão e na independência, e não na fé cega na benevolência do tsar. Algumas estavam dispostas a lutar contra os ricos proprietários de terra e donos de fábricas.

Ingenuamente, Matyuchenko falou sobre isso com seus amigos de infância do vilarejo. Os administradores de Dergachi ficaram sabendo das blasfêmias e planejaram sua prisão. Os guardas do vilarejo foram capturá-lo em uma tarde de domingo, depois da missa. Matyuchenko fugiu para a torre. Seus algozes o seguiram, e ele escalou pela corda ligada ao sino. Seus amigos gritaram "Fogo!", criando pânico e esvaziando a igreja bem no caminho dos guardas, e Matyuchenko escapou. Impossibilitado de voltar ao vilarejo ou de ir para o armazém de Kharkovs, ele partiu para Odessa. Em 1896, já era um foragido, quase sem esperanças de um retorno.

Meses depois, após ter trabalhado no porto de Odessa, Matyuchenko se inscreveu para trabalhar como carvoeiro em um barco a vapor que ia para Vladivostok.[92] Era um trabalho sujo e ingrato, nas profundezas do navio, mas pelo menos ele estava viajando, conhecendo a vida além do vilarejo. O vapor parou na Turquia, no Egito e em outros portos no caminho antes de chegar ao destino, no Extremo Oriente. Depois da chegada a Vladivostok, Matyuchenko passou dois anos na cidade portuária, trabalhando como maquinista-assistente na ferrovia. Suportou jornadas de trabalho debilitantes e condições de vida parecidas com as de Kharkov.

Conforme Matyuchenko foi amadurecendo, cada vez mais se ressentia com o fato de ser tratado como uma simples coisa, ignorante e sem valor. Já tinha então lido muito, aprendido muitas novas habilidades desde que deixara Odessa, visto mais do mundo que a maioria das pessoas, e achava que merecia mais respeito dos patrões. Mas nada mudara: ele não tinha direitos nem meios de reclamar. Tinha o mesmo ressentimento do operário que disse: "Não somos nem reconhecidos como gente, somos considerados lixo, que pode ser descartado a qualquer momento."[93] Em 1898, Matyuchenko decidiu voltar a Dergachi para rever a família. Atravessou a Sibéria e a Rússia. Ao chegar ao vilarejo, a amargura que sentira depois de ter sido espancado, anos antes, tinha se transformado em ódio pela pobreza e repressão que testemunhava por toda parte.

Depois de uma rápida visita, novamente deixou sua família e se mudou para Rostov-sobre-o-Don, assumindo um emprego no cais. Logo encontrou pessoas que sentiam o mesmo que ele: operários falando de revolução. Foi convidado a entrar em um círculo de estudos – um formato mais organizado, mas clandestino, dos grupos de discussão que tinha conhecido em Kharkov, onde liam Marx e panfletos de intelectuais exilados, entre brindes de "Abaixo o tsar!" e "Vida longa ao socialismo!".[94] O líder do círculo era Vladimir Petrov, futuro líder bolchevique. Com o objetivo de atrair totalmente Matyuchenko para o lado deles, o doutrinaram na história do pensamento revolucionário, impondo as opiniões social-democratas como o melhor caminho para a revolução.

A Rússia vinha trilhando esse caminho desde que um punhado de nobres tentara instalar um governo constitucional após a morte de Alexandre I, em 1825. Esses nobres, que armaram a trama "entre o clarete e o champanhe" – na descrição de Puchkin –, foram executados pelo levante.[95] Nos oitenta anos que se seguiram, emergiu uma classe de líderes revolucionários na Rússia. Principalmente os intelectuais se aprofundaram no estudo dos movimentos filosóficos europeus (e das Revoluções Francesas de 1789 e 1848), e então estabeleceram planos para derrubar o tsar e criar uma utopia social.

Os primeiros radicais, como Sergei Netchayev, que aos 9 anos de idade tinha trabalhado em uma fábrica, defendiam que um grupo dedicado de revolucionários tomasse o controle do governo e então promovesse o bem-estar do povo.[96] Rios de sangue teriam de jorrar, já que o revolucionário precisava "destruir qualquer um que ficasse no caminho", como escreveu Netchayev. Ele era a personificação dessa brutalidade: quando um integrante de sua organização argumentou contra suas estratégias golpistas, Netchayev e três outros homens o espancaram, estrangularam e depois atiraram nele.

Mas quando terminou de cumprir a pena de prisão por esse crime, suas ideias tinham perdido apoio. Um outro grupo de intelectuais – desta vez inspirados por Aleksandr Herzen, um escritor russo exilado – adotou a abordagem da revolução social feita de baixo para cima. Previa que o camponês russo é que seria a fonte da libertação do povo. No início dos anos 1870, estudantes que defendiam a revolução viajaram para áreas rurais a fim de convencer os camponeses a abraçar sua causa, mas encontraram uma hostilidade (às vezes física) deles para com forasteiros. Alguns líderes radicais voltaram à violência como meio de chegar ao poder; outros encontraram esclarecimento em *O Capital*, de Karl Marx. Seu foco na classe operária industrial (o proletariado) como força que poderia precipitar um Estado socialista teve um efeito profundo, principalmente levando em conta o fracasso no arrebanhamento dos camponeses para a causa.

Mas a Rússia ainda não tinha evoluído até o Estado capitalista maduro que, segundo a teoria de Marx, tinha de preceder a libertação do povo.[97] Intelectuais radicais, mais uma vez, adaptaram suas ideias e formularam um plano de ação para a Rússia. Em 1895, Georgy Plekhanov preparou o terreno com sua teoria da revolução em duas etapas. Primeiro, o proletariado se aliaria à burguesia de classe média, que estava fazendo o Estado capitalista avançar, para lutar contra o tsar. Quando os trabalhadores tivessem conquistado liberdades democráticas – especificamente a possibilidade de se organizar e de falar livremente – e a economia de mercado estivesse suficientemente desenvolvida, viria o segundo estágio da revolução, levando a um Estado socialista. Não haveria a necessidade de campanhas de terror nem das execuções em grande escala propostas por Netchayev.

Os intelectuais russos, que nunca tinham sido um grupo coeso, começaram, perto do final do século, a se dividir em facções independentes e concorrentes entre si, frustrados com a manutenção do poder pelo governo tsarista.[98] Vários líderes revolucionários, entre eles Plekhanov, formaram o Partido Social-Democrata para esclarecer os trabalhadores com a propaganda e politizá-los com as greves, criando uma vanguarda revolucionária que cresceria cada vez mais, até pôr em prática a revolução em duas etapas. Enquanto os social-democratas se concentravam nos trabalhadores, os revolucionários socialistas acreditavam no poder dos camponeses para concretizar a revolução, associando a força deles a ataques de terror que minassem o governo. Outros grupos lutavam estritamente pela melhoria nas condições dos trabalhadores, em vez de usá-los como meio para obter a revolução. Outros, ainda, abandonaram suas ideias mais radicais, na esperança de estabelecer uma democracia parlamentarista: seu novo slogan era reforma, não revolução.

O jovem incendiário chamado Lenin não queria saber dessa estratégia mais moderada.[99] Dissecava os argumentos de seus oponentes nos artigos que escrevia e pela contundência de sua personalidade. Fazer concessões para com os liberais burgueses, algo em que alguns dos social-democratas como ele acreditavam, era um anátema para Lenin, assim como fazer concessões para com quem quer que fosse, especialmente aqueles que buscavam apenas as reformas. Lenin afirmava que a

Rússia já estava pronta para a revolução. Para liderar os trabalhadores na derrubada do tsar e na imposição do Estado socialista, os social-democratas precisavam da liderança de um grupo de revolucionários devotos, e de punhos de aço. Caso contrário, a revolução se desintegraria. Essa visão linha-dura acabou dividindo os social-democratas em dois grupos: os bolcheviques, reunidos em torno de Lenin, e os mencheviques, uma facção praticamente sem comando que acreditava em uma revolução mais democrática, temendo que o caminho rival acabasse simplesmente levando a uma forma diferente de ditadura.

Na figura de um ex-camponês e trabalhador que abominava o jugo autoritário e havia se esclarecido pelos livros e círculos de estudo, Matyuchenko era um candidato ideal para se afiliar à revolução. Mas os tratados filosóficos e as ideologias concorrentes discutidas em Rostov soavam como palavras vazias para ele. Em termos abstratos, entendia que o tsar era a fonte da opressão por que havia passado quando era camponês, e depois como operário, mas ainda não tinha aderido à causa revolucionária.[100] Só depois de ficar cara a cara com os instrumentos do regime do tsar é que sentiu revolta suficiente para arriscar a vida em busca de sua derrubada. Então, no seu aniversário de 21 anos, em maio de 1900, recebeu o comunicado de seu recrutamento.

Seguindo as leis do serviço militar, Matyuchenko voltou a sua cidade natal no fim do verão para receber a sentença de sete anos na ativa: no Exército ou na Marinha, decididos por sorteio.[101] Sem dinheiro para conseguir se liberar por suborno e sem acreditar no feitiço que as "velhas sábias" poderiam lançar sobre os médicos para que eles o recusassem, teve de aceitar a obrigação. Em seu vilarejo, na noite anterior ao sorteio, o cenário era caótico: outros rapazes de sua idade se afogavam em vodca, perseguiam garotas e dançavam nas ruas, entre um e outro jantar de despedida oferecidos pelas famílias. Era como se os jovens estivessem comemorando o último dia antes do Juízo Final. Alguns, em Dergachi, eram velhos o bastante para se lembrar do antigo serviço militar obrigatório de 25 anos e de ver outros servos sendo levados do vilarejo acorrentados, seguidos por cantos fúnebres. Para um rapaz como Matyuchenko, porém, sete anos já eram como uma vida inteira. Era compreensível que ele se sentisse "nu, exposto, trêmulo" – pensamentos de um recruta no dia da partida.[102]

No dia seguinte Matyuchenko e os outros homens do vilarejo, acompanhados das famílias, viajaram de carroça até Kharkov.[103] Os mais velhos tinham dado a cada um deles um litro de vodca e cinco rublos para que eles se sustentassem nos dias seguintes. Muitos chegaram bêbados como imbecis. No centro de recrutamento, um funcionário público os chamava um por um, pelo nome. Mães se jogavam no chão, em pranto pelos filhos. Por fim, Matyuchenko ouviu seu nome, deu um passo à frente e sorteou seu destino – a Marinha. Bom, pensou, pelo menos já tinha alguma experiência no mar e gostava dos grandes espaços que ele proporcionava.

Chegou a Sebastopol de trem, carregando tudo o que possuía no ombro, em uma bolsa de lona. Na base, um oficial o designou à 36ª Companhia Naval da Frota do Mar Negro. Cercado por ex-camponeses e operários que tinham conhecido a mesma vida brutal que ele, proferiu seu juramento: "Prometo e portanto juro diante de Deus Todo-Poderoso, diante de Seus Evangelhos Sagrados, servir a Sua Majestade Imperial, o Autocrata Supremo, com sinceridade e fidelidade, a obedecer-lhe em todas as coisas e a defender sua dinastia, sem poupar meu corpo, até a última gota de meu sangue."[104]

Naquele momento, Matyuchenko entrou em outro mundo, um mundo projetado, como escreveu Ivan Lychev, também marinheiro do mar Negro, a "remover até o último vestígio de humanidade da alma da pessoa".[105] Primeiro ficou sabendo como seria tratado pelos próximos sete anos: pelo pronome russo *ti*, tratamento usado normalmente para obter a atenção de crianças ou animais, em vez do formal *vi*.[106] Seu pai, que já fora servo, um dia já fora chamado daquela maneira por seu senhor. Depois Matyuchenko aprendeu a tratar os oficiais de acordo com a patente: "Vossa Senhoria", "Vossa Excelência", "Vossa Altíssima Magnificência" e assim por diante, segundo a cadeia de comando. Para evitar punição, tinha de responder aos superiores com frases precisamente predeterminadas, em voz alta: "Precisamente, Vossa Senhoria", "De forma alguma, Vossa Senhoria", "É um prazer servi-lo, Vossa Senhoria". Pequenas violações eram punidas com um golpe de fuzil na cabeça, um tapa na cara ou uma ordem para montar guarda com um saco pesado nos ombros por oito horas, para depois subir e descer descalço a escada de corda do navio até os pés sangrarem. Se estivesse realmente bravo, um oficial sempre podia ordenar uma surra discreta ou 15 dias de isolamento em uma cela de cimento úmida e sem luz. Na Marinha russa, disciplina significava temer os superiores mais que o próprio inimigo.[107]

O regime de treinamento de quatro meses consistia de longos dias e noites marchando, realizando exercícios em terra, aprendendo os princípios da arte naval e memorizando detalhes inúteis e as patentes militares da família do tsar. Os marinheiros diziam que envelheciam décadas naquele curto período de tempo. Quem vinha das províncias que tinham o azar de não falar russo ficava com o fardo mais pesado; eram espancados sem piedade até aprender o que era "esquerda" e "direita". Alguns só entendiam após uma passagem pelo hospital naval.

Qualquer esperança que novos marinheiros como Matyuchenko tivessem de encontrar alívio nos alojamentos ou nas áreas de convivência era logo eliminada. A comida se resumia a mingau. "O café da manhã de gororoba de cereais, fervido em panelões de ferro, ficava lá o dia inteiro, fermentando em camadas mais grossas", reclamou um marinheiro em uma carta para casa. "Ele é preparado com grãos estragados, sal e água, e dá azia. [...] O pão quebra os dentes, e o gosto faz os olhos arderem."[108] No jantar, o *borshtch*, só com os piores cortes de carne, se é que havia algum, lembrava poço de porcos.[109] Se um marinheiro reclamasse da comida, o médico da unidade prescrevia altas doses de óleo de rícino.[110] Quanto aos alojamentos, lotados e de conservação grotesca, não era possível gozar sequer um minuto de privacidade.

Nas seis horas por mês que Matyuchenko tinha de folga, se via preso por regras que pareciam ter sido criadas para degradá-lo.[111] Primeiro, tinha que implorar por uma permissão para deixar a base, ficando à mercê dos caprichos do responsável. Uma vez em Sebastopol, era proibido de fumar em público, comer em restaurantes, ir ao teatro, andar de bonde ou em qualquer compartimento de trem que não a terceira classe. Se encontrasse uma garota em um dos poucos lugares onde podia entrar, e se por acaso eles pretendessem se casar, as regras proibiam a união ao longo de todo o serviço na Marinha.

E havia os "dragões", como Matyuchenko rapidamente apelidou seus oficiais. Quase como regra, vinham de famílias nobres, embora a maioria fosse de antigas famílias navais que tinham conquistado o título por seu serviço.[112] A Marinha normalmente atraía os piores exemplares dessa gente, os que não tinham conseguido ser aceitos em uma carreira mais bem-remunerada e com mais prestígio fora das Forças Armadas. Aqueles que optavam por se tornar oficiais frequentemente encaravam a Marinha como um refúgio da Rússia em transformação.[113] Naquele braço das Forças Armadas, princípios autocráticos e rígidos e as velhas tradições ainda predominavam. Naturalmente, havia bastante espaço para casos amorosos, jogatina, bebedeira, duelos por insultos à honra e para o furto puro e simples, muitas vezes à custa dos marinheiros.[114] Muitos oficiais eram tiranos grosseiros, com uma veia de crueldade.[115] Tratavam os marinheiros como servos ou como "animais selvagens" que precisavam ser domados, ou às vezes uma combinação dos dois.

Matyuchenko suportou os quatro meses de treinamento, seguidos por um curso de especialização no mecanismo dos torpedos, e em seguida frequentou uma escola avançada sobre a mesma especialidade perto de São Petersburgo.[116] Em 1902 foi promovido a contramestre e designado para o encouraçado Potemkin, então em construção em um estaleiro do mar Negro. Considerado um bom e fiel marinheiro por seus superiores, foi escolhido para servir no iate particular de Nicolau II, o *Polyarnaya Zvezda* (Estrela Polar), de 337 pés, que o tsar usava em suas férias anuais na região.

Desde o dia em que chegara a Sebastopol como recruta, porém, um outro Matyuchenko surgia de dentro dele. Um revolucionário estava sendo forjado sob o peso da perseguição a que se sentia submetido e que testemunhava à sua volta, a perseguição daqueles a quem os oficiais chamavam de "escória", "patifes", "camponeses sujos". Assim como os intelectuais radicais detidos nas prisões do tsar, Matyuchenko sentiu que a luta contra Nicolau II passara a ser pessoal e premente.[117] Abominava a maneira como os camponeses e trabalhadores eram roubados e depois marchavam para servir ao regime que tinha executado o roubo; se revoltava com o modo como os oficiais que puniam os marinheiros sem motivo ainda esperavam obediência em troca, e como o tsar ordenava a seus soldados que atirassem em seus irmãos e irmãs.[118] Matyuchenko encontrou então uma maneira de canalizar sua fúria quando conheceu Ivan Yakhnovsky, um marinheiro que organizava sua própria luta contra a Marinha do tsar com uma gráfica escondida no porão do pai e um talento para inspirar os outros.

Ivan Yakhnovsky tinha testa e queixo quadrados, olhos pensativos e um certo ar de estoicismo.[119] Fundidor em uma fábrica de locomotivas em Kharkov (para onde sua família tinha se mudado depois de passar fome no campo), tinha entrado em um círculo de estudos social-democrata, aprendido a arte da agitação social e participado de várias greves de operários, sendo que uma resultara em sua prisão. No verão de 1902, foi convocado pela Marinha. Seus amigos sugeriram que ficasse clandestinamente em Kharkov, mas ele tinha outra ideia: entrar na Marinha e arrebanhar os marinheiros para a revolução.

A frota era ideal para sua intenção. A Marinha russa exigia pessoas muito mais instruídas e habilidosas que o Exército, por causa da tecnologia complexa inerente à operação dos navios de guerra modernos.[120] A Marinha precisava de maquinistas, caldeireiros, encanadores, eletricistas e telegrafistas, não apenas mãos para fazer trabalhos gerais nos deques. Com isso em mente, recrutava especificamente trabalhadores das cidades (embora ainda convocasse muitos camponeses, dada a necessidade de um grande número de marinheiros). Frequentemente esses operários já tinham sido expostos à propaganda e simpatizavam com os revolucionários, especialmente porque seus superiores os tratavam como camponeses que nunca tinham visto uma lâmpada antes da convocação. Além disso, a natureza do treinamento básico, que obrigava os recrutas a subjugar sua individualidade para trabalhar em conjunto, unia os marinheiros e dava a eles uma identidade comum.[121] Ironicamente, isso compunha as bases perfeitas para as metas revolucionárias.

Àquela altura, Matyuchenko já não conseguia esconder sua revolta e deve ter sido facilmente identificável como um agitador em potencial. Fez amizade abertamente com vários trabalhadores ligados a partidos revolucionários em Nikolayev.[122] À menor provocação, lançava tiradas como "Que verdade pode existir em nossa sociedade quando existem regras pelas quais [o marinheiro] é considerado um mero animal?".[123]

Matyuchenko também se destacava porque os outros buscavam nele um protetor. Sempre que os marinheiros tinham de montar guarda no inverno sem casaco ou botas adequados, Matyuchenko arranjava o dinheiro, muitas vezes do próprio bolso, para comprá-los.

Pouco tempo depois de sua chegada à Marinha, Yakhnovsky formou um círculo de estudos e Matyuchenko foi um dos primeiros a entrar nele. Matyuchenko abraçou a luta com vigor, frequentemente sem nem temer ser preso por recrutar marinheiros.[124] Caminhava pelos pavimentos inferiores, onde os marinheiros dormiam, e perguntava: "Há alguém aí de Kharkov?" Se não houvesse resposta, virava para o marinheiro mais próximo para ver de onde ele vinha. "Podol, sério? Caro irmão, estou procurando alguém daquela região! Há quanto tempo está aqui?" Tinha uma conversa agradável, e logo reunia um grupo em torno de si. Começava, então, a mencionar o duro tratamento que os marinheiros recebiam. Depois de obter alguns sinais de aquiescência, mostrava a literatura ilegal que poderia levá-lo à forca. "Ele era corajoso assim", disse Yakhnovsky.

Em poucos meses, o ex-agitador de Kharkov e seus primeiros recrutas criaram uma rede de círculos de estudo, com entre cinco e sete marinheiros cada um, por toda a frota. Infiltravam a bordo panfletos e jornais ilegais, dentro de sacas de açúcar ou amarrados nas panturrilhas, escondendo-os depois nos botes salva-vidas e sob os estoques de armas, até que eles fossem distribuídos.[125] Muitas vezes os marinheiros acordavam e encontravam panfletos debaixo do travesseiro. Organizavam reuniões nas salas de máquinas, enquanto nadavam, e sob a camuflagem de sessões de rezas. Inventaram sinais para alertar os marinheiros da aproximação de um oficial: um cigarro jogado em um balde d'água ou uma rápida sessão de tosse. Mesmo quando o comando da Frota do Mar Negro tentou exterminar suas atividades, os círculos foram crescendo. Os líderes de cada um estavam ligados por intermédio da Tsentralka, que realizava reuniões entre grupos, recrutava oradores, coordenava a disseminação da literatura, colaborava com grupos revolucionários em Sebastopol e dirigia as atividades em geral dos marinheiros.[126] Quando Yakhnovsky foi detido, em meados de 1904, e mandado para a prisão, o movimento revolucionário dentro da frota já tinha vida própria. A guerra com o Japão e a chegada de Tchukhnin, o novo comandante da Frota do Mar Negro, que instituiu uma forte repressão disciplinar, só exacerbaram seu empenho.

O tempo todo, Matyuchenko manteve seus métodos de recrutamento pouco discretos, conseguindo de alguma maneira escapar às suspeitas.[127] Mas os marinheiros conheciam suas opiniões. Alguns líderes da Tsentralka temiam seu ódio estridente ao regime. Nada mais parecia importar para ele, e se um marinheiro mencionasse qualquer coisa que não a revolução, Matyuchenko questionava sua dedicação ou chegava a acusá-lo de ser espião.

Boa parte da ação da Tsentralka – e a força do movimento – se concentrava em melhorar as condições de vida dos marinheiros: salário mais alto, comida melhor, tempo de serviço mais curto, abolição das continências e formação de júris de pares na corte marcial.[128] Matyuchenko, no entanto, só queria mesmo era briga. Sua lealdade de social-democrata era, no mínimo, questionável. Seguia suas emoções, não princípios ideológicos. "A mim todos os partidos parecem bons", escreveu. "Quanto mais o partido bate no regime, melhor me parece."[129]

Naqueles dias, os marinheiros revolucionários comentavam o fervor de Matyuchenko, seu temperamento instável e sua incapacidade de ficar indiferente à injustiça. Uma vez, quando um oficial subalterno exagerou na repreensão a um marinheiro, Matyuchenko ficou instantaneamente vermelho, os olhos escuros se estreitaram e seu porte compacto se tensionou como se ele estivesse prestes a desferir um soco.[130] Não houve temor de autoridade ou punição que o contivessem para defender o marinheiro, falando rápido e duro com o suboficial, dizendo que tratasse os homens sob seu comando com justiça. Seus companheiros de tripulação adoravam Matyuchenko por essas características, mas não se referiam a ele como líder.

Para os rebeldes a bordo do Potemkin, o grande amigo de Matyuchenko, Grigory Vakulentchuk, era quem fazia esse papel, principalmente após a decisão de vida e morte tomada na manhã do dia 10 de junho, a de entrar em motim. Matyuchenko podia ser aquele a quem recorrer se as coisas ficassem difíceis ("ele atravessaria o fogo por um irmão marinheiro", disse um),[131] mas Vakulentchuk contava com o respeito de todos os homens que o cercavam. Com seu bigode preto singular, de pontas recurvadas, sua voz retumbante e sua calma sobrenatural, era um líder por natureza.[132] Embora estivesse no fim de seu tempo de serviço, se arriscava pelos outros marinheiros. Na prática, Matyuchenko vinha logo abaixo de Vakulentchuk na linha de comando.

Quando Matyuchenko e os outros marinheiros voltaram à base naval, depois da reunião da Tsentralka, tinham muitos preparativos a fazer antes das manobras com a frota, que aconteceriam dali a uma semana e meia.[133] Além de montar a estratégia para a tomada do navio – da captura das armas até a operação da torre de comando e das salas de máquinas –, tinham, principalmente, que disseminar mais propaganda entre os marinheiros. Os tripulantes que simpatizavam com a causa somavam no máximo 200. Desses, apenas 50 eram totalmente confiáveis.[134] Dos 763 marinheiros a bordo do Potemkin, a maioria era de recrutas crus, indiferentes ou cegamente fiéis à autoridade do tsar. Por instinto, seguiriam seus oficiais e suboficiais (esses ex-marinheiros, que tinham se realistado e sido promovidos, eram chamados de "oportunistas",[135] porque quase sempre só deviam lealdade a seus superiores e a suas próprias carreiras). Assim, os revolucionários tinham de converter o máximo de marinheiros possível a sua causa antes de zarpar de Sebastopol. Pondo imediatamente mãos à obra, o fornalhista Fyodor Nikichkin, um dos melhores agitadores, convocou toda a tripulação do navio para "reuniões bíblicas".

No dia seguinte,[136] 11 de junho, o capitão do Potemkin, Yvgueni Golikov, informou sua tripulação de que eles partiriam mais cedo para testar as armas do navio antes das manobras com a frota. Veio então outra surpresa. No convés, anunciou os nomes de 40 marinheiros que seriam retirados do Potemkin e transferidos; isso logo depois de um grande rearranjo nas tripulações da Frota do Mar Negro, que já tinha acontecido antes naquela primavera, para desorganizar as atividades dos revolucionários. Felizmente, entre os expulsos, os oficiais só pegaram um dos líderes revolucionários do Potemkin. Matyuchenko e Vakulentchuk permaneceram, embora se preocupassem com o que Golikov podia ter planejado para o navio para depois da partida. Ele obviamente sabia que alguma coisa estava sendo armada.

Naquela noite, na escuridão, Vakulentchuk enviou bilhetes pelos alojamentos da base para os outros líderes da Tsentralka.[137] Tinha aprendido com Yakhnovsky e outros revolucionários a escrever em código e a colar mensagens dentro da capa de livros. Dada a importância da questão, os bilhetes não podiam ficar diante de olhos bisbilhoteiros. Neles pedia que o Potemkin fosse escolhido para dar início ao motim em vez da nau capitânia *Rostislav*, exatamente como Matyuchenko queria. Assumir essa responsabilidade ajudaria a inspirar mais marinheiros do Potemkin, e seria essencial para o levante da frota que os participantes vissem que o Potemkin, o encouraçado mais formidável entre eles, estava a seu lado. A potência de suas armas superava a importância da liderança simbólica.

De manhã, Vakulentchuk e Matyuchenko receberam a resposta: o Potemkin iniciaria a revolta. As ordens eram de preparar uma lista de oficiais e suboficiais propensos a resistir e designar um marinheiro para lidar com cada um deles nos primeiros momentos do motim. O levante deveria ocorrer depois da mudança de guarda da 1h, e, o que era mais importante, apenas depois que a frota toda tivesse se reunido. Quando tivessem tomado o navio, as ordens instruíam que "levantassem a âncora, ultrapassassem o horizonte, informassem o restante da tripulação do fato e esperassem pelo nascer do sol. Se algum navio não se juntasse ao Potemkin, que abrissem fogo". Depois que a esquadra revolucionária estivesse formada, ela tomaria Sebastopol, organizaria suas forças e avançaria para derrubar o tsar.

Houve quem chamasse o plano de inconsequente, prematuro e fadado ao fracasso, mas a alternativa para marinheiros como Matyuchenko – uma existência torturante, a morte no Extremo Oriente e a opressão constante de seus compatriotas – era ainda mais insuportável.

3

NAS ENTRANHAS DO POTEMKIN, os homens jogavam carvão nas fornalhas e levantavam o vapor.[138] A cavernosa sala das máquinas era iluminada por luz elétrica, mas a maioria dos maquinistas se movimentava sob as sombras das enormes caldeiras e das turbinas, uniformes cobertos de preto, olhos ardendo pelo pó de carvão.[139] Uma mistura de óleo e água cobria o chão, e o barulho transformava as conversas em mímicas e gritos no ouvido. Quanto ao calor, os poucos ventiladores só ajudavam a concentrar bolsões de ar úmido e escaldante. Fora da sala das máquinas, marinheiros se apressavam pelos deques, seguindo as ordens gritadas por seus superiores, enquanto se preparavam para a partida na tarde de domingo, 12 de junho de 1905. Por fim, veio o comando para levantar âncora.

"Âncora iniciada!"[140] A corrente rangeu pelo escovém. "Âncora solta!" Marinheiros limpavam o lodo que se prendia à corrente. "Âncora à vista. ... Âncora limpa." E então um barulho de metal contra metal. "Âncora recolhida!"

Sinos badalaram na torre de comando, avisando o capitão de que o navio estava pronto. Aos 51 anos de idade, com uma barba pontuda e o pescoço curto e grosso de um buldogue, o capitão Ivgueni Golikov parecia tranquilo, conversando com seus oficiais e com os poucos visitantes que tinham vindo de São Petersburgo para testemunhar o teste das armas do navio.[141] Mas não estava nada calmo, consciente da rebelião nascente entre sua tripulação – talvez até planos de motim.

Tinha recebido uma carta anônima aludindo à rebelião, e um outro capitão da frota havia encontrado um panfleto a bordo de seu navio, advertindo-o: "Lembre-se, a hora da vingança está chegando. Nossas mãos não tremerão quando apertarmos a corda em seu pescoço."[142] Golikov tinha tentado expulsar todos os marinheiros descontentes e de espírito revolucionário que seus oficiais tinham localizado, mas era uma estratégia de tiro no escuro, já que não havia muita informação sobre quem era o responsável. No dia anterior, Golikov havia pedido licença para evitar as manobras da frota, mas Tchukhnin negara o pedido por falta de base.[143] Enquanto isso, três oficiais graduados tinham saído de licença médica horas antes da partida, o que indicava que eles sabiam exatamente o que os esperava se participassem da viagem.[144] Golikov nada tinha a fazer, senão observar seus homens atentamente e levar o Potemkin para a ilha de Tendra.

"Devagar a vante... Todo leme a boreste", veio seu comando da torre.

Lentamente, o encouraçado começou a avançar, os hélices agitando as águas e fazendo o casco vibrar. Sinaleiros trocavam protocolos com o comando da Frota do Mar Negro. Tambores e cornetas eram tocados no convés. Quem não estava trabalhando reunia-se nas amuradas e agitava os quepes, em sinal de adeus. Uma multidão havia se aglomerado no cais de Sebastopol para assistir à partida do encouraçado.[145] Esposas e amantes mandavam beijos para os homens. Crianças observavam encantadas o monstro gigante cortando as águas, as águias de bronze de duas cabeças avistando o curso. Conforme o Potemkin pegou mais velocidade, a bandeira azul e branca com a cruz de Santo André no mastro desfraldou-se com a brisa, e a água começou a bater nas laterais da embarcação. As três chaminés quadradas lançaram escuras nuvens de fumaça no límpido céu azul.

O Potemkin saiu do porto e passou pelo farol de Khersonessky, em curso noroeste para a ilha de Tendra.[146] Um torpedeiro ia atrás, em escolta, parecendo um brinquedinho comparado ao imenso casco negro do Potemkin. Logo as casas brancas de Sebastopol desapareceram da vista, depois a fortaleza Konstantin, e finalmente a Catedral de São Vladimir se apagou em meio ao borrão de colinas verdes que cercava a cidade na península da Crimeia. Conforme o encouraçado adentrou pelo mar Negro, rajadas de vento sopraram, fazendo vibrar as lonas e assobiando pelos corrimões. Os ventos ficaram mais fortes, e ondas violentas quebravam contra o navio. O Potemkin avançava sem dificuldade, imperturbável, um titã sobre as águas.

Batizado com o nome do adorado ministro de Catarina, a Grande, o príncipe Potemkin Tavritchesky, o encouraçado de 12.600 toneladas era um triunfo da engenharia naval da época e não tinha concorrentes na Marinha russa.

Desde que os minoicos de Creta dominaram os mares com galeras de 20 remos, em 1500 a.C., os navios de guerra vinham lentamente evoluindo.[147] Os marinheiros minoicos carregavam lanças para o combate, portanto as embarcações dotadas de aríetes marcaram um avanço significativo no início da história das guerras navais; depois vieram as inteligentes frotas da Grécia antiga, com suas trirremes de 200 remos operando em formação tática. Então Alexandre, o Grande, deu sua contribuição às batalhas navais com as catapultas. Quando Pedro, o Grande, fundou a Marinha russa, nos anos 1690, galeras de guerra equipadas de baterias de canhões se enfrentavam em batalhas que podiam determinar a ascensão ou a queda de um império. No século XIX, os navios de guerra de madeira deram lugar a embarcações de ferro movidas a vapor, e depois às feitas de aço. Década após década, os governantes construíram navios maiores e com mais poder de destruição. Quando Nicolau II subiu ao trono, em 1894, a relação essencial entre o poderio naval e a força da nação, codificada por Alfred Thayer Mahan em seu famoso tratado *The Influence of Sea Power upon History* (A influência do poderio marítimo na história), tinha se universalizado. Nicolau dobrou a verba que seu já perdulário pai tinha destinado à Marinha, dando à Rússia a terceira frota mais potente do mundo (embora um terceiro lugar distante, atrás de Inglaterra e França) antes do início da guerra contra o Japão.[148]

O encouraçado Potemkin foi o ápice do programa de reconstrução da Frota do Mar Negro, que tinha sido completamente destruída na Guerra da Crimeia.[149] Em 1897, o engenheiro russo Aleksandr Chott estudou vários encouraçados russos, entre eles o *Retvizan*, de fabricação norte-americana, e aperfeiçoou os melhores elementos de cada um em seu projeto para o Potemkin. Apesar de ser muito provável que ele fosse usado para atacar fortes na costa do mar Negro, o encouraçado foi projetado para se sair igualmente bem em batalhas marítimas. Construído em Nikolayev, seu casco foi borrifado com água benta e lançado ao mar no dia 26 de setembro de 1900 – o mesmo ano da inauguração do cruzador *Aurora*, navio que teria também sua participação na revolução. Ao longo dos anos seguintes, o Potemkin foi dotado de turbinas, armas e equipamentos.

Era mais veloz, mais bem protegido, mais avançado tecnologicamente e tinha armas mais potentes que qualquer outro navio de guerra da Frota do Mar Negro. Suas duas turbinas a vapor de 10.600 cavalos, alimentadas por 22 caldeiras, faziam com que ele navegasse à velocidade de até 17 nós. Trinta centímetros de aço Krupp protegiam suas torres, 23 centímetros do mesmo material faziam o mesmo em sua couraça. Em termos de poder de fogo, superava o USS *Maine* e o HMS *Illustrious*, do mesmo período. Suas torres blindadas gêmeas, de vante e de ré, carregavam quatro armas de 305 milímetros capazes de dizimar inimigos com granadas de 300 quilos a um alcance de mais de 9 quilômetros. Ao longo de seus 371 pés, tinha uma bateria secundária de 16 peças de tiro rápido de 152 milímetros, 14 canhões de 76 milímetros e granadas de 5 quilos, um conjunto de metralhadoras, tubos lança-torpedos, equipamento para lançamento de minas e duas lanchas torpedeiras. O Potemkin era uma fortaleza armada, e, com suas três chaminés amarelas avançadas, tinha a aparência de uma besta terrível, pronta para o ataque.

Em outubro de 1903, fez seu primeiro teste no mar.[150] Dois meses depois, o capitão Golikov assumiu o comando e levou o navio até sua conclusão, em abril de 1905. O diário do navio registra especificamente dois maus presságios durante esse período: primeiro, um cabo arrancou as águias de duas cabeças, o símbolo da família Romanov, da proa do navio; depois, o retrato de Nicolau caiu da parede da cabine de Golikov, e o vidro da moldura se quebrou. Não se sabe se Golikov levou os presságios a sério, mas o posto de capitão do Potemkin seria o último; e a viagem à ilha de Tendra, sua derradeira.

* * *

Enquanto o encouraçado se afastava de Sebastopol, Golikov disse a seu segundo oficial, Ippolit Gilyarovsky: "Longe dos trabalhadores revolucionários das docas, conseguiremos nos livrar desses heréticos em nosso próprio grupo." Como ele entendia pouco a tripulação que comandava havia dois anos. Nem tão severo como disciplinador quanto seu comandante de frota, o vice-almirante Tchukhnin, nem tão cruel quanto seu segundo oficial, Gilyarovsky, o capitão Golikov era, em uma palavra, medíocre.

Nascido em uma família da alta nobreza da Moldávia (seu pai era arquiteto e conselheiro de Estado), Ivgueni Golikov entrou na Escola de Cadetes Navais aos 18 anos de idade, em 1872.[151] Naquela época, os professores ainda glorificavam a era da vela, menosprezando os navios de guerra movidos a vapor e a "mecânica" que os constituía.[152] Estudou matemática, navegação, três idiomas e técnicas de liderança – um currículo tão parado no tempo quanto a Lista de Patentes instituída por Pedro, o Grande, para os nobres em 1722.[153] Ele se formou segundo-tenente, foi promovido a essa patente depois do período costumeiro de dois anos e depois se viu a bordo de um cúter antiminas na Guerra Russo-Turca, em 1877, protegendo uma ponte de suprimentos sobre o Danúbio. Foi a única ação que veria.

Quando a guerra acabou, Golikov serviu pelos 12 anos seguintes a bordo dos iates do tsar (primeiro para Alexandre II, depois seu filho), sem ganhar muita experiência naval, mas sim uma boa dose da simpatia da família real nas longas viagens de férias. Tinha entre seus amigos mais íntimos Konstantin Nikolayevitch, primo do tsar Nicolau. Apesar dessa vantagem, ascendeu no tempo habitual pelas patentes, permanecendo tenente por 11 anos, até que fosse promovido a capitão segunda-classe em 1892. Os sete anos seguintes a bordo de uma variedade de embarcações de transporte, vapores e navios de defesa costeira lhe garantiram o status de primeira-classe. Depois de vários postos, foi nomeado para o Potemkin. Na época, se gabou do "favorecimento especial" de que gozava por parte de Nicolau II e do general-almirante da Marinha, Aleksei Aleksandrovitch, e possuía 12 medalhas e condecorações, na maioria honorárias. Golikov nunca tinha se destacado, nem por seus serviços nem por suas capacidades, mas a promoção naval se baseava na experiência e na lealdade ao tsar. Em sua nova posição, ganhava cem vezes o salário anual de um marinheiro comum.[154]

Quando Golikov assumiu o comando do Potemkin, a Frota do Mar Negro começava a enfrentar uma crise: a disseminação de revolucionários (ou "traidores infiéis semiletrados", como o sinaleiro-chefe os chamava) entre os marinheiros.[155] Golikov recebeu ordens para conduzir revistas periódicas em busca de literatura ilegal entre os marinheiros, especialmente recrutas novos e aqueles que voltavam de viagens para o exterior, e para limitar a interação dos marinheiros com operários locais.[156] Desde que mantivesse seus marinheiros isolados dos agitadores externos, disseram, não haveria problemas. Nunca ocorreu a ele nem a seus superiores, nem transpareceu por suas ações, que os marinheiros pudessem estar abertos à radicalização por consequência direta de suas condições de serviço. Mesmo assim, por mais que Golikov tentasse eliminar a influência revolucionária, encontrava cada vez mais livros instigadores, principalmente quando a guerra contra o Japão começou a ir mal. Um panfleto apreendido, intitulado "A Todos os Marinheiros em Patrulha", revelava a natureza da ameaça:

> Portanto às armas, camaradas! Sabemos que as mantêm carregadas. Voltem-se contra seus opressores, atirem contra seus comandantes sedentos de sangue. [...] Mostrem a eles que vocês sabem morrer, não como escravos numa guerra desnecessária nem para proteger o trono manchado de sangue do tsar-executor, mas pela liberdade de seus camaradas, como verdadeiros cidadãos. Abaixo a autocracia! Vida longa à democracia! Abaixo a guerra![157]

Profundamente preocupado com o fortalecimento dos revolucionários na frota, o Ministério da Marinha nomeou o vice-almirante Grigory Tchukhnin em julho de 1904 para ir ao resgate de Golikov e dos outros oficiais, devido às ameaças. Veterano, Tchukhnin era capaz de fazer o mármore parecer quente e maleável.[158] Criado desde os 7 anos dentro da Marinha, era estritamente devoto ao lema do tsar: "Ortodoxia, Autocracia, Nacionalidade." Homem decidido e firme, com um amplo conhecimento da vida naval e uma inteligência precisa, se destacara como um dos melhores oficiais do tsar. Apesar de ter recentemente reformado a Escola de Cadetes Navais, tendo sido muito elogiado, foi preterido em favor de Rojestvensky para liderar a esquadra até o Extremo Oriente. O ministério preferiu escolhê-lo para a Frota do Mar Negro.

Tchukhnin chegou a Sebastopol munido de seus próprios métodos para arrancar pela raiz os "arruaceiros revolucionários" e os "marinheiros pouco instruídos que repetiam cegamente palavras que mal conseguiam compreender".[159] Entre suas providências estavam mais e mais frequentes revistas, o alistamento de espiões e a colocação de agentes disfarçados entre os marinheiros. Exigia obediência à disciplina naval tradicional – sem exceções. Instruiu Golikov e os outros capitães a colocar os homens em seus devidos lugares, por mais ardorosos que fossem os esforços necessários para assim o fazer.

Quatro meses depois do início do novo regime, os marinheiros da Frota do Mar Negro promoveram uma desordem na base naval em protesto por terem tido negada a permissão para ir à cidade.[160] Era uma das várias novas medidas repressivas, além dos turnos mais longos e das limitações à confraternização, instituídas por Tchukhnin. Depois de abrir os portões à força gritando "Surra neles!", centenas de marinheiros dirigiram sua fúria para a base, quebrando janelas, destruindo móveis e incendiando os alojamentos e o tribunal. Alguns oficiais atiraram no escuro contra os marinheiros; outros simplesmente esconderam-se nos porões até que chegasse ajuda. Uma tempestade dispersou a maioria dos marinheiros; a chegada de uma grande força policial várias horas depois cuidou do resto. O breve levante teve sérias consequências. Trinta e seis marinheiros foram julgados pela corte marcial, e todos, com a exceção de sete, foram condenados a trabalhos forçados ou transferidos para batalhões de disciplinamento – apesar da tentativa de Tchukhnin de que vários fossem enforcados.[161] Aqueles que eram suspeitos de manter relações com organizações radicais eram transferidos de suas unidades; os surpreendidos lendo panfletos ilegais ou participando de reuniões secretas enfrentavam a corte marcial, e, se não houvesse provas suficientes para uma condenação, simplesmente permaneciam na prisão até que Tchukhnin determinasse sua libertação.[162] Logo faltaram celas de prisão em Sebastopol, e Tchukhnin pediu verbas a São Petersburgo para construir mais celas. Ordenou que cada capitão de navio tivesse um registro secreto de marinheiros suspeitos de atividades revolucionárias e que periodicamente lhe entregasse essa lista, para que ele pudesse determinar as prisões.

Depois do Domingo Sangrento, a insatisfação cresceu ainda mais na frota. Panfletos, que Tchukhnin via depois da apreensão, pediam aos marinheiros que atirassem nos oficiais e ridicularizavam o tsar por finalmente ter obtido sua "grande vitória" – não na Manchúria ou em Porto Artur, mas diante do Palácio de Inverno.[163] Em fevereiro, Tchukhnin perdeu a paciência e proferiu um irritado discurso a seus marinheiros sobre a realidade da vida, como um pai que recorresse às broncas quando outros esforços para disciplinar os filhos tivessem fracassado. Em seguida, por via das dúvidas, fez com que o texto de seu discurso fosse colado por toda a base naval.

Deixou claro que não faria concessões nem daria ouvidos às reclamações sobre as condições de serviço. Qualquer queixa desse tipo não passava do produto de "covardes e traidores perniciosos" que tentavam cavar um abismo entre os marinheiros e seu amor pelo tsar Nicolau.[164] Embora o discurso predissesse que a revolução acabaria em ditadura ("Os radicais vão prometer ao povo uma vida melhor. [...] É apenas uma forma de conseguir o poder"), ele não passaria de um discurso vazio, se Tchukhnin não acreditasse piamente no que dizia. Pretendia disciplinar seus marinheiros até que eles se afastassem, como disse no discurso, do "caminho da vilanização e do desgraçamento do nome da Rússia".

Ainda assim, os marinheiros se recusavam a obedecer. Quando Tchukhnin enviou centenas de marinheiros pouco confiáveis da frota para serviços no Extremo Oriente, eles se rebelaram de novo.[165] Em uma troca de trens no meio da viagem, os marinheiros se recusaram a embarcar, e estourou uma revolta. No final, tiveram de ser reenviados a Sebastopol. Como observou Tchukhnin em uma carta ao ministério em São Petersburgo, uma missiva de um tom duro incomum, o ciclo de rebelião tinha raízes não apenas na agitação revolucionária, mas também na ociosidade da frota (por causa do Tratado de Paris, de 1856, os navios de guerra russos estavam impedidos de passar pelo estreito de Bósforo) e na inutilidade dos oficiais que tinha herdado de seu antecessor.[166]

Diz a lenda que o almirante Nelson era capaz de, "no período de dez dias, retomar o controle sobre a tripulação mais amotinada"[167] – mas ele tinha a vantagem de ter bons oficiais a seu lado. Tchukhnin tinha de suportar o fardo de gente como Golikov, cujo empenho para garantir a disciplina e eliminar os radicais do Potemkin incluía invadir os alojamentos dos marinheiros no meio da noite exigindo saber por que determinada rede estava vazia – para descobrir em seguida que o marinheiro estava de plantão; subornar seus próprios homens para espionar os outros marinheiros, e depois prendê-los por não ter trazido informações suficientes; convidar músicos a bordo para entoar canções patrióticas sobre a obediência aos oficiais e ao tsar; e fazer um grande escândalo para interrogar e punir um marinheiro pela posse de um panfleto ilegal, apesar de ele ser analfabeto.[168] Eram poucos os marinheiros que escapavam de algum tipo de punição por parte do capitão, fosse por sujar o convés, chegar atrasado para a chamada ou simplesmente ler um livro que os oficiais não conheciam.[169] A punição física não fazia seu estilo, mas, até para a violação mais simples, ele cortava o pagamento dos marinheiros, os jogava na cela por 24 horas, os fazia montar guarda com um saco de mais de 20 quilos de areia pendurado no pescoço ou os mantinha na ativa por três turnos seguidos.

Golikov também gostava de discursos, recheados de um romantismo inadequado e da mais pura estupidez. No dia 15 de abril, para comemorar a conclusão do Potemkin, reuniu os marinheiros e disse: "Levou nove anos para construir este navio. Por todo esse tempo ele esteve morto, mas agora foi dotado de vida, como um homem, para ter braços, pernas, uma cabeça e olhos. Vocês devem amar e respeitar este navio como uma mãe ama os filhos."[170] Depois da derrota em Tsushima, ele aproveitou a oportunidade para opinar sobre um motim que tinha vivido a bordo do cruzador *Svetlana*, após o qual vários marinheiros tinham sido executados: "Isso é o que acontece com marinheiros que ignoram a disciplina."[171] Ao ouvir o discurso, seu oficial de engenharia, Aleksandr Kovalenko, murmurou: "Deus, como é ignorante!" Foram as únicas palavras de Golikov para supostamente inspirar a tripulação, depois da morte de centenas de marinheiros como eles naquela batalha.

Golikov pode ter sido inútil, mas não era mal-intencionado. Sua permissão, porém, para que seu segundo oficial, Gilyarovsky, expressasse plenamente sua crueldade para com os marinheiros confirmava a inadequação do capitão para o comando. Condecorado por bravura na Batalha de Chemulpo contra o almirante Togo no início da Guerra Russo-japonesa, o alto e magérrimo Gilyarovsky tinha a personalidade[172] de um punho cerrado. Disse aos outros oficiais que pretendia acertar com o machado os "liberais de São Petersburgo" que se opunham à guerra, assim que encerrasse sua missão em Sebastopol. Tratava os marinheiros com o mesmo apego à violência. Uma vez um novo recruta passou por ele na rua, e Gilyarovsky o parou:

– Você me conhece?

– Sim, Vossa Senhoria – respondeu o recruta.

– Então qual é o meu nome?

O recruta não sabia.

– Não sabe meu nome?

– Não, Vossa Senhoria.

– Bem, deixe que me apresente, então – disse Gilyarovsky, acertando em seguida o recruta várias vezes no rosto. Esse era o homem a quem Golikov entregava a responsabilidade pela disciplina e pela ordem.[173]

Quando o Potemkin avançou na direção da ilha de Tendra para as manobras, qualquer oportunidade para que Golikov ganhasse o respeito de seus marinheiros e cuidasse das preocupações deles tinha sido perdida havia muito tempo. Com o pavio curto Gilyarovsky a seu lado e a ameaça iminente de motim, depois de meses de medidas equivocadas tomadas pelo vice-almirante Tchukhnin, os problemas podiam vir de qualquer lado. Era inevitável que, em um navio com 763 marinheiros mal-alimentados, aglomerados sob o clima quente e sobre o mar revolto, eles surgissem.

No fim daquela noite de 12 de junho, Matyuchenko olhava pela lateral do navio, observando flashes ocasionais de luz vindos de sinais na costa.[174] Não conseguia dormir, agitado pelas atividades do dia e pelo desejo de tomar uma atitude imediata. Por fim, foi procurar Vakulentchuk para falar sobre a aceleração dos planos deles.

Desde que tinham deixado Sebastopol, ele e outros marinheiros revolucionários haviam levado o máximo possível de companheiros para o seu lado, abordando-os na coberta de proa, na sala das máquinas e nos alojamentos, tanto os que estavam trabalhando como os de folga. Só paravam com a aproximação de um oficial ou suboficial. Os revolucionários persistiam na questão da vida miserável que todos tinham tido antes de entrar na Marinha: as dificuldades nos vilarejos e a exploração por parte de proprietários parasitas das fábricas nas cidades. Voltavam então a discussão para a vida na Marinha, descrevendo como Golikov possuía três belas casas em Sebastopol, pagas com o dinheiro desviado da verba para a alimentação dos marinheiros; como o prefeito de Nikolayev tinha ordenado que qualquer marinheiro que passasse diante de sua casa parasse e o saudasse; como era longa a fila constante dos caixões que chegavam à Rússia vindos do Extremo Oriente; e como um oficial tinha mandado para o hospital, depois de um grave espancamento, um marinheiro que tinha sido condecorado com a Cruz de São Jorge, a maior honraria militar da Rússia, só por ter estado no caminho do oficial na rua.[175]

Quando conseguiam enfurecer os marinheiros com esses exemplos, Matyuchenko e seus amigos revolucionários os incitavam a abraçar a causa: "Depende de vocês cuidar desses dragões" ou "Se todos nos unirmos, poderemos nos livrar desses dragões".[176]

As notícias sobre os planos de levante se espalharam entre a tripulação, mas muitos se manifestaram contra. Odiavam seus superiores, mas certamente o tsar não era o culpado. Ele cuidaria desses problemas, se soubesse deles. Quanto ao motim – era levar as coisas longe demais.

"Não é culpa do tsar, mas das pessoas que o cercam", disse um marinheiro. "Por que derramar sangue se podemos chegar a um acordo com o tsar?"[177]

Matyuchenko tinha ouvido argumentos semelhantes o dia inteiro, e estava convencido de que era preciso agir imediatamente, antes que alguém os traísse. Muitos marinheiros já sabiam sobre o motim; sem dúvida acabaria chegando aos ouvidos do capitão. Tinham marinheiros suficientes a seu lado – no momento – para tomar o navio. Só o que lhes impedia eram 20 oficiais e um número igual de suboficiais – metade

66

deles dormindo em suas cabines. Cada minuto que esperassem aumentava a chance de eles serem presos ou de Golikov mandar o encouraçado voltar para Sebastopol.

Enquanto o Potemkin avançava pela noite, Matyuchenko encontrou Vakulentchuk, que, como contramestre da artilharia, trabalhava perto do depósito de armas, onde os dois frequentemente se encontravam em segredo. Por causa dos exercícios de tiro, o Potemkin estava carregado com aproximadamente 10 mil bombas de alto poder explosivo e de fragmentação, o bastante para dizimar uma cidade inteira.[178] As pilhas de munição formavam amplos refúgios, onde eles podiam conversar em particular.

– Temos que começar já – insistiu Matyuchenko.

– Apressar as coisas só vai nos prejudicar – respondeu Vakulentchuk com calma, já acostumado a ouvir o mesmo apelo por parte do amigo. – Olhe, você consegue quebrar uma arma no seu joelho se eu te der uma?

Matyuchenko balançou a cabeça.

– Você tem razão; é impossível. Mas dá para desmontar, peça a peça – disse Vakulentchuk.

– Continue.

– Pense, Afanasy! É difícil lutar contra uma esquadra inteira, mas um único navio é outra história. O tsar pode facilmente retomar um encouraçado. Em breve, Matyuchenko. Muito em breve. O resto dos navios vai chegar, e então atacaremos.

– Vou tentar aguentar mais um pouco – concordou Matyuchenko, com relutância. – Mas queria que fosse agora.[179]

Ele se virou e se afastou, mais calmo, pelo menos naquele momento. O amigo tinha tantos motivos quanto ele para odiar os oficiais. De uma família de nove irmãos, Vakulentchuk tinha trabalhado desde bem novo em uma fábrica de açúcar com o restante da família, comendo beterraba e dormindo em um chão de palha, até ser convocado pela Marinha.[180] Alguns anos depois de começar o serviço, recebeu uma carta da mãe, contando que a família estava passando fome. Nada podia fazer para ajudar. "Animais vivem melhor que isso", gritou, sabendo que os outros marinheiros tinham recebido cartas parecidas. Pouco tempo depois, foi convidado a participar de um círculo de estudos entre marinheiros; conheceu então Yakhnovsky. Quando foi informado de que se unir aos social-democratas poderia fazer com que ele fosse preso, exilado para fazer trabalhos forçados ou até morto a tiros, Vakulentchuk disse: "Se tenho de sofrer, sei que é por meu povo."[181]

Na época em que Vakulentchuk foi designado ao Potemkin, era idolatrado pelos marinheiros. Embora mal soubesse ler quando entrou na Marinha, tinha se transformado em um de seus radicais mais instruídos, graças ao estudo diligente e às orientações de Aleksandr Petrov. Organizou os próprios círculos de estudo, e os marinheiros constantemente buscavam sua liderança. "Acredite em Vakulentchuk", disse um revolucionário chamado Stefan Bessalayev para um novo recruta quando questionado sobre qual era o papel do contramestre de artilharia no navio. "Obedeça a seus pedidos e saiba que ele vai nos levar pelo caminho correto."[182]

As histórias sobre sua inteligência e seu senso de igualdade já eram lendárias. Para proteger as reuniões de revolucionários, pediu aos gendarmes de Sebastopol para liderar uma das patrulhas de marinheiros em alerta para esse tipo de atividade. Uma tarde, a polícia montada flagrou uma reunião. Vakulentchuck se apresentou em seu uniforme de patrulha, informando os oficiais de que já tinha prendido o grupo. O truque funcionou, e aumentou ainda mais sua autoridade entre os homens, entre eles Matyuchenko.[183] Naquele momento, em que a luta chegava a seu ponto mais crítico, ele estava determinado a seguir Vakulentchuk, porque confiava nele mais que em qualquer pessoa.

Quando o amanhecer do dia 13 de junho se aproximou, Matyuchenko continuava acordado. O movimento do navio sobre o mar fazia sua rede, presa por dois ganchos no teto, balançar de um lado para outro.[184] Dezenas de marinheiros o cercavam no espaço debaixo do pavimento onde ficavam os canhões, na proa. O ar cheirava a suor e exaustão, e, por cima do barulho dos motores, ele ouvia a respiração dos companheiros de tripulação, alguns superficialmente, outros profundamente, e outros ainda com um ronco contínuo. Na escuridão, eram como morcegos pendurados no teto de uma caverna. Seus superiores tinham cabines particulares, com pias, no deque superior da popa, mais ventilado – bem típico da separação entre os marinheiros e os "astros da nação", como eram considerados pela sociedade de São Petersburgo.[185] Para Matyuchenko, o sonho de tomar daqueles oficiais o controle da mais poderosa arma do tsar e a colocar do lado da revolução era grande demais para deixá-lo dormir.

4

BEM CEDO NA MANHÃ DE 13 DE JUNHO, o Potemkin chegou às proximidades da ilha de Tendra.[186] Com a exceção de um farol listrado de preto e branco e um vilarejo formado por barracos de pescadores, a ilha não passava de uma faixa comprida e estreita de praia deserta, cercada pelas águas do mar Negro, que se estendiam até o horizonte.[187]

Ligado ao Mediterrâneo pelo estreito de Bósforo e alimentado por cinco rios, entre eles o grande Danúbio, o mar Negro se estende por 422 mil quilômetros quadrados, mais ou menos o dobro da área dos Grandes Lagos norte-americanos.[188] O mar, do formato de um grão de feijão, é limitado ao sul por colinas escarpadas e pelas terras do antigo Império Otomano, a sudoeste pelas falésias da Romênia; a sudeste pelas majestosas montanhas do Cáucaso; e ao norte pela fértil estepe do que era o Império Russo. Da estepe, a península da Crimeia se projeta como a lâmina de uma pá para dentro do mar. Sob os 180 metros de profundidade, as águas, por um capricho ecológico, são anóxicas e desprovidas de vida marítima – mortas. O fundo do mar é um lodo negro e denso, coberto de sulfeto de hidrogênio, um gás tóxico que cheira a ovo podre. Só a camada superior de água salgada possui vida marinha.

Chamado de Pontos Axeinos pelos gregos, "o mar sombrio", o mar de águas escuras e azuladas era usado havia séculos como lucrativa rota comercial, apesar das condições do tempo, famosas pelas tempestades.[189] Atormentados por fortes correntes, tempestades abruptas, neblina espessa e ventos vertiginosos, muitos viajantes já sonhavam com a terra firme poucas horas depois de estar sobre suas águas. Um correspondente norte-americano inventou uma receita para descrever a experiência de tomar um barco a vapor de Constantinopla até Odessa no inverno: "Importe um tufão dos mares do Sul, misture cuidadosamente com uma nevasca de Dakota do Norte e manda ver. Acrescente uma cobertura de neve e gelo, enfeite com cristas de onda e sirva tudo em um rebocador, e terá uma ideia da coisa."[190] Naquelas águas perigosas que a Rússia considerava suas – mesmo com os vários outros países do litoral –, a Frota do Mar Negro protegia as fronteiras meridionais do império e as ricas importações da região.[191]

O encouraçado solitário lançou âncora perto da ilha de Tendra, próximo ao litoral norte. Golikov mandou um segundo-tenente com seis marinheiros em uma lancha até a costa, para telegrafar a Sebastopol avisando que eles tinham chegado, mas que adiariam os exercícios de tiro para o dia seguinte por causa da turbulência do mar.[192] Na ilha, o segundo-tenente tratou da compra de carne, pão e legumes para o navio. Voltou ao Potemkin com uma lista de preços, mas o oficial intendente, A.N. Makarov, decidiu comprar as provisões em Odessa, apesar da viagem de quatro horas. Não deu explicações para a decisão, não disse se sua motivação para isso eram os preços mais baixos ou acordos com comerciantes de Odessa.

Às 13h, Makarov embarcou no torpedeiro que fazia escolta para o Potemkin, o Nº 267 (Ismail), comandado pelo tenente Pyotr Klodt von Yurgensburg. O oficial intendente levou com ele o médico-assistente do Potemkin, dr. A.S. Golenko, dois cozinheiros e alguns marinheiros para carregar os suprimentos. Entre eles estava Pyotr Alekseyev, um loiro órfão de Kazan que era um revolucionário próximo a Matyuchenko e Vakulentchuk.[193]

O Ismail avançou para o oeste na direção de Odessa, se movendo pesado pela água. Dotado de duas armas de 37 milímetros e um par de lançadores de torpedo, o pequeno barco, de 127 pés de comprimento por 11 pés de largura, levava uma tripulação de três oficiais e 20 marinheiros; seus alojamentos eram claustrofóbicos, para dizer o mínimo.[194] Naquela tarde, com os viajantes extras e sob um sol ferrenho, não viam a hora de chegar a Odessa. Por fim, às 17h, o Ismail contornou a ponta de Langeron e entrou no movimentado porto.

Rebocadores e embarcações de transporte cruzavam as águas quando o torpedeiro se aproximou de um dos cais. O bairro portuário zunia de atividade. Estivadores carregavam e descarregavam navios que levavam grãos, açúcar, sebo, peixe enlatado, ferro fundido, artigos de couro, cortiça, cola e sacos de juta. Fiscais da alfândega circulavam, verificando os manifestos dos navios. Marinheiros mercantes se reuniam nas docas para uma última bebida antes de ser recolhidos aos navios pelos capitães. Viajantes cansados desembarcavam dos barcos a vapor, para em seguida ser enfiados em carruagens que sacolejavam os ossos dos passageiros ao passar diante dos armazéns e sobre os trilhos de trem, a caminho da saída do porto.[195]

Quando o tenente Klodt atracou o torpedeiro, Makarov e seus marinheiros deixaram o *Ismail* para ir comprar suprimentos. Encontraram a cidade mergulhada no caos.

Sessenta metros acima do porto, na encosta de uma falésia de pedra calcária, ficava Odessa, a terceira maior cidade do Império Russo e a joia do mar Negro. Em 1794, só existia ali um vilarejo comercial tártaro chamado Hadji-bei, mas Catarina, a Grande, queria que uma importante cidade imperial fosse erguida acima do porto e, graças aos empenhos do duque de Richelieu, que seria primeiro-ministro da França, conseguiu o que queria.[196] Projetada com parques grandiosos, alamedas ladeadas por castanheiras e uma arquitetura monumental ao estilo italiano, Odessa parecia mais uma irmã de Paris que uma cidade provinciana da Rússia.

O porto se ligava à cidade escadaria de Richelieu – ou a *escalier monstre*, como alguns moradores os chamavam. Com dez patamares e 192 degraus de granito cobrindo uma distância de 140 metros, os autores não tinham precisado de ilusões de ótica para dar à escadaria a aparência de grande altura, mas mesmo assim tinham brincado com a noção de perspectiva. Conforme se subia a escada, os degraus ficavam mais estreitos, de 21 metros de largura no nível do porto até 12 metros no topo, onde havia uma estátua de Richelieu. Ao se olhar para baixo, do topo, só se viam as plataformas, enquanto, ao se olhar para cima, do primeiro degrau, via-se apenas uma longa linha de degraus subindo até o céu.[197] Mais que uma rota de acesso à cidade desde o cais, a escadaria era também um gesto simbólico na direção da fonte da riqueza e do caráter de Odessa: o porto.

Ao longo das décadas, desde sua fundação, Odessa tinha se transformado no eldorado do mar Negro. Epicentro das exportações russas e gigante industrial, Odessa floresceu de cidadezinha com uns poucos milhares de habitantes, no tempo da chegada de Richelieu, a meio milhão de moradores no final do século XIX. Os ricos construíram mansões ao longo do Boulevard Primorsky, que acompanhava a encosta, em forma de meia-lua, sobre o porto. As ruas da cidade estavam recheadas de vitrines elegantes, bons restaurantes, bordéis e uma mistura de moradores vindos de todo o Império Russo e de vários cantos do mundo.[198]

Segundo um turista suíço da época, em Odessa "um russo tropeça num turco, um alemão num grego, um inglês num armênio, um francês num árabe. [...] Tudo se mistura: a casaca e o fraque dos europeus ocidentais se misturam às túnicas e *kaftans* do Oriente [...] o turbante alto de um persa e o turbante de um anatólio, e o fez de um moreico e um marinheiro holandês de chapéu de abas largas".[199]

Apesar do clima cosmopolita e festivo, a cidade tinha problemas arraigados que transpareceram após dois anos da recessão causada pela Guerra Russo-japonesa.[200] Mansões imponentes se erguiam no alto da encosta, mas escondidas nos bairros mais distantes ficavam as casas dos pobres, que trabalhavam no porto, nos armazéns ferroviários, nos celeiros, nas oficinas e fábricas.[201]

Isaac Babel, famoso escritor russo que tinha 10 anos de idade e morava em Odessa em 1905, mais tarde descreveu essas ruas ocultas. "Será que podíamos mesmo chamar de cidade o lugar onde estávamos e as ruas que contemplávamos? Era um grande espaço aberto desprovido de casas, cheio de carroças e bois circulando sob a poeira junto com uma horda de camponeses russos e poloneses, todos dormindo juntos sob o sol, em uma temperatura de quase 37 graus."[202] Havia muito negligenciados e então enfrentando o fechamento de muitas fábricas e uma miséria ainda pior, esses trabalhadores voltaram sua fúria para os donos das fábricas e para a polícia que protegia aqueles proprietários.

Em vez de se dirigir aos problemas provocados pela guerra, a fonte fundamental das dificuldades econômicas de Odessa, as pessoas tentavam fazer de bode expiatório os judeus da cidade, aumentando ainda mais a tensão. No total, os judeus representavam 35 por cento da população da cidade.[203] Embora milhares tenham obtido sucesso administrando pequenas lojas e empreendimentos comerciais, eles estavam longe de ser a potente força acusada de monopolizar as oportunidades dos outros. Quase metade de todas as famílias judaicas tinha dificuldades para colocar comida na mesa. A cada dia que passava, no entanto, cresciam as ameaças de violência contra sua comunidade.[204] A polícia e as autoridades militares também acusavam os judeus de liderar o movimento revolucionário da cidade – cuja influência sobre os trabalhadores grevistas era superestimada por eles. Em consequência, os superiores davam aos oficiais carta branca para reprimir agitações com o uso indiscriminado da força.[205]

Na realidade, a situação de Odessa refletia o que se desdobrava em São Petersburgo, Moscou e outras cidades do império. Muitos judeus certamente tiveram influência na organização das revoluções, mas de modo algum eram dominantes. Além disso, os revolucionários frequentemente corriam atrás ou eram apenas coadjuvantes dos trabalhadores que lutavam por melhores salários, uma jornada mais curta de trabalho, melhores condições nas fábricas e direitos legais, mas que geralmente eram apolíticos – simplesmente queriam uma vida melhor.[206] E o movimento revolucionário tinha poucos defensores, e os que tinha estavam divididos em vários grupos. Em Odessa, mencheviques e bolcheviques disputavam o controle dos social-democratas (e os cerca de mil trabalhadores que simpatizavam com suas ideias na cidade) e ao mesmo tempo concorriam com sua ramificação, a União Judaica (*Bund*). Os três grupos tinham como adversários os revolucionários socialistas e os anarquistas. Todos esses grupos revolucionários se opunham aos líderes liberais que pregavam aos operários uma quantidade limitada de mudanças, mas não uma reestruturação completa da sociedade. Acima de tudo, ninguém estava no controle.

Ao longo do primeiro semestre, as greves tinham aumentado em intensidade e frequência. Embora os revolucionários de Odessa tivessem pedido aos operários que demonstrassem sua solidariedade aos mortos no Domingo Sangrento, o apelo foi recebido com ceticismo.[207] Algumas

74

semanas depois, no entanto, os trabalhadores de Odessa começaram a fazer greve por suas próprias reivindicações. No início de fevereiro, assistentes de farmácia e funcionários de alfaiatarias e de gráficas pediram aumento de salário aos patrões. O empenho foi seguido por paralisações em refinarias de açúcar e nas docas. Em abril, funcionários do setor de manufatura de couro, padeiros, maquinistas e mecânicos ferroviários exigiram melhores condições. A maior parte da administração dos negócios tentou negociar concessões miseráveis com os grevistas, pressionados pelas autoridades municipais, que temiam a repetição dos transtornos de São Petersburgo. Em maio, então, os grevistas pediram a convocação de uma assembleia geral de trabalhadores para manifestar suas reivindicações ao governo municipal, medida encorajada pelos grupos revolucionários por sua relevância política.[208] O prefeito de Odessa rejeitou a requisição, porque uma assembleia representaria um pouco de liberdade de expressão demais, em sua opinião. Nos dias que se seguiram, 10 mil trabalhadores abandonaram seus empregos. Mas a falta de organização entre os operários e o terrorismo das autoridades municipais em cima dos grevistas mantiveram a situação sob controle durante o mês de maio.

A frustração aumentava, e os trabalhadores começaram a convocar uma greve geral na segunda-feira, 13 de junho.[209] Depois de ficar sabendo do plano, o prefeito atraiu 33 representantes dos grevistas até uma delegacia com o pretexto de abrir negociações com os proprietários das fábricas. Então, para impedir a concretização da greve planejada, a polícia prendeu os representantes. A atitude provocou revolta nos bairros mais remotos de Odessa. Centenas fizeram passeata até a estação, gritando "Abaixo a polícia!" e "Viva a greve geral!", e conseguindo a libertação dos trabalhadores detidos.[210]

As prisões cristalizaram a desconfiança dos operários nos donos das fábricas e nas autoridades locais, e convenceram os trabalhadores a buscar medidas mais extremas. Alguns fizeram contato com social-democratas e com revolucionários socialistas para obter armas. Na noite anterior à greve programada, outro grupo de trabalhadores foi preso quando ia a uma reunião de revolucionários numa *datcha*, na costa.[211] Na manhã seguinte, em Peresyp, o bairro norte de Odessa, conhecido pela forte presença industrial e pelas condições esquálidas, a notícia da segunda prisão se espalhou.

Às 8h do dia 13 de junho, a mesma manhã em que o Potemkin chegava às proximidades da ilha de Tendra, Anatoly "Kirill" Berezovsky, menchevique de Odessa, caminhava pela rua Moskovskaya, em Peresyp.[212] A rua empoeirada tinha vendas de legumes, verduras e carne dos dois lados, e um vendedor de jornal aqui e ali. Crianças brincavam nas calçadas, muitas pareciam doentes, e todas pobres demais para ir à escola. O fedor que persistia no ar vinha dos canos que levavam o esgoto da cidade. Eles corriam paralelamente à rua Moskovskaya e despejavam seu conteúdo nos extremos do bairro.

Apesar de Kirill, estudante universitário e filho de um lojista bem-sucedido, estar usando as roupas simples de um operário, até mesmo um policial pouco esperto poderia dizer que ele não era dali. Tinha o cabelo ruivo cuidadosamente cortado, rosto gorducho e compleição robusta, e falava sobre as injustiças de forma filosófica, instruída. Havia meses que ia àquele bairro, distribuindo panfletos e informando os trabalhadores de que seu sofrimento estava sendo provocado por uma "monarquia criminosa", que não merecia o poder que tinha. Tinha visto a paciência deles para com os donos das fábricas se transformar em revolta, mas, assim como outros revolucionários, não conseguira canalizar essa revolta para sua causa. Naquela manhã, a greve geral ia acontecer, e ele queria estar disponível para ajudar a mobilizar os trabalhadores do bairro.

Mais além na rua Moskovskaya, andando na direção do aglomerado de fábricas em sua extremidade, ele percebeu que alguma coisa estava errada. As pessoas estavam reunidas nas esquinas, sacudindo os dedos e sussurrando irritadas ao discutir o que deveriam fazer. Kirill perguntou a uma pessoa na rua o que tinha acontecido, e soube das prisões – e que uma multidão tinha se juntado nos portões da fábrica da Henn, de equipamentos agrícolas.[213] A fábrica empregava boa parte dos trabalhadores mais militantes, e os líderes deles deveriam ter ido para lá depois da reunião da noite anterior, a fim de dar início à greve.[214] Quando Kirill chegou, oitocentos trabalhadores já estavam reunidos, e um número maior chegava a cada minuto que passava, vindos de outros bairros afastados. Achando que podia se tratar do começo de um grande movimento, Kirill correu de volta para a cidade com intenção de buscar vários de seus companheiros, a fim de ajudá-lo a orientar os trabalhadores. No caminho, passou por patrulhas policiais que convergiam para a fábrica da Henn.

Uma hora depois, um destacamento de 50 cossacos a cavalo, armados de sabres e revólveres, chegou à fábrica. O chefe de polícia de Peresyp, Parachenko, os comandava. Disse aos trabalhadores que se dispersassem e voltassem para casa. Eles se mantiveram firmes, gritando: "Solte nossos camaradas. Aí vamos embora!" Parachenko ordenou então que os trabalhadores voltassem para dentro da fábrica, sob pena de enfrentar os açoites dos cossacos, que, de calças negras, botas reluzentes e chapéus pontudos, pareciam ansiosos para transformar a ameaça em realidade. Considerando seu histórico de brutalidade na defesa do tsar, um histórico de sangue, ninguém duvidava que eles estivessem dispostos a fazê-lo. Mesmo assim, os trabalhadores voltaram a recusar a ordem. O chefe de polícia declarou então que investiria contra a multidão se ela não se dispersasse dos portões da fábrica até o terceiro toque da corneta.

Soou um toque da corneta.

– Se vocês não forem embora – ameaçou Parachenko de novo –, vou atirar!

A corneta soou novamente.

Os trabalhadores, armados com pedras recolhidas por suas mulheres e seus filhos, lançaram de repente uma chuva de pedregulhos contra os cossacos. O comandante deles foi atingido no rosto. Seu cavalo empinou e ele caiu. Em instantes, a multidão tinha obrigado o restante dos cossacos a recuar. Ouviram-se gritos prematuros de vitória, mas, sabendo que os cossacos voltariam, os operários viraram dois bondes e algumas carroças para formar uma barricada. A distância, os cossacos retomaram a formação em linha e avançaram, devagar e decididos, dispostos a matar.

Social-democrata e ex-marinheiro do mar Negro, Fyodor Medvedev, que tinha desertado da Marinha depois da rebelião de novembro de 1904 no quartel de Sebastopol, estava de pé em cima de uma barricada improvisada, segurando um panfleto revolucionário vermelho. Um tiro de fuzil soou de um prédio perto dali. Alguém tinha atirado nos cossacos.

Medvedev ergueu o panfleto para falar aos trabalhadores, observou o cenário e então gritou:

– Camaradas...

Os cossacos atiraram na multidão, matando Medvedev antes que ele pudesse dizer mais uma palavra. Avançaram com seus cavalos. Alguns cossacos acionaram seus fuzis; outros brandiram espadas ou chicotes. Com o avanço deles, os trabalhadores fugiram para todos os lados. Alguns caíram no local onde foram atingidos. Outros correram para dentro da fábrica ou buscaram abrigo atrás da barricada. Tirando o suicídio, sua única opção era recuar e fugir das armas, das lâminas e dos cascos dos cavalos dos cossacos. Quando os cossacos se reorganizaram, muitos operários tinham sido mortos e dezenas estavam feridos. Uma leve nuvem de fumaça da pólvora cobria a área.

Quando Kirill voltou pela rua Moskovskaya, sem ter localizado seus camaradas no centro da cidade, viu carruagens sem cavalos e lojas e barracas fechadas. Mães escondiam os filhos debaixo das saias, enquanto os maridos gesticulavam irritados contra a fortíssima presença policial que patrulhava as ruas. Kirill correu para a fábrica da Henn.

Diante dos portões, havia cossacos ao lado de seus cavalos, alguns fumando charuto. O chefe de polícia, Parachenko, conversava cercado por vários operários da fábrica. Alguém cutucou o ombro de Kirill por trás. Ele se virou e viu um de seus companheiros, o rosto pálido e as mãos trêmulas.

– Fyodor foi atingido – disse.

Kirill olhou em torno, compreendendo finalmente que a reunião tinha terminado em violência. Quando seu companheiro começou a contar o que tinha acontecido, trabalhadores passaram pelos portões da fábrica carregando um corpo enrolado em uma mortalha. Os cossacos tentaram tirá-lo dos trabalhadores, mas eles fugiram pela rua Moskovskaya. As pessoas abandonaram as fábricas, as oficinas e as casas próximas e seguiram o cortejo macabro, Kirill entre elas. "As mulheres arrancavam os cabelos e enchiam o ar com soluços e pragas contra os assassinos", contou uma testemunha.

Conforme a procissão avançava pelas ruas enlameadas de Peresyp, a notícia das mortes se espalhou pelo bairro e pelo centro da cidade.

Horrorizado, um idoso gritou: "É esse o nosso governo! Foi nisso que se transformou!" A multidão se agitou ainda mais. Alguns gritavam: "Armas! Nos deem armas!" No princípio da tarde, a passeata em Odessa reunia milhares, parando bondes e ignorando os apelos do prefeito para que as pessoas voltassem para suas casas.

Kirill se sentiu carregado pela massa crescente de trabalhadores. Eles vagavam pelas ruas, parando aqui e ali para ouvir um discurso ou para lançar pedras contra uma patrulha, mas não conseguiam avançar juntos com um mesmo objetivo. Precisavam de liderança e, acima de tudo, precisavam de armas se quisessem realizar uma resistência armada contra o governo. Senão, assim que os militares interviessem, qualquer que fosse a intensidade da força, eles nada teriam a fazer a não ser se dispersar e buscar refúgio, como tinham feito naquela manhã. Mais trabalhadores morreriam, enquanto as forças do governo sofreriam meros arranhões.[215]

Detrás das muralhas da fortaleza militar de Odessa, o general Semyon Kakhanov estava de pé em seu escritório, com vista para o porto. Seus assessores interrompiam periodicamente sua reflexão com as últimas informações de Peresyp e outras partes da cidade. Como governador militar de Odessa, ele era a última linha de defesa, e os informes o deixaram preocupado.[216]

Aos 63 anos de idade, de passo lento e rugas profundas na testa, Kakhanov estava muito distante do tenente forte e voluntarioso que tinha participado dos ataques fulminantes contra os montanheses do Cáucaso em 1863. Mesmo seus dias de coronel, liderando assaltos contra posições e fortalezas turcas durante a Guerra Russo-turca de 1877--78, pareciam fazer parte de outra encarnação. O sabre de ouro e a Cruz de São Jorge que ganhara por bravura tinham um quarto de século. Ele tinha levado a mesma vida que seus antepassados nobres, dentro das Forças Armadas e do Estado, nos escalões mais elevados. Sua família ostentava um ex-vice-ministro do Interior, vários governadores-gerais de diversas províncias e integrantes do Conselho de Estado do tsar. A poucos meses da aposentadoria, Kakhanov não tinha a intenção de permitir que uns "rebeldes" de Odessa manchassem seu histórico impecável ou o nome de sua família.[217]

Desde o começo do ano, vinha assistindo às greves que surgiam e depois se extinguiam; os trabalhadores aceitavam os gestos apenas simbólicos dos proprietários e voltavam para as fábricas. Embora fosse raro que as reivindicações dos operários tivessem natureza política, apesar dos apelos do grupo de revolucionários, as greves o preocupavam porque comprovavam a falta de autoridade do prefeito e da polícia sobre o povo. Kakhanov tinha reclamado a São Petersburgo que nos quatro meses anteriores "nem um único dia se passou em que minhas tropas não tenham sido chamadas para ajudar as autoridades civis". Era algo que o preocupava por dois motivos: em primeiro lugar, a polícia não conseguia manter a lei e a ordem sozinha; em segundo, cada minuto que seus homens passavam em Odessa reduzia seu tempo de treinamento e abatia seu moral.[218]

A questão tinha se agravado, porém. Os cidadãos de Odessa estavam assustados; havia boatos sobre revolucionários judeus que estariam recebendo armamentos clandestinos e planejando o assassinato de integrantes do governo; e agora os operários se atreviam a fazer passeata no centro da cidade. Kakhanov sabia que era o único com o poder de liderança e os recursos necessários para controlar a cidade. Sob seu comando, em Odessa, tinha um regimento de cossacos e, se precisasse, a autoridade para armar e dirigir a polícia. Podia convocar mais três regimentos e uma brigada da reserva, soldados e poder de fogo mais que suficientes para esmagar um oponente armado de pedras e de uma ou outra espingarda de caça ou revólver antigo.[219]

Tinha determinado a dispersão dos grevistas de Peresyp, e mais soldados estavam saindo às ruas conforme a noite caía. Seus homens tinham instruções prévias sobre onde se posicionar para manter os canais de transporte abertos e proteger prédios e equipes importantes da administração civil. Manifestantes violentos deveriam ser presos na hora. Quando a situação requisitasse, os oficiais tinham ordens de enfrentar a resistência com força arrasadora, como haviam feito naquela manhã. De sua janela, Kakhanov ouvia os gritos dos manifestantes. Ele os trataria como a qualquer inimigo no campo de batalha.[220]

O oficial intendente Makarov jamais esperara enfrentar os tumultos generalizados que encontrou em Odessa, e que transformaram uma simples viagem para obter provisões em qualquer coisa, menos simples. Hordas de

80

trabalhadores enchiam as ruas, fazendo com que uma curta caminhada até uma venda ou um açougue fosse como nadar contra a corrente. De todo lado vinham gritos de "Abaixo a autocracia!" e "Morte à polícia!". No meio da confusão, tinha sido difícil encontrar carne suficiente para comprar, especialmente porque Makarov insistia em regatear o preço mais baixo. Alguns marinheiros sugeriram que eles voltassem à ilha de Tendra para fazer as compras, mas Makarov ordenou que guardassem suas ideias para si.[221]

Às 21h, as luzes se apagaram em toda Odessa. Trabalhadores tinham fechado a estação de distribuição de gás e eletricidade da cidade. Minutos depois, foram ouvidos tiros ao longe, conforme os cossacos tentavam retomar o controle das ruas. Makarov ficou cada vez mais nervoso. Por fim, no bazar grego, encontrou um açougueiro disposto a vender alguns milhares de quilos de carne. O médico-assistente do navio, dr. Golenko, careca e branco como a lua, inspecionou a carne e concluiu que ela era aceitável.

O marinheiro Alekseyev deu uma olhada nas carcaças de boi dependuradas e disse a Makarov:

– Vossa Senhoria, esta carne está estragada. Não está boa para comer.

Makarov dirigiu um olhar perverso a Alekseyev.

– Cale a boca, seu idiota! Senão vou mandá-lo para a prisão.

Depois de acertar o preço, Makarov deu ordens a seus homens para levar a carne, em sacos, até o torpedeiro. Não tinha mais tempo para procurar outros suprimentos. Alekseyev colocou um saco nas costas, ansioso pelo menos para voltar ao Potemkin e contar a Vakulentchuk e aos outros sobre as greves em massa.

Uma hora depois, o *Ismail* deixou o porto, a carne armazenada em seu interior cozinhando na noite sufocante de verão. O torpedeiro voltou rápido a Tendra – rápido demais para um barco pesqueiro, que foi atingido no caminho. A tripulação parou para resgatar os pescadores e levá-los de volta à terra firme. Por fim, o *Ismail* chegou ao Potemkin às 4h do dia 14 de junho. A maior parte do navio estava quieta; só os marinheiros da vigia noturna ainda estavam acordados. Na escuridão, a carne foi levada a bordo e pendurada em ganchos no espardeque, os vermes fazendo a festa, ignorados.

5

DOIS SINOS SOARAM ÀS 5H NO POTEMKIN. Um corneteiro levou o instrumento aos lábios, inflou as bochechas e deu o toque de alvorada. O apito de um contramestre precedeu as ordens ríspidas nos alojamentos:

– Acordar! Enrolar as redes!

Matyuchenko estendeu as pernas para fora da rede e saltou para o deque. Outros marinheiros acordaram relutantemente.

– Rápido! Andem! Levantem, homens!

Os marinheiros se apressaram, os suboficiais os empurrando com trancos e ofensas. Depois de enrolar sua rede em um nó apertado e se vestir, Matyuchenko avançou pelo estreito corredor e subiu uma série de escadas até o deque superior. Guardou a rede sob seu número e, junto com os outros, obedeceu à ordem para se lavar. Centenas de marinheiros se acotovelaram no estreito aposento com uma pia comprida e torneiras de água do mar.

– Para a prece!

Com a água escorrendo do rosto, Matyuchenko seguiu o comando, um ritual matutino arraigado nele depois de anos na Marinha. O sacerdote do navio, padre Parmen, um homem de cabelos desgrenhados, barba bagunçada e inclinação para a bebida, que também servia de espião de Golikov, comandou os homens nas preces e nos cantos ortodoxos. O café da manhã com chá e pedaços de pão preto com manteiga durou meia hora, antes da ordem para limpar o navio. De blusas azuis e brancas recém-lavadas e calças boca de sino brancas, arregaçadas, os marinheiros esfregaram cada um dos pavimentos e anteparas, e lustraram peças de metal até elas brilharem.[222]

82

Ao nascer do sol, um marinheiro que limpava o deque superior sentiu um fedor putrefato. Foi seguindo o fedor até chegar às carcaças de carne levadas a bordo na noite anterior. Outro marinheiro chegou perto e notou uma massa de larvas brancas na carne. "Bom – está cheia de vermes", ele disse, bem objetivo. Vários outros foram olhar a carne, o nojo estampado no rosto, mas logo foram dispersados pelo chamado para que todos fossem ao convés. Os homens entraram em formação para o hasteamento da bandeira; cochichos sobre a carne podre se espalharam.[223]

– Atenção! Apresentar armas!

O capitão Golikov subiu ao convés enquanto os guardas-marinhas ergueram os fuzis a seu lado, como tochas iluminando o caminho. Cumprimentou Gilyarovsky, recebeu os relatórios do restante dos oficiais sobre a situação do encouraçado e então se voltou para o mastro. O comandante supervisor gritou:

– Atenção! Içar bandeira!

Os marinheiros e oficiais tiraram seus quepes. Ao som dos tambores, a bandeira de santo André subiu pelo mastro. Oito sinos badalaram, e veio o comando para que a formação se dispersasse.[224]

Quando Golikov desapareceu do convés e o novo turno de vigia começou, os marinheiros se aglomeraram no pavimento superior para ver a carne podre com os próprios olhos.[225] Era uma manhã de junho de um calor anormal, o ar parado e denso de umidade; a carne ia apodrecer mais ainda conforme o sol se erguesse no céu.[226]

– Os japoneses dão comida melhor aos prisioneiros russos – reclamou um marinheiro.

– Eu não daria essa carne para um porco – grunhiu outro.

Mais homens chegaram para ver a carne que seria jogada nas panelas com a beterraba, o repolho e a cenoura para fazer o *borshtch* do almoço. "Joguem essa coisa fedorenta no mar", começou a pedir a multidão, em uníssono. Matyuchenko e Vakulentchuk também inspecionaram as carcaças, pouco surpresos com sua qualidade. Estavam mais interessados na reação dos marinheiros. A imagem dos vermes obviamente tinha deflagrado a fúria da tripulação contra os oficiais, muito mais que todos os esforços de propaganda dos revolucionários.

Um suboficial ficou por ali enquanto os marinheiros desabafavam, e depois os chamou de volta ao trabalho.

– Não lembram que seus amigos em Porto Artur estavam comendo carne de cachorro? E vocês não estão felizes com carne de boi?

– Aqui é Porto Artur? – rebateu um marinheiro.[227]

Vários outros xingaram o oficial intendente, Makarov, exigindo que ou ele ou o médico-chefe do navio, dr. Sergei Smirnov, fosse levado ao espardeque. Temendo que a situação se agravasse, o suboficial foi informar Makarov, que disse ao comandante supervisor, tenente N.Y. Liventsev, que fosse imediatamente falar com o capitão. Em sua cabine espaçosa, Golikov ouviu o relato de Liventsev sobre a carne estragada e chamou o dr. Smirnov para o acompanhar na inspeção. O mar estava se acalmando, e Golikov pretendia mandar o *Ismail* para montar alvos para os exercícios de tiro naquele dia. Não precisavam de distrações, muito menos da reclamação costumeira sobre a qualidade do *borshtch*.

Com Golikov a seu lado, Smirnov seguiu para o espardeque a fim de cuidar dos marinheiros recalcitrantes. Com a delicadeza de um instrutor militar, Smirnov já era detestado pela maior parte da tripulação.[228] Alto, impecável, uniformizado dos pés à cabeça, com um sobretudo longo adornado por três estrelas negras sobre dragonas prateadas, caminhava inseguro no deque, sem firmeza nas pernas. Em uma viagem anterior, tinha caído por uma escotilha ao perder o equilíbrio durante exercícios de tiro.[229]

– Pronto. Qual é o problema? Qual é o problema? – perguntou Smirnov em voz alta, afastando os marinheiros que cercavam as carcaças penduradas. Golikov ficou a distância.

Depois de colocar seu pincenê, Smirnov cortou uma fatia da carne, olhou rapidamente para ela, levou-a ao nariz e depois virou para o capitão.

– A carne é de boa qualidade.

A multidão de marinheiros gritou que a carne estava cheia de larvas: será que Smirnov não conseguia ver, ou será que não se importava?

– Isso não quer dizer nada – declarou o médico. – É verão. O cozinheiro só precisa lavar a carne e tirar as partes com larvas.

– Vocês não nos tratam nem como homens – respondeu um marinheiro, ameaçador.

Ignorando os protestos, Golikov ordenou aos homens que se dispersassem. Se o médico achava que a carne era adequada, era o suficiente. Relutantes, os marinheiros debandaram. Em todo caso, Golikov determinou a um suboficial que fizesse uma lista dos marinheiros que tinham se aproximado das carcaças. Para ele, o assunto estava encerrado.[230]

Mais tarde, naquela manhã, Matyuchenko foi até a sala de torpedos para uma reunião convocada às pressas pelos revolucionários do navio. Estava ansioso para contar aos camaradas sobre a oportunidade que a carne podre criara.[231]

Os marinheiros se queixavam constantemente da comida abominável do navio; suas refeições funcionavam como um lembrete, três vezes ao dia, de suas agruras. Enquanto os oficiais comiam bem, em compartimentos particulares, alguns tendo desviado verbas destinadas originalmente às provisões da tripulação, os marinheiros comiam lavagem. Alguns anos antes, no cruzador *Berezan*, os marinheiros quase tinham deflagrado uma revolta generalizada por causa de carne podre. O capitão do *Berezan* só evitou o motim determinando que o *borshtch* fosse refeito.[232]

Matyuchenko estava convencido de que as carcaças infestadas de larvas poderiam incitar a tripulação ao motim. Com essa ideia em mente, foi até a sala dos torpedos, se unindo a Vakulentchuk, Alekseyev, Yfim Bredikhin e Stefan Denisenko, entre muitos outros. Para começar a reunião, Alekseyev informou em primeiro lugar àqueles que não tinham ficado sabendo das cenas que havia testemunhado em Odessa: trabalhadores protestando nas ruas, a polícia usando a força indiscriminadamente, e os apelos pela revolução.

Abrindo a discussão, Matyuchenko sacudiu o punho e disse:

– Primeiro, em São Petersburgo, as tropas do tsar atiraram nas pessoas. Agora estão fazendo a mesma coisa em Odessa. Não dá mais para esperar. Temos de tomar o navio *hoje* e ir para Odessa.

A carne podre era o pretexto perfeito para a revolta.

Bredikhin, que se considerava mais anarquista que social-democrata, concordou com Matyuchenko. Só covardes deixariam a oportunidade passar.

– Só vamos para Odessa com toda a esquadra – insistiu Vakulentchuk. – Então, quando estivermos o mais forte possível, junto com os operários, teremos uma vitória fácil.

Recomendou que a carne fosse usada só para preparar mais a tripulação para o motim. Para tanto, eles comandariam um boicote ao *borshtch*. Isso também testaria as reações de oficiais e marinheiros.[233] A cada dia que passasse, argumentou Vakulentchuk, as larvas se multiplicariam e o boicote ganharia força.[234]

Denisenko apoiou o plano, assim como a maioria.

Mas Matyuchenko queria agir contra os oficiais imediatamente. Paciência. Paciência. Paciência. Era o que Vakulentchuk sempre lhe aconselhava, mas Matyuchenko não aguentava mais propaganda. Queria sua vingança e sua revolução – já. Só seu respeito por Vakulentchuk o segurava. Por fim, concordou em esperar.

Vakulentchuk instruiu o grupo a contar sobre a decisão para a tripulação, e os revolucionários rapidamente se dispersaram, dizendo:

– Não vamos tomar a sopa! Se Smirnov ou Golikov gostam tanto dela, que tomem! Não vamos tomar a sopa![235]

Preocupado com a agitação da tripulação e com medo de que os revolucionários conseguissem corromper facilmente os outros por causa de umas meras larvas, o comandante Gilyarovsky foi até a cozinha na hora do almoço para se assegurar de que tudo estava em ordem; o restante dos oficiais do Potemkin estava almoçando na sala dos oficiais, revestida de madeira.

Gilyarovsky tinha assumido como sua missão especial esmagar os revolucionários. Como chefe executivo, ou "lobo", como frequentemente eram chamados os homens em seu posto, era obrigado a manter a vigilância no encouraçado, mas seu empenho suplantava a obrigação. Recrutava os próprios espiões, conduzia as próprias revistas-relâmpago e se recusava a permitir que os menores deslizes na disciplina ficassem impunes. Nada em sua educação de nobre ou em sua carreira naval medíocre diferenciava Gilyarovsky de seus pares de forma a explicar sua abordagem tão autoritária para com os marinheiros, mas independentemente disso ele era famoso pelo ódio que sentia deles. Até Golikov tinha reclamado para o vice-almirante Tchukhnin, dizendo que seu comandante precisava aprender a se conter. Mas ninguém punia Gilyarovsky por seus excessos.[236]

Gilyarovsky se aproximou do comandante supervisor e perguntou se ele tinha experimentado pessoalmente o *borshtch* antes de a comida ser servida – como determinavam as regulamentações navais.

– O *borshtch* está ótimo – respondeu Liventsev. – Eu teria comido um pouco com prazer, mas infelizmente minha garganta está doendo.[237]

Deixando o oficial imprestável para trás, Gilyarovsky chegou ao refeitório vários minutos depois do sinal do corneteiro avisando do almoço. Encontrou os barris de *borshtch* quente intocados, e os homens comendo pão molhado na água. Irritado, Gilyarovsky perguntou ao cozinheiro:

– Por que vocês não estão servindo o almoço para a tripulação?[238]

– A tripulação não quer comer o *borshtch* – respondeu o cozinheiro. – Dizem que devíamos jogá-lo no mar ... e o resto da carne também. Só pediram chá e manteiga para o pão.

Gilyarovsky se aproximou do grupo de marinheiros que estava mais perto dele.

– O que vocês acham que estão fazendo? Que vergonha. Por que não comem seu *borshtch*?

Um longo silêncio foi a resposta à pergunta. Então alguns marinheiros dentre centenas do refeitório gritaram: "Porque a carne está fedendo!" e "Coma você – ficaremos no pão e água".

Gilyarovsky deu meia-volta e saiu apressado na direção da sala de oficiais. Mal conseguia conter sua raiva pela desobediência dos homens e – pior – pelo desrespeito deles. Era preciso lidar com eles de forma dura, pensou. O comandante de quarto tentou contê-lo, se desculpando e dizendo que tinha tentado fazer a tripulação comer um pouco do *borshtch*.

Na sala de oficiais, Gilyarovsky encontrou o dr. Smirnov e os outros oficiais ainda comendo, um garçom enchendo suas taças de vinho. Foi até perto do médico e resmungou as palavras:

– A tripulação se recusa a comer o *borshtch*.[239]

Smirnov olhou para o comandante com irritação; o tom de sua resposta foi no mínimo de tédio.

– Já disse a eles que a carne está boa. Os vermes nada mais são que ovos de larva que moscas botaram ali. Só precisam ser retirados com água e sal. O cozinheiro fez isso, seguindo minhas instruções. Se a tripulação continuar se recusando a comer, é porque é mimada. Nada mais que isso.

Por alguns segundos, Gilyarovsky encarou o médico, lançando o quepe para cima – ou perturbado com a resposta ou pensando no que fazer; ninguém na sala de oficiais tinha como saber. Então saiu. Foi direto até Golikov, que estava comendo sozinho em sua cabine, como era o costume para os capitães. Depois de contar sobre a ida ao refeitório, Gilyarovsky disse, incisivo:

– Temos que dar uma lição neles, Yvgueny Nikolayevich, uma que eles vão lembrar pelo resto da vida.[240]

Golikov chamou o dr. Smirnov a sua cabine. Se os homens não tinham motivo para reclamar, ele tinha de ser bem rígido com eles. Mas precisava ter certeza. Não queria dar início a um levante justamente quando tentava evitar um. Sabia da ameaça que os revolucionários representavam desde a partida de Sebastopol; era preciso cautela.

Quando Smirnov chegou com seu assistente, Golenko, encarou o terceiro interrogatório sobre o assunto das carcaças podres com paciência ainda menor que nas duas vezes anteriores, mas sua resposta foi a mesma.

– Muito bem, doutor, e obrigado.

Golikov balançou a cabeça relutante e se voltou para seu segundo oficial.

– Comandante Gilyarovsky, pode por favor ordenar que os tambores rufem para a chamada geral?

Os acontecimentos começaram a tomar vida própria. Ao recusar o *borshtch* e enfrentar o odiado Gilyarovsky, a maioria dos marinheiros sentira o gostinho da resistência aos oficiais. Matyuchenko esperava ansioso o próximo passo até a revolta generalizada, agora que os outros marinheiros tinham mostrado um pouco de brio. Smirnov não tinha como recuar da declaração de que a carne estava aceitável; Gilyarovsky queria punição; e Golikov precisava mostrar que não se acovardaria com a ameaça a seu comando – tinha que exigir obediência.

O Potemkin estava bem perto do motim.[241]

Os marinheiros estavam em formação, imóveis, no convés, um mar de homens de azul e branco, com longas fitas saindo dos quepes bordados com o nome POTEMKIN. Organizadas nas laterais de bombordo e boreste do convés, as fileiras se estendiam da popa até o enorme metal preto da torre traseira. Passavam alguns minutos do meio-dia, e o sol era de um vermelho inchado no céu azul.

Observando o corpulento capitão passar entre as fileiras e subir desajeitado no cabrestante, Matyuchenko esperou junto com os outros para ver o que ele ia fazer. Golikov era conhecido por encarar os marinheiros até os intimidar, mas daquela vez ele tinha uma tripulação inteira desafiando sua autoridade. Era um cisco em meio a centenas de marinheiros. A maioria, em silêncio, o detestava, ou o que ele representava, ou ambos. Cada um tinha seus motivos: uma punição excessiva; uma família que sofria sem ajuda por causa de sua convocação; alojamentos que mais pareciam para gado; a indignidade de ser proibido de caminhar na rua; uma vida dividida em turnos de guarda de quatro a oito horas; a ameaça de morrer em uma guerra contra um inimigo absolutamente desconhecido; a falta de esperança – ou talvez esperança demais – no futuro. O *borshtch* estragado era apenas um símbolo da razão particular de cada marinheiro. Mas Golikov nada entendia a respeito disso.[242]

– Parece que vocês todos estão insatisfeitos com a sopa.

Falava à tripulação, com Gilyarovsky atrás de si, como um reforço.

– Muito bem, então mandarei um recipiente com ela para o comandante-chefe em Sebastopol, para inspeção. Mas estou avisando, só haverá consequências negativas para vocês. Já disse várias vezes, e não vou repetir, o que acontece com os marinheiros que esquecem a disciplina. Vocês vão para a forca.

Esticou o braço e apontou para o lais de verga, no mastro. Todos os olhos acompanharam o gesto; os marinheiros sussurraram entre si, uns com medo, outros incrédulos.[243] Matyuchenko sabia que o capitão cumpriria a ameaça e, afinal, teve consciência do quanto eles estavam colocando em risco.

– Entreguem os instigadores dessa pequena rebelião – continuou Golikov, puxando nervoso o colarinho. – Temos cordas e polias suficientes no navio para eles. E vocês terminarão o serviço militar, voltarão para suas cidadezinhas, trabalharão na terra e alimentarão suas mulheres e seus filhos. Agora, quem quiser comer o *borshtch*, dê um passo à frente.[244]

Alguns contramestres e suboficiais, 12 no total, obedeceram ao comando de Golikov, mas a maioria dos marinheiros permaneceu no lugar, uns olhando para os outros em busca de apoio.[245] Enquanto eles ficassem unidos, pensou Matyuchenko, os oficiais não teriam o que fazer.[246]

– Vamos! – gritou Gilyarovsky para os homens. – Vamos! Rápido![247]

Os marinheiros mantiveram suas posições, sem sair das fileiras nas duas laterais do convés. Uns poucos gritaram para Golikov, escondendo a boca com as mãos para não ser identificados. "Coma você, dragão! São as cinzas do diabo." Outro gritou "Uou, calma", como se o capitão fosse um cavalo disparado que tivesse de ser contido.[248]

Golikov encarou seus marinheiros, dando uma última chance para que lhe obedecessem. Eles se recusaram.

– Chamem a guarda! – ordenou. O apito de um contramestre interrompeu por um instante o clima de tensão. Os marinheiros permaneceram em silêncio ao som da aproximação da guarda armada, os pés batendo ameaçadores no chão do pavimento inferior. Chegaram em duas colunas de dez homens, cada guarda de uniforme azul carregando um fuzil dotado de baioneta. Os guardas pararam diante de Golikov, dando as costas para os marinheiros, e esperaram a próxima ordem.

– Quem estiver disposto a comer o *borshtch*, dê um passo à frente – determinou Golikov de novo.

Sob a ameaça da guarda, a primeira fileira de marinheiros hesitou e então deu um passo, depois dois. Outra fileira fez o mesmo. Assim como Vakulentchuk e vários outros revolucionários, Matyuchenko continuou sem sair do lugar, mas estava ficando claro para ele que muitos marinheiros iam abandonar o protesto.

Vakulentchuk também percebeu a mesma coisa e foi o primeiro a recuar para a proteção da torreta do canhão de 305 milímetros, sem nenhuma intenção de se entregar. Matyuchenko foi atrás dele, como também Denisenko e dezenas de outros marinheiros. Rapidamente, praças deixaram as laterais de bombordo e boreste do navio. Ninguém queria ser deixado sozinho na formação. Do alto do cabrestante, Golikov observava, impotente; seus guardas não tinham certeza do que fazer. A ordem desapareceu; marinheiros se empurravam e se acotovelavam em uma grande confusão, enquanto se aglomeravam em torno da torre.[249]

Decisões de vida e morte foram tomadas em segundos, com base nos instintos, na raiva, na confusão ou no desespero. A raiva movia Gilyarovsky. Na tentativa de impedir que o caos completo tomasse conta do navio, bloqueou o caminho dos marinheiros que restavam no bombordo do convés, com a ajuda do tenente Liventsev. Gilyarovsky também gritava para um contramestre para que ele anotasse os nomes de qualquer outro marinheiro que saísse da formação. Mas os marinheiros continuavam a recuar para a torre. Golikov permaneceu no cabrestante, assistindo, em silêncio, enquanto perdia o controle sobre a tripulação.[250]

– Quem anotar nomes vai ser enforcado hoje no lais de verga junto com Golikov – um marinheiro próximo a Matyuchenko advertiu os oficiais.[251]

Depois de orientar os guardas a bloquear a saída dos marinheiros pelo lado de bombordo, Gilyarovsky gritou, numa cadência aterrorizante:

– Então é motim, não é? ... Tudo bem ... sabemos cuidar disso. Se vocês acham que não há disciplina na Marinha, vou mostrar como estão enganados. Sargento, traga a lona.[252]

A ordem fez estremecerem tanto marinheiros quanto oficiais – aqueles que estavam havia tempo suficiente na Marinha para saber da intenção de Gilyarovsky. Matyuchenko sabia bem o que o segundo oficial tinha em mente: a lona seria esticada no convés; os escolhidos por Gilyarovsky para a execução por fuzilamento receberiam a ordem de ir até a lona; e então seriam mortos. Não tinha por que sujar o deque de sangue.[253] A ordem superava de longe a autoridade do comandante;

pelo regulamento, ele podia punir um marinheiro com no máximo um mês de prisão ou 15 chibatadas.[254] Mesmo assim, Golikov não revogou a ordem; àquela altura, ele apoiaria qualquer medida que se fizesse necessária para retomar o controle do Potemkin.

Enquanto vários guardas pegavam a lona que cobria um bote de 16 remos, Gilyarovsky se assegurava de que os marinheiros encurralados contra a amurada, que tinham hesitado em seguir os outros para a torre, permanecessem ali. O fato de que aqueles eram os marinheiros mais inocentes – ou simplesmente os mais confusos – da tripulação parecia não incomodar Gilyarovsky. Era preciso dar o exemplo. Um recruta não era diferente do outro.[255]

– Quem for comer o *borshtch* está liberado – disse Gilyarovsky, dando aos marinheiros uma última chance de recuar. Se eles recusassem daquela vez, ele seria obrigado ou a cumprir a ameaça ou a enfrentar o motim. Na melhor das hipóteses, era uma aposta desesperada, e, na pior, um erro fatal de julgamento. Terminou dizendo: – Quem ficar verá com os próprios olhos o que fazemos com amotinados.[256]

Durante vários segundos, todos ficaram impassíveis. Então, da lateral de boreste, Matyuchenko começou a abrir caminho entre os marinheiros ao lado da torre, na direção das duas fileiras de guardas. As lâminas das baionetas brilhavam com a luz do sol. À frente dos guardas estava Gilyarovsky, esperando pela lona para que pudesse dar o comando para o fuzilamento. A seu lado, os 30 marinheiros se encolhiam. Vários soluçavam: "Senhor, não atire. Não somos amotinados."[257]

A ira que tinha se acumulado dentro de Matyuchenko ao longo de anos veio à tona no instante em que a lona apareceu no convés. Gilyarovsky ia matar aqueles marinheiros indefesos, que nada tinham feito. Eles iam morrer pela mesma coisa: por nada. O pensamento revirava na cabeça de Matyuchenko conforme ele avançava. Vakulentchuk estava a seu lado, pedindo aos marinheiros em volta que os seguissem. Nem Matyuchenko nem Vakulentchuk podiam deixar que seus companheiros fossem mortos. A hora tinha chegado. Basta de paciência. Só vingança e revolução.[258]

– Irmãos! O que eles estão fazendo com nossos camaradas? Basta de Golikov beber nosso sangue! – berrou Matyuchenko, o coração batendo forte no peito. Foi o que bastou. Marinheiros começaram a segui-lo. – Peguem fuzis e munição! Ataquem esses bárbaros! Tomem o navio!

Gritos de guerra semelhantes ecoaram pelo convés. Gilyarovsky hesitou em ordenar aos guardas que atirassem.[259]

Matyuchenko e Vakulentchuk entraram na escotilha que levava ao convés das armas. Dois outros revolucionários os seguiram. Correram para o armazém de armas na popa do convés, dispersaram as sentinelas e entraram rápido para pegar vários fuzis, que formavam uma pirâmide. A munição estava trancada, mas os revolucionários já tinham previsto esse problema. Matyuchenko quebrou uma estátua de são Nicolau no exterior do armazém, onde caixas e caixas de munição tinham sido previamente escondidas. Correndo de volta para o convés, carregaram os fuzis. Outros revolucionários se espalharam pelo Potemkin, alguns para tomar a sala de máquinas, outros para impedir que Sebastopol ficasse sabendo do levante pelo telégrafo, e outros ainda para evitar a abertura das válvulas e o naufrágio deliberado do navio. Seus planos para tomar o controle da embarcação tinham sido elaborados semanas antes, durante as reuniões da Tsentralka sobre o motim.

Quando Matyuchenko tentou chegar ao convés superior, encontrou uma sentinela posicionada na escotilha. Gilyarovsky estava ao lado dele, pois tinha ouvido o barulho dos fuzis caindo no deque de metal, quando os traidores os pegavam. Atrás de Gilyarovsky e da sentinela, estava o capitão, que ainda acreditava que suas palavras tivessem alguma influência.[260]

– O que estão fazendo? Largue esse fuzil! – ordenou Golikov.

– Vou largar o fuzil quando não precisar mais viver como um cadáver – disse Matyuchenko. Em seguida afastou Gilyarovsky e a sentinela do caminho com o cabo da arma. Vakulentchuk e vários outros avançaram, seguindo-o até o convés. Passaram pela torre e chegaram ao outro lado do navio. Golikov tentou se proteger atrás dos guardas, enquanto Gilyarovsky e o tenente da artilharia L.K. Neupokoyev buscavam exercer o que lhes restava de autoridade, exigindo aos gritos a lealdade dos marinheiros e ordenando que eles os ajudassem na luta contra aqueles que tinham se atrevido a se amotinar e manchar a honra da Marinha russa.

Os guardas continuaram a apontar os fuzis para os marinheiros encostados na amurada, sem saber o que fazer ou a quem obedecer, enquanto a maioria da tripulação se amontoava em volta da torre. Só os oficiais e os revolucionários tinham deixado claro de que lado estavam. O restante esperava que o desenrolar dos acontecimentos escolhesse o caminho por eles.[261] Era um momento decisivo e terrível, pensou Matyuchenko, para os oficiais e para a tripulação. Suas vidas estavam por um fio. Se os oficiais sobrevivessem aos minutos seguintes, talvez conseguissem acalmar a tripulação. Então ele e os outros revolucionários estariam perdidos, assim como sua causa pela liberdade. Sem dúvida muitos marinheiros inocentes seriam presos e também enfrentariam o pelotão de fuzilamento.[262]

Mais revolucionários surgiram no convés armados. Gilyarovsky então ordenou aos guardas que atirassem.[263] Eles hesitaram. Todos no convés ficaram imóveis.[264]

– Um motim! – gritou Gilyarovsky. – Esperem! Vou ensinar a vocês como se faz um motim.

Agarrou um dos fuzis dos guardas.

O foguista Nitchkin, que estava armado ao lado de Matyuchenko, deu um tiro para o alto em sinal de advertência para Gilyarovsky.

E o motim vermelho começou.

II

Um homem de guerra é o melhor embaixador.

— OLIVER CROMWELL[265]

Adoro forjar metal. Diante de nós fica aquela massa disforme vermelha, maligna, ardente. Bater o martelo nela é uma delícia. Ela cospe faíscas efervescentes, flamejantes, tenta queimar os olhos, cegar-nos. É viva, maleável, e com golpes poderosos desde o ombro a transformamos no que precisamos. Sei que não sou um herói, apenas um homem saudável e honesto. E ainda assim digo: não importa! Venceremos. E com toda a força de minha alma satisfaço meu desejo de mergulhar nas profundezas da vida, de moldar as coisas desse e daquele jeito, de evitar isso e lutar por aquilo. Essa é a alegria de viver.

— MÁXIMO GORKI, *Pequenos Burgueses*[266]

6

O DIA 14 DE JUNHO, enquanto o motim tomava o Potemkin, Nicolau II aproveitava a vida dentro de sua bolha de esplendor e rotina.

Durante os meses de verão, ele tinha transferido sua família de Tsarskoye Selo para a *datcha* à beira-mar de Peterhof, uma propriedade imperial a quase 30 quilômetros de São Petersburgo, no golfo da Finlândia. Chamado de Palácio Inferior, a principal característica da *datcha* era uma torre amarela e de terracota. Quatro pavimentos residenciais se estendiam em torno da torre: quase todos os aposentos tinham suas próprias sacadas ou um terraço coberto, com vista para o mar ou para as florestas de tílias e bordos em volta. Do belvedere da torre de seis andares, a família avistava a base naval de Kronstadt a oeste e, em um dia de céu claro, as cúpulas de São Petersburgo a leste. Peterhof também tinha o Grande Palácio (frequentemente chamado de "Versalhes russo"), parques amplos, vários pavilhões elegantes de verão e, o mais fantástico de tudo, incontáveis fontes – maravilhas de mármore com escadarias de água, cascatas enormes e jatos partindo de várias estátuas representando homens, peixes, deuses, cavalos, o que fosse. Entre elas, a mais espetacular era a enorme figura dourada de Sansão segurando abertas as mandíbulas de um leão, simbolizando o triunfo da Rússia sobre a Suécia em 1709. Dessa fonte partia um canal largo o suficiente para trazer veleiros desde o mar. Peterhof era o tipo de palácio em que esses detalhes dos momentos de lazer do tsar eram tratados com devoção religiosa.[267]

Nicolau começava o dia às 8h. Vestia-se, rezava e então descia para um café da manhã simples com as filhas. Às 9h em ponto ia a seu escritório, no segundo andar da torre, que tinha vista para o golfo da Finlândia. O escritório forrado de imbuia escura era recheado de estantes e de sofás de couro marroquino preto. Nicolau se sentava a uma pequena escrivaninha perto da janela e lia os jornais, telegramas e relatórios ministeriais que tinham sido preparados para ele. Não fazia questão de um secretário pessoal, e escrevia observações a mão nos documentos. Nicolau tinha proibido que qualquer pessoa mexesse na organização dos retratos de família, instrumentos de escrita, livros e calendário em sua mesa. Como dizia às visitas, queria poder entrar no escritório no meio da noite e encontrar tudo de que precisasse, mesmo na escuridão.[268]

O resto do dia seguiria o cronograma de costume. Como era terça-feira, seus ministros da Guerra e das Relações Exteriores chegariam dali a uma hora para uma audiência. A segunda-feira era reservada ao ministro da Marinha, a quarta para o ministro da Justiça, a quinta para o ministro do Interior, a sexta para o ministro das Finanças, o sábado para o ministro da Educação, e no sétimo dia não havia reuniões. Depois de sua audiência ministerial, ele daria uma caminhada matutina (menos que hora e meia de caminhada era pouco), frequentemente com os filhos. Às 13h, almoçaria com a família por umas duas horas e então receberia mais visitas e iria aos eventos formais necessários. Se tivesse tempo antes do chá das 17h (duas xícaras, nem mais, nem menos), sempre saía para uma segunda dose de exercício – cavalgar, atirar em corvos, andar de caiaque ou de bicicleta, nadar. Nicolau sentia necessidade da atividade física para aliviar a cabeça. Quando o chá terminava, às 18h, Nicolau voltava ao estúdio para mais duas horas de trabalho, de preferência sozinho, e então passava uma hora e meia no jantar, a partir das 20h. Dividia as noites com a família, lendo ou colando fotos da corte em álbuns de couro verde. Às 23h, tomava um pouco de chá, escrevia em seu diário, tomava um banho rápido, rezava de novo e ia para a cama.[269]

Era raro ter dificuldade para adormecer, embora as reportagens dos jornais e os telegramas matutinos facilmente pudessem deixá-lo com insônia. Só o conservador *Novoye Vremya* já trazia notícias bastante perturbadoras: mais um recuo russo diante do Exército japonês; o orçamento da fortuna necessária para cuidar dos veteranos feridos; tumultos em

Varsóvia e Odessa; rumores citados por jornais franceses de que Sergei Witte, ex-ministro das Finanças de Nicolau, era a favor de negociações de paz com o Japão; camponeses em Kharkov pedindo mais direitos sobre a terra; e liberais se reunindo em Moscou para discutir um governo constitucional. E havia o editorial sobre a Batalha de Tsushima, reeditando o desastre que tinha abalado profundamente Nicolau, dessa vez atribuindo a derrota a uma Marinha que "teimosamente se recusa a escolher seus oficiais com base em sua capacidade".[270] Nicolau preferia não ler o jornal liberal *Russkiye Vedomosti*, mas naquela manhã sua página de editoriais apoiava quase abertamente a derrubada de seu regime. E aqueles eram os artigos que tinham passado por seus censores.[271]

A verdade sem censura dos relatórios e dos telegramas de seus ministérios revelava problemas bem maiores. Seus generais informavam que os japoneses estavam se aproveitando de sua vitória, em março, em Mukden, para forçar o recuo dos russos na Manchúria, como tinham feito na Coreia, apesar de os generais amenizarem a notícia com a promessa do futuro sucesso. Em Varsóvia e Lodz, o "tumulto" era, na verdade, revolução generalizada. Operários tinham montado barricadas nas ruas, piche fervente e bombas tinham sido lançados contra as tropas do tsar, e camponeses armados de foices marchavam para as cidades. A situação que se desenrolava em Odessa poderia seguir pelo mesmo caminho nos dias seguintes. Treze outras cidades dentro de seu império também estavam sofrendo algum tipo de greve. Quanto aos camponeses nos arredores de Kharkov, a reivindicação por mais direitos sobre a terra fora feita bem indelicadamente: incendiando as propriedades dos latifundiários.[272]

Nicolau começava o dia debaixo de ataques intermináveis contra seu reinado e pressões por mudanças. Vinham tanto dos odiados revolucionários quanto dos nobres que conseguissem obter uma audiência com ele. De certa maneira, as exigências dos nobres representavam a maior traição – e a ameaça mais palpável. Apesar de o tsar tentar se isolar do caso, a instabilidade bastava para reafirmar seu desejo de jamais ter nascido tsar. Mas aquele era seu papel, e ele preferia ser amaldiçoado a trair suas obrigações para com Deus e com o país. Para ele, os Romanov *eram* a Rússia. Permitir que outras pessoas tivessem voz de comando significaria nada menos que a morte dela.

* * *

O primeiro dos Romanov, Miguel, chegou ao poder em 1613, depois de quase duas décadas de disputas internas entre os príncipes de Moscou, que tinham mergulhado a Rússia no caos. As famílias aristocráticas do país decidiram que apenas uma monarquia forte, como a do passado, seria capaz de evitar a anarquia e a invasão dos suecos ou dos poloneses. O tipo de poder que tinham em mente havia se originado no século XIX, quando os tártaros dominavam a Rússia.

Para que pudesse sobreviver e prosperar sob o jugo dos tártaros, o povo do principado moscovita dera a seu governante autoridade absoluta. O príncipe cobrava imposto sobre as terras, dirigia o povo e lidava com os inimigos, tanto internos quanto externos, conforme ditasse sua consciência, sem a restrição de leis nem interferências burocráticas. Ivan, o Terrível, o primeiro príncipe moscovita a se autocoroar tsar de toda a Rússia, em 1547, revelou quão ilimitado era esse poder absoluto. Com o apoio da Igreja Ortodoxa russa, a autoridade do príncipe também era endossada por um mandato divino, uma conexão mística entre ele e o povo ortodoxo que governava.[273]

Pelos mais de 250 anos de domínio contínuo dos Romanov, os tsares reinaram na Rússia com o mesmo paternalismo. As reformas esporádicas – tentativas de formar um serviço civil que funcionasse, codificar os princípios legais, amenizar a censura e criar assembleias locais chamadas *zemstvos* – não tinham modificado na prática o poder do tsar. Em 1881, quando o pai de Nicolau, Alexandre III, subiu ao trono, estava determinado a que aquele tipo de reforma (promovido mais recentemente por seu pai, Alexandre II, que mesmo assim tinha sido assassinado pelos reformistas) jamais se concretizasse. Reprimiu os dissidentes, debilitou a burocracia cívica e esmagou qualquer movimento na direção do governo representativo, independentemente de quão discreta fosse. Enquanto a Rússia enfrentava a intrusão do mundo moderno – secularismo, industrialização, urbanização da população e ideologias democráticas –, nas últimas décadas do século XIX, Alexandre III criava o filho para seguir a tradição moscovita de governo, acreditando em um único caminho verdadeiro para manter a grandeza do Império Russo.[274]

Alexandre III assumiu com facilidade o papel de autocrata. Forte como um gorila, alto, de ombros largos, que segundo a lenda conseguia dar nó em ferro, era um líder decidido, de discurso duro, com uma enorme energia e pouquíssima paciência para formalidades. Gostava do poder e o exercia com grande entusiasmo.[275]

Seu filho herdou poucos talentos do pai, se é que herdou algum. Menino tímido e franzino, que ficava doente com frequência, Nicolau idolatrava o pai, embora se encolhesse sob a sombra enorme com que Alexandre o obliterava. Criado no colossal Palácio Gatchina, na propriedade dos Romanov na cidade de mesmo nome ao sul de São Petersburgo, Nicolau, seus dois irmãos mais novos e suas irmãs tinham um estilo de vida espartano junto com os pais: dormiam em catres militares, acordavam cedo, tomavam banho frio e às vezes mal tinham comida suficiente. Aparentemente, o objetivo era ensinar disciplina, mas os brinquedos extravagantes, as governantas dedicadas e a obsequiosidade com que todos os tratavam, incluindo os responsáveis por sua educação, confundiam o resultado. Além disso, a tsarina, Marie, tinha uma tendência à superproteção.[276]

Desde pequeno, Nicolau teve uma série de tutores. Os primeiros – entre eles um senhor idoso inglês chamado Mr. Heath – lhe ensinaram boas maneiras, a manter a calma impenetrável, o grande interesse nos esportes e a dança, e o domínio do francês, alemão e inglês. Era a educação ideal para um integrante da corte, mas não para o futuro líder de 135 milhões de pessoas. Só quando Nicolau fez 15 anos o pai, que ainda o encarava como uma criança e no íntimo o considerava uma decepção, fez com que ele recebesse uma educação mais adequada para prepará-lo para os tantos desafios que enfrentaria como tsar.

Entregue a algumas das melhores cabeças da Rússia, deu início a uma ampla variedade de estudos, incluindo matemática, ciência, história, geografia, literatura, direito e ciência militar.[277] O programa era supervisionado pelo ex-tutor de Alexandre III e chefe laico da Igreja Ortodoxa russa, Konstantin Pobedonostsev. Esquelético, normalmente de preto e com a aparência de quem acabou de se levantar do túmulo, Pobedonostsev era um reacionário de mais elevado grau. Para ele, democracias eram o governo do diabo, constituições eram "os instrumentos dos injustos" e rotulava a imprensa livre "o instrumento para a corrupção em massa". Segundo Pobedonostsev, Deus em pessoa tinha escolhido o tsar e o orientava; se seu representante terreno não governasse como autocrata e permitisse que outras pessoas interferissem no governo, o tsar estaria traindo Deus e merecia ser punido.

Esse tipo de lição Pobedonostsev ensinava pessoalmente a Nicolau. Elas deixaram marcas profundas, reforçadas pelas ideias parecidas do pai e pelo assassinato do avô, cujo corpo ensanguentado e sem as pernas Nicolau tinha sido obrigado a ver aos 13 anos de idade, em 1881. No todo, porém, Nicolau não tinha grande sede pelo conhecimento que recebia nas longas e arrastadas aulas, que nem o desafiavam nem permitiam que ele pensasse por si mesmo.[278] Na conclusão dos estudos, em maio de 1890, o jovem tsarévitche de 21 anos escreveu em seu diário: "Hoje eu terminei definitivamente e para sempre minha educação."[279]

Nicolau preferia comandar o Regimento da Guarda Preobrajensky; ficava deslumbrado com a pompa e circunstância militar, assim como com a vida divertida de jovem oficial. Era um rapaz agradável e educado, atencioso e que sempre parecia dizer e fazer a coisa certa, mas que não teria se destacado na corte de São Petersburgo se não fosse por sua proximidade ao trono. Seu pai, porém, era um robusto homem de 44 anos em 1890, e era provável que Nicolau tivesse de esperar décadas para se tornar tsar; por isso se dedicava a seus hobbies, gastando o tempo com o lazer em vez de aprender os detalhes tediosos de governar um império. Bebia com os outros oficiais, jogava bilhar, ia a bailes, viajava pelo mundo e teve um romance com uma bailarina, antes de se apaixonar por Alexandra de Hesse-Darmstadt, princesa alemã e neta da rainha Vitória.[280]

Em 1894, seu pai subitamente teve uma doença renal; os médicos nada podiam fazer. Nicolau foi às pressas para o lado do pai com o resto da família em Livádia, seu palácio crimeio no mar Negro. Pouco depois, Alexandre III perdeu a força colossal, e morreu no dia 1º de novembro. Naquela tarde, Nicolau sentiu o peso do Império Russo desabar sobre si. Depois de acompanhar o cunhado, o grão-duque Aleksandr, pela escadaria e até o quarto dele, Nicolau o abraçou e, com lágrimas nos olhos, disse, desesperado: "Sandro, o que vou fazer agora? O que vai acontecer comigo, com você, com Xênia, com Alix, com a mamãe, com toda a Rússia? Não estou preparado para ser tsar. Nunca quis ser. Nada sei dessa história de governo. Não faço ideia nem de como devo falar com os ministros."[281] Um desses ministros, o chefe da Marinha, estava igualmente preocupado. Na véspera da morte de Alexandre III, escreveu: "O herdeiro é apenas uma criança, sem experiência, treinamento ou mesmo inclinação para o estudo dos grandes problemas do Estado. [...] O comando do Estado está prestes a sair das mãos de um oficial experiente da Marinha, e temo que não vá parar em mãos como aquelas por muitos anos. Só Deus sabe qual será o curso do Estado sob essas condições."[282]

Aos 26 anos de idade, Nicolau era tsar. Sua coroação oficial, em maio de 1896, foi um presságio dos desastres que se seguiriam. Acompanhado da mulher, Alexandra, Nicolau entrou na grande catedral Uspensky, em Moscou, ao som do coro, e subiu os 15 degraus até o trono, sob um dossel roxo. Jurou manter a autocracia, se enrolou no manto imperial e colocou ele próprio a coroa incrustada de diamantes na cabeça. O badalar de sinos proclamou sua ascensão, e Nicolau saiu da catedral a cavalo, com o cetro dourado na mão. Por três dias, Moscou e toda a Rússia celebraram a coroação.

No quarto dia, 16 de maio, Nicolau ia entregar presentes ao povo no Campo de Khodynskoye, um local de treinamentos militares cheio de trincheiras e ocupado então por quase meio milhão de camponeses, de todas as regiões do império. Cedinho, os camponeses correram para a frente do campo para garantir os bolos e as taças especialmente gravadas que seriam entregues a eles mais tarde. Milhares caíram nos buracos, tanto jovens quanto velhos, e foram pisoteados até a morte no tumulto. À noite, enquanto os mortos e os feridos eram retirados, Nicolau, após ter concordado relutante com a continuidade das festividades da coroação, a conselho do tio, foi ao baile oferecido pelo embaixador da França. A partir daquele instante, teve a sensação de que seu reinado estava amaldiçoado, e o público questionava, indignado, como o novo tsar podia dançar em meio a tamanha tragédia.[283]

Desde o princípio, o novo tsar deixou clara a maneira como iria governar. Uma comitiva de autoridades de diversas províncias foi prestar suas homenagens pouco depois da morte de Alexandre III. Após receber os presentes e ouvir suas palavras de apoio, Nicolau agradeceu, mas anunciou: "Chamou minha atenção que nos últimos meses têm-se ouvido as vozes, em alguns dos *zemtsvos*, daqueles que têm sonhos absurdos de algum dia ser convocados a participar do governo do país. Quero que todos saibam que vou concentrar todo meu empenho em manter, pelo bem de toda a nação, o princípio da autocracia absoluta, com a mesma firmeza de meu lastimado pai."[284]

Mas Nicolau não era igual ao pai. Apesar de ter certo charme pessoal e de se dedicar diligentemente aos problemas do império, não tinha a perspicácia nem a autoconfiança do pai. "Nicolau passou os primeiros anos de seu reinado em sua mesa, ouvindo, com uma sensação que pode ser descrita como de alarme, conselhos e insinuações de familiares", contou seu cunhado, o grão-duque Aleksandr Mikhailovitch.[285] A mulher do tsar, Alix, que quase não falava russo quando eles se casaram e que pouco conhecia do país, pedia ao marido que comandasse o império com o mesmo punho de ferro de Ivan, o Terrível, ignorando as multidões de conselheiros. A se levar em conta o caráter intrometido e tolo dos quatro tios de Nicolau e dos outros integrantes da corte, podia até ter sido um bom conselho.[286]

Nicolau, no entanto, conseguiu criar o pior dos mundos. Primeiro, se recusou a delegar poder, cuidando pessoalmente dos detalhes mais triviais do império – orçamentos de escolas, nomeações de parteiras nas províncias e petições de camponeses –, negligenciando o estabelecimento de um plano coeso para concretizar o que pretendia para a Rússia. Em segundo lugar, entregou postos essenciais dentro do governo a parentes, nomeando o ignorante tio Sergei governador-geral de Moscou e o bon-vivant tio Alexis, que tinha pouca experiência naval, grande almirante da Marinha. A fim de proteger seu poder, Nicolau também privilegiava bajuladores medíocres em detrimento de ministros capazes e determinados como Sergei Witte, o ministro das Finanças de seu pai, que Nicolau acabou destituindo do cargo, apesar de suas habilidades e sua devoção à Rússia. Em terceiro, Nicolau mantinha os ministros separados entre si, reunindo-se individualmente com cada líder e eliminando qualquer possibilidade de um esforço coordenado.[287] Como comentou um integrante da administração de Nicolau, "havia tantos governos quanto havia ministros".[288] Por fim, Nicolau confiava a sabedoria a Deus, acreditando plenamente que apenas o Todo-Poderoso guiava sua mão. Mas, como brincou o editor de um jornal monarquista em um momento de franqueza, "o Soberano só ouve a Deus, e só de Deus recebe conselhos, mas, como Deus é invisível, aceita os conselhos de todo mundo que encontra: da mulher, da mãe, do estômago ... e aceita tudo isso como ordem divina".[289]

Como se suas falhas pessoais não bastassem, Nicolau tinha herdado um Estado autocrático que estava desmoronando. Alexandre III tinha colocado à força o país no caminho da industrialização nos anos 1880, temendo que a Rússia tivesse sido deixada perigosamente para trás pelo resto do mundo. Suas políticas deram origem a um boom, expandindo rapidamente a economia e criando grandes centros urbanos, mas os trabalhadores acabaram sofrendo no processo.[290] Suas famílias camponesas, deixadas nas áreas rurais, sofriam também com o fardo da explosão populacional, da baixa produtividade, dos altos impostos, das pesadíssimas taxas pelo uso da terra e da burocracia inútil.[291] Os nobres, proprietários de terras, que sempre tinham sido os principais defensores do tsar, continuavam vítimas do declínio econômico deflagrado com a emancipação dos servos e agravado pela depressão na agricultura. Suas tentativas de melhorar de situação (e a dos camponeses) por meio dos *zemstvos*, organizações que tinham sido originalmente promovidas por Alexandre II, foram inibidas por seu filho, que encarava aquele tipo de governo localizado como um desafio a sua autoridade. Burocratas progressistas do Estado, que também tinham se destacado durante as reformas de 1860, trazendo consigo o jugo da lei e políticas racionais de inspiração ocidental, foram aniquilados. Com eles, os trabalhadores perderam qualquer chance de impedir os abusos cometidos pelos donos das fábricas, o que fez deles candidatos amadurecidos para a revolução.[292]

A grande fome de 1891 revelou os pontos fracos do Estado autocrático de Alexandre III. O regime não conseguiu socorrer os necessitados, aprofundando uma crise que acabou matando mais de meio milhão de pessoas. O apelo público tardio e desesperado de Alexandre por assistência, respondido principalmente pelos líderes dos *zemstvos*, além de comerciantes, nobres sem terra, estudantes, professores, médicos, engenheiros e outros moradores das cidades, fez irromper a pressão para que algo mudasse.[293] Quando a crise foi atenuada, porém, Alexandre retomou seus antigos métodos. Depois do incidente, alguns russos haviam se radicalizado, mas muitos outros, entre eles líderes de *zemstvos* como o príncipe Georgy Lvov, começaram a fazer campanha para que o tsar abrisse o governo à influência do público. Era a essas pessoas que Nicolau II se referia logo após a morte do pai, quando chamara suas ambições de "sonhos absurdos". Foi um erro fundamental da parte dele.[294] Como disse certa vez o chanceler alemão Otto von Bismarck, "o poder da revolução não está nas ideias extremistas de seus líderes, mas naquela pequena quantidade de reivindicações moderadas que não foram satisfeitas na hora certa".[295]

Ao não dar prosseguimento às reformas do avô, Nicolau acelerou a queda inevitável de uma forma superada de governo. Enquanto imitava as políticas de seu pai, a condição de camponeses e operários se agravava, assim como suas frustrações, evidenciadas nas esporádicas revoltas no campo e greves nas fábricas. O número de revolucionários aumentou. E alguns nobres dos *zemstvos*, que tradicionalmente apoiavam o tsar e que antes só pediam uma voz limitada nas questões locais, passaram a se alinhar a intelectuais liberais como Pyotr Struve e Pavel Milyukov. Esses homens lideraram a pressão para que a autocracia fosse substituída por uma democracia parlamentar, formando a União da Libertação e publicando seus objetivos em jornais ilegais como o *Osvobojdeniye*, lançado em 1902.[296]

Então Nicolau entrou em guerra com o Japão, revelando quão corrosivo seu reinado havia se tornado. Com cada derrota no campo de batalha, sua posição se enfraquecia, enquanto as vozes da oposição se tornavam mais altas. O Estado ficou ameaçado de falência, tanto em sentido literal quanto figurado. Vyatcheslav von Plehve, seu reacionário ministro do Interior, foi destroçado pela bomba de um assassino em julho de 1904, um ato bem-recebido por quase todo mundo, menos o próprio tsar. Abalado com a morte, Nicolau deu início a uma série de manobras que prometiam a realização de reformas. Em seguida recuou de cada uma delas, fazendo com que a oposição pressionasse ainda mais por mudanças.[297]

Por exemplo, a escolha do tsar pelo príncipe P.D. Svyatopolk-Mirsky para ocupar o posto de Plehve foi recebida como um sinal positivo, de que Nicolau estava adotando um novo curso. Burocrata de 47 anos, conhecido por suas opiniões progressistas, Mirsky pediu publicamente que o povo tivesse uma voz dentro do governo. Sob sua aprovação tácita, 103 líderes de *zemstvos* se reuniram em Moscou em novembro de 1904 e aprovaram uma agenda de reformas que incluía a garantia de liberdades civis e a eleição de um corpo representativo, cujos líderes participariam do Conselho de Estado. A agenda foi então apresentada a Mirsky para a avaliação de Nicolau. Liberais chamaram a assembleia de uma ocasião histórica, que foi comemorada em todo o país com banquetes públicos inspirados nos que haviam se seguido à Revolução de 1848 na França. Médicos, professores, advogados, engenheiros e a intelligentsia brindavam entre si, na crença de que o sufrágio universal e a Constituição estavam logo ali. No dia 12 de dezembro, a resposta de Nicolau pôs fim às festividades. Ele emitiu um édito ucasse declarando que faria algumas concessões, como regras mais amenas de censura e o fim da perseguição aos *zemstvos*. Não mencionou, porém, um órgão parlamentar representativo nem a Constituição. No máximo, o ucasse era um gesto pouco sincero de conciliação. Mais tarde, Mirsky lamentou para um amigo: "Nada deu certo. Vamos construir cadeias."[298]

Um mês depois, um religioso chamado padre Gapon liderou centenas de milhares de pessoas até o Palácio de Inverno, em uma manhã nevosa de domingo, para pedir a Nicolau que melhorasse as condições dos trabalhadores a quem representava. Sua "Humílíssima e Leal Petição ao Tsar" também continha uma lista de reformas políticas inspiradas em parte pelos *zemstvos* e liberais. O apelo foi recebido por baionetas e ofensivas da cavalaria. Mais de cem pessoas morreram nos choques, entre elas mulheres e crianças, e muitas mais ficaram feridas. Naquele dia, Gapon declarou: "Não existe mais Deus. Não existe mais tsar." Máximo Gorki, que participou do incidente e era o correspondente russo do jornal nova-iorquino *Journal* naquela época, telegrafou aos editores: "Começou a Revolução Russa."[299]

Nos dias seguintes, com a disseminação das greves e a chuva de condenações a Nicolau, por não ter recebido Gapon e impedido a tragédia, a impressão era de que o tsar teria que atender a algumas das reivindicações. Mas ele manteve o curso, embora triste. Revelou a Mirsky, que pediu demissão pouco depois do Domingo Sangrento: "Não adoto a autocracia por prazer. Só ajo dentro desse espírito porque estou convencido de que é o que é necessário para a Rússia, mas, se fosse por mim, ficaria bem feliz de me ver livre de tudo isso."[300]

Nicolau substituiu o ministro do Interior pelo moderado Aleksander Bulygin, mas nomeou Dmitry Trepov como vice dele, um linha-dura descrito por um nobre como "sargento-major por treinamento e promotor de pogrons por convicção".[301] Nicolau demonstrou a mesma oscilação quando emitiu dois éditos no dia 18 de fevereiro de 1904. O primeiro castigava aqueles que desafiavam sua autocracia, os chamando de traidores arrogantes, e conclamava o povo a ser fiel à fé em Deus e a se unir em torno do trono. O segundo determinava ao conselho de ministros que analisasse "as ideias e sugestões a nós apresentadas por pessoas e instituições privadas, a respeito de melhorias na organização do Estado". Observando a contradição entre os dois éditos, os ministros de Nicolau o convenceram a emitir um terceiro no mesmo dia, anunciando uma comissão para avaliar a criação de uma Assembleia Consultiva de Estado, para ajudar a elaborar a legislação. Na prática, Nicolau estava ganhando tempo, torcendo para que o descontentamento perdesse força.[302]

Ao longo dos três meses seguintes, São Petersburgo foi invadida por reformistas, vindos de regimentos do Exército, sindicatos profissionais, fábricas, cidades e assembleias locais. Os líderes liberais e dos *zemstvos* estavam divididos quanto à pressão a ser feita sobre o tsar. Alguns queriam parar na criação da assembleia consultiva; outros lutavam pela democracia, no mínimo. Ambos os grupos, porém, cresciam em número e em força de organização. Nesse ínterim, partidos socialistas capitalizavam sobre o Domingo Sangrento e o apelo pela Assembleia Constituinte que tinha levado à passeata até o Palácio de Inverno – coisa com que não tinham tido muito a ver originalmente. Embora discordassem sobre se deviam ou não pressionar por um levante armado, conseguiram avanços significativos na disseminação da propaganda e na mobilização dos trabalhadores. Sentindo a debilidade do tsar, províncias fronteiriças, como Polônia, Letônia e Finlândia, também começaram a questionar diretamente o odiado dominador russo.[303]

Com a aniquilação da frota de Rojestvensky em Tsushima, em maio, as forças da oposição ganharam ainda mais impulso. Atacavam o regime por todos os flancos. "A guerra foi irremediavelmente perdida", declarou Lenin no jornal socialista *O Proletário*. "O colapso do sistema político do tsarismo fica cada vez mais claro tanto para a Europa como para todo o povo russo. Está tudo armado contra a autocracia."[304] Pavel Milyukov, então líder do grupo liberal, o Sindicato dos Sindicatos, assumiu sua posição mais militante até aquele momento e fez um apelo direto ao povo da Rússia: "Falamos enquanto havia ao menos a sombra de esperança de que as autoridades fossem ouvir. Agora essa esperança desapareceu. Dizemos a vocês que usem todos os meios para eliminar imediatamente o bando de ladrões que chegou ao poder. Em seu lugar, coloquem uma Assembleia Constituinte eleita pelo povo."[305]

Os jornais russos, da esquerda à direita, concordavam que a guerra tinha de terminar e que Nicolau precisava voltar sua atenção para mudanças domésticas significativas. O liberal *Russkiye Vedomosti* citou o general cartaginês Aníbal, depois de sua grande derrota: "Paz a todo custo, mesmo que as condições sejam as mais severas."[306] O popular *Slovo* anunciou: "Por 200 anos caminhamos por atalhos de olhos vendados, e agora nos vemos à beira de um abismo. Vemos para onde estamos sendo levados, e temos o direito de dizer: basta."[307] O editor do *Novoye Vremya* recomendou a convocação de uma assembleia nacional: "Não há tempo a perder. A inteligência e o sentimento de toda a Rússia são necessários para aplacar as ondas que rapidamente se elevam."[308]

No âmbito internacional, o veredicto era o mesmo. O embaixador russo em Paris telegrafou a Nicolau: "Não tenho nem forças para descrever a péssima impressão que a destruição de nossa frota provocou aqui."[309] O kaiser Guilherme, que com suas cartas e telegramas tinha ajudado a convencer Nicolau a entrar em guerra com o Japão, agora defendia a paz, escrevendo ao primo que a derrota de Tsushima "acaba com as chances de uma virada decisiva a seu favor".[310] Em 26 de maio, o presidente dos Estados Unidos, Theodore Roosevelt, temendo as consequências da revolução na Rússia, enviou uma mensagem para São

Petersburgo e para Tóquio, oferecendo sua ajuda na negociação da paz: "Chegou o momento em que, pelo bem de toda a humanidade, precisamos nos esforçar para ver se não é possível colocar um fim ao terrível e lamentável conflito que hoje está sendo travado."[311]

Um dia antes da chegada da carta de Roosevelt, Nicolau reuniu um conselho de guerra para decidir se a Rússia deveria se engajar em negociações de paz com o Japão, pelo menos para saber quais seriam as exigências do inimigo. Seus ministros e generais apresentaram argumentos pelos dois lados e não chegaram a nenhuma conclusão. Então, no dia 6 de junho, o príncipe Sergei Trubetskoy, representando a assembleia de *zemstvos*, foi a Peterhof para apresentar uma declaração a Nicolau. Era a primeira vez que o tsar se reunia com a oposição. O imponente Trubetskoy, pertencente a uma das famílias mais antigas e mais proeminentes da Rússia, falou convicto, com calma e profundidade, sobre a preocupação que as derrotas militares causavam, e sobre a necessidade de uma assembleia representativa. "É essencial que todos os seus súditos, de forma igualitária, sem distinções, sintam que são cidadãos da Rússia."[312] À conclusão do discurso, os olhos de quem estava reunido na sala estavam marejados.

Nicolau também ficou emocionado: "Lamentei e ainda lamento as tragédias que essa guerra infligiu sobre a Rússia, e as que ainda virão, e toda a nossa desordem interna. Esqueça suas dúvidas. Meu desejo – o desejo do seu tsar – de reunir representantes do povo é inabalável. Que haja, assim como antigamente, união entre o tsar e toda a Rússia, e uma comunhão pessoal entre os *zemstvos* e eu, para formar as bases de uma ordem construída sobre os princípios da tradição russa. Espero que você colabore comigo nesse trabalho."

Apesar de suas palavras naquele dia e das muitas súplicas pela paz, Nicolau não estava comprometido a encerrar a guerra; nem tinha mudado de ideia sobre permitir a um órgão representativo ter voz de decisão nas questões do Estado. Refugiou-se em sua rotina diária em Peterhof, sem medo da hipótese – ou sem imaginá-la – de a oposição ganhar força suficiente para o retirar do trono. Lá no fundo, o povo da Rússia o amava, estava convencido disso. Se alguém tivesse se desviado, seria esmagado, com todo o poder de seu Estado. O cônsul dos Estados Unidos em São Petersburgo, Ethebert Watts, também achava que Nicolau conseguiria controlar a tempestade à sua volta, exceto em uma situação. Telegrafou a Washington: "Pessoalmente não acredito que nenhuma greve ou levante político possa ser bem-sucedido, desde que as Forças Armadas permaneçam leais ao governo; mas, assim que elas hesitarem ou passarem para o lado do povo, poderemos assistir à queda da dinastia atual."[313]

No dia 14 de junho, enquanto Nicolau aproveitava o lindo dia em Peterhof, com atividades como um passeio de caiaque, uma cavalgada com a mulher, uma festa pelo sexto aniversário da filha Maria e um mergulho reconfortante nas águas mornas do golfo da Finlândia, aquela era uma possibilidade inimaginável.[314]

7

No Potemkin, a capacidade dos vinte oficiais de controlar os 763 marinheiros sempre se baseara em um frágil construto social: os oficiais esperavam disciplina porque sempre tinha sido assim. Os marinheiros tinham o hábito, reforçado pela ameaça de punição, de obedecer a seus comandos.[315] Mas, naquela tarde, depois que os guardas se recusaram a atirar nos marinheiros desarmados na amurada, depois de Gilyarovsky ter assumido um de seus fuzis e de Nikichkin ter atirado para o alto, o construto desmoronou – de forma irrevogável.

Gilyarovsky correu na direção da torreta dos canhões e de Vakulentchuk. Se matasse aquele líder dos marinheiros, poderia desarmar o motim – ou foi o que pensou. O tenente Neupokoyev seguiu o segundo oficial. Quando eles chegaram perto da torreta, Vakulentchuk atirou em Gilyarovsky, mas errou e acertou Neupokoyev na cabeça. Deixando o oficial caído para trás, Gilyarovsky avançou, atirando. Seu primeiro tiro atingiu Vakulentchuk no peito. O marinheiro cambaleou, ainda avançando, movido pela adrenalina e pelo impulso. Conseguiu agarrar o fuzil de Gilyarovsky pelo cano e tirá-lo das mãos dele antes de ser atingido de novo, pelas costas, por um suboficial. Vakulentchuk girou e caiu no convés. O sangue jorrava de seus dois ferimentos.

Do outro lado do convés, Matyuchenko jogou seu fuzil em Golikov, na esperança de atingir o capitão com a baioneta da arma. Errou. Golikov se afastou, ordenando em pânico a um dos oficiais que anotasse os nomes de todos que participassem do motim e dizendo a outro que corresse e sinalizasse ao *Ismail* para que se aproximasse do Potemkin, para que eles pudessem fugir. Os marinheiros logo dominaram os dois oficiais, obrigando-os a pular do encouraçado; nenhuma das duas ordens foi executada. Com tiros de fuzis zunindo por todo lado, Golenko escapou para a segurança de sua cabine.

Nesse meio-tempo, Matyuchenko recuperou a arma e foi atrás de Gilyarovsky. Primeiro, pensou, tinha que abrir caminho em meio à confusão de marinheiros. Alguns corriam para a escotilha a fim de pegar mais armas no depósito, mas a maioria estava simplesmente abobada. Em um navio de guerra, rotinas e regras comandavam tudo – exceto o motim. Em choque com o disparar dos fuzis, sem saber direito o que estava acontecendo, e sem ideia de a quem seguir ou do que fazer, os marinheiros agiam por instinto. Fugiam do convés; ficavam parados como estátuas; se agarravam, se empurravam e gritavam uns com os outros para sair do fogo cruzado que já tinha matado vários de seus companheiros. Diversos revolucionários tentavam organizar os marinheiros no início do motim, mas os homens estavam apavorados demais para ouvir orientações.

Por fim, Matyuchenko conseguiu abrir caminho entre o empurra-empurra dos marinheiros e foi até a torreta, onde seu amigo tinha estado um segundo antes. Chegou bem a tempo de ver Neupokoyev ser morto e, alguns instantes depois, o segundo oficial de pé ao lado do amigo ferido de Matyuchenko, Vakulentchuk.

O sentimento de tristeza e ódio dominava Matyuchenko como fogo quando ele puxou o gatilho de seu fuzil para matar Gilyarovsky. O fuzil falhou. Gilyarovsky atirou de volta, errando por pouco. O segundo oficial ordenou então aos guardas remanescentes que matassem os amotinados. Em resposta, os guardas fugiram. Gilyarovsky mirou nas costas deles, se expondo ao fogo na ânsia de matar aqueles marinheiros pela traição. Aproveitando a chance, Matyuchenko e dois outros marinheiros apontaram seus fuzis e atiraram nele perto da amurada. O segundo oficial desabou no convés. Perto do cabrestante, o tenente Liventsev tentou tirar o fuzil de um dos guardas e ajudar Gilyarovsky. Foi destroçado por uma chuva de balas.[316]

Matyuchenko atravessou o convés, com a morte como seu único pensamento. Quando chegou perto de Gilyarovsky, o oficial atingido murmurou:

– Conheço você, seu canalha. Você pode escapar do navio agora, mas vou te encontrar.

– Você não vai ter a chance – Matyuchenko disse, calmo, antes de atirar novamente. – Estou te mandando para trabalhar de grumete para o almirante Makarov.

Matyuchenko ergueu Gilyarovsky até a amurada; o sangue dos ferimentos do oficial manchou seu uniforme de marinheiro. Então jogou o corpo de Gilyarovsky no mar, para se juntar a seu herói, que tinha morrido em Porto Artur um ano antes. Matyuchenko tinha se vingado do pior dos oficiais, aquele que tinha atirado em seu companheiro mais querido. O revolucionário começou então a se concentrar na tomada do encouraçado.[317]

– Chega dessa escravidão! – gritou Matyuchenko, e os marinheiros se aglomeraram em torno dele. No convés havia trinta marinheiros revolucionários armados; os oficiais e seus leais bajuladores tinham se escondido pelo navio. Matyuchenko queria que eles fossem encontrados antes que tentassem restabelecer o controle ou afundar o encouraçado.[318] Também mandou marinheiros verificarem se Denisenko tinha tomado a sala das máquinas, se Bredikhin tinha cortado a comunicação por telégrafo e se os outros tinham tomado a torre de controle. Havia um plano a ser executado.[319]

Com os oficiais refugiados e a armaria nas mãos dos revolucionários, a massa de marinheiros tomou a fácil decisão de apoiar o motim. "Cacem todos eles", veio um grito da torreta. "O navio ainda não é nosso."[320] Em contraste com a confusão de antes, a tripulação dessa vez agiu em conjunto. Vasculharam os pavimentos, mergulharam pelas escotilhas e procuraram de popa a proa pelos superiores, alguns motivados pela vingança, outros pela sede de sangue. Alguns tinham baionetas, outros, revólveres e fuzis, mas a maioria saiu à caça armada apenas dos punhos cerrados. Movidos pelo medo recente de serem mortos por terem se recusado a comer, libertos das amarras da disciplina e fortalecidos pela superioridade numérica, eram quase uma turba prestes a matar e aterrorizar. Gritavam "Abaixo o tsar!" e "Liberdade!" quase sem pensar.[321]

No meio de tudo aquilo, Vakulentchuk lutou para se pôr de pé, mas as pernas se dobraram. Agarrou-se à amurada e se levantou de novo, mortalmente ferido. Antes que alguém conseguisse alcançá-lo, Vakulentchuk perdeu o equilíbrio e caiu no mar. Um marinheiro pulou na água atrás dele. Com a ajuda de alguns outros, conseguiram levar o revolucionário ferido de volta ao navio. Fraco pela perda de sangue, ele não conseguia ficar de pé. Os marinheiros o carregaram direto para a enfermaria. Enquanto ele lutava para se manter consciente, mal conseguindo permanecer vivo, seus camaradas assumiam o controle do encouraçado.[322]

Em sua cabine, o tenente Aleksandr Kovalenko estava sentado, contraído, no sofá, ouvindo os gritos e tiros. Magro, de rosto barbeado e astuto, o engenheiro mecânico de 23 anos, que tinha estudado no instituto tecnológico de Kharkov antes de entrar na Marinha, tratava bem os marinheiros sob seu comando. Simpatizava com o movimento revolucionário da Frota do Mar Negro, embora jamais pudesse admitir isso aos marinheiros, por medo de ser descoberto pelos superiores.[323] Nacionalista ucraniano que era, queria que Nicolau II fosse derrubado para que seu próprio país pudesse ganhar a liberdade. Mas desconfiava que os marinheiros jamais perdoariam suas dragonas militares durante o levante, mesmo que revelasse suas opiniões políticas.[324]

Kovalenko observou seu alojamento. Apenas algumas horas antes, estava sozinho em sua cabine, aproveitando o aroma das flores campestres que tinha colhido na ilha de Tendra e o livro aberto em sua mesa, quando fora chamado para o almoço. Agora estremecia a cada tiro e estava sentado ao lado de outros três oficiais apavorados.

Estava na sala dos oficiais quando Gilyarovsky entrara para perguntar a Smirnov se a carne estava boa para o consumo. Quando os tambores rufaram para a chamada geral, Kovalenko respirou aliviado, já que, como oficial da sala de máquinas, sua presença não era exigida para os inevitáveis e longos discursos sobre disciplina e as regulamentações estritas da Marinha. Continuou a almoçar com os outros oficiais não envolvidos na repreensão aos homens: o tenente N.F. Grigoryev, o oficial-engenheiro S.A. Zauchkevitch e o serralheiro A.N. Kharkevitch, além do capelão do navio e os engenheiros de artilharia de São Petersburgo que tinham ido assistir aos exercícios. Ouviram então o grito de

Gilyarovsky, querendo saber se os marinheiros estavam mesmo amotinados, e o urro concentrado indicando que a resposta era sim. Os rostos empalideceram na sala de oficiais. O padre Parmen saiu imediatamente, seguido pelo coronel I.A. Schultz de São Petersburgo.[325]

– Alguma coisa terrível está acontecendo – disse Grigoryev, se aproximando de Kovalenko. Ele concordou, e três oficiais do Potemkin o seguiram até seu alojamento para decidir o que fazer.

– Isso nunca teria acontecido se o capitão e o segundo oficial não tivessem agido de forma tão ridícula – resmungou Grigoryev para Kovalenko, enquanto Zauchkevitch saía para ver o que estava acontecendo.

– Isso o surpreende? – perguntou Kovalenko. – Como eles podem agir com bom senso ou consciência se seguem as tradições militares de Pedro I?

– Verdade. Mas e agora?!

Kovalenko sentiu as mãos tremerem e não conseguiu impedir isso.

– Talvez devêssemos ir lá e tentar acalmar a tripulação – disse, pensando alto.

– Palavras não vão adiantar agora – Grigoryev declarou, com firmeza.

Zauchkevitch voltou à cabine.

– A tripulação tem armas, e os oficiais fugiram.

– Meu Deus – sussurrou Grigoryev. – Vamos todos ser mortos. Dá para ouvir o que está acontecendo lá fora?

Em poucos minutos, os gritos alucinados da tripulação e o tropel dos passos no corredor ficaram cada vez mais altos e mais próximos. Os marinheiros abriam as escotilhas e as batiam com força quando viam que não havia ninguém. Riam, conversavam e davam gritos de incentivo uns aos outros. Nas cabines próximas, quebraram espelhos, destruíram móveis e atiraram a esmo. Cada vez mais perto – Kovalenko estava petrificado, sabendo que eles iam ser encontrados. Com centenas de marinheiros à caça, não havia onde se esconder. Por fim, ouviu alguém vindo pelo corredor. Quando Kovalenko estava prestes a espiar para ver se ele já tinha passado, um marinheiro socou a porta ao lado e gritou alto a advertência:

– Cada um de vocês será morto! Ninguém será poupado!

Ouviu-se outra voz:

– Não há mais ninguém. Agora *nós* controlamos o navio.

Kovalenko se afastou da porta, certo de que ia morrer – e logo. Era tão sem sentido e de uma ironia tão cruel que fosse perder a vida nas mãos de homens que tinham o mesmo desagrado pelo tsar que ele. Sentiu-se preso no olho de um furacão, sem ter onde se abrigar nem para onde fugir. Mesmo que seus maquinistas o defendessem, eles eram apenas uma pequena parte da turba.

– Eles vão nos matar – Kharkevitch murmurou.

– Só nos resta uma coisa a fazer... pular no mar.

A ideia tinha acabado de ocorrer a Kovalenko. Embora a costa estivesse a quilômetros de distância, talvez eles conseguissem nadar até lá. Era uma opção melhor que enfrentar uma turba movida a vingança.

– É impossível – Grigoryev zombou.

– Prefiro morrer assim – Kovalenko começou, desabotoando o paletó. Os outros hesitaram, depois se despiram também.

Arrancaram a janela da cabine e cruzaram o corredor até a lateral de boreste do Potemkin. Kovalenko subiu por uma vigia, olhou para a água e pulou. Quando voltou à superfície, nadou alguns metros para abrir espaço para Grigoryev e Kharkevitch, que também pularam. Zauchkevitch mudou de ideia e tentou voltar à sala de máquinas, mas acabou capturado no caminho.[326]

Segundos depois de eles terem saltado, marinheiros viram os oficiais e começaram a atirar neles. Os oficiais estavam indefesos na água, à mercê da sorte e da mira dos marinheiros.

Grigoryev mal gemeu quando uma bala o atingiu. Seu corpo ficou imóvel quase imediatamente, o sangue manchando a água à sua volta. Enquanto o amigo morto afundava na água, Kovalenko e Kharkevitch nadaram o mais rápido que puderam ao longo do casco do navio, na direção da popa, onde o ângulo era inclinado demais para que os marinheiros os atingissem. Afastaram-se então do encouraçado o mais que suas pernas e seus braços conseguiram, torcendo para que cada braçada não fosse a última.[327]

No Potemkin, marinheiros caçavam o restante dos oficiais e suboficiais. Vários já tinham pulado no mar, como Kovalenko, e haviam sido crivados de balas quando nadavam até o *Ismail*. Recluso dentro de um dos compartimentos das peças de 152 milímetros, o segundo-tenente B. V. Vakhtin achou que estava em segurança, até que os marinheiros invadiram o local. Espancaram-no com os punhos e com a perna arrancada de uma mesa até ele perder a consciência.[328] Um grupo de marinheiros encontrou o padre Parmen correndo escada acima e destruiu seu nariz com o cabo de um fuzil. Deixaram-no se arrastando em direção a uma latrina para se esconder. Os marinheiros acharam o dr. Smirnov em sua cabine, semivestido e sujo de sangue. Havia tentado o suicídio, mas não tinha tido coragem suficiente para infligir mais que uma ferida superficial com a lâmina de barbear.[329]

— Me deixem morrer em paz — suplicou.

— Por que você disse que a carne estava boa? — exigiram saber.

— Não é minha culpa. Fui obrigado a dizer aquilo.

— Você mandou a gente comer larvas. Agora vai virar isca de peixe — disse um marinheiro. Eles então pegaram Smirnov pelos braços e o arrastaram para fora da cabine. Ele implorou para não ser morto quando os marinheiros o ergueram na amurada. Empurraram-no para o mar com suas baionetas. Ao ver que ele sabia nadar, decidiram, em todo caso, atirar também.[330]

Lá embaixo, na área da estiva de carvão, o revolucionário Denisenko tinha detido o engenheiro mecânico-chefe, tenente N. Y. Tsvetkov, impedindo-o de inundar os compartimentos inferiores do navio.

— Onde está o resto dos oficiais? — Tsvetkov perguntou.

— Mortos — disse Denisenko.

Tsvetkov entregou seu sabre.

— Bem, seja o que tiver que ser. Deixe que façam o que quiserem comigo.[331]

O oficial de torpedos tenente Guilherme Ton se recusou a se entregar. No auge do motim, surgiu no convés, brandindo um revólver e indo direto para Matyuchenko.

— Larguem as armas, seus idiotas — Ton gritou. — Vocês vão ser todos mortos por isso.

Vários homens, os fuzis apontados para o peito de Ton, gritaram que ele fosse lançado no mar. Matyuchenko fez sinal com a mão para que os marinheiros se acalmassem. Ton então pediu para falar com ele, em particular. Embora Matyuchenko respeitasse seu oficial supervisor, que disciplinava de maneira justa, não confiava na arma que ele levava. Matyuchenko exigiu que Ton largasse o revólver para que eles pudessem conversar. Ton hesitou, depois colocou a arma no cinto. Os marinheiros continuaram apontando os fuzis para ele. O momento deu a Matyuchenko a chance de retomar o fôlego depois da correria dos primeiros minutos do motim. Afastando os marinheiros, seguiu o oficial de torpedo até a lateral da torreta. Matyuchenko disse a Ton que se entregasse e tirasse as dragonas se quisesse ser poupado.

Ton respondeu irritado.

– Seu idiota. Não foi você quem deu, portanto não será você quem vai tirar.

Sem mais uma palavra, Ton sacou o revólver, e antes que Matyuchenko conseguisse desviar a arma, Ton atirou duas vezes, apontando para ele. De alguma maneira, nenhum dos dois disparos acertou Matyuchenko. Um atingiu o braço de um marinheiro. O outro atingiu um marinheiro na têmpora direita, o matando. No reflexo, Matyuchenko e nove outros marinheiros voltaram seus fuzis para Ton. Os tiros o jogaram para trás, prensando-o contra a parede da torreta. Quando ele deslizou para o convés, o peito aberto, um grupo de marinheiros o lançou sobre a amurada do navio.[332]

– Ainda não encontramos o capitão – disse Matyuchenko, tão concentrado no que ainda tinha que fazer que o quase encontro com a morte nem o abalara. Com Golikov ainda à solta, eles não tinham o controle do encouraçado. – Alguém o viu?

– Queremos o capitão – os homens gritaram juntos para depois se espalhar à procura dele. – Queremos o capitão![333]

Um marinheiro berrou então que o *Ismail* estava virando na direção deles. Alguns começaram a atirar na proa do *Ismail* com os fuzis, temendo que ele fosse torpedear o Potemkin.[334] Matyuchenko correu para o pavimento das armas com vários revolucionários, entre eles Yfim Chevtchenko e Sergei Guz. Eles sabiam que o *Ismail* não tinha sido armado com torpedos para os exercícios navais, mas era preciso impedir que ele fugisse e alertasse Sebastopol sobre o motim.

– Guarneçam as armas e atirem na proa – disse Matyuchenko ao canhoneiro, começando a dar ordens à tripulação. – Isso vai fazer com que parem logo. Eles não podem escapar.[335]

O tenente Pyotr Klodt von Yurgensburg estava no convés do torpedeiro *Ismail*. Com um par de binóculos, observava os marinheiros correndo pelo convés principal e superior do Potemkin, e hesitou sobre o que deveria fazer. Havia oficiais e suboficiais na água, alguns já mortos, outros nadando desesperadamente para o *Ismail* enquanto os marinheiros os atacavam de cima, como se estivessem num exercício de tiro. A distância, também ouvia os gritos aterradores da tripulação que tomava o encouraçado. Mesmo assim, Klodt nada fez. Estava tão apavorado que não conseguia nem pensar direito.[336]

O *Ismail* estava ancorado bem perto do Potemkin quando Klodt ouviu Golikov mandar que os guardas fossem até o convés.

– O que podemos fazer com esses comandantes? – Klodt perguntou ao seu segundo oficial, sem entender como o capitão do encouraçado precisava de guardas armados para falar com os marinheiros. – Por acaso ele pretende prendê-los ou matá-los?

Sua tripulação também ficou tentando descobrir, enquanto a situação se deteriorava no encouraçado, primeiro marinheiros gritando por piedade e depois confrontando os oficiais.[337]

Com os primeiros tiros no Potemkin, Klodt entrou em pânico. O oficial de artilharia, de 41 anos, era barão da nobreza sueca. Seu pai era um pintor famoso, seu avô um escultor ainda mais famoso, cujas obras tinham grande destaque em toda São Petersburgo. Klodt devia ter seguido o caminho criativo deles, já que era um líder indeciso, fraco, se movendo em terreno desconhecido, em sua primeira viagem no comando do *Ismail*. Um oficial mais experiente e determinado teria percebido que, sem torpedos para afundar o encouraçado amotinado, o melhor a fazer era tirar o *Ismail* do alcance do Potemkin enquanto os marinheiros estivessem ocupados em tomar o navio. Se o motim fosse bem-sucedido, Klodt poderia então sair dali e notificar o comando da Frota do Mar Negro. Com uma velocidade máxima de 25 nós e a capacidade de se aproximar bastante da costa, o *Ismail* conseguiria facilmente escapar do Potemkin e chegar a Sebastopol em oito horas.[338]

Em vez disso, Klodt ficou assistindo ao desenrolar do motim, sem dar qualquer ordem. O oficial intendente Makarov foi o primeiro a chegar nadando à lateral do torpedeiro. A tripulação o ajudou a subir a bordo, desesperada para saber o que tinha acontecido. Makarov tirou o paletó e pediu uma camiseta, em tal estado de choque que ignorou as perguntas e ficou contando as notas encharcadas que tinham ficado em seu bolso. Foi levado à pequena sala de oficiais para se secar e se acalmar.[339]

Por fim, 20 minutos depois de ter soado o primeiro tiro no Potemkin, Klodt decidiu que o *Ismail* deveria sair dali. Disse à tripulação para levantar a âncora, mas a amarra acidentalmente se enroscou na boia da âncora. Klodt ordenou aos marinheiros que cortassem a amarra, mas eles não conseguiram. Apavorado com a possibilidade de ser capturado e morto, Klodt tentou romper a amarra ligando as turbinas e virando o barco. Naquele momento, os amotinados do Potemkin começaram a atirar com os fuzis em sua tripulação. Tinha esperado demais.

– Vossa Excelência – gritou o sinaleiro de Klodt –, o Potemkin está apontando as armas para nós.

A tripulação gritou dizendo que eles tinham que se render. Ignorando os protestos, Klodt deu ordem de força total. De repente, um dos canhões de ré de 47 milímetros do Potemkin disparou. O tiro passou sobre a proa. O *Ismail* estremeceu, recuando, Klodt manejando o timão para tentar soltar a amarra. Um segundo tiro soou. O terceiro atravessou a chaminé do torpedeiro.

– Vossa Excelência – suplicou desesperadamente o sinaleiro –, eles estão nos mandando parar. Por favor.

Sabendo que o Potemkin era capaz de despedaçar fácil o torpedeiro, Klodt deixou a pequena casa de navegação e notificou o Potemkin de sua rendição.[340] O marinheiro revolucionário Alekseyev remou do encouraçado até o *Ismail* com vários marinheiros armados para prender Klodt e assumir o controle do torpedeiro. Não houve resistência. Alguns minutos depois, levaram Klodt, Makarov e vários outros oficiais para o Potemkin, onde seu destino seria decidido. Quando Alekseyev arrancou as dragonas deles, os oficiais começaram a implorar para não ser mortos.[341] Nesse ínterim, outros revolucionários do encouraçado (dois maquinistas, dois foguistas e um timoneiro) seguiram para o torpedeiro a fim de tripulá-lo.[342]

A sede de sangue da tripulação diminuía a cada assassinato. Meia hora depois do primeiro tiro, tinham controlado totalmente o navio e o torpedeiro que fazia sua escolta. Os marinheiros encontraram oficiais e suboficiais escondidos atrás de tanques de óleo e embaixo de lonas; um tinha chegado a escalar o mastro de proa. Todos foram arrastados pelos pés ou empurrados até o convés. Estavam amontoados contra a amurada, exatamente como os marinheiros ameaçados com a lona antes de o motim estourar. Vários membros da tripulação cercavam os oficiais, os fuzis apontados para eles, dedos nos gatilhos. Mas ainda não tinham encontrado o capitão Golikov.[343]

Enquanto os marinheiros continuavam procurando, os oficiais Kovalenko e Kharkevitch, que tinham escapado da primeira chuva de tiros, flutuavam a algumas centenas de metros do Potemkin. Estavam agarrados a um tronco de árvore que tinha sido lançado no mar naquela manhã para os exercícios de tiro. Alguns integrantes da tripulação acenavam com os quepes para eles, gritando o nome de Kovalenko. Ele subiu no tronco.

— Você vai ser um alvo fácil assim — disse Kharkevitch.

— Eles não iam me chamar se quisessem me matar — raciocinou Kovalenko, que então gritou na direção do Potemkin. — O que vocês querem?

— Oficial de engenharia Kovalenko! Volte! Não vamos machucá-lo.

Kovalenko reconheceu alguns de seus mecânicos da sala de máquinas e resolveu que era seguro voltar. Enquanto nadava para o Potemkin, os marinheiros mandaram um bote para buscá-lo e a Kharkevitch. Um de seus maquinistas estava a bordo e o puxou para o bote pelo braço, sorrindo. Alguns até pediram desculpas, explicando que sempre o tinham considerado um amigo. Kovalenko estava espantado com o fato de aqueles homens, que havia poucos instantes tinham tentado matá-lo, estarem agora o tratando tão bem. Logo soube quanta sorte tivera.[344]

* * *

Com a diminuição dos gritos dos marinheiros e dos tiros, o capitão Golikov se preparou para deixar a cabine do almirante e pular para o mar pela janela da popa. Estava só com a roupa de baixo e levava no ombro um colete salva-vidas. Um jovem segundo-tenente chamado Dmitry Alekseyev estava a seu lado, também despido e pronto para fugir com o capitão.

Depois de fugir do convés, Golikov tinha primeiro ido a sua cabine, com o segundo-tenente Alekseyev, que o seguia o tempo todo, como um cachorrinho. O capitão percebeu que era um lugar óbvio demais para se esconder, e assim os dois passaram para a cabine do almirante e trancaram a porta. Em um aposento raramente usado, exceto quando havia autoridades a bordo, ele rezou para que os marinheiros não os encontrassem. Não encontraram. Ele precisava então abandonar o Potemkin.

De repente, a porta da cabine tremeu. E de novo. Tinham sido localizados. Os marinheiros exigiram que eles abrissem a porta, mas Golikov se recusou, encolhido na extremidade da cabine. Por fim, o revolucionário Aleksei Syrov e vários outros arrombaram a porta. Arrastaram Golikov e Alekseyev até o convés, ignorando seus gritos.

Syrov, que tinha um ressentimento especial contra Golikov por ter sido recentemente rebaixado por uma violação menor, jogou o capitão no convés, aos pés de Matyuchenko. A tripulação cercou Golikov, que ficou de joelhos. Muitos desejavam ardentemente sua morte. De revólver em punho, Matyuchenko olhou para Golikov. Sentiu-se estranho, olhando para o mesmo indivíduo que, menos de uma hora antes, tinha sido tão poderoso e estivera disposto a condenar a tripulação à morte, e que agora se humilhava para não ser morto, de cueca. Ocorreu a Matyuchenko que o oficial, as pelancas flácidas e pálidas expostas, tinha uma aparência nada mais que estúpida e patética.

– Rendo-me a seu comando – Golikov disse, deplorável. – Por favor, irmãos, poupem-me. Sou um velho bobo. Mostrem misericórdia. Já houve mortes suficientes.

Falava rápido, prometendo que não haveria mais maus-tratos e dizendo que ia pedir pessoalmente ao tsar que perdoasse os marinheiros pelo levante. Golikov implorou então aos marinheiros que o perdoassem pelos pecados que cometera contra eles.

Matyuchenko deixou que Golikov terminasse, refletindo se devia ou não matá-lo. O capitão era a personificação perfeita do sistema que tinha oprimido e explorado Matyuchenko por toda sua vida. Tinha sofrido inúmeras vezes sob os agentes de sua autoridade: o policial que o espancara até ele desmaiar em uma cela de prisão, quando adolescente, os capatazes da fábrica de Kharkov, os oficiais do navio mercante, os chefes da ferrovia em Vladivostok, e oficiais e mais oficiais na Marinha. Matar Golikov representaria um golpe contra todos eles, mas mesmo assim o capitão estava indefeso naquele momento. Os outros que tinham sido mortos naquela manhã, Gilyarovsky e Ton, haviam ameaçado os marinheiros quando eles tentavam tomar o navio. Agora o Potemkin era deles. Matyuchenko podia prender Golikov como tinham feito com os outros oficiais capturados e o manter trancafiado enquanto eles decidiam o que fazer.

— Nada tenho de pessoal contra você – disse finalmente Matyuchenko. Olhou então para os marinheiros a sua volta. – A tripulação deve decidir.

— Enforquem-no! – gritou um marinheiro.

— Ele nos ameaçou com o lais de verga. Que seja enforcado lá – concordou outro.

Apesar de alguns marinheiros serem indiferentes, ninguém defendeu Golikov. Para muitos, o motim ficaria incompleto enquanto o capitão não fosse morto. Outros simplesmente queriam vingança ou ainda estavam sob o efeito do instinto assassino. Ao entregar a decisão à tripulação, Matyuchenko sabia que seu único veredicto seria a morte. Mas não seria ele o autor do golpe de misericórdia. Talvez sentisse uma fisgada de culpa por matar com as próprias mãos o capitão indefeso, ou talvez intuísse que era melhor para unificar a tripulação que ela decidisse e executasse o destino de Golikov. Fosse qual fosse o motivo, e provavelmente nem Matyuchenko soubesse qual era, ele nada fez para impedir a execução.

— Já esperamos demais. Vamos atirar nele – disse Syrov, afastando os marinheiros de revólver em punho.

Golikov ficou de pé e recuou. O capitão se arrastou até a amurada, implorando novamente por misericórdia. Syrov ergueu o revólver. Atrás dele, vários marinheiros ergueram os fuzis. Um instante se passou. Golikov encarou os executores, a apenas uns poucos metros de distância. Nada mais disse. Então Syrov puxou o gatilho; o disparo foi seguido de vários tiros de fuzil, numa rápida sucessão. Antes que a fumaça das armas se dissipasse, Golikov estava morto. Como tinham feito com os outros oficiais, os marinheiros o levantaram sobre a amurada e o lançaram no mar. O corpo mergulhou na água, e a corrente o carregou na direção da popa do Potemkin, antes que ele desaparecesse nas águas anóxicas.

Depois da morte de Golikov, a matança acabou. O segundo-tenente Alekseyev chorou e disse que serviria aos marinheiros se eles dessem uma chance. Foi levado. Alguns marinheiros queriam que Makarov fosse morto por ter sido quem comprou a carne estragada; outros concentraram sua ira em dois dos oficiais subalternos mais odiados, que ficaram de joelhos e também imploraram para não ser mortos.[345]

– Chega de sangue – ordenou Matyuchenko. Não sentia remorso pela morte de Golikov, mas não ia ratificar o massacre do restante de oficiais e suboficiais. Não havia nada no plano de motim da Tsentralka que previsse a matança indiscriminada que já havia sido testemunhada no encouraçado. – Deixemos eles para lá. Teremos tempo de puni-los se eles nos traírem.

A multidão de marinheiros recuou, e os oficiais e suboficiais remanescentes foram levados a suas cabines e trancados. Médicos carregaram diversos marinheiros feridos para a enfermaria. A tripulação levou bicarbonato de sódio para o convés e começou a limpar o sangue.

Não houve comemoração entre os marinheiros pelo que tinham feito. Havia quem circulasse pelos conveses, recontando os detalhes dos primeiros minutos do motim com os camaradas, narrando como um oficial específico enfrentara a morte ou fora capturado debaixo de uma pilha de panos engordurados. Havia um ou outro som de risada, mas, na maioria, os marinheiros refletiam sobre como tinha sido fácil e inesperado superar os oficiais e o que aquilo significava. Era um silêncio lúgubre. O alarido dos tiros e dos gritos de encorajamento tinha sido substituído pelo grasnado das gaivotas e pelo som do mar batendo contra o casco do encouraçado. Nenhum oficial ou contramestre gritava ordens para a tripulação. Podiam fazer e dizer o que bem entendessem, mas não sabiam ainda o que fazer com tamanha liberdade. Então ficaram quietos, pelos conveses.[346]

Muitos dos novos recrutas, que totalizavam a metade da tripulação do Potemkin, estavam confusos e assustados. Um contou mais tarde: "Fiquei paralisado como se tivesse sido atingido por um raio; não sabia o que fazer, de que lado ficar. [...] Não era contra o levante; não era a favor, porque não o entendia."[347] Sabiam que o tsar era justo, mas também rápido e cruel contra quem traísse sua autoridade. Alguns tinham testemunhado – ou pelo menos ouvido falar – a rispidez com que as tropas dele tratavam revoltas de camponeses. Se os marinheiros fossem pegos, sabiam que o tsar puniria suas ações com nada menos que a morte. Mas, naquele momento, em que o som da violência havia desaparecido, ninguém ainda tinha plena consciência do que havia feito.[348]

Inclinando-se contra a amurada do navio, Matyuchenko olhou para o encouraçado e viu o que descreveu depois como uma "cena terrível mas triunfal" – manchas de sangue no convés, a lona amarrotada do bote a remos, quepes de marinheiros largados, um revólver, um par esquecidos de fuzis. Marinheiros circulavam pelos conveses, livres da tirania de seus oficiais – mas não sem custo. Vakulentchuk não estava no convés, e sim na enfermaria, morrendo, e longe dali, em Sebastopol, o comando da Frota do Mar Negro ia querer vingança quando soubesse do motim. Era provável que muitos mais fossem morrer.

Ainda assim, Matyuchenko e seus amigos revolucionários tinham vencido. Controlavam o navio mais poderoso da Marinha russa. Iam agora levar a luta até o próprio tsar. Antes de se preocupar com os muitos desafios que iam enfrentar, Matyuchenko observou a cena uma última vez, um sorriso leve no rosto. Sentia-se livre pela primeira vez em muito, muito tempo.

8

— QUEM VAI COMANDAR O NAVIO? – perguntou um marinheiro enquanto escovava com seus companheiros o resto do sangue do convés. Por todo o Potemkin, grupos de homens levantavam a mesma dúvida. Alguns falavam em explodir o navio para privar o tsar de seu poder; outros queriam ir a Sebastopol para se render ou fugir para um porto no exterior para viver como exilados. O grupo dos revolucionários só pensava em Odessa.[349]

Depois de verificar a sala de máquinas e a prisão dos oficiais, Matyuchenko voltou à coberta principal, consciente de que a tripulação precisava escolher os líderes do navio.[350] Pediu o rufar dos tambores para convocar uma reunião entre os marinheiros. Com vários revolucionários a seu lado, Matyuchenko subiu no mesmo cabrestante que Golikov tinha usado naquela tarde quando ameaçara enforcar os traidores no lais de verga. Centenas de homens cercaram Matyuchenko, em busca não só de orientação, mas também da validação de que não tinham assinado sua pena de morte só para não ter de comer carne estragada.[351]

– Toda a Rússia espera para se erguer e jogar fora as correntes da escravidão.[352] O grande dia está próximo – começou Matyuchenko, dando socos no ar. – E é *neste* navio que a revolução está começando. Logo os outros barcos da Frota do Mar Negro vão se juntar a nós, e então nos uniremos a nossos irmãos em terra firme; os operários das fábricas e aqueles que trabalham como escravos na terra. Temos o navio mais poderoso, com as armas mais modernas da Marinha. O Potemkin é capaz de combater e derrotar exércitos inteiros. Mas ficaremos impotentes se não trabalharmos juntos. É por isso que precisa haver disciplina. Jamais voltará a haver tirania no Potemkin, mas é preciso que haja alguém para dar ordens e alguém para executá-las, se quisermos vencer. Portanto, é preciso haver uma comissão popular.

Tirando um ou outro grito de aprovação, os marinheiros ouviram Matyuchenko em um silêncio atento; sua convicção se revelava em cada palavra. Acima de tudo, ele entendia os marinheiros: sabia o que eles precisavam ouvir e como tinham de ser comandados. Como escreveu mais tarde um dos participantes do motim, "Matyuchenko tinha uma intuição rara, e sentia instintivamente não só o clima dominante do grupo, mas também o que havia de oculto dentro dele. [...] Conhecia as pessoas, conhecia a psicologia delas, e nisso residiam seu poder e sua influência. Era seu líder".[353]

Quando Matyuchenko desceu do cabrestante, o frágil foguista Nikichkin ocupou o lugar. Conhecido como "o Pregador" por muitos marinheiros, devido a suas ruminações filosóficas e à tendência a entremear histórias do Evangelho e discussões sobre a revolução, ele falou com eloquência sobre como era preciso que todos se unissem naquela grande batalha. Pela primeira vez eles escolheriam seus próprios líderes, em vez de vê-los impostos sobre si. O encouraçado seria comandado por uma democracia popular.[354]

Como explicaram Nikichkin e vários outros revolucionários, a tripulação elegeria os integrantes de uma comissão que teria autoridade total sobre o Potemkin. A comissão de marinheiros realizaria reuniões abertas, que poderiam ser testemunhadas por todos. Ela controlaria as verbas do navio, manteria a ordem, elegeria pessoas para os principais postos da administração cotidiana do navio, decidiria o curso de ação contra o tsar, negociaria com seu governo e se comunicaria com grupos revolucionários nos portos. A escolha de uma comissão para administrar o navio se baseava na organização dos círculos revolucionários de marinheiros, que em parte refletiam o modelo de liderança comunitária dos vilarejos de camponeses, bem conhecido pela maioria dos marinheiros.[355]

Os marinheiros concordaram prontamente com o plano e propuseram potenciais candidatos à comissão. Gritos de sim ou não decidiram a questão. Em meia hora, tinham escolhido 25 membros e eleito Matyuchenko presidente. A comissão tinha Pyotr Alekseyev, Stefan

Denisenko, Ivan Dimtchenko, Aleksandr Makarov, Fyodor Nikichkin, Yvtikhiya Reznitchenko, Yfim Bredikhin, Ivan Lytchev, Iosif Martyanov e Frederick Vedenmeyer, entre outros. Era quase impossível decifrar se eram bolcheviques ou mencheviques, anarquistas ou revolucionários socialistas.[356] Como lembrou um dos integrantes da comissão, Nikolai Ryjy, "nem todos nós sabíamos com clareza as diferenças".[357] Embora vindos de todas as áreas no navio, a maioria era de especialistas técnicos – maquinistas, canhoneiros, operadores de telégrafo – que tinham sido recrutados nas cidades, já eram instruídos e tinham algum grau de simpatia pela revolução quando entraram na Marinha, assim como acontecera com Matyuchenko.[358]

Os membros da comissão foram para o camarote do almirante a fim de realizar sua primeira reunião. Havia muito a ser discutido.[359] Os 25 se sentaram em torno de uma longa mesa de conferências coberta de feltro verde. As cadeiras tinham entalhes intricados, e eram sólidas como tronos. A maioria jamais tinha pisado naquela sala. Um pesado retrato de Grigory Potemkin, em cuja homenagem o navio fora batizado, estava pendurado em uma antepara. À sua frente havia um desenho retangular marcado na poeira, onde o enorme retrato do tsar Nicolau estivera pendurado antes de os marinheiros o lançarem no mar Negro.[360]

Mais de cem tripulantes lotavam a sala para assistir à reunião, de pé contra as paredes ou encolhidos nos sofás de couro. Uma nuvem de fumaça de cigarro logo se ergueu. No início da reunião, o clima era ameno. Um foguista virou-se para o vizinho e brincou: "E o senhor, Vossa Excelência, gostaria de um trago de Makhorka? Esse tabaco é forte demais para o nariz de um general, principalmente hoje em dia."[361] As risadas ecoaram pela sala. Logo os marinheiros se voltaram para as graves decisões a tomar.

Primeiro decidiram a questão de para onde levar o Potemkin. O encouraçado precisava de um suprimento constante de carvão e provisões, e eles precisavam de uma base de onde liderar a revolução em terra, depois que os outros navios da Frota do Mar Negro tivessem se amotinado, como a Tsentralka havia planejado. Não tinham como saber se os motins aconteceriam antes de o vice-almirante Tchukhnin enviar uma esquadra atrás deles. Era quase certo, porém, que Tchukhnin fosse acabar mandando a esquadra. Os marinheiros preferiram Odessa a Batum, Nikolayev ou o bem-protegido porto de Sebastopol. Devido às greves em Odessa, esperavam encontrar apoio entre as organizações revolucionárias. Com as armas do Potemkin a seu favor, o povo certamente conseguiria derrubar o governo local.[362]

Veio então a questão sobre quem capitanearia o encouraçado, marcaria o curso para Odessa e lideraria os marinheiros no caso de um confronto, em terra ou no mar. A comissão obviamente era quem ia tomar as decisões estratégicas, mas precisava de alguém com autoridade e com a experiência de ter comandado um navio de guerra para tratar das questões táticas. Houve quem propusesse o nome de Matyuchenko, mas ele reconheceu abertamente que era um contramestre de torpedo, e que não tinha as habilidades necessárias para o posto. Nenhum dos marinheiros da comissão tinha.

Por mais que detestasse a ideia, Matyuchenko sugeriu que usassem um ou dois dos oficiais para comandar o encouraçado, sob a orientação da comissão.[363]

– Para que precisamos dos oficiais? – perguntou Bredikhin. – *Nós* podemos navegar o encouraçado.

O sinaleiro Vedenmeyer, um marinheiro magro e ruivo, rebateu dizendo que os oficiais seriam inofensivos se estivessem permanentemente sob o controle da comissão. Entre todos os marinheiros do camarote, ele foi o mais firme em sua posição.[364]

Matyuchenko também levantou o problema de que a tripulação, metade dela formada por recrutas crus, tinha sido treinada para só receber ordens de oficiais. Os marinheiros poderiam encarar com ceticismo – ou até se rebelar – se tivessem que obedecer a alguém que tinha dormido e comido a seu lado por meses. A comissão sabia que o apoio à luta revolucionária não era unânime. Tinham ouvido conversas indicando que havia gente querendo se render; outros que queriam fugir. Não, os marinheiros precisavam de uma figura de autoridade, um oficial, para liderá-los e manter a disciplina. E essa pessoa estaria submetida às orientações da comissão eleita.

– É impossível confiar cegamente em qualquer um dos oficiais – disse Reznitchenko, pressentindo que a maioria estava tendendo para essa opção. – Não se esqueçam: eles são filhos de nobres. Se não forem controlados, vão se voltar contra nós.[365]

A comissão fez uma votação e decidiu selecionar um oficial. Escolheram o segundo-tenente Alekseyev como capitão e o contramestre-chefe F.V. Murzak como o segundo em comando. Algumas horas antes, aquele segundo-tenente loiro, de cabelo cacheado, tinha implorado para não ser morto ao lado de Golikov, lamentando não ser só mais um marinheiro como todos eles. Fora poupado e agora era elevado a um novo posto pela comissão porque tinha mostrado tratar os marinheiros com justiça (considerando a estima da tripulação pelos outros oficiais, esse era um grande elogio). Antes da guerra, Alekseyev tinha sido da reserva da Marinha e servido em um navio mercante como assistente do capitão; portanto, não era encarado como o oficial típico de carreira. Sua educação, em uma escola de navegação, também se mostraria útil. Murzak tinha sido convocado para a Marinha mais de uma década antes, como marinheiro segunda-classe, e a partir dali tinha subido de patente.[366] Lytchev, membro da comissão, mais tarde o descreveu: "Murzak era o típico lobo do mar. Adorava o mar e o trabalho [...] e conhecia todos os detalhes do encouraçado e tudo o que precisava ser feito."[367]

Duas horas depois do início da reunião, a comissão se dispersou para que eles pudessem preparar o navio para a partida.

– Mas e a bandeira? – perguntou um marinheiro. – Como podemos ir para Odessa ostentando as cores do tsar?

– Tem razão – disse Matyuchenko. – Temos que decidir.

A sala explodiu.

– Destruam a bandeira tsarista! Abaixo a bandeira!

– Estamos agora em estado de revolução – concordou Matyuchenko.

– Já sei! – disse, abruptamente, outro integrante da comissão. – Vakulentchuk trouxe uma bandeira. Ele escondeu em algum lugar.

Quinze minutos depois, a comissão se reuniu no convés principal com o restante da tripulação. Tinham falado com Vakulentchuk, que estava na enfermaria, moribundo, e descoberto onde ele tinha escondido a bandeira. Em um momento solene, um marinheiro tirou a bandeira de Santo André do mastro. Enquanto içava lentamente uma bandeira vermelha e simples em seu lugar, os marinheiros cantaram a "Marselhesa": "Avante, filhos da pátria/ O dia da glória chegou!" As palavras atravessaram o convés e flutuaram sobre o mar aberto.[368]

Pouco depois, com o vapor acionado na sala de máquinas, o segundo-tenente Alekseyev ordenou aos marinheiros que levantassem âncora. Matyuchenko ficou a seu lado na torre de controle, se mantendo sempre atento. O jovem oficial só tinha concordado em servir de capitão depois de ouvir que a alternativa era se juntar a Golikov no mar. Salvar a própria pele parecia ser sua única motivação para ajudar os marinheiros.[369]

Enquanto o Potemkin começava a cruzar as águas, Matyuchenko observava os marinheiros fazendo seu trabalho como sempre tinham feito, mas dessa vez eram homens agindo em benefício próprio. Mesmo assim, tinha dúvidas sobre se a comissão de marinheiros conseguiria manter a lealdade da tripulação, considerando a imensa responsabilidade que eles tinham assumido. A traição era possível, de várias fontes, principalmente por parte dos suboficiais, cuja aliança ao tsar tinha sido consolidada pelo longo serviço naval (e pelos maiores salários e privilégios). Depois da reunião no camarote, Matyuchenko tinha até dado um revólver para Denisenko, que era o responsável por comandar a sala de máquinas.

– Você pode precisar disso se ficar difícil controlar seus homens – advertiu Matyuchenko, sabendo que eles tinham escolhido um caminho, como outros já tinham feito ao longo da história, para o qual não havia volta. – Não se renda.[370]

Os franceses cunharam a palavra *mutinerie* no século XVI, para descrever uma revolta de soldados contra a autoridade, mas sua origem data das primeiras guerras conhecidas.[371] O historiador romano Tácito escreveu sobre uma revolta militar generalizada que aconteceu depois da morte de César Augusto. Três legiões de Roma, de soldados grisalhos e acabados depois de anos de campanhas, se amotinaram e saquearam áreas rurais. "Seria melhor se vocês sujassem suas mãos com meu sangue", ameaçou o comandante no início do motim. "É um sacrilégio menor me matar que decepcionar seu imperador." Embora temporariamente apaziguados pelo discurso, os soldados continuaram resistindo por semanas, até que o sucessor de César, Tibério, interviesse. Ele mandou soldados pretorianos assassinarem os líderes do motim em seu acampamento.[372]

O novo imperador sabia que o motim desafiava um dos fundamentos essenciais do Estado: o controle legítimo do poder militar. Ao contestar o comando estatal sobre as Forças Armadas, o motim contestava sua própria sobrevivência. Portanto, nenhum esforço seria brutal demais quando se tratasse de suprimir uma rebelião e impor a seus protagonistas as mais duras consequências, tanto em terra como, e especialmente, no mar. Quando marinheiros dominam seus oficiais e tomam um navio, eles viram, na prática, um Estado.[373]

No século XVI, durante a circunavegação do globo por Fernão de Magalhães, vários de seus oficiais tentaram entrar em motim próximo ao litoral brasileiro. Magalhães esmagou a revolta. Um oficial foi morto a faca, um outro foi decapitado, um terceiro abandonado em uma ilha deserta.[374] Em 1790 a Marinha Real Britânica mandou uma fragata de 24 canhões atravessar o mundo e varrer as costas do Taiti, com o objetivo de capturar os amotinados do famoso HMS *Bounty*. Aqueles que foram encontrados foram levados de volta para Portsmouth, na Inglaterra, e condenados à forca no porto, para que todos vissem, em sinal de advertência.[375] Em 1852, no brigue de guerra norte-americano *Somers*, o capitão ignorou a corte marcial oficial e enforcou três jovens marinheiros no mar. Eles só tinham conspirado contra os oficiais.[376] Tirando a pena de morte – e às vezes pior que ela –, entre as outras punições para amotinados estavam quinhentas chibatadas com o chicote conhecido como "gato de nove rabos", em sessões semanais de 125 cada, para que o condenado sofresse com cada golpe, sem morrer; ser preso a uma corda e obrigado a passar debaixo da quilha áspera de cracas do navio, sob a água; ou ter a palavra MOTIM marcada na testa e então ser passado de navio em navio na frota para ser açoitado em cada um deles.[377]

Alguns motins terminaram pacificamente e com o atendimento das reivindicações dos marinheiros, mas foram raras exceções. Em 1910, marinheiros afro-brasileiros lideraram a "Revolta da Chibata", tomando vários navios de guerra brasileiros e exigindo a extinção do uso da chibata. Conseguiram a proibição, embora centenas de marinheiros tenham sido executados depois em retaliação pela insubordinação.[378] Mais de um século antes, em 1797, no auge do poderio naval britânico, marinheiros de 16 navios de Sua Majestade Real George III se recusaram a cumprir a ordem de navegar. Enviaram seus oficiais à terra com uma petição para o lorde Richard Howe, exigindo melhores salários e comida, além de medidas disciplinares menos severas. Howe evitou o derramamento de sangue com um perdão em massa para os marinheiros e um acordo para melhorar suas condições.[379] Apenas alguns meses depois, no entanto, um almirante britânico enforcou um amotinado e anunciou, alegre: "A disciplina foi preservada!"[380]

A lei era clara. Os Artigos de Guerra da Marinha britânica, que eram o padrão da época, prometiam corte marcial e morte para todo marinheiro que participasse de "qualquer reunião rebelde, sob qualquer pretexto", ou que simplesmente proferisse as palavras "revolta ou motim". Atacar um oficial ou deixar de reportar palavras de traição podia levar à mesma punição.[381] O código de disciplina militar da Rússia repetia esses artigos, mas previa um nível mais grave de motim denominado "insurreição manifesta". O ministro da Guerra definia como tal qualquer levante de oito ou mais marinheiros com o uso ou a ameaça do uso de força contra um oficial. As Forças Armadas russas consideravam esse o crime mais hediondo, e embora não pudesse aplicar mais que a pena de morte, o governo tsarista certamente iria suprimir esse tipo de motim com uma ferocidade e um gosto especiais.[382]

Os marinheiros do encouraçado Potemkin já tinham cometido insurreição manifesta, além de ter matado sete oficiais da Marinha. Ao içar a bandeira da revolução, acrescentaram a seus crimes a traição.

Enquanto o Potemkin avançava para o oeste, na direção de Odessa, Matyuchenko e Nikichkin desceram à enfermaria para ver Vakulentchuk. Encontraram vários marinheiros em torno do companheiro, em vigília. Com os olhos fechados e a respiração difícil, Vakulentchuk jazia em um catre, à beira da morte. Ao lado dele, o segundo-tenente Vakhtin gemia desesperadamente, por causa do espancamento de que tinha sido vítima. O dr. A.S. Golenko, médico-assistente do navio, tinha sido designado para cuidar deles, mas pouco podia fazer por Vakulentchuk, exceto fechar suas feridas e torcer para que os marinheiros não o responsabilizassem pelo inevitável.

Consciente da aproximação da morte, Vakulentchuk pediu a um amigo antigo, desde seus primeiros dias na Marinha, que prometesse pegar os oitenta rublos que ele tinha guardado e mandar metade para seu pai. A outra metade deveria ser distribuída entre os marinheiros mais pobres.

Com o desespero no olhar, Matyuchenko fitou Vakulentchuk e foi até a beira do leito.

– Gricha – disse, baixinho.

– Quem é? – murmurou Vakulentchuk, confuso.

– Nikichkin e Matyuchenko.

– Onde eles estão?

– Gricha, estamos com você – disse Matyuchenko.

Vakulentchuk finalmente reconheceu sua voz. Seus olhos tentaram se abrir por um instante.

– Como estão as coisas com o navio?

– No mastro há uma bandeira vermelha, Gricha. Controlamos o navio.

Vakulentchuk deu um leve sorriso.

– Matamos Golikov – Nikichkin acrescentou.

– E Gilyarovsky? – perguntou ele.

– Demos um fim no cachorro – respondeu Matyuchenko, se mantendo bem perto de Vakulentchuk.

– Bom, bom.

Cansava-se a cada palavra.

– Irmãos, quero pedir uma coisa: não desistam.

– Não vamos – prometeram os marinheiros.

Matyuchenko se aproximou mais ainda de Vakulentchuk, cuja voz sumia em um murmúrio.

– Não jogue tudo fora, Afanasy.

Foram as últimas palavras que disse a Matyuchenko. Algumas horas depois, Vakulentchuk morreu. Os marinheiros levaram o corpo para a capela do navio e acenderam velas em torno dele. Prometeram um enterro de herói quando chegassem a Odessa.[383]

Mais tarde, Matyuchenko vagou pelo Potemkin como que em transe. Quanto mais perto de Odessa eles chegavam, mais animada ficava a tripulação – depois de terem passado tanto tempo com um dia igual ao outro, o desconhecido os eletrizava. O pensamento de Matyuchenko, porém, estava mais em Vakulentchuk.[384]

Os dois tinham se conhecido quando Vakulentchuk fora transferido para o Potemkin como contramestre de artilharia, dois anos antes. Naquela época, Matyuchenko já era membro da tripulação, visto como um líder pelos revolucionários do encouraçado. Mas a Tsentralka queria um marinheiro mais experiente e menos impulsivo para tomar conta de suas atividades e preparar a tripulação para futuras revoltas. Quando se conheceram, em um parque de Sebastopol muito frequentado por marinheiros de folga, os dois se encararam com ceticismo, nem chegando a falar de política. Quando Vakulentchuk teve uma ideia melhor sobre a tripulação e o papel de Matyuchenko em suas atividades revolucionárias, voltou a conversar com ele. Um conquistou o outro naquele segundo encontro. Ficou óbvio para Matyuchenko que Vakulentchuk era mais preparado para liderar os marinheiros. Tinha grande poder de organização, e os homens admiravam sua personalidade comedida, justa. Era mais cauteloso que Matyuchenko, mas não menos ambicioso no ímpeto de derrubar o tsar.

Da mesma maneira, Vakulentchuk respeitava Matyuchenko pelo trabalho que já tinha feito e por sua coragem inabalável na luta pela causa. Matyuchenko também sabia bem como motivar os marinheiros. Os dois se aproximaram, e Matyuchenko contou suas ideias e o apresentou à tripulação. Nos dois anos que se seguiram, os dois batalharam juntos: disseminando literatura revolucionária, organizando reuniões, escondendo suas atividades subversivas dos oficiais e desenvolvendo os planos para o motim. Vakulentchuk jamais veria os frutos de tamanha luta, nem estaria lá para aconselhar o restante dos marinheiros – ou Matyuchenko, como tinha feito tantas vezes. De certo modo, embora eles tivessem apenas alguns anos de diferença, Matyuchenko perdera uma figura paterna com a morte de Vakulentchuk.

"Não jogue tudo fora", Vakulentchuk tinha dito, sem dúvida achando que eles tinham tomado o navio muito cedo e que seu amigo pudesse ser impetuoso demais para liderar os marinheiros direito. Por mais que ansiasse em lutar, Matyuchenko jamais cobiçara o papel de líder.[385]

Depois de perambular um pouco pelo navio, foi falar com o tenente Kovalenko, como tinha prometido. Mas Matyuchenko ainda estava muito envolto em seus pensamentos para discutir o que viria dali para a frente. Simplesmente disse a Kovalenko que ele tinha liberdade para se movimentar no navio, e depois voltou a se isolar.

Kovalenko tinha andado para lá e para cá no camarote, impaciente, junto com os outros oficiais, desde que os marinheiros tinham levantado âncora e partido na direção de Odessa. Pegou-se algumas vezes imaginando se não estava preso dentro de um sonho. Mas era só ver o guarda armado diante da porta, e seu olhar ameaçador, para acabar com qualquer esperança de acordar e encontrar o capitão Golikov ainda à frente do encouraçado.

Quando Matyuchenko disse àquele guarda que deixasse Kovalenko sair, o oficial saiu do camarote e desceu até a sala de máquinas. Ali os marinheiros contaram a ele como tinha sido o motim, algumas horas antes. Falaram como se não vissem a hora de explicar suas ações. Falaram principalmente da carne estragada que tinha desencadeado a violência, mas Kovalenko sabia que havia muito mais coisa no frenesi que havia varrido o Potemkin. Os marinheiros *sempre* reclamavam da comida servida a eles. Apesar de o dia a dia ser difícil, as raízes da revolta eram bem mais profundas. Enquanto os marinheiros contavam sobre os primeiros tiros disparados, Kovalenko tentou se colocar no lugar deles e entender suas ações.[386] Mais tarde, escreveu seus pensamentos:

> Como um marinheiro ou um soldado podem se satisfazer com o fato de ser bem alimentados, se não conseguem se livrar do pensamento de que, naquele momento, sua família está em casa sem pão na mesa? Como podem ir para a cama à noite sem temer que a manhã seguinte traga a notícia de que seu irmão ou seu pai foram mortos na rua? Como podem executar suas tarefas com calma e eficiência se toda vez que pegam a arma lembram involuntariamente que podem ser enviados com a mesma arma para matar seus irmãos de espírito, e até

mesmo de sangue? Como podem ser respeitosos e agradecidos com os oficiais se veem neles – com raras exceções – os serventes fiéis de um regime moribundo que é tão odiado pelo povo?[387]

Kovalenko sabia que tinha que decidir se ia ou não ajudar os marinheiros no motim, se tivesse a oportunidade. A tripulação ainda tinha que confirmar o que ia fazer com os oficiais e suboficiais. Tinham falado em levá-los a terra em Odessa, mas ainda não tinham anunciado sua decisão. Kovalenko acreditava que eles tinham cometido um erro ao escolher Alekseyev para capitanear o navio. Embora fosse apenas um títere, ele jamais demonstrara qualquer tendência para ideias progressistas que o alinhassem aos marinheiros. Certamente só tinha aceitado o posto por medo da alternativa.

Quando Kovalenko finalmente voltou aos outros oficiais, os encontrou igualmente aflitos com o que iria acontecer em seguida. A maior parte deles estava sentada na beirada dos sofás, entre eles o coronel Schultz, como quem tivesse acabado de receber a ordem de subir à prancha. Kovalenko não tinha medo de morrer, por causa de seu relacionamento com os marinheiros. Em vez disso, se debatia para decidir se devia ir atrás de Matyuchenko e pedir para se juntar à causa.

Na noite de 14 de junho, enquanto o Potemkin avançava para o oeste, Kirill, o revolucionário de Odessa, liderou quarenta operários de pedreiras através da estepe até uma vila de camponeses que ficava a cerca de 12 quilômetros da cidade. As estrelas brilhavam como diamantes no céu limpo. As plantações que margeavam a estrada farfalhavam à brisa, conforme os trabalhadores caminhavam. Levavam um par de cartazes: um era vermelho, com as palavras PÃO, TERRA E LIBERDADE; o outro era preto e prometia MORTE AOS TIRANOS. No vilarejo, esperavam arrebanhar mais homens para reforçar as greves em Odessa.[388]

Naquela manhã, operários de toda a cidade tinham abandonado seu trabalho e invadido as ruas. O movimento era pouco organizado. Começara em diversas áreas da cidade, pequenas conflagrações que foram se ampliando conforme as fábricas eram esvaziadas e os operários convocavam os vizinhos para segui-los nas ruas. À medida que a situação foi se agravando, alguns donos de fábricas tentaram negociar com os funcionários – oferecendo jornadas de trabalho menores e a extinção das revistas –, mas era tarde demais para fazer concessões.

No fim da tarde, as greves do dia anterior pareciam coisa pouca em comparação àquelas. Milhares se reuniam na rua Preobrajenskaya, a principal artéria da cidade. Cada loja, cada escritório comercial, cada banco da avenida tinha fechado as portas. A multidão, armada apenas de pedras e de sua ira, investia contra a polícia. A cena se repetia em toda Odessa; dezenas de milhares de pessoas participavam da manifestação.[389]

Crianças e adolescentes se juntaram aos operários atrás das barricadas formadas por carruagens viradas, placas de madeira e postes de telégrafo. Na esquina das ruas Kanatnaya e Yvreiskaya, um grupo de meninas que eram funcionárias de uma fábrica de chá se uniu à linha de operários que avançava; entraram em choque com uma companhia de policiais. Sabres reluziram e fuzis dispararam, deixando o que uma testemunha descreveu como "montes sangrentos de carne onde minutos antes havia pessoas".[390] Os trabalhadores emboscavam policiais e patrulhas de soldados, administrando o mesmo tipo de justiça de rua. Soldados marcharam pela cidade às centenas, para proteger a prefeitura e outros prédios do governo.

Às 22h, um policial perseguiu um homem na praça Sobornaya; ele lançou uma bomba contra o policial. A explosão abalou a cidade, decapitando o policial e ferindo mortalmente o homem que lançara a bomba. A tensão entre trabalhadores e polícia cresceu ainda mais. Sirenes soaram por Odessa durante toda a noite.

Algumas horas antes do alvorecer do dia 15 de junho, Kirill e o grupo de trabalhadores chegaram ao vilarejo e tocaram o sino da praça. Infelizmente, Kirill percebeu que os camponeses estavam mais interessados em fazer a colheita na terra dos proprietários do que em entrar numa batalha na cidade. Até o ameaçaram de prisão por perturbar a ordem. Decepcionado, ele deixou o vilarejo com apenas dez camponeses para se unir a seu exército rural. A meio caminho da cidade, o moral de seus seguidores esmaeceu. Muitos tinham caminhado a noite inteira, e sabiam que suas cem balas e seus três revólveres compunham um arsenal patético para enfrentar soldados montados e fortemente armados. Quando pararam para discutir o próximo passo, a maioria se ajeitou para dormir. No fim, Kirill deixou todos para trás e voltou para a cidade sozinho. Deixou instruções sobre um ponto de encontro se alguém quisesse se unir a ele mais tarde. Chegou aos arredores de Odessa depois do amanhecer, quase desmaiando de exaustão, e passou pelas ruas de pedra com a sensação de fracasso. Desanimado e derrotado, só conseguia pensar em achar uma cama e dormir por dias e dias.

Na cidade, parou no apartamento de um amigo menchevique. Antes que pudesse bater na porta, seu camarada a escancarou, sem conter o entusiasmo. Contou que um encouraçado tinha entrado no porto durante a noite. Havia quem desconfiasse que o general Kakhanov tivesse convocado a Marinha para dar apoio aos soldados e assustar os trabalhadores, mas os boatos diziam que na verdade os marinheiros tinham se amotinado e ido para lá com o intuito de disseminar a revolução.

Kirill correu para o porto a fim de ver com os próprios olhos. Quando a notícia da chegada do encouraçado se espalhou pela cidade, uma multidão começou a se aglomerar. Ao chegar à margem da encosta, acima do porto, Kirill avistou o Potemkin além do quebra-mar. Movido pelo pensamento de que o encouraçado pudesse estar nas mãos de marinheiros que apoiariam as greves, Kirill desceu rápido a encosta.[391]

Do bulevar Primorsky, outro revolucionário, Konstantin Feldmann, olhava fixo para o navio. Feldmann, um estudante alto, de barbas escuras, tinha entrado na luta contra o sistema tsarista em grande parte devido ao tratamento que era dado aos judeus como ele. Havia passado a noite em Peresyp, participando das greves, e tinha escapado por pouco de ser pisoteado pelos cavalos dos cossacos. Tão decepcionado quanto Kirill por não ter como resistir aos soldados, ficou abismado com a visão do navio colossal, que flutuava no porto com a bandeira vermelha hasteada. De início achou que fosse apenas uma aparição, mas depois se deu conta de que seus olhos não o enganavam; também correu para o porto. No momento em que eram obrigados a recuar das forças do governo e de suas armas superiores, pensou, os trabalhadores recebiam um reforço de poderio inimaginável. Queria subir a bordo e liderar o encouraçado até o triunfo do povo.[392]

9

A UMA MILHA DO PORTO, no Potemkin, o apito do contramestre acordou a tripulação. "Levantar! Arrumar as camas! Lavar-se!", veio o comando às 5h do dia 15 de junho. Ouviu-se o som dos passos nos conveses; o padre Parmen saiu para fazer a oração matutina, e então a tripulação se reuniu para o chá e o café da manhã. Meia hora depois, bombas foram ligadas e mangueiras jogaram água nos deques, e os marinheiros começaram a limpar o navio. Na sala dos oficiais, o tenente Kovalenko acordou com os sons costumeiros, achando que tudo estava como sempre fora em alto-mar. Mas uma rápida olhada nos oficiais que dormiam espalhados pela sala, em sofás e pelo chão, ainda de uniforme, resgatou a lembrança de que as coisas já não eram as mesmas.

Kovalenko, ainda meio sonolento, passou por cima do guarda que dormia na porta, com um fuzil entre os joelhos, foi até a lateral do navio e olhou para Odessa. A leve neblina da manhã cobria as águas. Pescadores passavam em seus barquinhos, deixando o porto, e gaivotas flutuavam no céu. Ao longe, os raios do sol nascente batiam nas cruzes douradas no alto das igrejas. Por um instante, Kovalenko se perdeu na vista. Quando voltou a atenção para o Potemkin, de repente começou a se indagar o que a comissão de marinheiros teria decidido durante a noite para fazer a tripulação trabalhar com tanta determinação naquela manhã. Logo saberia o que tinha perdido enquanto era mantido sob vigilância na sala dos oficiais.[393]

Logo depois de o Potemkin e o torpedeiro *Ismail* chegarem às proximidades do porto de Odessa, às 22h da noite anterior, e jogarem âncora, a comissão tinha se reunido no camarote do almirante. Poucos a bordo dormiram. Marinheiros lotaram a sala para assistir ao debate presidido por Matyuchenko. Outros guarneciam as armas e os faróis, para o caso de o comando da Frota do Mar Negro já ter de alguma maneira descoberto o motim e enviar um ataque surpresa. A maioria dos marinheiros estava simplesmente agitada demais para fazer qualquer coisa que não fumar um cigarro atrás do outro, circular pelo encouraçado e fitar as luzes distantes de Odessa. Agora que o Potemkin tinha chegado ao porto, sabiam que o tsar tomaria conhecimento do motim logo pela manhã, e as consequências de suas ações rapidamente ficariam bem reais. Os marinheiros buscavam nos líderes do navio orientação para sobreviver, sabendo que o tsar usaria força total contra marinheiros que haviam matado os próprios oficiais e içado a bandeira da revolução.[394]

Às 4h, a comissão tinha definido vários planos: carregar o navio com o máximo de carvão possível; comprar mais provisões com o dinheiro do cofre do encouraçado; fazer um registro dos fatos que tinham instigado o motim, para que os oficiais o assinassem; libertar os suboficiais para que eles ajudassem a comandar o navio; e se preparar para a chegada da Frota do Mar Negro, fosse na forma de uma esquadra de ataque liderada pelo almirante Tchukhnin ou de uma frota revolucionária comandada por marinheiros como eles que tivessem conseguido derrotar os oficiais. Por fim, a comissão decidiu considerar Vakulentchuk um mártir da revolução, fazendo de sua morte e de seu enterro um ponto de encontro para que os moradores de Odessa se aliassem ao Potemkin na batalha contra o tsar.[395]

Quando a reunião terminou, os marinheiros Alekseyev e Bredikhin, que conheciam bem a cidade, se esgueiraram e desceram à terra. Encontraram as ruas desertas e quietas, com poucos sinais da violência da noite anterior, exceto por alguns bondes virados. Sua missão era entrar em contato com os grupos revolucionários de Odessa, buscar a orientação deles sobre como tomar a cidade e pedir ajuda para notificar os membros da Tsentralka em Sebastopol, para que eles se apressassem e dessem início ao levante na frota inteira, a fim de se juntar ao Potemkin. Em Odessa, Alekseyev e Bredikhin também deveriam distribuir a proclamação da comissão, que fazia um apelo aos soldados e cossacos estacionados na cidade para que entregassem suas armas. Se seus comandantes tentassem atacar o Potemkin ou impedir seus planos, advertia a proclamação, "vamos arrasar Odessa até não sobrar nada de pé".[396]

O dia já tinha nascido, e os marinheiros a bordo se movimentavam rápido para executar os planos da comissão. A agilidade era essencial. Quanto mais tempo o encouraçado ficasse no porto, mais chance dava ao tsar e a seu comando naval de esmagar a rebelião antes que ela tivesse chance de ganhar força. Na lateral oposta do navio, em relação a onde Kovalenko estava, os homens se preparavam para desembarcar Vakulentchuk. Vestiram-no cuidadosamente em um uniforme limpo, o deitaram em uma maca e enrolaram uma bandeira militar no corpo. Tinham também colocado um bilhete junto a seu peito, escrito por Nikichkin.

Cidadãos de Odessa!

Diante de vocês jaz o corpo do marinheiro Vakulentchuk, do encouraçado Potemkin, que foi selvagemente assassinado pelo primeiro oficial por ter se recusado a comer um *borshtch* que estava intragável. Camaradas! Trabalhadores! Reúnam-se sob nossa bandeira e lutemos por nós! Morte aos opressores! Morte aos vampiros! Viva a liberdade![397]

A tripulação do encouraçado Potemkin. Um por todos e todos por um.

Os marinheiros desceram o corpo de Vakulentchuk até uma lancha; suas mãos estavam postadas cruzadas sobre o peito, e seu rosto estoico permanecia descoberto. O *Ismail* escoltou duas lanchas com quarenta marinheiros e o mártir até um dos ancoradouros do porto. Matyuchenko encabeçava a comitiva. Cerca de duzentas pessoas esperavam no cais, a maioria estivadores curiosos com a misteriosa aparição do encouraçado em seu porto. Os marinheiros levaram Vakulentchuk à terra firme e ergueram sobre ele uma tenda feita com varas e lonas. Primeiro, os estivadores se aproximaram para olhar o corpo. Ao longo da hora seguinte, mais e mais gente foi chegando ao píer. Matyuchenko e os outros marinheiros contaram sobre o motim aos moradores de Odessa e de como precisavam da ajuda deles para derrubar um governo que obrigava os homens que protegiam a Rússia a comer carne infestada de vermes.[398]

A multidão ficou surpresa e tocada com a história, à qual a presença do corpo de Vakulentchuk dava ainda mais contundência. Alguns ofereceram ajuda, prometendo levar comida e suprimentos para o Potemkin. Outros simplesmente prometeram fidelidade, pegando nas mãos dos marinheiros ou tirando os chapéus e gritando: "Abaixo o tsar!" Ao observar a enorme demonstração de apoio, Matyuchenko sentiu que nada havia que os marinheiros não conseguissem concretizar: primeiro acabariam com os apaniguados do tsar em Odessa, depois disseminariam a luta de cidade em cidade, às margens do mar Negro, e finalmente levariam a liberdade a todo o povo russo. A cena dos integrantes da tripulação abraçados aos estivadores, no mesmo sentimento de solidariedade, era para ele nada menos que bela.[399]

Uma guarda de honra formada por marinheiros ficou protegendo Vakulentchuk, para garantir que ninguém mexesse no corpo. Matyuchenko então embarcou na lancha. Um operário tinha dito que um navio-carvoeiro em um atracadouro perto dali tinha carvão mais que suficiente para atender às necessidades deles. Quando Matyuchenko chegou ao carvoeiro *Emerans*, os homens que descarregavam o carvão pararam de trabalhar para dar as boas-vindas aos marinheiros. Matyuchenko fez uma oferta ao capitão do *Emerans* pelo carvão. Ele não teve escolha senão entregar o estoque.

Enquanto os estivadores amarravam o carvoeiro no torpedeiro para o rebocar até o Potemkin, um marinheiro próximo a Matyuchenko notou que um barco se aproximava do encouraçado. A bordo estavam vários oficiais do porto e um grupo de gendarmes. Matyuchenko fez com que a lancha voltasse para o Potemkin. Com um fuzil em uma das mãos e um revólver na outra, ficou de pé na proa, enquanto o barco atravessava as águas. Os gendarmes não estavam de armas em punho, mas quase certamente estavam armados. Matyuchenko não queria sob hipótese alguma que eles subissem a bordo do Potemkin e influenciassem a tripulação.[400]

A lancha se aproximou do encouraçado. Os marinheiros nos conveses gritaram para os administradores do porto que fossem embora, se recusando a responder suas perguntas sobre quem estava no comando e por que o Potemkin tinha ido a Odessa. Todos se viraram para Matyuchenko quando ele chegou perto.

– O que vocês querem em nosso encouraçado? – perguntou Matyuchenko, apontando o fuzil para os três oficiais, cujos rostos ficaram pálidos.

– Queremos investigar e reportar o que aconteceu aqui – disse o oficial do porto, Gerasimov, confuso e assustado. Como oficial de segundo maior escalão que era, não estava acostumado a ser indagado por um marinheiro de baixa patente, muito menos um que apontasse o cano de uma arma para ele.

– Joguem seus revólveres na água – ordenou Matyuchenko aos gendarmes. – Jogamos seus superiores na água e não precisamos de outro.

Os gendarmes olharam para o marinheiro revolucionário, depois para os oficiais do porto, e finalmente um para o outro. Devagar, se levantaram e jogaram seus revólveres na água.

– O mesmo vale para os sabres, seus covardes – continuou Matyuchenko.

Assim como Matyuchenko, vários marinheiros no Potemkin apontavam as armas para os oficiais. Os gendarmes tiraram os sabres. Gerasimov ficou ali, impotente, enquanto seus homens seguiam as ordens de Matyuchenko sem apresentar a menor resistência.

– Agora vão embora, seus escravos do tsar. Deem meia-volta e saiam daqui – disse Matyuchenko, ríspido.

O barco se afastou do Potemkin e recuou até a margem. Os marinheiros vibraram com a determinação de Matyuchenko em expulsar os oficiais. [401]

Uma flotilha de pesqueiros e botes se reuniu em torno do Potemkin para cumprimentar os marinheiros, alguns levando presentes como chá, açúcar, tabaco e frutas. Ao voltar para o *Emerans*, Matyuchenko parou um desses barcos, que por acaso levava Konstantin Feldmann, que tinha convencido alguns operários a remar com ele até o Potemkin.

– Aonde vocês estão indo? – perguntou Matyuchenko, preocupado com o afluxo de visitantes ao Potemkin, e temendo que algum deles fosse espião para as autoridades de Odessa.

– Para o navio revolucionário – disse Feldmann ao marinheiro, sem saber que estava falando com o líder do encouraçado.

– E quem é você? Um social-democrata?

Feldmann fez sinal que sim, mas depois exigiram que apresentasse provas.

– Não tenho – respondeu, mordaz. – Eles não pedem provas quando nos mandam apodrecer em uma prisão, ou para a Sibéria.

– Venha, então, entre aqui conosco – Matyuchenko chamou, sorrindo com a resposta de Feldmann.[402]

No mesmo momento, no ancoradouro onde o esquife de Vakulentchuk tinha sido erguido, Kirill circulava entre um enxame de gente. Milhares de moradores de Odessa tinham descido até o porto depois da chegada do corpo do marinheiro. Não se viam policiais nem soldados. A cidade inteira parecia estar desaguando no porto; todos estavam curiosos para ver o esquife e saber o que os marinheiros estavam fazendo em sua cidade.

Uma longa fila, no píer, levava até o corpo do marinheiro, que jazia dentro da tenda, ao abrigo do sol da manhã de junho. Homens e mulheres, jovens e velhos se esticavam para dar uma olhadela, parando para ler a mensagem escrita pela tripulação do Potemkin. Os rostos daqueles que emergiam da tenda instantes depois demonstravam uma variedade de emoções: inspiração, horror, ódio, tristeza. Muitos faziam o sinal da cruz ou soluçavam sem parar. Alguns depositavam flores pelo ancoradouro ou colocavam uma moeda no pequeno balde que alguém tinha deixado para arrecadar dinheiro para um monumento em homenagem ao marinheiro. Poucos saíam inabalados. Na saída do porto, se viravam para admirar o Potemkin. Em seus olhos Kirill via o sofrimento e a esperança de que o encouraçado executasse sua vingança contra as forças do tsar e ajudasse a levar a manifestação até a vitória.[403]

Em cima de uma tora de madeira, um orador apontou para o Potemkin e declarou:

– Talvez nos tenham faltado armas no passado, mas *agora* nós temos.

Suas palavras foram recebidas com um coro de aprovação. Outro orador continuou:

– Chega de sofrimento! Morte aos tiranos! Morramos pela liberdade![404]

Explosões de aplausos pontuaram sua fala. Nos vários navios mercantes que estavam no porto, marinheiros apitavam e içavam camisas vermelhas nos mastros (na falta de bandeiras daquela cor) em solidariedade aos marinheiros do Potemkin.[405]

Kirill ficava cada vez mais entusiasmado com a emoção da multidão. Quando um orador desceu do barril que usava como plataforma, Kirill avançou e subiu nele, louco para falar às pessoas que o cercavam.

– Camaradas! – começou, a voz como o rugido de um leão. – Há milhares de nós aqui, e nenhum de nós vai mais defender a escravidão e a opressão do tsar. Marchemos até o centro da cidade. Com os fuzis e a proteção dos canhões do Potemkin, ganharemos nossa liberdade e uma melhor... – tentou concluir, mas sua voz foi sufocada pelo alvoroço da multidão.[406]

Minutos depois, cinquenta cossacos a cavalo e uma unidade de policiais desceram até o porto. Avançaram na direção do ancoradouro para dispersar o enorme ajuntamento de gente. Conforme os cossacos investiram para abrir caminho, foram contidos pela multidão. Mesmo assim, forçaram a entrada dos cavalos no ancoradouro, ameaçando as pessoas com os sabres. Houve quem tivesse que pular na água para não ser pisoteado.

Um operário que tinha visto as forças do governo chegando pegara um bote para alertar o Potemkin. Quando os cossacos se aproximaram de Vakulentchuk, uma bandeira de batalha foi subitamente içada no mastro do encouraçado. Um integrante da guarda de honra postada no ancoradouro gritou:

– Camaradas, fujam! Eles vão atirar nos cossacos com os canhões.

Um enorme tumulto tomou conta do píer. Os cossacos recuaram apressados, dispersados pela ameaça; Kirill chegou a ver um tenente da polícia pular em uma pilha de carvão, implorando aos oficiais que o cobrissem, escondessem.[407]

Cossacos e policiais deixavam o ancoradouro às pressas, e os canhões do navio continuaram em silêncio. Quando a bandeira de batalha do Potemkin foi baixada, a multidão voltou a se reunir, mais confiante que nunca na vitória. Kirill subiu em um barco a remo que seguia para o encouraçado. Precisava convencer os marinheiros de que o ataque à cidade tinha de começar imediatamente.[408]

Ao se aproximar, viu o carvoeiro *Emerans* ancorado ao lado do Potemkin. Trezentos estivadores se uniam aos marinheiros para carregar o carvão, uma cena que Kirill encarou como sinal inegável de que a revolução tinha começado. No carvoeiro, os trabalhadores colocavam o carvão em enormes sacos de lona que pesavam quase 50 quilos cada quando cheios. Eles eram carregados até a borda do *Emerans* e então transferidos por um guindaste para o convés do Potemkin. Em seguida os marinheiros despejavam o conteúdo dos sacos em calhas que levavam até os depósitos de carvão. Uma nuvem negra de poeira pairava sobre a área, e muitos cobriam a boca e o nariz com panos ou mordiam estopa para não inalar o ar contaminado. Mesmo assim, todos trabalhavam com entusiasmo. A todo momento, um marinheiro e um estivador se abraçavam e gritavam, juntos: "Viva a democracia!"

Uma escada de cordas foi baixada para que Kirill pudesse subir até o encouraçado. Uma vez a bordo, se declarou um social-democrata que representava parte dos estivadores. Os marinheiros apertaram sua mão calorosamente. Convidaram-no a atravessar o convés das armas, fortemente protegido, para chegar ao castelo de proa, onde parte da tripulação tinha se reunido para conhecer outros cidadãos de Odessa. No caminho, vários marinheiros perguntaram sobre a situação na cidade. Ele descreveu as greves que tinham acontecido nos últimos dias e contou como a polícia e os soldados tinham encerrado todas elas com uma carnificina.[409]

Quando tinha a chance, Kirill perguntava a diversos marinheiros como e por que o motim havia começado. Dimtchenko, o integrante da comissão que tinha cumprimentado Kirill na escada, acreditava convictamente que se livrar dos oficiais era a coisa certa a fazer. Seu rosto queimado de sol e seus olhos expressivos se iluminaram enquanto falava a Kirill de sua esperança de que o Potemkin liderasse a revolução na Rússia. Mas outros marinheiros com quem Kirill conversou não tinham a mesma confiança, minando a impressão de unidade que o tinha inspirado quando assistira ao embarque do carvão. Vários o encararam com desconfiança, achando que ele fosse um agitador que ia causar ainda mais problemas para os marinheiros. Um marinheiro contou a Kirill como tinha medo dos revolucionários da tripulação, que tinham descartado tão rápida e cruelmente seus oficiais, e como não conseguia entender a causa que os movia. Outro falou da conversa que tinha tido com um suboficial algumas horas antes; o traidor disse a ele que o tsar só puniria quem continuasse apoiando o motim, e, portanto, se ele quisesse manter a cabeça em cima do pescoço, devia agir contra os líderes do movimento. Quando Kirill chegou à coberta superior, tinha consciência de que os marinheiros precisariam de atenção constante para ser mantidos informados e fiéis à revolução. Senão, talvez perdessem o encouraçado para a apatia e para a traição dentro das próprias fileiras.[410]

No castelo de proa, Kirill encontrou seu companheiro Feldmann cercado de marinheiros, fazendo o tipo de discurso de que a tripulação estava precisando:

> Vocês podem a qualquer momento ser arrastados para a guerra. [...] Pelo bem de quem? Da autocracia. Então tinham de lutar contra isso. Mas como se pode fazer isso? Vocês acham que vão triunfar sozinhos sobre as forças do tsar? Não! E com quem vocês podem contar? Com o povo, só com o povo. [...] *Vocês* foram os primeiros a ousar fazer a ponte entre o povo e os militares. Atravessemos essa ponte determinados, e, unidos com o povo no conflito maior, conquistemos a liberdade para todos nós.[411]

Em resposta às palavras de Feldmann, a tripulação cantou com entusiasmo: "Liberdade ou morte! Liberdade ou morte!" Outro revolucionário de Odessa, da liga judaica, falou no mesmo tom das palavras de Feldmann. Kirill então se preparou para falar, mas um apito soou, anunciando o almoço. Os marinheiros convidaram os social-democratas de Odessa a se juntar a eles no refeitório. Lá, sentado em um banco comprido, Kirill virou uma dose de vodca e comeu sopa de repolho com os outros. Cruzou o olhar com o de Feldmann, como se dissesse: "Será que isso não é mesmo um sonho? Será que a liberdade da Rússia está tão próxima assim?"

Depois de comer, Kirill voltou ao castelo de proa. O carregamento de carvão tinha sido concluído. Mais barcos com presentes atracaram ao lado do encouraçado. Alguns adolescentes haviam subido a bordo e alisavam os canhões e subiam pelas escotilhas como se o Potemkin fosse um parquinho, situação que incomodou os marinheiros, que tinham um sentimento possessivo em relação ao navio. Kirill olhou para o porto, onde as pessoas continuavam chegando aos montes. Naquele momento, Dimtchenko se aproximou e o convidou a participar de uma reunião especial que acabara de ser convocada.[412]

Ao meio-dia, Matyuchenko ficou de pé à cabeceira da comprida mesa do camarote do almirante, cercado pela comissão de marinheiros. Apresentou cada um dos membros aos líderes dos partidos revolucionários de Odessa, que estavam sentados em banquinhos e cadeiras pelo aposento.

Algumas horas antes, quando o marinheiro Alekseyev alertara os moradores de Odessa sobre o motim, a comissão revolucionária conjunta (um órgão com bolcheviques, mencheviques, integrantes da liga judaica e revolucionários socialistas, formado durante as greves de maio) se reunira para decidir como convencer os marinheiros amotinados a tomar a cidade. Quando terminaram de discutir o assunto, recrutaram barcos pesqueiros e foram informar os líderes do Potemkin de seu plano.[413]

— Os operários vão seguir vocês? — perguntou Matyuchenko no início da reunião, antes que os revolucionários de Odessa tivessem chance de falar.

O marinheiro Reznitchenko continuou:

— Eles estão fazendo reivindicações políticas? Querem que a autocracia caia?

— Sim — respondeu um dos moradores de Odessa, bolchevique. — Mas não têm armas.

Um outro interveio com o plano da comissão conjunta.

— Propomos lançar um ataque com quatrocentos marinheiros armados na linha de frente, apoiados por operários e soldados. O Potemkin vai apoiar o ataque atirando de sua posição no mar. Primeiro tomaremos as estradas de ferro, para impedir que mais forças do governo cheguem à cidade. Depois passaremos para o restante de Odessa.

Matyuchenko ouviu o plano, pouco convencido. Kirill, que tinha entrado na reunião durante as apresentações, percebeu seu ceticismo. Embora não tivesse o mesmo status que os integrantes da comissão, Kirill interrompeu.

– Há pânico na cidade. As autoridades perderam a cabeça. Não têm artilharia, contam com poucos soldados, e a situação é favorável a um ataque repentino. Se perdermos a oportunidade, permitiremos ao inimigo se organizar e se fortalecer.

Incentivados pelo argumento, alguns marinheiros seguiram Kirill, dizendo:

– Não podemos desperdiçar este momento.

Por instinto, Matyuchenko queria agir contra as forças do tsar rápido, e de forma decisiva, mas as palavras de seu ex-líder seguravam sua reação. Vakulentchuk sempre dissera a Matyuchenko que os marinheiros só conseguiriam a vitória se agissem junto com outros navios da frota, como a Tsentralka tinha planejado. Sozinhos, estariam perdidos. Precisavam esperar pelo motim geral planejado para então agir juntos, como um só. Se o vice-almirante Tchukhnin mandasse uma esquadra atrás do Potemkin antes que isso acontecesse, tinham de estar preparados para a batalha; os quatrocentos marinheiros (mais de metade da tripulação) que estariam em terra fariam muita falta. Além do mais, a tripulação do navio, que pouco sabia sobre como atacar por terra, não teria chance contra as tropas da infantaria, treinadas precisamente para aquele tipo de ação. Era um risco grande demais.

Matyuchenko explicou tudo isso para os revolucionários de Odessa e concluiu, decidido:

– Temos que olhar para o mar agora, não para a costa.[414]

Os integrantes da comissão conjunta se reclinaram, surpresos. Como os marinheiros podiam rejeitá-los, a *eles*, os líderes de direito da revolução? Com os operários e os canhões do encouraçado a seu lado, a vitória estaria garantida. Os marinheiros não viam? No mínimo dos mínimos deviam mandar armas para os operários e começar a bombardear prédios do governo. Era sua obrigação para com a causa.[415]

Apesar dos protestos, a maior parte da comissão dos marinheiros concordou com Matyuchenko, que eles deviam esperar a chegada da Frota do Mar Negro para tomar alguma atitude. Outro membro também explicou aos revolucionários de Odessa que a única força confiável de marinheiros que podia avançar na cidade seria a dos comprometidos com o motim.

– Se formos nós mesmos – disse –, os que ficarem no Potemkin podem levar o navio para Sebastopol em vez de nos apoiar. A única opção é esperar pelo restante da frota. Quando ela tiver se unido a nós, vamos tomar todo o mar Negro.[416]

Quando a comissão se preparava para votar, um marinheiro entrou no camarote e se aproximou de Matyuchenko. A tripulação queria saber, disse ele, qual era o destino que estava sendo decidido para eles. Falava-se em abandonar o navio para escapar da punição, e muitos estavam nervosos com a presença de tantos civis a bordo. Eles iam entregar o controle a gente que não tinha arriscado nada para tomar o Potemkin?

– Reúnam todo mundo – ordenou Matyuchenko. Pediu então aos revolucionários de Odessa que deixassem o navio antes que a situação piorasse.[417]

Quando o relógio deu meio-dia em seu escritório, o general Kakhanov, governador militar de Odessa, sabia que tinha uma decisão a tomar. As opções eram escassas, e havia uma infinidade assustadora de riscos.

A visão do Potemkin no porto o tinha hipnotizado como ao resto da cidade. Segundo o protocolo, a Marinha tinha de avisar o porto antes da chegada de um navio de guerra, mas nenhum comunicado havia sido recebido. Os boatos sobre um motim no encouraçado chegaram ao amanhecer. Era uma ideia bizarra, mas, às 8h, o chefe de polícia de Odessa o informou de que era verdade. Um marinheiro, que fizera parte do destacamento enviado para depositar o corpo de um companheiro de tripulação no atracadouro, escapara e notificara um gendarme do motim.[418] Menos de uma hora depois, o prefeito Dmitry Neidhardt entrou apressado no escritório de Kakhanov. Ex-oficial do Regimento da Guarda Preobrajensky, o débil Neidhardt não tinha sequer a experiência ou o nível de instrução exigidos pelo posto, mas contava com a simpatia do tsar, e seu cunhado Pyotr Stolypin era governador de Saratov (e futuro ministro do Interior). Neidhardt disse a Kakhanov que estava partindo para São Petersburgo no trem expresso para informar o tsar Nicolau da situação – ao que parecia, o sistema de telégrafo não daria a notícia apropriadamente. O prefeito pediu ao general que assumisse o comando da cidade e declarasse estado de lei marcial – embora só o tsar pudesse dar a Kakhanov o poder para isso. Mesmo assim, Kakhanov tomou as medidas preliminares para executar a ordem, convocando mais soldados de guarnições dentro de seu distrito militar, incluindo uma brigada de artilharia. Sua tentativa de conter o fluxo de gente no porto mandando cinquenta cossacos para retirar o corpo do marinheiro tinha comprovado o que Kakhanov mais temia: os marinheiros estavam dispostos a bombardear a cidade.[419]

Às 10h30, o chefe do porto comercial, brigadeiro-geral Perelechin, invadiu seu escritório, exigindo que uma força com mais soldados fosse enviada para dispersar a aglomeração de milhares de pessoas em seus ancoradouros. Seu principal assistente, Gerasimov, tinha ido até o Potemkin, exigindo saber quem estava no comando, mas fora humilhado e despachado por Matyuchenko. Antes de dispensar Perelechin, Kakhanov perguntou se ele já tinha pensado que o encouraçado poderia deflagrar uma onda de destruição na cidade.[420]

Mesmo antes da chegada do Potemkin, Odessa já estava mergulhando no caos. Os dois dias de greve tinham paralisado a cidade. As tropas de Kakhanov estavam sitiadas por dezenas de milhares de operários; ambos os lados tinham sofrido baixas, e muito mais gente ainda ia morrer. As lojas abaixaram as portas. As fábricas fecharam. As pessoas lotavam as estações de trem, brigando por passagens para sair da cidade. Um passo em falso e o caos seria generalizado.

E agora um encouraçado amotinado ameaçava transformar Odessa em ruínas. Revolucionários tinham sido vistos se aproximando do Potemkin – para planejar um ataque coordenado, desconfiava Kakhanov. De sua janela, assistia a cada vez mais gente descendo a escadaria Richelieu até o porto, onde, como tinha sido informado, propagandistas incitavam a multidão a atacar seus soldados e dar início a um levante em toda a cidade. Kakhanov tinha sido alertado de que poderia haver outros motins na Frota do Mar Negro.

Acontecendo ou não esses motins, a base naval de Sebastopol estava a um dia de viagem, e uma esquadra precisaria de tempo para se organizar e combater o Potemkin. Naquele ínterim, a cidade poderia ser bombardeada por quase 50 toneladas de fortes explosivos no período de uma hora, metade da bateria principal do navio, a outra metade estando nas armas secundárias. Uma hora. Cinquenta toneladas.[421] O Potemkin podia lançar o ataque a mais de 8 quilômetros de distância, superando com facilidade a precisão da artilharia de terra que Kakhanov acabara de convocar. Além disso, se os marinheiros conseguissem comandar um ataque concertado por terra na cidade, ele teria poucos soldados para os repelir.[422]

Kakhanov se sentiu terrivelmente encurralado. Responsável por uma das cidades mais importantes e mais populosas do Império Russo, estava à mercê de marinheiros que para ele eram pouco mais que bestas. Em sua avaliação, tinha duas opções: a primeira era sufocar o levante incipiente no porto, criando a possibilidade de um ataque que arruinaria a cidade; a segunda era fechar o acesso ao porto, e também a saída, aprisionando a rebelião longe do centro de Odessa, e esperar que os marinheiros saíssem ou que a esquadra da Marinha chegasse. Não havia dúvida – tinha que escolher a segunda opção. Kakhanov mandou a ordem a seus oficiais: isolem o porto do resto da cidade; resistam a qualquer tentativa de romper a linha, em qualquer direção, com a força que for necessária.[423]

Às 12h30, Kakhanov mandou um telegrama ao tsar, informando-o do motim e descrevendo as medidas que estava tomando para proteger Odessa. Tinha montado o palco para o massacre.[424]

10

O DIA 15 DE JUNHO COMEÇOU para Nicolau como de costume. Ele rezou, tomou café e chegou a seu escritório às 9h. Os jornais da manhã traziam notícias nada positivas. O *Novoye Vremya* dizia em editorial que seu governo tinha perdido os parâmetros morais e estava claramente recorrendo à repressão violenta para permanecer no poder.[425] Deixou o jornal de lado e passou a ler os últimos relatórios dos ministros e os telegramas do front na Manchúria: o de sempre em um típico dia quente e calmo de junho em Peterhof. Uma hora depois, um assessor trouxe uma mensagem urgente do general Trepov, vice-ministro do Interior:

> Vossa Majestade Imperial, recebi uma mensagem cifrada de Odessa de que o encouraçado Potemkin chegou de Sebastopol e levou à terra, às 4h [*sic*], o corpo de um marinheiro com uma nota no peito, dizendo que o marinheiro era uma vítima inocente de seu capitão. Por vingança, os marinheiros mataram todos os oficiais. Ao mesmo tempo, os marinheiros declaram que vão dar apoio ao levante em Odessa com suas armas.[426]

A mensagem era oriunda de um agente da Okhrana na cidade. Em seu recado para o tsar, Trepov, que era um dos mais vigorosos defensores da autocracia, conhecido por suas táticas violentas, pedia a Nicolau que declarasse lei marcial em Odessa.[427]

De início, Nicolau simplesmente se recusou a aceitar a veracidade do relato. Um motim em sua Marinha? Todos os oficiais mortos? Um de seus encouraçados apoiando os revolucionários? A própria ideia estava além do imaginável.[428]

Os Romanov sempre tinham considerado as Forças Armadas sua instituição mais valorosa, e deviam a grandeza de seu império a suas muitas conquistas. Mas, para Nicolau, as Forças Armadas também eram objeto de um apreço pessoal.[429] Quando criança, participara de inúmeras paradas e revistas, sempre usando um uniforme em miniatura de um dos regimentos presentes. Assistia deslumbrado quando os soldados paravam em atenção e levantavam as espadas e baionetas quando seu pai passava por suas fileiras. Mais tarde, quando jovem, servira como coronel no Regimento da Guarda Preobrajensky, apreciando a camaradagem com os outros oficiais e as muitas tradições ritualizadas. Naquela época, escreveu à mãe dizendo que jamais estivera tão feliz.[430] Como tsar, conforme declarou uma vez um de seus ministros, Nicolau "se considerava um soldado – o primeiro soldado do Império".[431] Assumiu até a tarefa, quando um novo uniforme e um kit de infantaria foram encomendados, de sair em uma caminhada de 40 quilômetros para testá-los pessoalmente. Demonstrou também sua afeição pelas Forças Armadas ao escolher ex-generais, como Trepov, para muitos dos postos mais importantes do governo.

Assim, um motim dentro de suas adoradas Forças Armadas era uma amarga traição pessoal. Ao longo dos dois anos anteriores, meia dúzia de incidentes isolados tinham ocorrido – uns poucos soldados ou marinheiros que recusavam comandos –, mas nada da magnitude do que Trepov o fizera acreditar que ocorrera no mar Negro.[432]

Mais que seu próprio romance com as Forças Armadas, Nicolau sabia bem que seus soldados eram o baluarte do Estado, principalmente contra a insurreição dentro de suas fronteiras.[433] Embora o Ministério da Guerra reclamasse de vez em quando, ele não tinha opção senão usar os soldados para apaziguar revoltas, já que a polícia era incapaz de cuidar delas sozinha. Se Nicolau perdesse a fidelidade das Forças Armadas, estaria fadado à derrocada. Não conseguia sequer pensar que tal coisa realmente tivesse acontecido.[434]

Sozinho em seu escritório, Nicolau recebia telegramas ainda mais preocupantes a cada hora que passava. Não havia como escapar da verdade. Sua incredulidade logo se transformou em fúria. Aprovou um ucasse declarando lei marcial em Odessa, como Trepov havia sugerido.[435] O tsar também instruiu Trepov a censurar estritamente qualquer informação relacionada ao motim ou às revoltas em Odessa. Até que a situação estivesse sob controle, o povo russo não ficaria sabendo sobre o Potemkin.[436] Ao general Kakhanov, respondeu: "Tome imediatamente as medidas mais severas e decisivas para suprimir as revoltas tanto no Potemkin quanto entre a população no porto. Cada hora de demora pode custar rios de sangue no futuro."[437] Em um telegrama do ministro da Marinha, almirante Avelan, que chegou por último e continha as mesmas informações já dadas por Trepov e Kakhanov, Nicolau escreveu à mão: "Onde está o comandante em chefe? Tenho *certeza* de que ele é capaz de cuidar do motim e de punir *severamente* a tripulação rebelde."[438] A expectativa de Nicolau era que o vice-almirante Tchukhnin cuidasse rapidamente da desgraça e fizesse com que seus instigadores fossem mortos. De fato, contava com ele. Dependia dele.

Às margens do rio Neva, ao lado do Palácio de Inverno, ficava a sede do Almirantado. Estrutura colossal de quase 400 metros de extensão, coroada com uma espiral dourada, a "acrópole marítima" – como se vangloriou seu arquiteto – era o símbolo da proeminência da Marinha no império.[439] Por trás de seus muros, o comandante da Frota do Mar Negro se reunia com uma série de outros almirantes em uma conferência de uma semana de duração para deliberar sobre a futura expansão da Marinha.[440]

Às 13h, um telegrama sobre o Potemkin, assinado pelo general Kakhanov, chegou ao gabinete do almirante Fyodor Avelan. Ele transmitiu então a notícia ao tsar e ordenou a um assessor que fosse buscar Tchukhnin. Abandonando a reunião em que estava em outra parte do edifício, Tchukhnin caminhou apressado pelos corredores e entrou no gabinete do ministro.[441] O escritório, uma enorme sala com vista para o Jardim de Alexandre, era decorado com pinturas de batalhas marítimas épicas da história russa e retratos de tsares e almirantes famosos.[442] Sob o olhar deles, Tchukhnin atravessou o espesso tapete persa e se sentou perto de Avelan. A expressão sombria do rosto normalmente bem-humorado não trazia bons agouros.

158

Os dois homens eram o oposto um do outro. Avelan, filho privilegiado de uma família finlandesa de nobres que havia tempos servia aos tsares, estava acostumado à riqueza que o cercava. Bon-vivant, tinha subido até a patente de almirante com o peso do sobrenome e com seu charme. Embora fosse um marinheiro talentoso, ao ministro da Marinha faltavam a inteligência e a ética essenciais para comandar uma marinha moderna – o que ficou evidenciado por seu plano de mandar a esquadra de Rojestvensky cruzar o mundo para desafiar a Marinha japonesa. Desde o momento em que foi concebida, a missão foi prejudicada por atrasos, pela indecisão e, talvez o mais perigoso de tudo, pelo excesso de confiança. Depois do desastre de Tsushima, Avelan tinha entregado sua renúncia, e teria se aposentado alegremente, no mês de maio, se Nicolau já tivesse escolhido um sucessor.[443]

Grigory Tchukhnin, que tinha servido em uma esquadra comandada por Avelan em 1893, ainda pretendia subir na carreira, talvez chegar até a ministro da Marinha. Nascido no porto russo de Nicolayev, era o caçula de 12 filhos. O pai e vários irmãos também serviram na Marinha. Embora fossem uma família de nobres, os Tchukhnin eram de patente baixa e, para todos os efeitos, não tinham um tostão furado. Quando Grigory fez 5 anos, a mãe morreu, e ele foi mandado para a escola da Corporação de Cadetes Alexandre, localizada em Tsarskoye Selo, nos arredores de São Petersburgo. Basicamente um orfanato para filhos de militares, a escola preparava os alunos para seguir os passos dos pais. Os instrutores distribuíam punições com varas e cilícios. Aos 10 anos, Tchukhnin foi transferido para a Corporação Naval de Cadetes, alguns anos antes de a escola da Corporação de Cadetes Alexandre ter sido obrigada a fechar devido ao tratamento desumano que dava aos alunos.

O regime estrito das duas escolas moldou Tchukhnin. Diferentemente da maioria de seus companheiros de classe, não tinha parentes em São Petersburgo para poder deixar a escola aos domingos, nem dinheiro para voltar para casa nas férias de verão. Nunca experimentou qualquer alternativa à rígida vida militar. A autodisciplina se tornou sua marca registrada. Ele estudava mais, treinava mais forte e se esforçava para conseguir bons resultados em cada empreitada. Para aprender inglês e francês, memorizava cem palavras por dia no dicionário. Quando foi diagnosticado com uma possível tuberculose, aos 15 anos, instituiu para si mesmo um regime espartano de ginástica e natação vigorosas, banhos frios, dormir sem lençóis e a promessa de se abster da bebida e do cigarro pela vida inteira. O que resultou foi um modelo de saúde, com a compleição magra e musculosa de um lutador e o rosto corado.

Aos 17 anos, Tchukhnin se formou em primeiro lugar em sua classe e entregou sua determinação e profunda devoção ao Estado (que, na prática, era quem o tinha criado), à carreira na Marinha. Destacou-se em diversos postos a bordo de corvetas e monitores, e participou de uma expedição secreta aos Estados Unidos em 1877, durante a Guerra Russo-turca, para buscar navios mercantes reformados e dotados de armas. Com cada promoção que conquistava, crescia sua reputação de líder firme e altamente capaz. Aprendia cada aspecto dos navios sob seu comando e esperava que seus subordinados fizessem o mesmo. Sua atenção aos detalhes era tamanha que durante as viagens inspecionava pessoalmente as caldeiras, entrando nelas para se assegurar de que tivessem sido limpas direito. O Almirantado o promoveu a contra-almirante em 1896 e o incumbiu da revitalização do porto da Marinha em Vladivostok. Seu sucesso ali primeiro o levou de volta à Corporação Naval de Cadetes, como superintendente, e depois à chefia da Frota do Mar Negro como vice-almirante, em 1903.

Tchukhnin dedicava praticamente todo seu tempo, sete dias por semana, à carreira na Marinha; tal obstinação arruinou seu primeiro casamento, que durou dez anos (ele conseguiu a anulação, com base na infidelidade da mulher), e afastou a filha e o filho. Seu único hobby era pintar aquarelas, normalmente paisagens, tarefa que achava relaxante.

Embora merecesse a fama de linha-dura, Tchukhnin também tinha a mente aberta a reformas e estava longe de ser um bajulador do status quo como tantos outros oficiais. Na corporação de cadetes, pressionou o Almirantado a modernizar o currículo de forma a incluir aulas mais técnicas e práticas. Como líder da Frota do Mar Negro, colocou a carreira em risco ao questionar publicamente a qualidade dos oficiais da Marinha e as políticas de promoção que recompensavam mais o tempo de serviço que o mérito. Sua dedicação era em nome da excelência do serviço ao tsar, não da política.[444]

Com todo esse empenho, a notícia de Avelan sobre o Potemkin foi um duro golpe para Tchukhnin. Desconfiou de cara que revolucionários tinham levado a tripulação a se amotinar; o restante dos marinheiros tinha apenas seguido a corrente, bobos demais para se dar conta da gravidade de seu pecado. Desde que assumira o comando no mar Negro, Tchukhnin vinha tentando arrancar pela raiz a praga revolucionária dentro de sua frota com a mesma ferocidade e disciplina que tinha usado para derrotar sua suspeita de tuberculose – mas o fracasso agora era óbvio. Além de aquilo manchar seu histórico, também era – o que mais perturbava Tchukhnin – uma afronta ao tsar.

– Devo partir imediatamente para Sebastopol – disse Tchukhnin. Não tinha muita confiança no vice-almirante Aleksandr Krieger, o oficial responsável pela frota em sua ausência. Krieger era um "almirante palaciano", se é que tal coisa existia.

Avelan concordou, informando ao comandante da Frota do Mar Negro que o tsar também queria que Tchukhnin cuidasse pessoalmente da situação.[445] Enquanto Tchukhnin explicava ao ministro da Marinha sua teoria sobre como o motim começara e quais medidas precisavam ser tomadas, um assessor trouxe dois telegramas de Sebastopol. No primeiro, Krieger detalhava seu plano de enviar dois encouraçados, um destróier e um torpedeiro, liderados pelo contra-almirante Fyodor Vichnevetsky, atrás do Potemkin. O segundo telegrama, também de Krieger, detalhava o acréscimo de um terceiro encouraçado à força-tarefa.[446]

Os telegramas deixaram Tchukhnin exasperado e confirmaram a falta de confiança em seu representante. Krieger não estava menosprezando a gravidade da crise? Três encouraçados, um destróier e um torpedeiro? Além do mais, Krieger não via a necessidade de liderar ele mesmo a esquadra, e enviava um subalterno – seria covardia, incompetência ou as duas coisas? O Potemkin era capaz de superar todos os encouraçados da frota. Os marinheiros amotinados tinham retirado a bandeira de Santo André e içado a bandeira vermelha da revolução; tinham ameaçado bombardear Odessa ao menor sinal de resistência. E se Krieger não conseguisse sufocar logo o motim, ele poderia dar origem a outros levantes parecidos pelo mar Negro. Tchukhnin sabia muito bem que havia agitadores a bordo de cada navio de sua frota.[447]

Enquanto conversava com Avelan, Tchukhnin pensou em novas ordens a ser implementadas por Krieger. Naquela tarde, Avelan as enviou em seu nome do Ministério da Marinha:

> Siga para Odessa com toda a esquadra e cada um dos torpedeiros. Proponha a rendição à tripulação. Se eles recusarem, afunde imediatamente o encouraçado lançando dois torpedos a curta distância. Prepare os torpedos antes de confrontar o encouraçado, para não dar ao Potemkin a chance de atirar na cidade ou em outros navios. Atire contra todos os membros resgatados da tripulação que reagirem. Entregue o resto para o comandante militar de Odessa para que sejam presos.[448]

Também mandaram um telegrama para o general Kakhanov, alertando-o dos novos planos para lidar com a crise e salvar Odessa dos canhões do Potemkin.[449]

Depois disso, Tchukhnin foi até o Grand Hotel pegar suas coisas para embarcar no trem expresso para Sebastopol, naquela noite. Evitou o punhado de jornalistas estrangeiros que tinham ficado sabendo do motim com as notícias de Odessa e ido até a sede do Almirantado. Um repórter francês encurralou o chefe de gabinete de Avelan quando ele deixava o prédio, algumas horas depois da partida de Tchukhnin. Sua resposta à torrente de perguntas foi um reflexo do estado de espírito de toda a Marinha: "Pelo amor de Deus, não fale sobre isso."[450]

11

N O CASTELO DE PROA, Matyuchenko se postou diante da tripulação. Eram 14h30. Todo mundo, exceto pelos três revolucionários de Odessa, tinha sido retirado do encouraçado depois do fim da reunião. Kirill, Feldmann e um bolchevique que usava o codinome Boris permaneceram a bordo, por terem conquistado confiança suficiente da tripulação para ficar, pelo menos a princípio. Eles manteriam o Potemkin conectado aos operários da cidade e ajudariam a arrebanhar os marinheiros para a causa revolucionária.

Ainda assim, Matyuchenko sabia que era o responsável principal por unir os marinheiros. Um dos grandes riscos era a dissensão dentro das próprias fileiras, especialmente naquele estágio ainda inicial do levante. Só depois que outros navios da Frota do Mar Negro tivessem se juntado a eles é que a maioria da tripulação, que naquele momento se sentia só contra todo o império, teria fé suficiente para se comprometer de corpo e alma com a luta. Até lá, os líderes precisavam inspirá-los. Se Matyuchenko mostrasse qualquer sinal de hesitação, os marinheiros sucumbiriam a seus temores.

– Há cerca de cem de nós no Potemkin absolutamente comprometidos com a revolução – declarou Matyuchenko. – Assumimos o lado da luta do povo, e, se for necessário, sacrificaremos nossas vidas em combate. Pedimos a vocês, irmãos, que se unam a nós nessa causa gloriosa. Se não quiserem ouvir nossos apelos, se quiserem ir para Sebastopol e se render, preferimos não estar vivos para ver essa vergonha. Vamos formar uma fila, e vocês podem pegar suas armas e nos matar agora.[451]

Ninguém duvidou de sua sinceridade. Ele forjava as palavras com habilidade, como um ferreiro forjando um pedaço de metal quente.

– Tomem o Potemkin e voltem para Sebastopol. Com certeza serão recebidos com música e grandes festas. O tsar vai homenagear sua atitude e enchê-los de recompensas por trair a causa sagrada da liberdade do povo. Podem escolher. – Fez uma pausa. – Conosco para a luta, ou sem para Sebastopol!

Houve silêncio depois do inflamado discurso. Então um gritou:

– Não queremos pedir perdão ao tsar!

Outro bradou:

– Vamos lutar juntos até a última gota de sangue.

Logo a tripulação toda gritava junto: "Lutar pela vitória ou morrer tentando!" Os que ainda estavam céticos não se atreveram a questionar Matyuchenko, e nem seriam ouvidos com o barulho crescente dos gritos de guerra.

Matyuchenko deixou o convés, e um contramestre ordenou à tripulação que voltasse para seus postos. Os marinheiros foram, entusiasmados, os objetivos de novo claros na cabeça – pelo menos naquele momento. Kirill e Feldmann percorreram toda a extensão do encouraçado, impressionados com a disciplina da tripulação. Kirill tinha assistido relutante à saída de seus amigos do Potemkin, na crença de que os marinheiros estavam cometendo um erro ao virar as costas aos grevistas de Odessa enquanto esperavam pela chegada da Frota do Mar Negro. Ao permanecer a bordo, esperava conseguir convencer os líderes do navio a voltar atrás e, se isso não fosse possível, pelo menos aumentar a conscientização política da tripulação.[452]

Do porto, barcos pesqueiros e uma mistura de esquifes, barcos a remo e pequenas embarcações a vapor continuavam a se aproximar e a circular o Potemkin. A tripulação aceitava os que traziam presentes, com a exceção de um que carregava engradados de vodca, entrega que a comissão de marinheiros desconfiava ter sido enviada por uma autoridade portuária para embebedar a tripulação, a fim de que ela esquecesse suas metas. Também rejeitaram vários agitadores revolucionários que tentaram subir a bordo, recolhendo as escadas de corda e isolando o navio de novas visitas. Tudo o que Kirill podia fazer era assistir impotente.

164

Em sua opinião, o encouraçado estava abandonando os operários de Odessa quando eles mais precisavam dele.

Feldmann, que estava a seu lado, apontou para uma dupla de soldados que remava rápido na direção do encouraçado num pequeno esquife, as ondas batendo em suas laterais.

– O que vocês vieram fazer aqui? – Feldmann gritou.

– Somos enviados de nossos regimentos – responderam.[453]

Feldmann correu para o camarote do almirante, onde a comissão estava redigindo um comunicado às autoridades de Odessa, ameaçando com o bombardeio se elas interferissem nos ajuntamentos no porto ou impedissem os operários de dar qualquer tipo de assistência ao Potemkin. Interrompendo a reunião, Feldmann contou a eles sobre os soldados. O camarote ficou vazio.[454]

– Camaradas – disse um dos soldados ao subir a bordo. – Nossos dois regimentos, o Ismailovsky e o Dunaisky, nos enviaram para dizer que estamos com vocês. Assim que vocês pisarem em terra, ficaremos a seu lado.[455]

Matyuchenko e os outros líderes do navio cercaram os soldados, os recebendo como a irmãos. Se o Exército se juntasse a eles na luta, Odessa cairia fácil em suas mãos. O perigo que a dupla de soldados tinha enfrentado ao remar de uniforme até o encouraçado mostrava quão sinceros eles eram. Em seguida eles falaram à tripulação, repetindo a promessa de aliança. Os marinheiros vibraram. Era quase bom demais para ser verdade.

Quando os soldados voltaram para o esquife, Matyuchenko os aconselhou a se prepararem para participar do ataque à cidade quando o restante da frota chegasse. Até então, deveriam se recusar a atirar nas pessoas se seus comandantes ordenassem. Essa disciplina era essencial.

Depois de os soldados terem se afastado, Kirill e Feldmann juraram um para o outro conseguir fazer com que o Potemkin agisse contra a cidade. Recolheram-se para um camarote com Boris a fim de planejar sua campanha de propaganda. Exausto pelos quase dois dias inteiros sem descanso, Kirill relaxou numa cadeira e fechou os olhos. O sono era irresistível. Mas, de repente, foi despertado por duas palavras repetidas sem parar: "A esquadra!" Quando deixou correndo o camarote, os marinheiros já enchiam as amuradas, todos olhando para o sudeste. Eram quase 18h, e o sol tinha perdido a força – um único rastro de fumaça podia ser visto no horizonte. Por fim um navio surgiu, solitário na aproximação a Odessa.[456]

O barão P.P. Eikhen, coronel que estava no comando do navio-transporte de tropas *Vekha*, tinha deixado Nicolayev bem cedo, naquela manhã. Quando se aproximou de Odessa, seu sinaleiro visualizou o Potemkin no porto; um torpedeiro estava ancorado ao lado dele. Saudou o Potemkin com bandeiras e então sinalizou que tinha suprimentos para descarregar.

O encouraçado respondeu por semáforo: "Não entre no porto ... Pare as máquinas e espere ancorado ... O capitão deve vir a bordo do Potemkin."

Surpreso com a presença do Potemkin, mas sabendo que devia ter alguma coisa a ver com as notícias sobre as greves na cidade, Eikhen obedeceu. Baixou âncora a 150 metros da popa do Potemkin e foi de bote falar com o capitão. Alguns minutos depois, subia ao convés do encouraçado totalmente uniformizado, certo de que seria recebido por um oficial. Não havia nenhum à vista. Imaginou que tivesse acontecido alguma emergência, até que 15 marinheiros o cercaram armados de fuzis. A confusão e em seguida o terror tomaram conta dele.[457]

– Você está preso – disse Matyuchenko, se apresentando.

Eikhen ficou mudo. Dois marinheiros o agarraram pelos ombros, e ele finalmente gaguejou:

– Meus homens são sempre bem-tratados.

– Entregue seu sabre – disse Matyuchenko, brandindo um revólver. Reznitchenko estava ao lado dele, com um fuzil.

– Deixem-me ir para o meu navio, irmãos – disse Eikhen, lutando contra os marinheiros. – Não vou tentar fugir. Tenho uma mulher com um bebê a bordo.

– Sua mulher? – perguntou Reznitchenko.

– Não, de outra pessoa.

A tripulação soltou uma gargalhada.

– São a mulher e a filha do seu segundo oficial, Gilyarovsky – explicou Eikhen. Os marinheiros voltaram a ficar sérios com a notícia. – Irmãos, deixem-me ir até ela. Ela tem de ser protegida.

– Somos criminosos? Não tenha medo... não somos como vocês. Ninguém tocará nela – disse Matyuchenko. Ele e Reznitchenko apontaram as armas para o coronel. – Agora é melhor você vir conosco, senão...[458]

Eikhen largou o sabre, que caiu no convés com um estrondo metálico. Desesperado, foi levado para a sala onde os outros oficiais eram mantidos presos. No meio do caminho, o segundo-tenente Alekseyev emparelhou com ele e sussurrou o óbvio:

– Há problemas no encouraçado.

Quando o coronel desapareceu, Matyuchenko pediu a seus sinaleiros que enviassem outra mensagem para o navio-transporte: "O comandante do *Vekha* pede que os oficiais venham a bordo do Potemkin."

Minutos depois, dois oficiais e o médico do navio se aproximaram do Potemkin em outro barco. Também surpreendidos pelos marinheiros, foram imediatamente detidos. Outro sinal orientou o *Vekha* a se posicionar perto do bombordo do Potemkin. Matyuchenko então liderou um grupo de guardas armados até o transporte. Privado de seus oficiais, o *Vekha* caiu fácil em suas mãos. O esquema tinha funcionado: o Potemkin assumira o controle sem dar nenhum tiro.[459]

Os marinheiros do *Vekha* contaram a Matyuchenko que Eikhen e os outros oficiais os tratavam decentemente, e pediram que suas vidas fossem poupadas. Levando em conta essas palavras, Matyuchenko voltou para o Potemkin para falar com os oficiais.[460] Encarapitados nos banquinhos, tinham um ar desolador e apavorado, enquanto Kirill e Feldmann discursavam sobre o caráter inevitável da revolução e sobre como eles seriam "julgados por todos os seus crimes".[461] Matyuchenko pediu a Kirill – que, como já tinha percebido, era um ótimo orador – que fosse até o *Vekha* e convencesse os sessenta marinheiros a se juntarem à luta deles. Os líderes do navio decidiriam o que fazer com aqueles oficiais – assim como com seus oficiais – à noite. Quanto à mulher e à filhinha de Gilyarovsky, elas seriam levadas a Odessa assim que possível. Com medo de que a mulher entrasse em choque e ficasse histérica, os marinheiros resolveram só contar a ela sobre a morte do marido quando ela estivesse em terra e a salvo, sem temer por sua vida nem pela da filha.

Quando a comissão voltou a se reunir, os marinheiros estavam eufóricos. A esquadra revolucionária tinha agora três barcos. O Potemkin tinha um bom estoque de carvão e provisões, e a tripulação estava mais unida que nunca em seus objetivos. Matyuchenko encabeçou a discussão sobre o destino dos oficiais. Exceto pela declaração que tinham enviado para o cônsul francês, dizendo que ninguém seria ferido se as autoridades da cidade não interferissem nas atividades do Potemkin, Odessa estava naquele momento praticamente esquecida. Como Matyuchenko dissera aos revolucionários da cidade, os marinheiros primeiro tinham de olhar para o mar para depois pensar no ataque por terra.

Mas os acontecimentos em Odessa, deflagrados pela chegada do navio e pelo impacto do esquife de Vakulentchuk, tinham assumido vida própria.

No fim da tarde, mais de 10 mil pessoas lotavam o cais e se aglomeravam nos ancoradouros antes do isolamento determinado por Kakhanov. Vinham de praticamente todos os setores da população: operários das periferias pobres de Peresyp e Moldovanka – muitos acompanhados das famílias, como se estivessem passeando –, estudantes do ensino médio e universitários, estivadores, marujos de navios mercantes, balconistas, diversos profissionais liberais e os *bosyaki* ("os descalços") – a ralé de gente que vivia de bicos, sem-tetos e mendigos. Ao longo da manhã e da maior parte da tarde, um clima pacífico e comemorativo tinha predominado, como se todos estivessem saboreando um dia de liberdade, recheado de discursos roucos – cortesia da proteção do Potemkin. Mas, conforme o dia findava, algumas pessoas isoladas, bêbadas ou de álcool ou da sensação de impunidade, às vezes os dois, começaram a criar problemas: brigas aqui e ali, alguns furtos aos armazéns. No geral, no entanto, estava tudo bem.[462]

Então, alguns minutos depois das 17h, um marujo, Nikita Glotov, fez a bobagem de zombar de um orador que tinha subido em um barril para falar à multidão, em um apelo pela derrubada do tsar.

– E aí quem serão nossos soberanos? – provocou Glotov. – Ah, vocês, judeus! Vocês são todos judeus.

Várias mulheres bateram em Glotov com suas sombrinhas, mas ele continuou com a provocação. Alguém gritou que o marujo na verdade era um espião enviado pela polícia para desencadear um pogrom. De repente, soou um tiro, e depois mais três. Glotov desabou, e uma multidão lançou o corpo sem vida na água. Nas entradas do porto, a polícia e os cossacos se mantiveram impassíveis, sem responder, aparentemente indiferentes àquele primeiro episódio de violência.[463]

Quando a multidão se dispersou no local do assassinato de Glotov, o carvoeiro *Emerans* voltou ao porto e atracou. Depois de ter ajudado a descarregar o carvão no Potemkin, os estivadores tinham comemorado com vodca, e estavam bastante agitados. Sua presença contribuiu para o clima de desordem. Ao mesmo tempo, mendigos saquearam um armazém aduaneiro e abriram caixas de engradados de bebidas alcoólicas.[464] Vários operários e marinheiros tentaram impedi-los de passar as garrafas adiante, gritando: "É de liberdade que precisamos, não de vodca", mas poucos ouviram.[465] Um orador que estava sobre uma pilha de carvão declarou:

– Camaradas, há montes de roupas feitas pelas suas mãos neste porto. Elas pertencem a vocês!

Alguns vibraram com as palavras.

– Vocês estão com fome?

Apontou então para uma fileira de armazéns, os incitando a começar os saques.[466]

A primeira nuvem de fumaça oriunda de um armazém incendiado se ergueu mais ou menos no mesmo momento em que o Potemkin capturara o *Vekha*, às 19h.[467] Quando uma unidade do Corpo de Bombeiros tentou entrar no porto, foi repelida a pedradas. Centenas começaram a arrombar os armazéns para roubar sedas, joias, sacas de açúcar, vodca – qualquer coisa em que conseguissem botar as mãos e que pudessem carregar. A maior parte do vandalismo foi executada pelos *bosyaki*, mas outros também participaram. A cada hora que passava, a multidão ficava mais descontrolada. Havia gente se embebedando, se sentindo cada vez mais poderosa com a ausência da polícia.

Mais e mais armazéns foram saqueados, e às 22h várias construções estavam em chamas. O pânico começou a se espalhar pelo porto. Muitos já tinham tentado deixar o local, mas encontraram as rotas de fuga, incluindo a escadaria de Richelieu, bloqueadas pelos cossacos e pela polícia. Alguns voltaram ao cais; outros tentaram forçar a passagem e foram recebidos com coronhadas no peito e na cabeça. Os que insistiram levaram tiros. Presa no porto, a multidão ficou desesperada para escapar, empurrando os soldados e os chamando de monstros. A fúria cresceu e saiu de controle. Aqueles que conseguiram atravessar o cordão de isolamento levavam notícias sobre a situação desesperadora no porto. Operários e revolucionários que estavam do outro lado do bloqueio, na cidade, enfrentaram a polícia nas ruas e tentaram romper o cordão. A cidade estava saindo de controle.[468]

O general Kakhanov resistiu a todos os apelos da polícia e do comandante do porto para avançar nos ancoradouros e sufocar aquilo que não passava de um quebra-quebra.[469] Recusou-se até a pressionar pela entrada de mais bombeiros para apagar os incêndios que se espalhavam.[470] Como tinha recebido o comunicado oficial de São Petersburgo de que Odessa estava em "estado de guerra", Kakhanov, o principal comandante militar da cidade, tinha autoridade para fazer o que bem entendesse a fim de retomar o controle da cidade.[471] Tinha seu curso de ação traçado. Já que a Frota do Mar Negro só chegaria no dia seguinte, como soubera por telegrama enviado de Sebastopol, tinha que ganhar mais tempo, mesmo que o custo fosse a morte e o caos no porto. Kakhanov tinha certeza de que, se reprimisse as hostilidades ali, o Potemkin lançaria um ataque contra Odessa. Seu objetivo primordial era salvar a cidade e proteger seus soldados. Se a multidão quisesse saquear os armazéns e matar uns aos outros em uma orgia de destruição, que fosse. O fato de que muitos inocentes tinham ficado presos por trás do cordão de isolamento não o incomodava.[472] Como seu assistente, o general K.A. Karangozov, tinha explicado friamente para um funcionário naquele dia, "deixem que se aglomerem no porto. Não os deixaremos sair. Aí atiraremos em todo mundo".[473]

Mas, ao longo das duas horas seguintes, o tumulto alcançou um nível que Kakhanov jamais teria previsto. As ruas da cidade viraram palco de batalhas campais. Quando um grupo de cossacos tentou dispersar os grevistas, uma bomba caseira foi lançada a seus pés, ferindo gravemente seis integrantes da patrulha. A polícia estava levando tiros disparados dos telhados, e cada vez mais gente seguia do centro da cidade para o bulevar Primorsky, enfrentando os soldados e policiais que tinham fechado o acesso ao porto. Toda aquela desordem, no entanto, era nada em comparação ao pesadelo – obscurecido pelas nuvens de fumaça negra – que se desenrolava lá embaixo, ao pé da escadaria.

Um inferno assolava o porto. Uma muralha de chamas de 800 metros de extensão seguia paralela à água, e crescia a cada minuto que passava. Os incêndios passaram dos armazéns para os alojamentos, para os armazéns de novo, para a administração do porto e para as lojas. A base da estrada de ferro elevada estava sendo consumida, assim como os vagões que estavam nos trilhos. Os produtos em caixas empilhadas no cais serviam de combustível para as fogueiras, e os conveses de várias chatas e barcos a vapor ancorados no porto também queimavam. Até a superfície da água pegava fogo, já que explosões em depósitos de combustível no cais espalhavam líquidos inflamáveis no mar.

Diante dos milhares de pessoas encurraladas no porto, a confusão, o pânico e a morte. A fumaça encobria toda a área, ardendo nos pulmões e cegando os olhos. Os incêndios emitiam ondas de calor que deixavam as pessoas paralisadas. Algumas já tinham desmaiado de tanto beber quando as chamas as atingiram, mas muitos morreram depois de escapar de um incêndio, para logo em seguida se verem cercados por outro. Gritos terríveis cortavam a fumaça e a escuridão. Outros foram surpreendidos no convés de barcos, nos armazéns, ou pelos escombros de desabamentos. A fumaça e o pisoteamento mataram muitos mais. As tentativas de fugir do porto pela escadaria de Richelieu e outras saídas eram recebidas com a resistência policial, mas graças à sorte ou a um ou outro soldado misericordioso, muitos conseguiram sair dali. Esses afortunados pareciam ter acabado de sair do inferno: os olhos cheios de terror, o rosto preto de cinzas, os corpos sacudidos por acessos de tosse. Enquanto tentavam se recuperar, eram detidos pela polícia e levados.[474]

À meia-noite, Kakhanov finalmente decidiu que não podia permitir que os incêndios continuassem daquele jeito. Precisava entrar com força no porto, dispersar a multidão e mandar o Corpo de Bombeiros para lá. Seus soldados ainda tinham que esmagar sem piedade as revoltas que surgiam pelas ruas. Que o Potemkin usasse suas armas; a situação estava descontrolada. Até aquela altura, os marinheiros não tinham tomado qualquer atitude beligerante; o encouraçado permanecia afastado, no porto. Se ele nada fizesse, o inferno talvez devastasse a cidade inteira. Kakhanov continuava impassível em relação às centenas que morriam e eram feridas no porto. Em sua opinião, eles é que tinham provocado tudo aquilo – e muitos mais iam morrer, quando ele começasse a tomar providências. Mas os danos econômicos e materiais tinham que ser contidos. Pelas informações que havia recebido de seus homens, a estação de trem do porto e os grandes armazéns da Companhia Russa estavam em ruínas, e ladrões já tinham levado ou incendiado milhões de rublos em produtos.[475]

Kakhanov deu a ordem: ataque.

De cada entrada do porto, soldados e cossacos avançaram sobre aqueles que empurravam para passar pelo cordão de isolamento. Na escadaria de Richelieu, cinquenta cossacos desceram a cavalo os longos lances de degraus lotados de gente. Atingiam qualquer um que estivesse em seu caminho, ferindo homens e mulheres, jovens e velhos, com os sabres e chicotes; sua ferocidade era intensificada pela morte de vários de seus companheiros nos três dias anteriores. A massa de gente nos degraus estreitos do alto da escadaria diminuiu a pressão, assim como aqueles que resistiam jogando pedras. Outro grupo de cossacos desmontou dos cavalos e formou uma linha no alto da escada. Então começaram a descarregar os fuzis, à queima-roupa.

A histeria tomou conta da multidão. Tropeçando em quem tinha sido ferido ou morto pelos primeiros tiros, as pessoas corriam escada abaixo; ao mesmo tempo, os que estavam embaixo, tentando fugir do inferno, corriam escada acima. Muitos não conseguiam se mexer; mesmo se conseguissem, não sabiam bem para onde ir. Os cossacos desceram os degraus, se aproveitando da confusão para lançar cada vez mais baterias de tiros contra a pilha de corpos. Os berros dos apavorados e dos que morriam ecoaram na noite. A cada três degraus, os soldados desmontados ajoelhavam, recarregavam os fuzis e atiravam juntos, ao mesmo comando. Os atingidos muitas vezes despencavam pelos degraus de pedra até chegar ao próximo pavimento entre os lances. Com cada vez mais vantagem, os cossacos montaram as baionetas e avançaram para baixo em suas botas negras reluzentes, furando os que ainda não tinham fugido, ao som do barulho dos sabres em suas cinturas. Na base da escada, os soldados se reorganizaram e seguiram na direção dos ancoradouros, esfaqueando e atirando a esmo.[476]

A cena se repetiu em outras áreas do porto. Tiros soavam de todos os lados. Nas ruas da cidade, soldados colocaram atiradores no alto dos telhados para matar os manifestantes que atacassem suas posições. As pessoas que assistiam ao massacre das sacadas corriam o risco de ser confundidas com revolucionários armados e foram orientadas a ficar longe das janelas. Muitos se encolheram no fundo de seus apartamentos, rezando para que a loucura terminasse logo. Seria uma longa espera.

Correspondentes russos e internacionais vagavam pela cidade, desviando de patrulhas e atravessando com dificuldade as ruas enfumaçadas para fazer reportagens sobre a carnificina. Cônsules estrangeiros trancaram as portas e telegrafaram às embaixadas em São Petersburgo dizendo que um encouraçado amotinado havia tomado Odessa como refém, e que a cidade estava sucumbindo ao caos. O general Kakhanov olhava fixo para o porto, temendo que o Potemkin desovasse seus canhões a qualquer instante. As nuvens de fumaça que passavam por sua janela só lhe permitiam enxergar de vez em quando a luz dos faróis.[477]

Quando os primeiros incêndios começaram a se espalhar no porto, às 22h, o tenente Kovalenko estava no convés das armas do encouraçado, o ar parado da noite a lhe causar calafrios. Estava absorto em seus pensamentos. A comissão de marinheiros tinha decidido mandar os oficiais do *Vekha*, assim como a mulher e a filhinha de Gilyarovsky, para a terra, em um bairro da periferia. Agora deliberavam o que fazer com Kovalenko e o restante dos oficiais do Potemkin. Os acontecimentos do dia tinham inspirado Kovalenko: operários abraçando os marinheiros como camaradas, oficiais de Odessa tremendo com a presença do encouraçado, a tomada de outro barco, a sensação da tripulação de que eles estavam fazendo parte de fatos históricos. Imaginou se se tratava mesmo do princípio da revolução que ele e outros estudantes de Kharkov conceberam um dia, embora em termos distantes. Deveria ele cruzar o rubicão naquele momento e pedir para se unir aos marinheiros?

Kovalenko analisou a questão. Com os incêndios isolados no porto e o som fraco mas inquestionável de tiros esporádicos, visualizou operários enfrentando as tropas do governo e roubando seu arsenal. Então um marinheiro interrompeu suas divagações, pedindo a Kovalenko que voltasse para os alojamentos onde os oficiais tinham ficado detidos no último dia e meio.

A sala parecia um necrotério. Os outros oficiais se apoiavam nas anteparas, apáticos e com medo do que ia acontecer com eles. Vários minutos depois, Matyuchenko entrou, com dois membros da comissão a seu lado. Deu uma olhada em volta, para garantir que todos estavam lá, antes de falar.

– Oficiais, a tripulação decidiu mandá-los para terra. Mas, antes que isso aconteça, há algum de vocês que gostaria de ficar ao nosso lado?

A proposta foi recebida com surpresa e desconcerto. Kovalenko sentiu o coração pular dentro do peito. Era o momento de escolher. Podia deixar o Potemkin e ficar a salvo. Mas ia conseguir conviver com a consciência de que tinha deixado passar a chance de lutar contra o regime que por tanto tempo tinha subjugado o povo ucraniano? O encouraçado podia ser mesmo a fagulha responsável pela ignição da revolução. Kovalenko quase se levantou para aceitar a oferta, mas as dúvidas o dominaram. Matyuchenko estaria falando pela tripulação inteira? E se no dia seguinte a comissão retirasse a oferta? Aí Kovalenko teria posto tudo a perder só para ser mandado à terra, onde seria acusado de traição.[478]

– Escute, Matyuchenko – disse, por fim; os outros oficiais olharam para ele, surpresos. – Estou do lado de vocês e consideraria uma honra partilhar o destino da tripulação. Mas estou torturado pelas dúvidas. Como posso ter certeza de que, entre 700 marinheiros, não haja alguém que queira me ver longe daqui?

– Vamos para lá – Matyuchenko pegou Kovalenko pelo braço e o levou para o canto da sala. Baixinho, disse: – Tenho que dizer que há bem poucos oficiais que gostaríamos de ver ficando no navio. Há alguns que, mesmo que quisessem se unir a nós, a tripulação não consegue aceitar. Quanto a você, dou minha palavra de que a tripulação vai te receber com prazer como um dos nossos. Se quiser, posso trazer uma declaração...

– Não – Kovalenko interrompeu. – Confio em você e quero ficar.

– Sabia que você ia fazer isso! – sorriu Matyuchenko, obviamente satisfeito. Dirigiu-se ao resto da sala. – O que vocês decidiram?

Um oficial olhou revoltado para Kovalenko e sussurrou:

– Por que você está fazendo isso?

– Estou fazendo o que minha consciência me diz para fazer – respondeu.

Em seguida o dr. Golenko se levantou.

– Como médico, considero minha obrigação não abandonar os doentes e feridos pelos quais sou responsável no navio. Também ficarei.

Os outros permaneceram em silêncio, e Matyuchenko convidou Kovalenko e o médico a participar de uma reunião da comissão. Quando eles saíam, o segundo-tenente P.V. Kaluzhny foi para perto de Kovalenko. Aos 21 anos de idade e de um nervosismo crônico, ele parecia mais uma criança que um oficial da Marinha russa.

– Vou ficar com vocês também – disse, temendo que Odessa já estivesse nas mãos de revolucionários, que o matariam assim que desembarcasse.

– Tem certeza? – Kovalenko perguntou. – Se ficar, não poderá retomar sua vida de antes.

– Mesmo assim gostaria de ficar.

– Então vou dizer a Matyuchenko.

Quando Kovalenko entrou no camarote do almirante, jurou solidariedade aos marinheiros e disse a eles que havia muito tempo queria lutar contra o regime do tsar. Golenko foi o próximo, e disse que era filho de um agricultor simples e que queria ajudar os marinheiros. Houve quem questionasse a sinceridade do médico, perguntando onde estava ele quando o capitão ordenou que eles comessem carne podre. Mas, como precisava de um médico a bordo do encouraçado, a comissão votou para que ele também ficasse. Depois disso, os marinheiros pediram que os dois oficiais se retirassem.[479]

Ao longo da hora seguinte, a comissão debateu o que fazer quando a esquadra chegasse e como evitar um potencial contramotim. Decidiram distribuir revólveres para aqueles, entre eles, que estavam mais comprometidos com a causa. Quando a conversa chegou ao enterro de Vakulentchuk, uma sentinela entrou bruscamente pela porta, em pânico.

– Fogo! A cidade está pegando fogo! A cidade está pegando fogo!

Matyuchenko liderou a corrida para fora. Tinha visto alguns incêndios no porto quando a reunião começara, mas minimizara sua importância. Agora, ao olhar para Odessa, ficou horrorizado. As chamas devoravam praticamente todas as construções do porto. Feldmann, que estava a seu lado, mais tarde descreveu o que vira: "Um espetáculo terrível se revelou diante de nossos olhos. Um enorme clarão vermelho iluminava toda a baía. Para onde quer que se voltasse o olhar, eram vistas línguas gigantescas de fogo. Elas subiam cada vez mais alto, e se espalhavam cada vez mais, como faróis anunciando a notícia da vingança devoradora do regime."

Ouviram então o som distante mas inequívoco de tiros. Um marinheiro apontou os potentes holofotes do navio para a costa a fim de ver de onde os tiros estavam vindo, mas a luz não conseguiu penetrar nas colunas de fumaça.

– Eles estão atirando no povo! – gritou um marinheiro.

O segundo-tenente Alekseyev, que sempre parecia estar esperando o momento oportuno, deu uma opinião diferente.

– Que bobagem você está falando! Aquele barulho? São só os telhados estalando com o calor.

Sem saber o que pensar, Matyuchenko correu para uma lancha, a fim de ver com os próprios olhos. Kirill, rouco depois de duas horas de discursos a bordo do *Vekha*, foi atrás dele. Minutos depois, eles soltavam as amarras que prendiam a lancha ao encouraçado. À medida que iam se aproximando do porto, prédios oscilaram e desabaram. Tambores de combustível explodiram. Quanto mais perto chegavam, mais agudo ficava o som dos tiros dos fuzis, e eles viram as pessoas tropeçando em meio às chamas.[480]

O horror era grande demais para ser descrito em palavras. Matyuchenko sentiu um arrepio percorrer seu corpo. Tinha ido até lá para libertar o povo de Odessa, e, em vez disso, o que eles viam era uma carnificina em massa. Matyuchenko e Kirill tentaram chegar perto dos ancoradouros e ajudar algumas pessoas a escapar, mas as ondas de calor e a fumaça os obrigaram a se afastarem antes que pudessem olhar para a escadaria de Richelieu, onde os cossacos tinham lançado a ofensiva. Levaram a lancha para uma praia em um dos extremos do porto, onde algumas pessoas tinham se reunido para fugir do inferno. Elas contaram a Matyuchenko sobre o cordão de isolamento em volta do porto e que os soldados atiravam em qualquer pessoa que tentasse romper. Para Matyuchenko, não houve xingamentos, socos no ar ou golpes na lateral da lancha que aliviassem a fúria que crescia dentro dele. Tinha visto inúmeras injustiças impostas pelos homens do tsar, mas nunca naquela escala de crueldade.

Ele dirigiu a lancha de volta ao Potemkin. Ao reencontrar os outros líderes do navio, Matyuchenko exigiu, sem explicações, que eles bombardeassem a cidade. A tripulação olhou para Kirill, que contou aos marinheiros o que eles tinham visto. Todos concordaram, e logo o alarme de batalha soava no Potemkin.

Enquanto a tripulação corria para suas posições, o segundo-tenente Alekseyev perguntou como eles pretendiam fazer a mira. A cidade estava oculta sob a fumaça. Não tinham coordenadas de tiro. Insistiu para que a liderança na ponte de comando reconsiderasse a ideia. Houve momentos terríveis de indecisão. Relutantes, um a um, os marinheiros perceberam que Alekseyev tinha razão. Atirando às cegas, iam provavelmente atingir tanto operários quanto tropas do governo.[481]

– Quem vamos matar? – argumentou um marinheiro, Kuzma Perelygin. – Há muita gente pobre que não tem como sair, e ficaremos amaldiçoados. É por isso que não podemos bombardear a cidade.[482]

Matyuchenko sentiu ânsia em pensar que eles comandavam um encouraçado capaz de dizimar as forças de Odessa e mesmo assim estavam condenados a assistir às chamas e ouvir o *rá-tá-tá* dos tiros. Obrigado a aceitar esse fato, deixou o convés, fugindo da visão e dos sons do massacre antes que eles o deixassem louco.

12

ELDMANN E VÁRIOS marinheiros do Potemkin pegaram uma lancha para o porto ao amanhecer de 16 de junho, o terceiro dia do motim. A ausência de barcos nas águas era aterradora, e, ao longe, uma névoa de fumaça ainda cobria o porto. Conforme eles se aproximaram de um dos ancoradouros, a extensão da destruição das chamas ficou tão clara que chegou a dar náuseas. A lancha passou por vários cadáveres inchados que boiavam na água. Chatas e barcos a vapor ancorados nos píeres tinham virado esqueletos incinerados. Prédios e mais prédios tinham sido devorados no inferno, e pequenos incêndios consumiam o que tinha sobrevivido à noite. A estrada de ferro suspensa estava parcialmente desmoronada, e dezenas de vagões que ela sustentara se tornaram apenas uma pilha de madeira queimada. O porto inteiro, de um extremo ao outro, tinha sido reduzido a cinzas.

Usando uma túnica de marinheiro, calças curtas e um quepe com o nome do navio bordado, Feldmann desembarcou, a fim de tomar as providências para o enterro de Vakulentchuk. Antes do alvorecer, alguns operários tinham remado até o Potemkin para contar como a presença do corpo do marinheiro tinha desencadeado aquela onda terrível de violência. O dr. Golenko se dirigiu aos líderes do navio e insistiu:

– Não podemos deixar as pessoas continuarem a ser assassinadas em nome de um morto. Temos de enterrá-lo e acabar com isso. Se ninguém for comigo, vou sozinho.

O médico, que tinha optado por ficar no encouraçado para cuidar dos feridos, parecia só estar preocupado em salvar vidas, se pudesse. Embora os marinheiros concordassem com ele, se recusavam a simplesmente lançar o herói no mar, anônimo. Queriam uma cerimônia de mártir, tanto para homenagear Vakulentchuk por seu sacrifício como para unir operários e marinheiros.

Na tentativa de evitar um novo massacre, Feldmann planejou pedir permissão ao general Kakhanov para realizar o enterro. Apesar da possibilidade de ser preso – ou morto – na hora, Feldmann tinha se voluntariado para a missão, com o intuito de mostrar aos marinheiros que também estava disposto a arriscar a vida. O maquinista Vasili Kulik, dois outros integrantes da comissão e o padre Parmen o acompanharam. Nenhum deles estava armado. Torciam para que o general não tivesse coragem de prendê-los nem de impedir o enterro, já que os canhões do Potemkin ameaçavam criar ainda mais ruínas se Kakhanov fizesse aquilo.

No ancoradouro, descobriram que pessoas tinham empilhado sacos de areia em torno do esquife para proteger o corpo de Vakulentchuk do fogo. Mesmo assim, o calor e a fumaça tinham enegrecido seu rosto, que começara a se decompor. O cheiro do corpo quase fez Feldmann vomitar. Parmen rezou sobre o marinheiro, e em seguida a comitiva caminhou na direção da escadaria de Richelieu.[483]

Por todo lado jaziam corpos, carbonizados e impossíveis de se reconhecer. Uma carroça solitária, puxada por dois cavalos, chacoalhava e rangia sobre as pedras. Seu condutor parava aqui e ali para que dois homens que o seguiam pegassem um cadáver e o jogassem na carroça. Quando subia a escada, Feldmann saltou sobre um jovem operário, o rosto congelado em uma expressão de horror, manchas de sangue na frente da camisa. Feldmann se virou para Kulik, que também olhava para o morto. Eles se entreolharam, se perguntando em silêncio como aquilo podia ter acontecido. Então continuaram a subir.

Na praça, perto da estátua de Richelieu, um grande destacamento de soldados, de baionetas em riste, cercou de repente o grupo do Potemkin. Um oficial pegou o padre Parmen pelo braço e o afastou, prometendo que ele seria bem tratado. Feldmann e os outros foram empurrados atrás dele, na direção do gabinete do comandante. Feldmann explicou o objetivo deles, mas os soldados não estavam interessados.

O cenário das ruas da cidade fez com que Feldmann tivesse dificuldade em disfarçar seu pânico, que crescia cada vez mais. Soldados ocupavam esquina após esquina, e avisos sobre a ocupação militar estavam afixados por todo lado. Todas as lojas estavam fechadas, e não havia bondes circulando. Patrulhas passaram por Feldmann, o encarando e aos outros marinheiros com um olhar fuzilante. Os poucos grupos de pessoas nas ruas falavam sussurrando, os rostos exauridos e perturbados, sem dúvida na expectativa de que houvesse mais violência. De quando em quando um tiro soava, ocasionalmente acompanhado de um grito de dor. Na praça Sobornaya, soldados erguiam um acampamento militar, alguns montando barracas, outros em torno de uma cozinha improvisada, enquanto seus cavalos se alimentavam numa pilha de feno. [484]

Feldmann e os outros foram levados para o jardim do quartel-general, certos de que iam ser fuzilados. Cossacos montavam guarda em torno do perímetro, encarando-os. Kulik, descendente de cossacos, tentou falar com eles, mas eles não lhe deram ouvidos. O pavor com o que ia acontecer com os marinheiros acabou tomando conta dele.

— Olhe para cá, talvez eu seja enforcado a qualquer momento — esbravejou Kulik —, e vocês me evitam como a um leproso. Por quem acham que vamos morrer? É por nós mesmos? É por...

Ele interrompeu a arenga quando ouviu o tiro de um fuzil perto dali. Suas palavras tinham claramente surtido algum efeito nos cossacos, que passaram a tranquilizá-lo.

— Não se preocupe com isso — disse um deles a Kulik. — Eles só estão atirando para o alto para assustar as pessoas.

Logo os cossacos tinham se aproximado o suficiente de Kulik para contar que milhares de soldados estavam a caminho de Odessa vindos das regiões perto dali; alguns traziam artilharia pesada. Feldmann ficou à espreita, a cada minuto mais convencido de que o Potemkin não podia simplesmente esperar pela chegada da esquadra da Frota do Mar Negro para entrar na cidade. Precisavam agir antes que o governo reforçasse seu contingente. Mas agora ele talvez jamais tivesse a chance de alertar o encouraçado. Uma hora havia se passado desde a chegada deles ao quartel-general, e não tinham qualquer indicação sobre o que os soldados pretendiam fazer com eles. Feldmann amaldiçoou a estupidez. Podia estar prestes a morrer por causa de um funeral que teria acontecido tranquilamente no mar.

Então, surpreendentemente, o padre Parmen saiu do prédio.

O coronel que ia ao lado do padre se aproximou deles.

– A permissão para enterrar o marinheiro está dada... Podem ir agora.

Pela primeira vez desde que tinham se afastado do encouraçado, Feldmann e os marinheiros respiraram aliviados. Kakhanov devia ter ficado acuado com a ameaça dos canhões. Antes de partirem, Feldmann deu ao padre Parmen uns rublos para os preparativos da cerimônia, que aconteceria mais tarde. Eles jamais o veriam de novo.[485]

Enquanto Feldmann e os marinheiros voltavam para o encouraçado, os oficiais do Potemkin que tinham sobrevivido e o coronel Schultz, de São Petersburgo, desciam pela escada de corda até um pesqueiro. Marinheiros vaiaram os "dragões", que já não tinham dragonas nem sabres, quando eles se ajeitavam no barco, antes da partida. Os oficiais do Potemkin, por sua vez, permaneceram em silêncio, satisfeitos por ao menos escapar vivos, ao contrário de seu capitão.[486] Nas mãos, levavam um decreto escrito pela comissão de marinheiros para ser entregue ao general Kakhanov, reiterando a advertência sobre as consequências que a cidade sofreria se ele agisse contra o encouraçado. "Chegou a hora final de nosso sofrimento", dizia o decreto. "Pedimos a todos os cossacos e soldados que peguem em armas e se unam sob a mesma bandeira na luta pela liberdade."[487]

O barco pesqueiro se afastou, e a tripulação do Potemkin ficou completamente livre de seus ex-opressores. Não houve comemoração, entretanto. Menos de 48 horas tinham se passado desde que Nikichkin tinha dado um tiro para o alto com seu fuzil, deflagrando o motim, e as dúvidas afligiam profundamente a tripulação. A maioria tinha ficado de novo sem dormir; as chamas e os ecos dos tiros de fuzil eram perturbadores demais para ser ignorados. Haviam então enfrentado a visão da devastação do porto quando o dia nasceu. Eram eles os causadores de tamanho pesadelo? Quantas centenas, se não milhares, tinham perdido a vida? O tsar não ia jogar também a culpa por essas mortes sobre eles?

De sentinela, descansando nas redes, sentados nos refeitórios ou simplesmente caminhando pela coberta de proa em busca de alguns momentos de paz, os marinheiros pensavam em todas essas dúvidas com nervosismo. Tinham se amotinado, ato que já garantia o pelotão de fuzilamento, mas estavam parados, ancorados perto de Odessa, enquanto as forças do tsar sem dúvida eram reunidas para combatê-los. A tripulação queria saber o que ia acontecer em seguida. A revolução estaria mesmo tão próxima quanto tinham prometido os agitadores de Odessa? Os outros encouraçados da Frota do Mar Negro viriam ajudá-los, como acreditavam os líderes do navio? Eles não deviam fugir para algum litoral no exterior?[488]

A tripulação falava constantemente em todas essas possibilidades, e a ausência de respostas sólidas fez com que os boatos se espalhassem como uma doença contagiosa. Antes do meio-dia, quando Kirill se sentou para comer um pedaço de pão, um marinheiro virou para ele e disse:

— É verdade que vamos para a Romênia?

Kirill ficou olhando para o marinheiro, por um instante sem saber o que dizer. Então perguntou, friamente:

— Quem lhe disse isso?

— Toda a tripulação está falando nisso — disse ele, em tom de desculpas.

Kirill largou o pão sem comer e foi contar à comissão de marinheiros o que tinha ouvido. No caminho, encontrou Kovalenko.

— A tripulação está preocupada — disse Kirill. — Do nada, apareceu essa ideia de ir para a Romênia, e tenho medo que isso confunda os marinheiros.

— Duvido que essa ideia faça sucesso entre a tripulação — disse Kovalenko, sem qualquer convicção.[489]

Contou em seguida a Kirill sobre a perturbadora conversa que tinha acabado de ter com o segundo-tenente Alekseyev. O jovem oficial o tinha encurralado para perguntar se havia alguma chance de ele poder desembarcar, como os outros oficiais. Estava claro que Alekseyev só tinha concordado em servir de capitão de fachada porque temia ser morto se recusasse; estava fazendo tudo o que podia para *não* ajudar os marinheiros, obviamente sabendo que, se o motim fosse sufocado, o comando naval o acusaria de ter ajudado os amotinados. Kovalenko teve pena de Alekseyev, mas disse a ele que não podia ajudar. Então o segundo-tenente tentou convencê-lo de que a única chance de a tripulação sobreviver era indo para a Romênia – como, segundo ele, tinham sugerido alguns dos oficiais que tinham desembarcado – e abandonar o Potemkin. O fato de que o oficial de quem a tripulação esperava comando estar espalhando esse tipo de boato era definitivamente imperdoável; Kovalenko estava indo alertar a comissão de marinheiros.[490]

Os dois foram procurar Matyuchenko, convictos de que o segundo-tenente Alekseyev tinha de ser removido do comando; pensamentos derrotistas como ir para a Romênia tinham de ser extintos antes que inspirassem um contramotim.[491] Mas, depois de escutar todos os temores deles, Matyuchenko descartou a sugestão de que Alekseyev fosse dispensado do encouraçado, por achar que a atitude só iria confundir ainda mais a tripulação. Mesmo assim, convocou uma reunião da comissão para discutir esse e outros problemas, incluindo a disseminação desenfreada de rumores. O rufar dos tambores soou no convés principal, e os líderes do navio se reuniram no camarote do almirante poucos minutos antes do meio-dia.[492]

Matyuchenko tinha estado ocupado cuidando dos oficiais e mandando marinheiros à terra para encontrar mapas corretos de Odessa, para que eles os usassem no caso de ter de bombardear a cidade. Embora ainda estivesse convencido de que não deviam lançar um ataque enquanto a Frota do Mar Negro não se juntasse a eles, os acontecimentos da noite anterior fizeram com que revisse sua relutância em agir. Nem ele nem os outros revolucionários tinham dito isso com todas as letras, mas sentiam que havia o consenso tácito de que cumpririam, sim, a ameaça de destruir Odessa se o general Kakhanov desse um passo em falso – fosse interferindo com o enterro de seu mártir ou causando mais carnificina entre a população da cidade.

Quando todos estavam reunidos em torno da mesa, Matyuchenko levantou a questão da permanência ou não de Alekseyev como capitão. Alguns marinheiros reclamaram que ele tinha interferido na resolução de bombardear Odessa; outros lembraram que o segundo-tenente tinha passado a maior parte do tempo chafurdando em autopiedade. E agora falava em Romênia.[493]

– Ele não faz o que pedem. Não está conosco – disse um integrante da comissão.

Outro retorquiu:

– Ele ainda está começando nesse papel.[494]

Alekseyev não era o único problema deles, interrompeu Kirill. Os suboficiais não apoiavam o motim e deviam ser mandados embora.

– É a gente mais podre do navio – disse.[495]

– Se os mandarmos embora – rebateu um marinheiro –, a tripulação vai perder a confiança em nossa capacidade de controlar o navio. O moral deles pode desmoronar, e não vamos conseguir fazer mais nada. Estaremos melhor se os deixarmos aqui, mas ficando de olho neles.

Apesar da dissensão, a comissão votou por manter Alekseyev e os suboficiais no Potemkin, principalmente devido ao segundo argumento: os oficiais ajudavam a manter a confiança da tripulação. Mas a comissão precisava silenciar os boatos mal-intencionados e envolver mais a tripulação em seus planos, para que os homens entendessem os motivos que sustentavam as resoluções da comissão – principalmente a necessidade de esperar pela esquadra. Matyuchenko decidiu realizar as reuniões futuras em uma sala maior, em que mais marinheiros pudessem estar presentes, e anunciar todas as decisões no convés principal para a aprovação deles. Assim, todos sentiriam que tinham voz no navio, consolidando seu comprometimento. Se a comissão de marinheiros queria manter a tripulação sob controle, não podia agir como os antigos oficiais, dando ordens e esperando obediência cega.[496]

No princípio da tarde, os líderes do motim permaneceram no camarote, em um esforço para tomar decisões de forma democrática. Discutiram como melhor preparar a tripulação do Potemkin para a batalha contra a Frota do Mar Negro se os marinheiros dos outros navios ainda não tivessem se amotinado, ou, se provocados, como convencer a tripulação a abrir fogo contra Odessa. Feldmann voltou com boas notícias sobre o enterro, mas instigou um novo debate sobre se era mesmo sábio ficar ali parados enquanto Kakhanov reforçava a cidade com mais tropas e artilharia pesada. Matyuchenko saiu antes do fim da reunião para levar comida aos marinheiros que protegiam Vakulentchuk e verificar os progressos de um outro grupo que tinha sido enviado para procurar mais provisões. No ancoradouro, encontrou uma comitiva militar que levava uma mensagem do general Kakhanov, garantindo a segurança da guarda de honra formada por marinheiros que acompanharia o cortejo de Vakulentchuk até o local do enterro. A procissão, disse Kakhanov, podia começar às 16h.[497]

Antes de a comitiva ir embora, um soldado inesperadamente puxou Matyuchenko de lado.

– Uma grande conferência militar vai acontecer esta noite – disse. – É uma reunião do conselho para decidir o que vão fazer com vocês. Por que vocês não jogam umas bombas em cima deles?

– Onde vai ser? – perguntou Matyuchenko, eletrizado pela informação.

– No teatro. Todos os oficiais mais importantes estarão lá. Assim que vocês os matarem, vamos nos juntar a vocês. Podem ter certeza.[498]

Depois dessa conversa, Matyuchenko voltou apressado para o ancoradouro, louco para contar aos marinheiros que eles não iam mais ter de esperar para agir. Era a grande chance de vingar o massacre da noite anterior, e, de uma tacada só, eliminar o alto-comando militar. Uma vez que aquilo fosse realizado, os operários se rebelariam, de preferência com a ajuda dos soldados, e a cidade cairia em seu poder. Finalmente os marinheiros tinham a chance de usar a força destruidora do Potemkin em nome da revolução. Matyuchenko quase conseguia sentir o gosto da vitória.

Naquela mesma manhã, o ministro da Marinha, Avelan, e o vice-almirante Tchukhnin embarcaram no primeiro trem da estação do Báltico, em São Petersburgo, para Peterhof. O trajeto de 40 minutos, passando por florestas de bétulas e campos de aveia, proporcionou bastante tempo de reflexão.[499] Pouco antes da meia-noite, em 15 de junho, Tchukhnin tinha recebido um telegrama do tsar Nicolau em seu hotel, o instruindo a não partir para Sebastopol enquanto eles não tivessem uma reunião a portas fechadas. As informações sobre os distúrbios e o enorme incêndio provocado pela chegada do Potemkin a Odessa tinham agravado ainda mais a situação. Aparentemente, o tsar achava que precisava se manifestar cara a cara sobre aquilo.[500]

Tchukhnin trazia, também ele, notícias alarmantes. Primeiro, o navio-transporte *Vekha* parecia ter se juntado ao Potemkin.[501] Depois, a esquadra a que ele tinha dado ordens de interceptar o encouraçado amotinado ainda estava a um dia de distância do navio. Por causa dos atrasos nos preparativos, na organização das tripulações e no carregamento de munições nos encouraçados, Vichnevetsky só tinha conseguido deixar Sebastopol às 2h naquela madrugada, e Krieger só ia chegar à noite para se reunir com seu contra-almirante perto da ilha de Tendra. Estavam demorando demais. Em terceiro lugar, dois encouraçados, o *Chesma* e o *Ekaterina II*, tinham sido obrigados a ficar para trás em Sebastopol porque suas tripulações não eram confiáveis; na realidade, seus capitães tinham até desativado a sala de máquinas de cada um dos navios para o caso de motim ou de algum esforço dos marinheiros para se juntar ao Potemkin.[502] Por fim, haviam chegado informações ao Almirantado de que outro motim tinha estourado entre marinheiros estacionados na base naval de Libau, no Báltico. Os marinheiros tinham tomado fuzis e atacado os alojamentos dos oficiais, o que havia exigido o recurso a regimentos locais de infantaria e de cossacos para sufocar a revolta. O episódio não parecia ter ligação com o Potemkin, mas o Almirantado não tinha como ter certeza. Juntos, Avelan e Tchukhnin tinham muito o que explicar ao tsar, e nada era muito bom.[503]

Quando chegaram à estação, um guarda de penacho e uniforme verde-escuro os levou até uma carruagem aberta. Os dois almirantes já tinham percorrido o longo trajeto pelos jardins vezes suficientes para não mais se extasiar com seu esplendor. Tchukhnin, aliás, tinha estado lá apenas cinco dias antes, para uma visita social ao tsar e à mãe dele.[504] Mas naquela manhã tudo estava diferente. Quando chegaram ao Palácio Inferior, não enfrentaram a espera interminável de costume na antecâmara cor de nata que precedia o gabinete do tsar. Em vez disso, um alto criado, de sobretudo comprido, preto e escarlate, levou imediatamente Avelan e Tchukhnin para um dos terraços com vista para o mar. O tsar esperava por eles. A reunião foi rápida; Nicolau foi direto e estava irritado, coisa incomum.

– Vá hoje mesmo para Sebastopol – disse a Tchukhnin. – Dirija a esquadra e sufoque rápido os levantes, mesmo que isso signifique afundar o encouraçado. Confio em você.[505]

Quando Tchukhnin voltou a São Petersburgo, mandou um telegrama a Krieger e Vichnevetsky dizendo que o tsar tinha lhe dado poderes ilimitados para acabar com o motim. Assim, aconselhava que não houvesse nenhuma hesitação em executar a ordem que ele já tinha dado, de afundar o Potemkin se os marinheiros se recusassem a se render. Não era o momento para meias medidas, explicou Tchukhnin, nem que aquilo fosse lhes custar o principal encouraçado da Rússia.[506] Também mandou uma mensagem a Nicolayev, instruindo o comandante do *Eriklik*, capitão segunda-classe Boisman, a dar início aos preparativos para o pelotão de fuzilamento e de um local para o enterro dos amotinados.[507]

Transmitidas essas ordens, Tchukhnin embarcou em um trem expresso especial para Nicolayev, de onde viajaria de barco até Sebastopol. Estava ansioso para retomar o comando ali, já que duvidava que Krieger conseguisse cuidar com eficiência da situação. O fato de a esquadra estar com a partida atrasada enfurecera Tchukhnin, e ele se questionava se o momento certo para acabar rápido com aquele motim (e para limitar o alcance da situação embaraçosa causada por ele) já não tinha passado.[508]

Quando seus almirantes deixaram Peterhof, Nicolau voltou a seu escritório e notificou o vice-ministro do Interior, Trepov, de que ampliasse o ucasse anterior determinando a lei marcial, incluindo também Nicolayev, Sebastopol e a região em torno.[509] Com o Potemkin à solta, a revolução ameaçava se espalhar pela região do mar Negro. O desastre em Odessa deixava claro tudo o que estava em jogo. Ao longo das 16 horas anteriores, Nicolau e seus ministros tinham recebido mensagens desesperadas da cidade, suplicando por ajuda.[510] As informações davam conta de trezentos mortos e da destruição pelo fogo de parte do porto. Os únicos detalhes precisos disponíveis tinham sido registrados por um bilhete de tom duro de um oficial do Exército, que dizia que seus soldados haviam gastado "1.510 balas e quebrado vários cabos de fuzil" durante a noite.[511] Na realidade, a violência de 15 de junho tirou 1.260 vidas, e os prejuízos ao porto somaram mais de 15 milhões de rublos, mas as estimativas já eram suficientes para fazer Nicolau temer que aquilo fosse só o começo, se o Potemkin continuasse com a revolta.[512]

O tsar também tinha outras preocupações. Seu ministro da Guerra, Vladimir Sakharov, tinha anunciado a mobilização da reserva em

São Petersburgo e Moscou para reforçar as tropas no Extremo Oriente; a atitude tinha provocado ameaças de greves gerais nas duas maiores cidades da Rússia. Os tumultos em Lodz e Varsóvia ainda não tinham sido controlados.[513] Trepov reprimia duramente as greves na cidade industrial de Ivanovo-Voznesensk. "Negociem menos e ajam de forma mais enérgica", Trepov tinha recentemente instruído a polícia, na crença de que o levante se espalharia por todo o império se ele não conseguisse contê-lo.[514] Além disso, uma conferência de representantes de conselhos municipais se reunia em São Petersburgo naquela semana, aparentemente responsabilizando Nicolau pelas constantes derrotas nas mãos dos japoneses e pela situação doméstica cada vez pior, principalmente o número crescente de revoltas de agricultores. Outros líderes liberais continuavam pressionando-o a fazer mudanças políticas que para ele representavam uma traição ao Estado.[515] E, por fim, haviam chegado boatos a Nicolau de que alguns regimentos do Exército baseados na capital e no Extremo Oriente estavam à beira do motim.[516]

Com todos esses problemas, destacados com força especial pelo Potemkin, Nicolau teve de reconsiderar a negociação de paz com o Japão. Antes da batalha de Tsushima, se falara em trégua, mas eram mais que tudo palavras vazias. Nos dias que se seguiram à derrota, Nicolau avaliou a possibilidade concreta de entrar em negociações para encerrar a guerra, debatendo a perspectiva com seus ministros, mas não tomou qualquer decisão, seguindo a opinião de seu ministro da Guerra de que a Rússia precisava de pelo menos uma vitória significativa sobre o Japão para poder buscar a paz. Caso contrário, argumentou o ministro, os japoneses teriam muita margem de manobra na mesa de negociações. Discussões subsequentes com os ministros o aproximaram da busca pela paz, já que ele temia que o inimigo em breve atacasse o solo russo na ilha de Sacalina. Mas ainda estava hesitante.[517]

No dia 25 de maio, em uma audiência a portas fechadas com Nicolau, o novo embaixador norte-americano em São Petersburgo, George von Lengerke Meyer, o informara da proposta do presidente Theodore Roosevelt de mediar uma conferência de paz entre Rússia e Japão. Finalmente Nicolau concordou em dar início às negociações. Concordar com a realização da conferência, porém, estava muito longe de se comprometer com a paz, especialmente levando em conta o notório jogo duplo do regime tsarista. Um dia, seus ministros falavam do desejo por um acordo; no dia seguinte, falavam em lutar indefinidamente, promessa reforçada pela convocação de mais tropas da reserva. Esses vacilos refletiam a indecisão do próprio Nicolau.[518] Roosevelt expressou sua frustração a seu amigo Henry Cabot Lodge: "A Rússia é tão corrupta, tão traiçoeira e ardilosa, e tão incompetente, que absolutamente não tenho como dizer se ela vai ou não buscar a paz, ou se vai romper as negociações a qualquer momento."[519]

Nas duas semanas que antecederam o motim do Potemkin, Nicolau debatera onde a reunião deveria acontecer e quem deveria representar seu governo como plenipotenciário; sua escolha para o posto revelaria quão a sério estava levando as negociações. De cara, recusou Sergei Witte, que teria sido a melhor pessoa para mandar à mesa.[520] Alto, de voz tonitruante e um jeito rude, Witte era uma presença forte, no estilo de Alexandre III. Durante seu período no cargo, Witte tinha orquestrado o rápido desenvolvimento econômico do império e era considerado por muitos, tanto na Rússia como no exterior, a única esperança para que o país se afastasse da ruína completa. Sua oposição veemente à guerra com o Japão havia feito com que Nicolau o tirasse do posto de ministro das Finanças, e seus insistentes apelos pela paz o alienaram ainda mais em relação ao tsar.[521] Quando o nome dele foi sugerido pelo ministro das Relações Exteriores da Rússia, Nicolau suspirou: "Qualquer um menos Witte!"[522] O tsar escolheu então o embaixador na França, A.I. Nelidov, uma relíquia da diplomacia, de saúde frágil e absolutamente incapaz de lidar com a complexidade das negociações com o Japão. Estava claro que Nicolau ainda não tinha se comprometido com a paz.[523]

Naquela tarde, de 16 de junho, depois da reunião com Avelan e Tchukhnin, Nicolau escreveu cartas para cada um de seus ministros, requisitando novamente a opinião deles a respeito da guerra. A situação que se desenrolava em solo russo exigia uma definição.[524]

Nicolau recebeu resposta mais rápida e mais rude da comunidade internacional, que acabava de ficar sabendo do motim e do massacre em Odessa. Além de deixá-lo em uma situação embaraçosa e representar uma ameaça política para Nicolau, o Potemkin podia ter repercussões globais. O tsar mantinha a imprensa a rédeas curtas, mas não tinha como impedir que as notícias sobre o motim chegassem ao resto do mundo; o fato de eles estarem conscientes da crise só a aprofundava ainda mais.

Por todo o planeta, manchetes e editoriais de jornais faziam sensacionalismo com a história do Potemkin. "Destino do império depende da lealdade da Frota do Mar Negro", escreveu John Callan O'Laughlin, repórter do *Chicago Daily Tribune* e confidente do presidente Roosevelt.[525] "Navio de guerra do tsar nas mãos de rebeldes – teme-se a revolução", foi a manchete do *New York Times*.[526] O *Daily Telegraph* de Londres, cujo repórter principal, E.J. White, era aliado de Sergei Witte, foi bem ao ponto: "Em todo despotismo sempre há um ponto fraco [...] É, claro, a disciplina das tropas. Enquanto a autoridade puder confiar na fidelidade de suas baionetas, ela estará a salvo dos ataques populares. Mas quando a monarquia perde seu braço direito, então a hora da tribulação está mesmo próxima."[527] O *Times* de Londres, que apoiava descaradamente os liberais da Rússia, também não teve dó em sua cobertura, declarando que o governo tsarista era o responsável pela situação e que as reformas deveriam ser a consequência.[528] O *Petit Journal* de Paris achou que era tarde demais para esse curso: "Esperava-se que as concessões que o tsar parecia inclinado a fazer pudessem evitar uma catástrofe. Percebe-se agora que a situação é desesperadora, que o mal feito já foi longe demais para ser remediado, e que a Rússia está, de um extremo a outro, em estado de revolução."[529] O *Tageblatt* de Berlim chamou o motim de "um instante que revela ao olho mais desatento a verdadeira situação no interior daquele vasto império e a perigosa desintegração da ordem política".[530] O *Nitchi Nitchi Shimbun*, de Tóquio, foi igualmente pessimista: "O que resta para sustentar a autocracia? Se o tsar for sábio, ele vai, agora, quando ainda é possível, através de uma política firme e rápida de reformas, salvar seu estado de um imenso levante. Ao que parece, assim como Luís XVI da França, ele não será sábio."[531]

Além de marinheiros mal-alimentados e maltratados matando oficiais e instigando um enorme quebra-quebra em uma das maiores cidades da Rússia ser uma boa história e dar bastante assunto para os editorialistas, os líderes políticos do mundo levaram a revolta do Potemkin bem a sério. No âmbito das finanças, um encouraçado amotinado no mar Negro ameaçava o significativo comércio na região, e o incêndio no porto de Odessa prejudicava mais que apenas os negócios da Rússia. As bolsas de valores despencaram assim que surgiram as notícias sobre o motim. Os preços dos grãos dispararam. Os acontecimentos provocaram uma áspera discussão no Parlamento britânico no dia 16 de junho. Falou-se na possibilidade de o Potemkin bombardear Odessa e foi questionado se o governo britânico estava tomando as medidas preventivas necessárias para proteger seus cidadãos e seus interesses no ramo da navegação.[532] Revelando um sentimento que era de outros líderes, o primeiro-ministro A.J. Balfour respondeu, sucinto: "É difícil saber que medidas preventivas podem ser tomadas em se tratando de tumultos em uma cidade que não está sob a jurisdição britânica."[533]

As consequências potenciais na esfera das relações internacionais eram ainda maiores, dada a proeminência da Rússia. A França dependia da aliança com a Rússia para se proteger das ofensivas da Alemanha. A Grã-Bretanha, que tinha um longo histórico de relações tumultuadas com a Rússia, mais recentemente por causa das ambições territoriais do tsar no Extremo Oriente, estava de mãos atadas pelas relações amistosas com o Japão. Mesmo assim, o governo de Balfour tinha mediado havia pouco a *entente cordiale* com a França, antigo adversário, para combater a dominância da Alemanha na Europa. O kaiser Guilherme II queria ver Nicolau concentrado na guerra contra o Japão – e enfraquecido por ela –, limitando assim a influência da Rússia na Europa, principalmente nos Bálcãs e no Império Austro-Húngaro, onde Guilherme queria aumentar sua interferência. Com o novo relacionamento entre França e Grã-Bretanha, no entanto, o kaiser também estava interessado em garantir a solidez de sua ligação com o primo Nicolau.[534] O sultão do Império Otomano, Abdul Hamid II, o último dos autocratas legítimos, junto com o tsar, estava dividido entre seu medo do poder russo e a preocupação com a possibilidade de os revolucionários de seu próprio país o arrancarem do trono, se aquele fosse o destino de Nicolau.[535] Quanto aos Estados Unidos, Roosevelt era solidário às reivindicações dos 150 milhões de russos, cujo governante, como ele tinha recentemente escrito para o secretário de Estado, John Hay, era uma "criaturinha ridícula" que tinha sido "incapaz de fazer a guerra, e agora era incapaz de fazer a paz".[536] Roosevelt, porém, era realista e entendia que, sem o interesse do tsar no Extremo Oriente, o Japão poderia ficar poderoso demais na região. Se Nicolau perdesse o controle sobre seu império, o frágil equilíbrio de poder e a rede de alianças poderiam se desfazer. O status quo era preferível à alternativa da nova liderança russa, socialista ou não, com seus interesses imprevisíveis.[537]

Foi por isso que um encouraçado amotinado com a bandeira revolucionária hasteada no mar Negro provocou tanta turbulência nos mais altos escalões. O embaixador francês na Rússia, Maurice Paleologue, estava apavorado com o "tornado revolucionário" que varria o país. Disse a Paris que o Potemkin era mais um grave sinal de que Nicolau estaria perdido se não buscasse a paz com o Japão, e fizesse uma reforma dura em seguida. Círculos do governo em Berlim tinham a mesma sensação, e acompanhavam os acontecimentos de perto.[538] Guilherme II pressionou com persistência Nicolau para que chegasse a um acordo com o Japão.[539] O embaixador britânico Charles Hardinge previu que mais repressão – e não reforma – era o que se seguiria ao motim.[540] O embaixador norte-americano Meyer escreveu uma carta a Roosevelt sobre a rebelião na Marinha, acreditando que o Exército pudesse seguir seus passos. Apesar desse perigo, Meyer escreveu que Nicolau e seus ministros eram conservadores, se desencontrando e adiando as negociações de paz, pondo à prova até a "paciência de Jó". Meyer prometia pressionar o regime mesmo assim.[541] O sultão Abdul Hamid II tomou ágeis providências para reforçar suas defesas ao longo do estreito de Bósforo, e aumentou a vigilância sobre suas próprias Forças Armadas.[542] Para os japoneses, a crise do mar Negro só fortalecia sua posição, fato que até o embaixador russo nos Estados Unidos admitiu para um repórter: "O Japão teve uma sorte dos diabos. Estamos na posição de um homem em um jogo de pôquer que está com a sorte contra si em todas as mãos."[543] Outros também veriam no motim uma oportunidade.

* * *

De seu pequeno apartamento em Genebra, Lenin travava sua revolução contra o Tsar de Todas as Rússias. Na manhã de 16 de junho, terminou seus exercícios diários (alongamento e levantamento de peso), tomou uma xícara de chá com a mulher, Krupskaya, e limpou sua mesa depois de mais uma longa noite escrevendo. Mais tarde, de calças largas e sobretudo, saiu de seu prédio e foi à biblioteca para ler os jornais matutinos.[544]

Com sua cabeça calva, que lembrava um ovo, barba ruiva e olhos oblíquos e escuros, Lenin era uma figura facilmente reconhecível no bairro, onde viviam muitos intelectuais russos exilados em 1905. Reuniam-se com frequência à noite no Café Landolt, mencheviques em uma sala dos fundos, bolcheviques em outra, combatendo suas guerras doutrinárias longe do front dos operários a quem diziam representar.

Nascido em 1870, em uma cidadezinha às margens do rio Volga, Lenin vinha de uma família cuja posição privilegiada se devia aos esforços diligentes do pai. Embora introvertido e taciturno, Lenin teve uma infância agradável e obteve notas boas na escola. Talvez nunca tivesse virado revolucionário se não fosse pelo irmão mais velho, o favorito da família, enforcado ainda estudante, em São Petersburgo, por tramar a morte de Alexandre III com uma bomba de fabricação caseira. Lenin tinha 17 anos; o nome da família ficou manchado. Foi expulso da Universidade de Kazan pela participação em uma manifestação estudantil de pequenas proporções.[545] Quando estava preso, outro estudante perguntou o que ele pensava em fazer da vida. Lenin respondeu: "O que há para pensar? Meu caminho foi traçado por meu irmão."[546]

Em busca da solidão, Lenin se mudou com sua mãe para Samara, estudou Direito por conta própria e leu muito. Suas influências iniciais foram as obras dos primeiros revolucionários da Rússia. Teve impacto particular o romance *Que fazer?*, de Nikolai Chernychevsky, em que o herói, Rakhmetov, encontra a redenção através da revolução, se dedicando a uma vida desprovida de prazer, com objetivos claros e imune ao sofrimento humano, tudo em nome do progresso.[547] Lenin também se encantou com Pyotr Tkachev, que acreditava na tomada violenta do poder, no estabelecimento de uma ditadura dominada por uma elite da vanguarda revolucionária e em seguida na passagem ao socialismo. Essas obras tinham se cristalizado em sua cabeça muito antes de ele começar a ler e interpretar as obras de Karl Marx.[548]

Em 1893, Lenin passou no exame da ordem e partiu para São Petersburgo, onde entrou para um grupo de estudo revolucionário quase antes de desfazer as malas. Conheceu ali a futura mulher, Krupskaya, e abraçou os ensinamentos de Marx. Em seus primeiros escritos e atividades, Lenin se revelou um analista feroz, um pensador brilhante e diversificado, de grande agilidade política e com a suprema determinação em dominar qualquer discussão. Esse fogo se intensificou ainda mais depois de sua prisão em 1895, um ano em uma cadeia de São Petersburgo e três mais no exílio na Sibéria, onde passou o tempo estudando e escrevendo. Quando foi libertado, muitos o consideravam um dos principais intelectuais social-democratas. Pouco tempo depois ele deixou a Rússia e seguiu para a Europa, para se unir a outros como ele no exílio.[549]

Ali ele trilhou um caminho que o afastou de Julius Martov, um de seus amigos mais próximos, assim como do pai do marxismo russo, Georgy Plekhanov. Todos eles queriam a revolução, acreditavam em uma organização centralizada e detestavam a posição flexível dos liberais. Mas Lenin, dando ouvidos a suas primeiras influências, lutava por uma estrutura de comando rigidamente controlada, militarista.[550] Em julho de 1903, em uma reunião formal do partido em Bruxelas, os social-democratas se dividiram em dois partidos, assumindo os nomes de bolcheviques ("majoritários") e mencheviques ("minoritários"), após Lenin ter ganhado uma votação plenária sobre a definição da afiliação partidária. Lenin queria que só os que participassem ativamente da organização fossem incluídos, enquanto Martov preferia admitir qualquer pessoa que endossasse os esforços deles.[551]

Plekhanov, que tinha testemunhado as brutais manobras de Lenin para ditar a direção do partido, comentou, profeticamente: "É dessa massa que são feitos os Robespierres."[552] Depois da reunião, Lenin foi expulso do conselho editorial do *Iskra*, o jornal revolucionário que tinha ajudado a criar para definir a missão dos social-democratas. Ao longo do ano e meio seguinte, ele lutou praticamente sozinho para erguer seu novo partido, um esforço que quase o levou a um colapso mental e que aprofundou o abismo que o separava de Martov e dos outros mencheviques.[553]

No princípio de 1905, Lenin publicou um novo periódico, o *Vperyod* (Avante), e seu ânimo melhorou. Na primeira edição, Lenin escreveu: "O colapso militar é agora inevitável, e com ele virá um aumento de mil por cento na crise, no descontentamento e na rebelião. Para esse momento precisamos nos preparar com toda nossa energia."[554] Lenin advogava as mesmas técnicas de luta nas ruas do líder da Comuna de Paris Gustave Cluseret: "Os pelotões têm de se armar por si sós, cada homem com o que conseguir: fuzil, revólver, bomba, faca, pau, um trapo mergulhado em querosene."[555]

Lenin trabalhava noite e dia, ardorosamente comprometido em libertar a Rússia do tsar. Mas dedicava a maior parte de seu empenho às batalhas com os mencheviques, aplicando investidas contra o tsar e a burguesia liberal e mandando cartas a seus representantes bolcheviques na Rússia. Implorava por notícias e reclamava que eles não estavam fazendo o bastante pela causa. Sua organização tinha pouco financiamento e um contingente limitado. O Domingo Sangrento, assim como a série de greves que se seguiu a ele, o pegou de surpresa. Enquanto tudo aquilo acontecia, ele permaneceu em Genebra, assim como Martov e a grande maioria dos outros exilados, reagindo aos acontecimentos e os interpretando, muito mais que tomando parte neles.[556]

No entanto, na manhã de 16 de junho, quando Lenin correu os olhos pela primeira página do *La Tribune de Genève* e viu a surpreendente notícia sobre o motim do Potemkin debaixo da minimizadora manchete "A situação na Rússia", quase não conseguiu conter o entusiasmo.[557] Era o princípio do exército revolucionário, pensou. Correu para procurar Mikhail Vasilyev-Yujin, bolchevique como ele que já tinha morado em Odessa. Naquela tarde, eles se reuniram no apartamento de outro revolucionário perto da rue de Carouge. Os boatos sobre o motim tomavam conta da comunidade de exilados de Genebra.[558]

– Você parte amanhã para Odessa – disse Lenin a Vasilyev-Yujin, cujo terno arrumadinho, camisa de colarinho e ar de decência davam a ele a aparência de um religioso.

– Estou pronto hoje se você quiser. Qual é o serviço?

– É de caráter seríssimo. Temo que nossos camaradas em Odessa não consigam aproveitar bem a revolta. Você deve tentar, a todo custo, subir a bordo do encouraçado para convencer os marinheiros de que eles têm de agir com determinação. Se for necessário, não hesite em bombardear as instituições do governo. *Temos* de tomar a cidade. Em seguida arme logo os operários.

Vasilyev-Yujin, que conhecia Lenin havia anos, nunca o tinha visto tão disposto a agir. Permaneceu em silêncio.

– Além disso, é essencial conseguir colocar o resto da frota em nossas mãos.

– Você não pode mesmo achar que isso seja possível, Vladimir Ilyich?

– É óbvio que eu acho perfeitamente possível. Só é necessário agir com firmeza.[559]

Vasilyev-Yujin partiu com suas ordens, se questionando se Lenin não estava entusiasmado demais para achar que os marinheiros iam simplesmente entregar a liderança do encouraçado a ele – se ele por acaso conseguisse chegar a tempo. Era mais que provável que a maioria dos marinheiros nunca tivesse ouvido falar de Lenin.[560]

13

UM PADRE ORTODOXO COMANDOU A PROCISSÃO fúnebre que avançava lentamente pela rua Preobrajenskaya às 16h de 16 de junho. Matyuchenko e 11 outros marinheiros do Potemkin seguiam atrás da carroça que levava Vakulentchuk em seu caixão de madeira. Milhares de moradores de Odessa enchiam as calçadas e observavam das sacadas. Muitos seguravam velas. Alguns jogavam flores à medida que a carruagem passava a caminho da catedral de Uspensky. O silêncio era tão grande que quase nada se ouvia a não ser o ploc-ploc dos cascos dos cavalos no chão de pedra. Tirando a escolta de dois cossacos montados, as forças do general Kakhanov se mantinham a distância nas ruas laterais.

Matyuchenko olhou para os rostos cobertos de lágrimas da multidão, à sua direita e à sua esquerda. Aquelas pessoas já tinham sofrido tanto, mas ali estavam, arriscando suas vidas de novo para prestar homenagem a um homem que nem tinham conhecido. O enterro estava ajudando a alinhar os moradores de Odessa aos marinheiros, para que eles pudessem agir como um. Considerando o plano dos marinheiros de bombardear a reunião militar naquela noite, eles iam precisar em breve da ajuda dos cidadãos para tomar a cidade. Mesmo assim, para Matyuchenko, o enterro tinha um significado maior que a contribuição ao combate. Ele não precisava participar da guarda de honra – aquilo o deixava ao alcance dos soldados se Kakhanov os traísse e os mantivesse longe do encouraçado, onde a tripulação continuava perigosamente perturbada. Mas ainda assim ele participou.[561]

Matyuchenko tinha ido lá para honrar o amigo, que o tinha ensinado a ajudar a libertar os marinheiros escravizados como ele. Em nome desse esforço, morrera antes de conseguir ver a bandeira revolucionária hasteada no Potemkin. Mas não tinha sido esquecido, e a visão de tanta gente nas ruas, arriscando o próprio sangue para homenagear seu amigo, teve forte impacto em Matyuchenko. Ao nascer, Vakulentchuk era apenas mais um dos milhões de camponeses anônimos que viviam sob o jugo da opressão. Mas agora, pensou Matyuchenko, seu amigo estava sendo celebrado de uma maneira que só um rei ou um tsar podiam esperar ser.[562]

Depois da cerimônia fúnebre simples, na catedral de Uspensky, a procissão seguiu para o cemitério. Quando se aproximaram do Chumka, uma companhia de soldados barrou os milhares de moradores que seguiam a carruagem. A multidão pressionou o cordão, e um soldado deu um tiro para o alto com seu fuzil. Matyuchenko foi reclamar com o sargento da companhia.

– Continue andando, ou vamos abrir fogo! – gritou o sargento.[563]

Matyuchenko se afastou, embora estivesse tentado a bater no oficial; pelo menos daquela vez conteve seu ímpeto, que surgia com tal rapidez e ferocidade que o fazia prisioneiro dele. Prosseguiu para o cemitério. Minutos depois, centenas de moradores de Odessa driblaram o bloqueio e deixaram as ruas laterais para os seguir novamente. Enganar os soldados tinha animado a multidão, e a procissão assumiu um clima de comemoração. As pessoas gritavam: "Viva a liberdade! Viva a igualdade! Viva a solidariedade!" No monte Chumka, mais gente ainda se aglomerara com antecedência para assistir ao enterro. Alguns seguravam faixas que proclamavam: ABAIXO A AUTOCRACIA! À medida que lotava o cemitério, a multidão manifestava sua solidariedade aos marinheiros.[564]

– Jamais nos esqueceremos disso – disse Matyuchenko a um operário.

Antes de a cerimônia começar, um oficial cossaco desceu do cavalo e foi até Matyuchenko, dizendo que o marinheiro e seus homens tinham de partir imediatamente; sua presença estava agitando demais a multidão. Como estava desarmado e não queria causar problemas aos moradores de Odessa, Matyuchenko concordou em ir embora. Ele e outros marinheiros subiram em carruagens que esperavam na frente do cemitério, e partiram antes que Vakulentchuk fosse baixado à terra. No meio do caminho para o porto, na rua Preobrajenskaya, uma companhia de soldados os barrou.

– Vocês terão de ir andando – ordenou o oficial responsável.

Matyuchenko de nada desconfiou, já que eles tinham podido realizar o enterro em paz. Os marinheiros desceram das carruagens.

Mas, quando começaram a caminhar, uma segunda companhia de soldados surgiu de uma rua lateral, fuzis em riste, bloqueando a fuga para a direita. No instante em que Matyuchenko se deu conta de que tinham caído em uma emboscada, um trompete soou. Era o sinal para atirar. Os 12 marinheiros saíram correndo, procurando proteção, sem encontrar. A linha de fuzis disparou. A primeira rajada não atingiu Matyuchenko. Ele disparou pelo quarteirão, com vários outros a seu lado.

Outra rajada de fogo foi disparada.

Matyuchenko virou a esquina, escapando por pouco dos primeiros tiros. Não teve a chance de ver quem mais tinha sobrevivido, pois ouviu passos atrás de si – os soldados o perseguiam. Os marinheiros do Potemkin desabalaram por várias ruas laterais, um depois do outro, se separando. Mesmo assim, continuaram a correr, sem saber aonde ir, mas com os instintos mandando que fugissem até que os pulmões ardessem e as pernas ficassem amortecidas. A cada esquina paravam e espiavam encostados a uma construção, na expectativa de se defrontar com uma linha de fuzis. Quando não achavam uma, continuavam correndo. Por fim, conseguiram escapar dos perseguidores. Quando Matyuchenko diminuiu o ritmo, percebeu que três companheiros de navio tinham desaparecido – haviam sido mortos ou presos na emboscada. Nunca saberia.

Matyuchenko levou os marinheiros sobreviventes até o porto e tomou um pesqueiro para devolvê-los ao Potemkin. No caminho, descobriu um buraco de bala em sua calça, mostrando como havia escapado por pouco, e quanta sorte tivera. Tinha certeza, porém, de que todos teriam morrido se vários soldados não tivessem errado a mira de propósito – os outros marinheiros concordaram que tinham visto a mesma coisa.

Quando Matyuchenko pisou de volta no encouraçado, tinha só um pensamento: precisavam bombardear Odessa imediatamente.

Assim se vingariam de Kakhanov, e a batalha pela tomada da cidade finalmente teria início. Chegara a hora.

Quando um oficial informou que todos os marinheiros tinham escapado da emboscada, com exceção de três, Kakhanov partiu para se reunir com seus comandantes no teatro da cidade a fim de decidir quais seriam as próximas medidas para pacificar os operários e defender a cidade do Potemkin.[565] Com milhares de soldados sendo despejados na cidade, vindos de toda a região, Odessa estava confinada. O toque de recolher havia sido decretado para o anoitecer; as cidades estavam sob forte patrulhamento; e os acessos para a cidade e para os principais prédios do governo e consulados estrangeiros estavam sob vigilância. Tirando alguns confrontos na periferia, tudo estava calmo. Mas as coisas tinham mudado.[566]

Quando Kakhanov autorizara a emboscada, plano que tinha desenvolvido depois que os marinheiros fizeram a requisição pelo funeral, trabalhava com informações limitadas e opções escassas. Tinha a expectativa de que a esquadra chegasse antes mesmo do início da procissão fúnebre. Um telegrama do Almirantado, mandado de manhã, tinha informado que Vichnevetsky se aproximaria de Odessa até as 15h, mas aquela tinha sido a última notícia que chegara de São Petersburgo ou Sebastopol.[567] Assim, prender os marinheiros que desembarcassem para enterrar Vakulentchuk, principalmente se o grupo contasse com alguns dos líderes amotinados do Potemkin, fazia sentido em termos estratégicos, já que decapitaria a liderança do Potemkin antes do confronto naval. Mas, à medida que o dia ia transcorrendo, e nada de a esquadra aparecer, Kakhanov tivera de decidir sozinho o que fazer.

Apesar de estar em uma posição desesperadora, pelo menos sabia mais sobre os planos dos marinheiros que na noite anterior. Após deixarem o navio, os oficiais depostos do Potemkin o informaram de que a tripulação já estava comprometida a bombardear a cidade e armar os operários. Se fosse assim, emboscar os marinheiros não colocaria a cidade em perigo maior do que ela já corria. Kakhanov não podia simplesmente deixar os marinheiros amotinados circularem como bem entendessem em sua cidade. Talvez capturasse um dos líderes – talvez até mesmo o tal Matyuchenko; os oficiais tinham dito que ele controlava a tripulação. Ao tomar aquela atitude depois do enterro, Kakhanov evitaria a deflagração de novos distúrbios.

Mas a emboscada tinha falhado e nada de a esquadra do vice-almirante Tchukhnin aparecer. Agora – se desesperou Kakhanov –, o Potemkin ia começar o bombardeio, muito antes de a esquadra chegar.[568]

Às 17h20, o encouraçado *Tri Sviatitelia* (Três Santos), comandado pelo contra-almirante Vichnevetsky, lançou âncora perto da ilha de Tendra. O restante da esquadra – os encouraçados *Georgy Pobedonosets* (São Jorge) e *Dvienadtsat Apostlov* (Doze Apóstolos), o cruzador ligeiro *Kazarsky* e quatro torpedeiros – vinha atrás dele. Dez minutos depois, Vichnevetsky convocou uma reunião dos comandantes a bordo de seu encouraçado.

Embora tivesse ordens de enfrentar o Potemkin, deixou bem claro para seus oficiais que não faria isso, pelo menos enquanto Krieger não chegasse com reforços. Eles se aproximariam de Odessa, mas se o Potemkin se recusasse a capitular e a remover a bandeira vermelha de seu mastro, a esquadra de Vichnevetsky não atiraria nele, deflagrando uma batalha naval. Ia, em vez disso, bloquear a entrada do porto e envolver o encouraçado em um cerco, até que ele ficasse sem comida ou carvão.[569]

Ele explicou aos oficiais que, considerando a falta de confiabilidade nas tripulações da esquadra, se tratava de uma tática melhor que o confronto, reverberando o conselho que tinha recebido do almirante Nikolai Skrydlov, ex-comandante do mar Negro, antes de zarpar.[570] Vichnevetsky pretendia enviar uma mensagem para Odessa ordenando às autoridades da cidade que impedissem o Potemkin de ter acesso a suprimentos. No fim, os marinheiros acabariam sendo obrigados a se render.

A esquadra só atacaria se o Potemkin atirasse primeiro, e, nesse caso, a estratégia seria mandar torpedeiros para dentro do porto, enquanto os encouraçados permaneceriam no mar e impediriam que o Potemkin escapasse. Vichnevetsky lembrou aos oficiais que essa opção seria apenas um último recurso. Cedinho, na manhã seguinte, disse, eles avançariam na direção de Odessa, mas, antes disso, dois torpedeiros fariam o reconhecimento da área. As tripulações deveriam se preparar para um eventual ataque noturno contra a esquadra estendendo redes antitorpedo em torno de cada encouraçado, e mantendo vigilância atenta. Antes de dispensar os oficiais, entregou cópias de uma proclamação para que eles as lessem às tripulações. Delicadamente, sem criar alarme, deviam informar seus homens do que esperavam para as próximas horas.[571]

Mas Vichnevetsky estava atrasado. Poucas horas depois de iniciada a viagem, a bordo do *Dvienadtsat Apostlov*, o marinheiro Mikhail Volgin tinha ficado sabendo do motivo para a partida apressada de Sebastopol. Os oficiais estavam obviamente nervosos, fumando mais que o normal e tentando confraternizar com os marinheiros como se quisessem algum favor.

Então um camarada chegou perto dele, piscou e disse:

– Qual é o problema? Ou você perdeu tudo no jogo ou alguma coisa de muito ruim aconteceu.

O cumprimento em código significava que havia uma reunião de marinheiros revolucionários na sala das máquinas.[572]

Depois que Volgin e outros marinheiros chegaram, um dos mecânicos mais experientes do navio, Gerasimov, um dedicado social-democrata, confirmou que a missão deles era contra o Potemkin. Em seguida disse:

– A questão é se tomamos o *Dvienadtsat Apostlov* nós mesmos ou se vamos para o fundo do mar.

Os marinheiros reunidos dirigiram ao mecânico um olhar de interrogação.

– Todos os outros capitães disseram que não podem confiar em suas tripulações – continuou. – Mas nosso capitão Kolands, o velho tolo, deu sua palavra a Krieger de que vai destruir o Potemkin. Se sua tripulação hesitar em atirar, ele prometeu investir contra o Potemkin e explodir os dois navios.

Os marinheiros deixaram a sala de máquinas com um ar perturbado. Poucos dormiram mais que algumas horas durante a viagem, de manhãzinha, para Tendra. Volgin e os outros marinheiros planejavam como podiam impedir os oficiais, e analisavam as consequências em caso de fracasso.[573] Em toda a esquadra, conversas parecidas aconteciam.

Alguns marinheiros tinham dito a seus oficiais, antes mesmo de chegar à ilha de Tendra, que a tripulação ia se recusar a atirar no Potemkin se recebesse ordens para tal.

Sendo assim, Vichnevetsky tinha razão em ser tão cauteloso ao preparar sua proclamação. Às 19h, os capitães reuniram suas tripulações no castelo de proa de cada navio e leram as palavras de Vichnevetsky exatamente como estavam escritas, começando com: "Irmãos, um incidente inédito na história da frota russa ocorreu no encouraçado Potemkin. A tripulação se revoltou e, dizem os rumores, assassinou o comandante e hasteou a bandeira revolucionária."

Os oficiais explicaram então seu plano de realizar uma guerra de atrito contra o Potemkin, cujos suprimentos de comida e carvão não durariam mais que sete dias, o que acabaria transformando o navio de "fortaleza em armadilha". Havia uma lição ali para qualquer marinheiro que tentasse crime semelhante. A esquadra tinha sido enviada para "domar" o Potemkin e "acabar com o escândalo". Sua dimensão garantia que a tripulação do encouraçado entenderia a ameaça e capitularia.[574]

Os capitães leram a conclusão da proclamação:

> Não tenho intenção de atacar o Potemkin, o que apenas exacerbaria essa situação lamentável. Tomarei todas as medidas para chegar a uma resolução pacífica. Para isso, confio em sua colaboração, meus irmãos, e peço-lhes que ouçam a voz da razão, que nos diz para agir exatamente como descrevi. Nada, no entanto, nos impede de ser atacados. Nesse caso, Deus nos livre, nosso sangue será derramado, ou derramaremos o sangue de nossos camaradas. Teremos de responder ao ataque com força.
>
> Lembrem-se, irmãos, e acreditem em mim quando digo que cada palavra escrita nesta proclamação vem direto do meu coração, e está sendo ditada pelo amor pelo marinheiro russo, que nutro.
> Contra-almirante Vichnevetsky.[575]

No *Georgy Pobedonosets*, o capitão Ilya Guzevitch terminou e baixou a mão, segurando o papel. Olhou para a tripulação e exigiu que eles cumprissem sua obrigação. Com uma resposta débil, menos de um em cada dez marinheiros da tripulação de 616 homens disse: "Vamos tentar." O restante permaneceu em silêncio. Assim como no *Dvienadtsat Apostlov*, um bando de marinheiros revolucionários, organizado pelo líder da Tsentralka Dorofey Kochuba, estava a bordo do *Georgy Pobedonosets*, tramando impedir que seus oficiais atirassem no Potemkin. Apesar de Vichnevetsky querer que eles acreditassem, ele e o restante dos oficiais não eram seus irmãos.[576]

O sol se punha sobre a cidade quando Matyuchenko e os outros voltaram ao encouraçado, depois de sobreviver à emboscada. Encontraram uma tripulação que tinha ficado ainda mais nervosa com o fim de mais um dia com o navio ainda ancorado perto de Odessa.

Os contramestres tinham mantido os marinheiros ocupados. Mesmo com o navio parado, a tripulação continuava com seus turnos e obrigações. Canhoneiros limpavam os canos para evitar a deterioração causada pela umidade e pela maresia. Cozinheiros descascavam batatas e lavavam pratos. Telegrafistas se mantinham atentos às máquinas, esperando qualquer interceptação. Mecânicos e foguistas, lá embaixo, limpavam as caldeiras, lubrificavam as turbinas e varriam a poeira do carvão. Guardas faziam sentinela no convés. Médicos faziam curativos nos feridos, e o sapateiro consertava sapatos. Padeiros assavam pães, e marinheiros da lavanderia lavavam roupa. O Potemkin era como uma pequena cidade, e sempre havia trabalho a ser feito.

Por mais que mantivessem a rotina, porém, os marinheiros sabiam que estavam em um encouraçado rebelado que seria explodido pelo tsar, se necessário fosse. Parado na frente do porto, o encouraçado era um alvo tentador, e os líderes do navio ainda não tinham indicado o que pretendiam fazer. As dúvidas sobre esses líderes eram reforçadas pelos suboficiais, que sussurravam para a tripulação que a rendição era a melhor – e única – opção. Senão, garantiam, os marinheiros estariam assinando suas próprias sentenças de morte. Então, no fim daquela tarde, um navio tinha sido avistado no horizonte, provocando gritos de "A esquadra está chegando!". Na verdade era o navio de treinamento *Prut*, que não chegou a se aproximar do porto; mas o pânico que ele causou revelou quão expostos estavam os nervos da tripulação.[577]

Quando Matyuchenko subiu a bordo, os marinheiros se reuniam para uma assembleia-geral. Embora a comissão de marinheiros tivesse resolvido, mais cedo, bombardear a reunião do conselho militar, tendo buscado alguns mapas da cidade com esse objetivo, seus integrantes haviam hesitado em revelar a decisão à tripulação, precisamente por causa do clima de preocupação. De qualquer maneira, precisavam da aprovação dos homens antes de apontar os canhões para a cidade.

Os marinheiros formaram um anfiteatro improvisado em torno do cabrestante, onde os líderes da comissão falaram. Nas primeiras fileiras, marinheiros se sentavam à maneira indígena no convés. Atrás deles, havia várias fileiras de marinheiros de pé, de braços cruzados e tensionados contra o peito. Acima, marinheiros balançavam as pernas nas amuradas dos conveses superiores ou se sentavam sobre os canhões de 305 milímetros, olhando para Kirill, que foi o primeiro a falar. Ouviram com ceticismo o revolucionário de Odessa discorrer sobre as massas de russos escravizados e a luta heroica a que eles tinham se unido.[578]

Em seguida o marinheiro Dymtchenko se levantou e apresentou Feldmann, dizendo somente:

– Aqui, rapazes, um bom homem quer lhes dizer umas palavras.

No discurso afiado e fluido de um veterano em debates que se esforçava para marcar um ponto atrás do outro, Feldmann disse aos marinheiros que o limite já tinha sido ultrapassado, e que eles não tinham mais chance de ser perdoados. Sua luta era agora pelo que aconteceria no final.

– Verdade. Bem verdade – gritaram alguns marinheiros, incentivando Feldmann.

– Precisamos dar um golpe mortal no inimigo – pediu. – Os soldados de Odessa estão prontos para nos atacar. Só estão esperando pelo primeiro passo. Esse passo *vocês* têm de dar. Cada minuto de demora fortalece o inimigo e nos enfraquece. Vocês têm diante de si a glória e a honra reservadas a quem luta pelo povo. Atrás de vocês está o jugo de seus ex-torturadores. Escolham o que vão querer. O que precisamos fazer é abrir fogo contra a cidade, agora – sem perder mais um minuto.

Contagiada pelo fervor revolucionário, a tripulação gritou "Hurra!". Mas o entusiasmo se dissolveu em protestos contra atirar na cidade. Um marinheiro forçou passagem para a frente, dizendo que bombardear Odessa feriria o povo, não o tsar ou seu governo. Argumentos como esse dividiram a tripulação. Talvez fosse melhor deixar a cidade para trás, pensavam alguns.

Kirill foi para o lado de Feldmann quando ele desceu do púlpito.

– Você foi rápido demais. Não pode ser assim.

Apenas um homem, desaprovou Kirill, um dos marinheiros, podia exigir esse tipo de atitude.

– Fora com os de Odessa! – gritou a tripulação. Os marinheiros olharam então para o segundo-tenente Alekseyev, convocando-o a falar. O oficial baixou a cabeça e deixou o convés.[579]

Misturando-se à tripulação no convés principal, Matyuchenko observou os marinheiros discutirem; alguns quase chegavam às vias de fato. Sem conseguir ficar mais nem um segundo em silêncio, pulou para cima do cabrestante. Os gritos se transformaram em murmúrios. Depois em silêncio. Ele começou, canalizando os seus recursos mais interiores: a tristeza com a morte de Vakulentchuk, o desejo de vingança pelo que Kakhanov tinha feito nas últimas 24 horas, seu ódio pelo tsar. As palavras saíram quase como uma libertação, e jorraram.

– Fiquem, irmãos! Precisamos de união! Nossos dominadores já fizeram o bastante para nos jogar uns contra os outros, e agora vocês querem se matar? Todo o povo olha para vocês neste instante. Ouçam, fomos espancados e perseguidos por nossos oficiais, tratados pior que cachorros. Não suportávamos mais viver daquele jeito, e matamos nossos dragões. Agora somos nossos próprios governantes, mas será que o povo russo vai ter uma vida melhor porque lançamos nossos oficiais no mar? Um camponês ou operário vai ficar melhor por causa disso? Não esqueçam, não estou falando de estranhos; nossos pais e irmãos estão entre eles. O povo não tem dinheiro, muitos estão sendo mortos na guerra, e a frota inteira do Pacífico foi afundada.

Os marinheiros estavam fascinados, tanto com o jeito de Matyuchenko quanto com o que ele tinha a dizer. Sobre o cabrestante, falava com o senso de urgência de um comandante no meio da batalha. Mas, acima de qualquer coisa, seu poder sobre os homens vinha da intensidade de seus movimentos. Ele usava o corpo todo, pequeno, perdido dentro do uniforme, para discursar. Balançava-se, girava, ia para a frente e para trás. Lançava os braços para cima e para baixo, para a direita e para a esquerda, com o ímpeto de um maestro. E os marinheiros seguiam seus comandos.

– Agora eles querem enforcar a todos nós, porque ficamos do lado do que é certo. Não, não vamos deixar que acabem conosco sem lutar. Se queremos uma vida melhor para o povo, não apenas para nós mesmos, temos de lutar. Temos aqui conosco uma fortaleza inteira carregada com armas enormes, mas estamos só assistindo indiferentes enquanto nossos irmãos são mortos. Que vergonha! O povo russo vai nos amaldiçoar no futuro. Não podemos deixar isso acontecer! Vamos conquistar a liberdade ou morrer hoje, junto com nossos irmãos![580]

– Apoiamos a mesma causa! – berrou a tripulação, quase involuntariamente, de tão eletrizada com o discurso. – Morreremos todos juntos!

– Certo, então. Comecemos o bombardeio da cidade hoje – retomou Matyuchenko. – Não podemos esperar mais. Eles têm de pagar pelo sangue dos operários que derramaram. Concordam?

– Concordamos! – respondeu a tripulação.

– Bem, irmãos, agora estamos acertados. Sigam para suas posições.

Quando Matyuchenko desceu, marinheiros deram tapinhas em suas costas e apertos de mão. Naquele momento, e por aquele momento, suas palavras tinham voltado a unificar a tripulação, e começaram os preparativos para atirar na cidade. Também Matyuchenko estava abalado com as próprias palavras e os sentimentos que o dominaram enquanto falava. Depois, abraçou Kirill e, segurando-o pelos braços, disse:

– Morreremos juntos.[581]

Seu tom era de quem tinha escolhido e aceitado o próprio destino.

– Levantar âncora e pegar velocidade – veio a ordem no convés. A corneta soou pelo Potemkin, pedindo que os marinheiros retomassem seus postos. Fumaça negra saiu das chaminés. Os conveses foram liberados, as escotilhas de ferro trancadas. Canhoneiros tiravam ogivas dos armazéns e removiam a tampa da boca das armas. Uma equipe de primeiros socorros comandada pelo dr. Golenko preparava curativos e macas como se eles estivessem indo para a batalha. Matyuchenko foi para o passadiço, enquanto marinheiros encharcavam os conveses de madeira com a água gelada do mar para evitar incêndios causados pelas bombas. Em dez minutos, cada uma das armas, desde os canhões mais leves até os de 305 milímetros, estava carregada. Balas reserva, cinza--escuras, cobertas de lubrificante, estavam empilhadas nos conveses. Às 18h35, o Potemkin se moveu 800 metros para assumir uma melhor posição de tiro.

O anoitecer tinha caído sobre a cidade, e as silhuetas de seus prédios iam desaparecendo cada minuto que passava. No porto, alguns armazéns abandonados ainda queimavam; uma leve brisa levava a fumaça para cima das águas do porto. Enquanto o Potemkin virava o boreste na direção de Odessa, os marinheiros permaneciam em silêncio em seus postos, a maioria em uma estranha mistura de excitação e sobriedade. No passadiço, Matyuchenko esperava ao lado de Dymtchenko, Nikichkin, Kovalenko e do segundo-tenente Alekseyev, e todos olhavam para a cidade. Seus três alvos, identificados em um mapa sem escala nenhuma, incluíam o teatro da cidade, onde a reunião do conselho estava acontecendo, e as sedes militar e da prefeitura de Odessa. Kirill e Feldmann assistiam também do passadiço, bem recuados, fora do caminho.

A comissão de marinheiros tinha votado por atirar três vezes, em série, com munição falsa, dos canhões de 37 milímetros, para advertir os moradores da cidade, a fim de que eles se protegessem. O fato de que os tiros também dariam ao conselho militar a chance de fazer a mesma coisa era um risco que eles tinham aceitado. O trompete emitiu algumas notas em *staccato*, sinalizando aos canhoneiros para atirar. Os marinheiros se aninhavam, esperando a explosão, embora de qualquer maneira fossem ser surpreendidos pelo barulho ensurdecedor.

Bum.

O trompete soou de novo.

Bum.

O trompete.

Bum.

A fumaça cáustica dos primeiros três tiros se dissipou, enquanto um marinheiro içava uma bandeira de batalha vermelha no mastro da proa. Com um telêmetro, o experiente sinaleiro Frederick Vedenmeyer, marinheiro ruivo que também fazia parte da comissão, repassou a direção e as coordenadas para a tripulação que operava a peça de 152 milímetros. A peça virou devagar e entrou em posição. O trompete soou de novo. Silêncio. Então um estouro retumbante seguiu o clarão de luz branca e verde da boca do canhão. O Potemkin estremeceu. A tripulação olhou para Odessa, a explosão ainda ecoando em seus ouvidos.[582]

Com o tiro de canhão, Matyuchenko sentia que estava mandando um recado pessoal para o tsar. Tinha que entregar a terra aos camponeses. Tinha que entregar as fábricas aos trabalhadores. Tinha que abrir seus palácios ao povo. Senão, os marinheiros o arrancariam do trono.

– Por cima do alvo! – gritou Vedenmeyer para o passadiço.

Um silêncio terrível pairou sobre o Potemkin, já que todos sabiam que a queda daquela bomba altamente explosiva no lugar errado significava provavelmente mortes inocentes.[583] Matyuchenko instruiu Vedenmeyer, rude:

– Veja se acerta desta vez. Precisamos atingir o teatro e nada mais, entendeu?

Vedenmeyer repassou novas coordenadas à bateria. O passadiço deu a ordem de fogo. A tripulação tampou os ouvidos. A arma disparou. Kovalenko ouviu a bomba zunir e, com seus binóculos, viu gente correndo para se esconder na alameda Primorsky. Assim como todos na tripulação, rezou para que aquela bomba chegasse ao alvo.[584]

Nas ruas de Odessa, o pânico imperava. Depois dos tiros de advertência, muitos fugiram para os porões ou simplesmente se lançaram ao chão. Perto da rua Preobrajenskaya, soldados que estavam acampados na praça se espalharam pelos prédios vizinhos, gritando uns para os outros que o Potemkin finalmente tinha começado sua campanha de destruição. O cônsul americano estava parado, apalermado, na janela para assistir ao bombardeio, e jurou mais tarde a seus superiores em Washington ter visto a primeira bomba traçar um arco no céu.

Aquela primeira bomba caiu numa construção de esquina no centro da cidade. Uma nuvem de poeira e fumaça consumiu a casa. As paredes rugiram e depois desabaram sobre si mesmas. Um trecho de quase 3 metros de telhado oscilou por um instante e depois se rompeu, se estilhaçando na rua. Gritos histéricos dominaram a área. Uma dupla de cavalos que puxava uma carruagem disparou, derrubando o condutor. Um morador que vivia perto da casa destruída saiu para a sacada, afastando pedaços de pedra e madeira, em choque. Olhou para a rua e perguntou a um alfaiate que trabalhava em uma loja vizinha por que alguém ia querer explodir sua casa.

À medida que a poeira foi baixando, as pessoas saíram de casa para inspecionar os danos. O telhado da casa número 71 da rua Nejinskaya estava partido ao meio, suas sustentações de madeira esfarrapadas como uma corda. Ninguém saiu da casa. Um buraco gigantesco devorava a parede de uma construção perto dali. Fios do telégrafo tinham caído, e as ruas estavam cheias de escombros. Debaixo de uma acácia, um faxineiro descobriu um fragmento da bomba de 152 milímetros. Confusas, as pessoas o cercavam e apontavam para o fragmento incandescente como se não soubessem de onde ele tinha vindo.

Veio então o segundo estrondo do porto, e o zunido de uma outra bomba descendo sobre a cidade. A rua ficou vazia.[585]

– Por cima do alvo. Por cima do alvo! – anunciaram vários observadores no Potemkin quando a segunda bomba desapareceu sobre os telhados.

Os marinheiros socaram as anteparas e xingaram os canhoneiros. Queriam atingir o conselho militar, não aterrorizar a cidade. Se abrissem fogo com todas as suas armas, sem dúvida acabariam acertando o alvo, mas muitos civis inocentes morreriam no processo.

– Bandeira branca! Eles estão agitando uma bandeira branca! – gritou Vedenmeyer, antes que os marinheiros pudessem responsabilizá-lo pela imprecisão da bateria de 152 milímetros.

Os tiros fora do alvo tinham minado a determinação da tripulação em atacar o conselho militar, e agora a visão da bandeira branca dava motivos para parar de vez com o bombardeio, embora Vedenmeyer tivesse sido o único a avistar a bandeira em meio à escuridão.[586]

Pouco tempo depois, a comissão de marinheiros se reuniu e resolveu que um novo ultimato seria mandado ao general Kakhanov, exigindo que a polícia e as tropas se retirassem da cidade. Enquanto a tripulação descarregava as ogivas das baterias, Matyuchenko e Feldmann embarcaram em uma lancha para entregar o ultimato. Para o caso de eles serem presos ou atacados, Matyuchenko levava consigo dois sinalizadores para alertar o Potemkin. Escondeu um debaixo da camisa. Deixou o outro no barco, para que fossem usados pelos marinheiros.

Quando a lancha atracou, o porto continuava quieto e vazio como um cemitério. No caminho para a escadaria de Richelieu, os homens passaram por vários cadáveres carbonizados que ainda não tinham sido levados após a violência da noite anterior. O ameaçador silêncio só foi rompido uma vez, pelo som do galope de uma dupla de cavalos que carregava uma carruagem-ambulância. No alto da escada estava o general Karangozov, um anão se comparado aos oficiais que o ladeavam. Perguntou por que eles tinham ido até lá.

– Disparamos duas bombas hoje em uma demonstração de que podemos tomar uma atitude decisiva a qualquer momento – disse Feldmann. – Mas não queremos um derramamento de sangue desnecessário. Convidamos o comandante das tropas a vir a nós, no navio, ou mandar alguém com plenos poderes para ouvir nossas reivindicações.

– E se não atendermos a essa exigência? – rebateu Karangozov.

– Então nos consideraremos livres para agir – disse Matyuchenko, impassível.

– Muito bem. Informarei sua requisição ao general Kakhanov.

– Se não voltarmos ao navio até as dez horas – advertiu Feldmann –, eles vão abrir fogo com todas as armas.[587]

Enquanto os marinheiros esperavam no alto da escadaria de Richelieu, Karangozov foi até a sede do comando militar. Encontrou Kakhanov de péssimo humor. A elite da cidade estava fugindo de Odessa, pegando trens de carga quando necessário, e todas as fábricas permaneciam fechadas. As autoridades civis tinham entrado em contato com o ministro do Interior, suplicando ajuda e insistindo que as Forças Armadas "não tinham como acalmar a população". Kakhanov ainda não recebera informações atualizadas sobre a esquadra, e, apesar de seus soldados terem finalmente tomado posições de artilharia nas encostas, eles seriam inúteis se o Potemkin manobrasse e fugisse de seu alcance. Não, disse ele a Karangozov, ele se recusava a encontrar aqueles marinheiros amotinados que tinham se atrevido a atirar na cidade – e, o que é pior, sem nenhuma precisão. Estavam loucos, concluiu Kakhanov, de achar que ele ia discutir termos com eles.[588]

Quinze minutos depois, Karangozov voltou até os marinheiros. Transmitiu a resposta a Matyuchenko em tom de desdém:

– O comandante em chefe não deseja entrar em nenhum tipo de negociação com amotinados. Se vocês quiserem lançar mais bombas nas casas de cidadãos pacíficos, que Deus e o tsar sejam seus juízes. Só posso sugerir que vocês se entreguem e peçam perdão. Agora podem ir embora.

Matyuchenko ficou estupefato com a resposta: Kakhanov ia mesmo deixá-los destruir a cidade em vez de aceitar suas reivindicações? Se ele não ouvia a razão, não restava outra opção aos marinheiros. A delegação retornou ao Potemkin. Um integrante da comissão protestou:

– Vamos mostrar a ele se somos amotinados. Se ele não quer falar conosco, que responda a nossos canhões de 12 polegadas.

Outro marinheiro expressou a expectativa de todos:

– *Se pelo menos* a esquadra chegasse, Kakhanov não ia falar conosco desse jeito.

Eles decidiram que, se a esquadra não aparecesse no dia seguinte, lançariam um novo ataque contra Odessa, concentrando as armas nas principais alamedas e parques da cidade, onde os soldados estavam estacionados. Então manteriam o bombardeio até que Kakhanov se rendesse.[589] Quando dois representantes da comissão revolucionária unida da cidade aproximaram seu barco do Potemkin, mais tarde, os marinheiros contaram o plano e perguntaram se eles estavam dispostos a participar da batalha contra o governo.[590]

Os marinheiros se organizaram para passar mais uma noite. Os que estavam de vigia iluminavam as águas do porto com holofotes, temerosos de que o comando da Frota do Mar Negro lançasse um ataque com torpedo na escuridão.

Ignoravam o fato de que um ataque já tinha sido perpetrado – de dentro do próprio Potemkin. O sinaleiro Vedenmeyer, integrante de confiança da comissão, os tinha traído.

Mesmo antes de o encouraçado zarpar de Sebastopol, Vedenmeyer já era um dos informantes de Golikov. Contava as atividades revolucionárias do Potemkin e era generosamente pago por seu empenho. Nas horas imediatamente seguintes ao motim, tinha apanhado os livros de códigos secretos da frota do camarote do capitão para evitar que os marinheiros os usassem.

Embora Vedenmeyer tivesse atribuído os erros nos tiros das armas de 152 milímetros à falta de um mapa detalhado e com escalas de Odessa, tinha dado de propósito aos operadores da bateria as coordenadas erradas.[591] E a "bandeira branca" que tinha visto na verdade eram soldados no porto que sinalizavam, por semáforo: "Mantenham o bombardeio. De manhã, nos uniremos a vocês."[592] Sua sabotagem, naquela noite, mais tarde lhe garantiria os agradecimentos do tsar. Ele foi o primeiro dos dois traidores a agir de forma decisiva contra o Potemkin.

Nicolau II
*Fundação da Fotografia Histórica,
São Petersburgo, Rússia*

Vice-almirante
Grigory P. Tchukhnin

Almirante
Fyodor K. Avelan

Vice-almirante
Aleksandr Krieger

*Todas as fotos são do Museu Naval Central, São Petersburgo,
Rússia, exceto quando houver menção diferente.*

Reunião da Tsentralka

Afanasy Nikolayevitch
Matyuchenko

Grigori N. Vakulentchuk

O motim do Potemkin (ao fundo, o torpedeiro *Ismail*)

Esquife do marinheiro Vakulentchuk em Odessa

A batalha silenciosa – o Potemkin contra a Frota do Mar Negro

A tripulação do encouraçado Potemkin

O encouraçado Potemkin

O encouraçado *Rostislav*

O encouraçado *Georgy Pobedonosets*

O destróier *Stremitelny*

Anatoly P. Berezovsky
("Kirill")

Konstantin I. Feldmann

General Semyon Kakhanov,
governador militar de Odessa
Niva Magazine, 1905

Tenente
Aleksandr Kovalenko

Oficiais e suboficiais do encouraçado Potemkin
(capitão Yevgeny Golikov, no centro; tenente Ippolit Gilyarovsky, à direita dele)

Os marinheiros do Potemkin desembarcam em Constanta.

14

ALGUMAS HORAS DEPOIS da meia-noite, no início do quarto dia do motim, um integrante da comissão de marinheiros ouviu um suboficial mencionar como seria fácil afundar o encouraçado explodindo um dos estoques de munição. Ele foi detido, e Matyuchenko exigiu que o traidor fosse morto. A comissão, no entanto, decidiu trancá-lo em uma cabine e o enviar para a terra firme no dia seguinte.

Abatido, Matyuchenko se recolheu em um dos camarotes depois do confronto para descansar por algumas horas. Estava havia praticamente três dias sem dormir, e sua voz era pouco mais que um sussurro. Sabia que tinham chegado a uma espécie de impasse. Sozinhos em seu motim, como Vakulentchuk tinha advertido, não representavam a ameaça de derrubar o tsar que Matyuchenko esperava. Sem outros encouraçados a seu lado, a rebelião podia estar condenada — ou a ser afundada pelos navios leais ao tsar ou a ser perdida para a contrarrevolta da tripulação. Precisavam de aliados.

Nas primeiras horas da manhã, Kirill perambulava pelo encouraçado, exausto mas relutante em se deitar e correr o risco de sucumbir ao permanente desfile de temores e pensamentos sobre o que ainda era preciso fazer. Encontrou marinheiros nos conveses com o mesmo problema, nervosos ou com o fato de o apoio da tripulação ao motim estar diminuindo, principalmente entre os marinheiros mais jovens, ou com o de eles não terem feito progressos suficientes para levar a revolução a Odessa. O massacre no porto ainda povoava sua mente, assim como os malsucedidos tiros do canhão de 152 milímetros. Mas os marinheiros falavam principalmente da Frota do Mar Negro. Questionavam quando ela chegaria e o que deveriam fazer se as tripulações a bordo não tivessem se revoltado, obrigando o Potemkin a combatê-las. Aí marinheiro teria de atirar em marinheiro, uma ideia que eles tinham de considerar.[593] Por fim, uma hora antes do amanhecer, Kirill, que já ouvira o bastante, voltou para o camarote e afundou em um sofá. Tinha dormido uns poucos minutos quando um marinheiro esmurrou a porta e a escancarou.

– Interceptamos um telegrama – disse, sem fôlego. – A esquadra está chegando!

Kirill correu para a pequena sala do telégrafo. Ela já estava lotada com 15 integrantes da comissão rodeando a máquina, esperando outra mensagem do encouraçado *Tri Sviatitelia*. Tudo o que tinham interceptado era uma pergunta: "Por que vocês não respondem?" Não se sabia quem era o destinatário. Para tentar conseguir mais informações, os marinheiros do Potemkin mandaram uma mensagem, sem identificar o navio: "Onde está o resto da esquadra?" Finalmente, quando parecia que não receberiam resposta, a máquina chacoalhou e escreveu: "Para o *Dvienadtsat Apostlov*: Por que vocês não respondem? O Potemkin permanece perto do porto de Odessa – *Tri Sviatitelia*."[594]

A mensagem agitou os marinheiros. O telégrafo tinha um alcance limitado, portanto a esquadra tinha de estar a algumas horas de distância, no máximo. Os líderes do navio correram para a sala dos oficiais, deliberando rápido sobre o que deviam fazer.

– E se a esquadra ainda não estiver amotinada? – perguntou Matyuchenko.

A comissão concordou que era provável que outros navios ainda não tivessem deposto seus oficiais. Senão teriam informado por telégrafo o Potemkin de seu sucesso e seguido direto para Odessa para se juntar a eles.

– Devíamos ficar aqui e tentar conter a esquadra no horizonte – sugeriu Feldmann. – Se os comandantes se recusarem a negociar, abrimos fogo a distância.

As armas do Potemkin eram as que tinham o maior alcance na frota.

– Não. Temos que sair e encontrá-los – argumentou Kovalenko. Matyuchenko apoiou essa estratégia. Se seus camaradas revolucionários ainda estivessem planejando tomar o controle dos navios, o Potemkin não os podia bombardear antes que eles tivessem a chance de se rebelar.

O raciocínio convenceu a comissão. Nos minutos seguintes, criaram um plano: avançariam na direção da esquadra assim que avistassem sua fumaça no horizonte; o Potemkin avançaria em velocidade máxima, pronto para a batalha, mas não atiraria primeiro; se a esquadra atacasse, o Potemkin responderia, com potência devastadora. Não haveria rendição. Em último caso, afundariam o próprio encouraçado.[595]

Matyuchenko encerrou a reunião, e soou a ordem:

– Preparar para ação!

Os marinheiros limparam e jogaram água nos conveses, encheram de água os botes a remo para o caso de incêndio, empilharam sacos de carvão em torno de posições expostas nas armas de tiro rápido e improvisaram escudos, usando cordas e lonas encharcadas para se proteger contra os estilhaços das bombas. Os que eram religiosos borrifavam água benta nos canhões, enquanto os operadores os carregavam com as balas. Na sala de máquinas, foguistas acenderam 18 das 22 caldeiras. Os holofotes do encouraçado foram apontados para o mar. O *Vekha* foi preparado para servir de navio-hospital (uma cruz vermelha tinha sido pintada em sua chaminé) e o *Ismail* foi mandado para vasculhar as águas da área. Todos receberam a ordem de tentar dormir quando tivessem terminado, em seus postos, vestidos e preparados. Mas a maioria continuou acordada. Fumavam um cigarro atrás do outro e tentavam adivinhar o que ia acontecer quando a esquadra chegasse.[596]

Quando a alvorada começou a iluminar o céu, o Potemkin interceptou mais duas mensagens por telégrafo. A primeira era para o *Rostislav*, com o recado "Distintamente visível". A segunda estava cortada: "Estamos escrevendo a vocês a uma distância de cinco..." Matyuchenko estava certo de que a esquadra se aproximava, mas eles precisavam saber exatamente quão perto ela estava e quantos navios possuía.[597] Kirill sugeriu mandar um barco a vapor para espionar os movimentos da esquadra. A ideia foi bem recebida. Os marinheiros Dimtchenko e Reznitchenko partiram para o porto. Encontraram um barco rápido a vapor chamado *Smely*, cujo capitão concordou com a missão, sob a mira de uma arma.

216

Depois de o *Smeli* deixar o porto, a tripulação do Potemkin continuou de olhos fixos no mar, na expectativa de ver a qualquer momento a esquadra tomar forma no horizonte. Kovalenko desceu uma série de escadas de metal até a sala das máquinas para se assegurar de que todos estavam preparados. À medida que atravessava os portalós, eles vibravam com o zumbido ritmado das turbinas. O ar cheirava a óleo quente, e o vapor assobiava na rede de chaminés que o cercavam. Através de uma escotilha, viu os foguistas jogarem carvão nas fornalhas, os rostos brilhando de suor, iluminados pelo brilho laranja do fogo. O espírito dos marinheiros inspirou confiança. Disse aos homens que um dia tinham recebido ordens dele que agora era um camarada, e torcia para que eles tivessem seu melhor desempenho nas horas seguintes.[598]

Foi então verificar o hospital do navio. Encontrou vários padioleiros enrolando ataduras na mesa de operação, mas o dr. Golenko não estava lá.

— Onde está o doutor? – perguntou Kovalenko.

— A bordo do *Vekha* – respondeu um padioleiro.

— Ele ainda não voltou?

— Não. Disse que estava montando um hospital lá para o caso de batalha.

— Mas isso é loucura – disse Kovalenko. – Se houver luta, os feridos vão estar no Potemkin, não no *Vekha*.

O padioleiro deu de ombros, claramente pouco acostumado a questionar seu ex-superior.

— Ele levou quase todo o material médico com ele – acrescentou, por fim.

Kovalenko foi ao convés principal e pediu a um marinheiro que fosse ao *Vekha* e trouxesse o médico e o material de volta para o encouraçado. Alguns minutos depois, o marinheiro voltou só com o material. Revoltado, o tenente quase foi ele mesmo até o *Vekha* para trazer o médico de volta à força, quando, às 8h, teve a atenção desviada pela chegada do *Smely*.[599]

Dimtchenko disse à comissão de marinheiros que eles tinham avistado três encouraçados a 20 minutos de Odessa. Haviam viajado a lentos seis nós, e as bandeiras hasteadas no *Tri Sviatitelia* indicavam que o vice-almirante Vichnevetsky era quem comandava. Quando o *Smely* avançara no mar para procurar mais encouraçados, um torpedeiro os perseguira e dera vários tiros de advertência. Reznitchenko ordenara ao capitão que aumentasse a velocidade. "Diminua a velocidade. Vamos afundá-lo", o torpedeiro sinalizara a eles. "Nada de vapor aqui", provocara Reznitchenko. O *Smely* atingira então sua velocidade máxima, de 20 nós, escapando do torpedeiro, e voltara para junto do Potemkin.

A esquadra ia aparecer logo, alertou Dimtchenko. Muito em breve.[600]

Dez minutos depois, um vigia que usava um telescópio avistou o primeiro sinal de fumaça da esquadra e gritou:

— No horizonte! A esquadra está chegando!

Matyuchenko correu para a ponte de comando. Era aquilo que estava esperando desde que tinham chegado a Odessa. Acreditava tanto na causa que não passava por sua cabeça a possibilidade de os marinheiros revolucionários nos outros navios não arriscarem suas vidas para se juntar ao Potemkin. Quando fizessem isso, o avanço da revolução não teria volta, pensou.

Depois de olhar ele mesmo pelo telescópio, Matyuchenko se virou para o segundo-tenente Alekseyev.

— Dê a ordem de levantar âncora. Vamos zarpar imediatamente. Não queremos ficar encurralados na baía.

Trompetes e tambores tocaram o alerta de batalha. Todos correram para suas posições enquanto a âncora era erguida, conscientes de que não se tratava de um exercício.[601] Do telégrafo veio uma mensagem do *Tri Sviatitelia*: "As tripulações do mar Negro estão tristes com suas atitudes. Chega de escândalo. Rendam-se. A espada poupa a cabeça do penitente. Expliquem suas reivindicações. Sejam razoáveis. Vice-almirante Vichnevetsky."

Matyuchenko disse ao telegrafista que respondesse: "Incompreensível. Por favor, repita."[602]

O Potemkin começou a acelerar, passando entre os quebra-mares do porto. Conforme o encouraçado pegava velocidade, a bandeira vermelha tremulava com o vento no mastro. As torretas das armas de 305 milímetros giraram em suas bases, aço rangendo contra aço, até que os grandes canos apontassem para a frente. A fumaça da esquadra finalmente podia ser vista a olho nu. Minutos depois, os marinheiros do Potemkin conseguiam distinguir os contornos de três encouraçados e uma flotilha de torpedeiros.

"O que vocês querem, seus loucos?", telegrafou Vichnevetsky. O Potemkin avançava em curso direto para sua esquadra, a 8 quilômetros de distância.

Matyuchenko respondeu: "Se quiser saber nossas exigências, suba a bordo do Potemkin. Garantimos sua segurança." Tinha a esperança de que, se conseguisse levar o almirante até o encouraçado, as tripulações sentissem a hesitação em seus comandantes e aproveitassem para se amotinar.

O *Tri Sviatitelia* não respondeu. A 6,5 quilômetros de distância, os três encouraçados adotaram a formação em linha horizontal, lado a lado.

– Agora eles estão entrando em formação para a batalha. Vão abrir fogo logo – previu um marinheiro na torre de comando.

Sem hesitar, Matyuchenko disse a Alekseyev que mantivesse o curso. Os marinheiros se prepararam para a batalha.

O Potemkin se aproximou da esquadra. De repente, o *Tri Sviatitelia* virou rápido a bombordo, seguido pelo *Georgy Pobedonosets* e o *Dvienadtsat Apostlov*. Os encouraçados aumentaram a velocidade durante a manobra até virar quase 180 graus. Gritos de alegria ecoaram no Potemkin quando a tripulação entendeu o que estava acontecendo: a esquadra estava fugindo.[603]

– Pelo jeito não é nada divertido sentir o gosto dos nossos canhões – brincou um marinheiro.[604]

Kirill e Feldmann pressionaram para que eles perseguissem a esquadra e atirassem nos encouraçados que recuavam, mas Matyuchenko ordenou à sala de máquinas que reduzisse a velocidade. Tinham dado aos marinheiros naqueles navios mais tempo para se amotinarem.

O Potemkin voltou para Odessa, enquanto a esquadra desaparecia no mar. Matyuchenko sabia que eles veriam a Frota do Mar Negro de novo, muito em breve. Se os revolucionários a bordo dos encouraçados da esquadra não conseguissem tirar os oficiais do controle, o próximo confronto muito provavelmente terminaria em uma chuva de aço.

* * *

"*Tri Sviatitelia*, o que o está detendo?", telegrafou o almirante Krieger para Vichnevetsky às 10h10, ao avistar seu subordinado no comando da esquadra seguindo para o porto de Tendra sem o Potemkin a seu lado. "Por que não está a caminho de Odessa?"[605]

O *Rostislav*, nau capitânia de Krieger, tinha baixado âncora perto de uma ilha uma hora antes, acompanhado pelo encouraçado *Sinop* e quatro torpedeiros. Quando viu que seu principal oficial não estava no ponto de encontro, Krieger imaginou que Vichnevetsky já tivesse partido para conseguir a rendição do Potemkin e que logo estaria de volta com o Potemkin, dessa vez novamente com a bandeira de Santo André. Um resultado inevitável, acreditava Krieger. A tripulação amotinada jamais se atreveria a resistir à potência unida da Frota do Mar Negro. Mas agora Vichnevetsky voltava, e nada do Potemkin.[606]

Avançando a toda velocidade na direção da ilha, Vichnevetsky não respondeu a Krieger, convicto de que uma curta mensagem de telégrafo não seria a melhor maneira de explicar as últimas horas. Nunca tinha imaginado que o Potemkin fosse sair de Odessa, com as armas apontadas para o *Tri Sviatitelia*. Seus navios não estavam preparados para a batalha, e ele era definitivamente contra enfrentar o Potemkin, justo aquele encouraçado. Tinha ido até lá só para negociar a rendição dos amotinados.[607]

Quando Vichnevetsky se aproximou de Tendra, Krieger sinalizou por semáforo que todos os comandantes deveriam se reportar imediatamente à nau capitânia. Quando a lancha partiu do *Georgy Pobedonosets* levando o capitão Guzevitch para a reunião, o marinheiro Kochuba juntou-se aos outros revolucionários em seu encouraçado, certo de que tinham de agir se a esquadra fosse mandada novamente atrás do Potemkin. Krieger, agora no comando, sem dúvida ia mandar os marinheiros atirarem em seus irmãos. Como sempre, Kochuba – cuja aparência doentia, de rosto seco e amarelado, ocultava seu enorme ardor revolucionário – foi inflexível, dizendo que eles tinham que seguir o plano da Tsentralka e fazer um motim na frota inteira, mesmo que as atitudes do Potemkin tivessem mudado o cronograma.[608] Haviam testemunhado a covardia dos oficiais quando o Potemkin se aproximara da esquadra: correram pelo navio como crianças apavoradas, e alguns imploraram à sala das máquinas que aumentasse a velocidade na fuga para a ilha de Tendra. Kochuba tinha certeza de que esses mesmos oficiais não tinham coragem para resistir a um levante entre seus homens.[609] Sua missão era convencer e liderar a tripulação ao motim, e era exatamente isso que ele pretendia fazer.[610]

Enquanto isso, no *Rostislav*, Krieger censurava seu oficial mais graduado pelo recuo da manhã. Disse aos comandantes que nunca teria permitido aquilo, independentemente de seus temores sobre a lealdade da tripulação se ela recebesse a ordem de atirar. Sim, Krieger esperava poder evitar uma batalha naval, mas todos os preparativos, incluindo equipes de abordagem armadas, tinham de ser feitos para o caso de a luta acontecer.

Apresentou então sua estratégia contra o Potemkin. A esquadra iria até Odessa em duas colunas, sua nau capitânia liderando a primeira, e o *Tri Sviatitelia*, a segunda. O cruzador ligeiro *Kazarsky* seguiria antes da esquadra para fazer o reconhecimento, e os torpedeiros seguiriam atrás das duas colunas em formação em linha horizontal. Ele lembrou os oficiais de que a vantagem deles sobre o Potemkin era de cinco encouraçados contra um; também ressaltou a abundância de torpedeiros.[611]

– Foi o próprio tsar quem ordenou a eliminação dessa mancha vergonhosa na honra de suas forças de combate – concluiu Krieger. – Não pode haver fracasso.[612]

Quando a reunião terminou, o capitão M.N. Kolands, do *Dvienadtsat Apostlov*, embarcou em sua lancha a vapor. Desde que a esquadra tinha deixado Sebastopol, seu estado de espírito só tinha piorado, mudança que foi notada pela tripulação. Na volta a seu encouraçado, Kolands manteve o olhar perdido na direção de Odessa, falando sozinho em frases desconexas:

– Esta é a vergonha que vivemos para ver... Não se tem mais respeito pelo tsar e pela Rússia... Eles foram desonrados... A tripulação do Potemkin é um lixo inútil... Não há lugar para eles neste mundo... Nem um único comandante confia em sua tripulação, tirando o contra-almirante Vichnevetsky e eu.[613]

De volta ao *Dvienadtsat Apostlov*, Kolands correu para seu camarote. Quinze minutos depois, surgiu em seu uniforme mais formal, adornado com uma fileira de medalhas. Como tinha prometido bater no Potemkin, alguns dos marinheiros não tiveram como não desconfiar que o capitão estivesse vestido para o próprio enterro. Veio então o sinal para levantar âncora.

Reunidos em cima dos telhados e nos barrancos com vista para o porto, os moradores de Odessa olhavam para o mar, imaginando o que ia acontecer. A esquadra ia voltar? O Potemkin iria atrás deles, como tinha feito antes?[614] Até os revolucionários da cidade, que tinham interrompido seus acalorados debates sobre os próximos passos a ser dados quando a esquadra fosse avistada, mantinham a vigilância, fitando o mar.[615]

De binóculos, o general Kakhanov também olhava, de seu quartel-general militar para o horizonte, rezando para que a esquadra voltasse logo. Depois de mandar a delegação do Potemkin embora, na noite anterior, tinha enviado um telegrama para o vice-almirante Tchukhnin e para o Almirantado em São Petersburgo, implorando desesperadamente para que os encouraçados se apressassem. Finalmente, às 23h, foi reconfortado por uma mensagem de Vichnevetsky dizendo que a esquadra estava próxima. Naquela manhã, por ordem do Ministério da Guerra, Kakhanov estacionou soldados ao longo da costa para prender aqueles que sobrevivessem ao ataque ao Potemkin e que tentassem fugir para terra.[616]

Quando a esquadra de Vichnevetsky finalmente surgira no horizonte, Kakhanov tinha se virado para um de seus oficiais e dito, confiante:

— O que o Potemkin pode fazer contra tamanha potência? Até que enfim esses amotinados vão ter o que merecem.

Mas então o comandante dera meia-volta nos encouraçados e desaparecera, deixando o general desconcertado. Não tinha recebido mais nenhum comunicado do Almirantado nem de Vichnevetsky, e ainda não havia sinal dos navios de Krieger.[617]

Kakhanov aguardava como todo mundo, seu destino nas mãos de uma Marinha que tinha se mostrado lenta na resposta à crise de Odessa e que tinha fugido ao primeiro confronto com o Potemkin. Mesmo assim, estava otimista e achava que a esquadra prevaleceria.[618]

* * *

Quando o Potemkin baixou âncora de volta ao porto, os marinheiros comeram sopa de repolho e pão no castelo de proa. A temperatura era de 27 graus e o ar estava úmido, apenas uma leve brisa sobre a água. Comer ao ar livre aliviava um pouco o calor dos deques inferiores e, apesar da expectativa do retorno da esquadra, a tripulação estava animada depois do primeiro enfrentamento.[619]

"Sabíamos que eles iam voltar e que daquela vez teríamos que enfrentar os canhões da frota inteira", explicou mais tarde um marinheiro. "Mas isso não nos preocupou. Éramos todo-poderosos. Não tínhamos nada a temer."[620] Os marinheiros cantavam e faziam piadas sobre a "coragem" dos almirantes da Frota do Mar Negro, mas toda a bravata só duraria enquanto o panorama no horizonte continuasse calmo.

Vindo do *Vekha*, o dr. Golenko subiu a bordo com um sorriso no rosto.

– Ah, como estou feliz, amigos, de vocês terem voltado. Fiquei com medo de que tivessem ido embora sem mim – disse, esfregando as mãos. – Estou do lado de vocês, vocês sabem.

Kovalenko o repreendeu por ter deixado o Potemkin quando eles mais precisavam dele. Instruiu então o médico a permanecer no encouraçado, não importava o que tivesse de ser feito no *Vekha*.[621]

Na sala de oficiais, cada departamento do navio reportou sua prontidão para a batalha à comissão de marinheiros. Tudo estava em ordem, embora os engenheiros requisitassem alguns itens de terra, como ácido sulfúrico. A comissão mandou um marinheiro à paisana à cidade para obter os artigos. O revolucionário Boris, de Odessa, que, com exceção de um ou outro discurso, tinha se comprovado menos útil à tripulação do que Kirill ou Feldmann, o acompanhou. A comissão queria que ele conseguisse mapas de Odessa detalhados e com escala, para que eles pudessem concretizar o plano de tomar a cidade – se o Potemkin sobrevivesse àquela tarde.

Matyuchenko reafirmou a intenção de seguir direto para a esquadra e provocar Krieger e Vichnevetsky a atirar neles, medida que, acreditava, deflagraria o motim nas outras tripulações. Era uma aposta. Se os marinheiros permanecessem leais a seus oficiais, o Potemkin teria de enfrentar mais encouraçados que o que bastara para o almirante japonês Togo derrotar a frota de Rojestvensky em Tsushima. Além do mais, todos os encouraçados e torpedeiros estavam sendo comandados por oficiais experientes, alguns com histórico de batalha. Haveria um confronto, e o Potemkin provavelmente seria afundado, levando muitos deles. Mesmo assim, os líderes do navio se ativeram ao plano.[622]

Quando eles se dispersaram, Kirill foi verificar a tripulação para se assegurar de que ela estava igualmente comprometida. Em um convés inferior, encontrou um jovem enfermeiro-socorrista chamado Morozov, que carregava suprimentos para o hospital. Kirill o parou e pediu algum remédio para a dor de cabeça que o atormentava.

– Vou arrumar um pó para você – disse Morozov, levando-o até a farmácia com a disposição de uma pessoa que gostava de agradar. Enquanto media o remédio em uma pequena balança, disse:

– Você parece entender o que está acontecendo, não é?

Kirill assentiu com a cabeça.

– Por favor, me diga pelo que estamos lutando. Perguntei a umas outras pessoas – disse, inocente. – Mas elas também não sabem direito.

Kirill encarou o marinheiro por um momento, tocado com sua honestidade. O padioleiro, que parecia não ter mais que 16 anos, estava prestes a arriscar a vida, e não fazia ideia do motivo. Sem a retórica revolucionária de costume, Kirill explicou que eles estavam lutando contra um governante que sempre tinha tirado coisas de seu povo, sem nunca ter dado nada em troca. Se o marinheiro quisesse uma vida melhor para ele e para sua família, eles precisavam lutar.

– Isso certamente vale a batalha – disse Morozov, depois de fazer mais algumas perguntas. – Agora entendo.

Os dois apertaram-se as mãos e Morozov deu a Kirill o pacote de pó.

– Por favor, venha falar comigo de novo – disse quando Kirill se afastava. – Arranjo mais pó.

Anos depois, Kirill se lembraria de cada detalhe dessa conversa e do próprio rapaz, até de seus olhos esverdeados, como se pela primeira vez o revolucionário de Odessa tivesse percebido que aqueles marinheiros eram mais que instrumentos úteis à sua causa.[623]

Às 11h, o Potemkin recebeu uma mensagem da esquadra: "Enviem representantes ao *Tri Sviatitelia* para negociações de paz. Garantimos a segurança deles. Estamos a caminho de Odessa."[624]

As piadas e músicas acabaram. A esquadra ia chegar logo. Ao longo da hora seguinte, os marinheiros andaram de lá para cá em suas posições de combate, esperando o confronto começar. Alguns rabiscaram seus endereços e deram-nos a amigos, pedindo a eles que escrevessem a suas famílias se eles morressem na batalha que se aproximava. Outros se abraçaram, se despedindo, ou ficaram parados, sozinhos, guardando os pensamentos e as orações para si mesmos.[625]

Às 12h05, um vigia avistou a esquadra. O alarme de combate soou, e a bandeira de batalha foi içada, mais uma vez, no Potemkin.[626]No caminho para a torre de comando, Matyuchenko murmurou para si mesmo: "Isso vai decidir as coisas." Ou o Potemkin e a esquadra iam se enfrentar na batalha ou o resto da Frota do Mar Negro se juntaria a eles no motim. A espera tinha terminado.[627]

15

— ESTÁ VENDO ALI? *Aquilo* é honra e glória – disse um marinheiro do *Georgy Pobedonosets* a um companheiro, ao observar o Potemkin avançar sozinho contra a esquadra de encouraçados e torpedeiros, com a bandeira da revolução içada. – Eles vão entrar na história da Rússia por este dia.

Na torre de comando, Matyuchenko se mantinha de pé, o rosto impassível.

– Isso vai decidir as coisas – repetia.[628]

O Potemkin avançava a 12 nós de velocidade, se afastando do porto; o litoral a cada minuto ficava mais distante, enquanto a esquadra, que de início era só uma mancha no horizonte azul e límpido, tomava forma. Matyuchenko sabia que estavam cortejando a morte. A esquadra tinha vinte canhões de 305 milímetros contra quatro do Potemkin, mais uma vantagem de seis para um nas peças de calibre menor. Além disso, Krieger podia simplesmente avançar sua flotilha de torpedeiros para atacar.[629] Para o Potemkin ter alguma chance contra números tão acachapantes, a estratégia naval determinava que eles se mantivessem a distância, tentando acertar tiros com os canhões de 305 milímetros. Se ficassem a pouca distância da esquadra, Krieger poderia devastá-los com suas armas superiores.

Era exatamente esse o curso, porém, que o contramestre M.M. Kostenko, no timão do Potemkin, tinha recebido ordens para estabelecer. Na prática, os marinheiros caminhavam indefesos para um pelotão de fuzilamento, torcendo para que os homens por trás das armas se recusassem a executar suas ordens. Se aquilo não acontecesse, a batalha estaria terminada antes que a fumaça da primeira salva se dissipasse.[630] Não era de estranhar, portanto, que o segundo-tenente Alekseyev, que deveria estar liderando o navio para o combate, tivesse sofrido uma repentina crise de desmaios quando eles levantaram âncora. Os marinheiros se recusaram a atender ao seu pedido de ser desembarcado, mas ele não teria qualquer utilidade para eles.[631]

Quando estava a 11 quilômetros da esquadra, o Potemkin recebeu uma mensagem de telégrafo da nau capitânia *Rostislav*: "Marinheiros do mar Negro. Estou chocado com sua conduta. Rendam-se."

– Responda – disse Matyuchenko ao telegrafista, que mandou a seguinte resposta: "A tripulação do Potemkin pede ao comandante da frota que venha a bordo para parlamentar. Promete segurança."[632]

Krieger não respondeu. A 6,5 quilômetros de distância, Matyuchenko olhou pelo telescópio para ter uma visão melhor dos encouraçados da esquadra. Estavam organizados em duas colunas, com o *Rostislav* e o *Tri Sviatitelia* na dianteira. A nau capitânia, comandada por Krieger, era um encouraçado ágil, com duas chaminés, sem o poder de fogo do Potemkin. O *Tri Sviatitelia*, batizado em homenagem ao veleiro de 120 canhões que participara da derrota sobre a Marinha turca em Sinop em 1853, tinha sido considerado o encouraçado mais forte do mundo, mas já havia sido superado desde seu lançamento, em 1893. Em termos individuais, nenhum dos encouraçados se igualava ao Potemkin; mas juntos, com a linha de torpedeiros atrás de si, faziam com que a esquadra impressionasse pela força.

Por fim, alguns minutos depois, Krieger telegrafou: "Vocês não compreendem o que estão fazendo. Rendam-se imediatamente. Só com a capitulação imediata serão poupados."

– Maravilha. Agora sabemos o que o almirante quer – disse Matyuchenko, mordaz. Virou-se de novo para o telegrafista. – Responda: a esquadra deve baixar âncora.

No *Rostislav*, Krieger sinalizou aos outros capitães que entrassem em alerta total de batalha. O Potemkin estava se recusando a ceder, e ele tinha ordens de atacar e afundar aquela corja se fosse necessário.[633] Quando o capitão Guzevitch soou o alerta no *Georgy Pobedonosets*, alguns marinheiros advertiram seus oficiais:

– Não vamos atirar! Não vamos operar as armas! Vamos nos recusar a atacar o Potemkin![634]

Tirando esses gritos, porém, não houve nenhum sinal de rebelião à medida que a esquadra se aproximava do encouraçado solitário.

– Cinco mil metros! – um marinheiro reportou à torre de comando do Potemkin. Àquela distância, Matyuchenko conseguia ver que a esquadra estava preparada para a batalha, os conveses liberados e os canhões voltados para o Potemkin. As tripulações permaneciam leais, o que podia significar que seus camaradas revolucionários tinham sido presos ou abandonado a causa. Se não fosse esse o caso, eles precisavam agir rápido – muito rápido –, ou o Potemkin estaria condenado.

– Três mil metros!

A expectativa de Matyuchenko era de que a esquadra atirasse a qualquer momento. Os canhoneiros do Potemkin esperavam nervosos a mesma coisa, preparados para responder com suas salvas. Para conter o forte instinto de autoproteção, tinham de repetir uns para os outros e para si mesmos que suas ordens eram para não atirar primeiro. Na sala das máquinas, embaixo, sem saber do que acontecia, Kovalenko observava os foguistas e maquinistas, garantindo que eles mantivessem o afinco em sua missão conforme aumentava a expectativa para a batalha.

– Dois mil metros.

Matyuchenko orientou Kostenko a manter o curso do Potemkin, que ia direto para entre as duas colunas de encouraçados. A torreta de vante do canhão de 305 milímetros estava apontada para boreste, para o *Tri Sviatitelia*; a torreta de ré estava voltada para bombordo, para o *Rostislav*. As outras 74 armas do Potemkin também estavam carregadas e preparadas, com as tripulações ajustando a mira enquanto o encouraçado cortava rápido as águas. A tensão a bordo do encouraçado foi demais para um marinheiro encarregado de jogar água no convés superior em caso de fogo.

– Armas para a esquerda! Armas para a direita! – gritava ele em uma alegria insana, apontando o jato da mangueira de lado a lado, até ser dominado por alguns marinheiros.

– Mil metros.

Krieger sinalizou para o Potemkin por semáforo: "Lance âncora."

"*Rostislav* e *Tri Sviatitelia*: desliguem as turbinas", respondeu Matyuchenko.

Krieger repetiu seu comando. Nenhum dos dois lados tinha intenção de ceder.

Matyuchenko respondeu: "Desligue as turbinas ou vamos atirar."

Apesar da ameaça, Matyuchenko lembrou aos marinheiros do Potemkin que a decisão da comissão era de só atirar se tivessem sido alvo de tiros primeiro. Ainda acreditava que as tripulações da esquadra se rebelariam se a escolha fosse entre matar marinheiros como eles ou depor seus oficiais. Era sua única esperança.[635]

Com a esquadra a menos de 800 metros do Potemkin, Kirill permaneceu na ponte de comando com Feldmann, fitando o brilho fosco das armas do *Rostislav*. Kirill se viu surpreendentemente calmo, mesmo já visualizando o sangue dos homens morrendo nos conveses do Potemkin, seus gritos, talvez até o seu próprio, perdidos em meio ao barulho ensurdecedor das armas.[636]

No *Rostislav*, um marinheiro olhava, assombrado, o encouraçado solitário avançando em sua direção. Mais tarde contou: "Era o tipo de cena que se vê só uma vez na vida. O Potemkin, poderoso, assustador, enorme e sólido, avançava a toda velocidade contra a esquadra de cinco encouraçados. Era uma cena própria para o pincel de um artista."[637] Os marinheiros da esquadra sentiam uma mistura de terror e encantamento, e o Potemkin chegava cada vez mais perto. Só alguns marinheiros eram visíveis nos conveses do Potemkin, o que dava ao encouraçado um ar de navio fantasma.

Na ponte de comando do *Rostislav*, o vice-almirante Krieger estava tão aturdido quanto eles com a aproximação suicida do Potemkin. Suas ordens eram claras: afundem o encouraçado se os marinheiros amotinados se recusarem a ceder. Mesmo assim, hesitava em dar o comando de fogo a sua tripulação ou aos outros capitães de sua esquadra. Era uma ordem que o capitão Kolands, do *Dvienadtsat Apostlov*, pelo menos, esperava impaciente.

– Duzentos metros.

Kostenko manteve o curso. O Potemkin estava prestes a rachar a esquadra no meio e atravessar um corredor polonês formado por cinco encouraçados dotados de dezenas de armas, todas com o alvo ao alcance. A possibilidade de recuo já tinha passado havia muito tempo.

– Cem metros.

Desesperado para fazer a esquadra atirar no Potemkin, instigando assim um motim, Matyuchenko ordenou a Kostenko virar na direção do *Rostislav*, ameaçando se chocar contra ele. Mas a esquadra e o encouraçado, que avançavam em direções opostas, ambos quase à velocidade máxima, se aproximaram antes que o comando pudesse ser executado.

O Potemkin entrou no canal de 500 metros entre o *Rostislav* e o *Tri Sviatitelia*. Um silêncio artificial recaiu sobre o mar. Não houve explosões de aço e fumaça. Não houve gritos de pânico nem morte. Centenas de armas estavam apontadas para o Potemkin, mas os únicos sons eram o zunido grave das turbinas e os gemidos arrastados das torretas que acompanhavam o veloz alvo.[638] O Potemkin passou entre as duas colunas da esquadra. Muitos tiveram a impressão de que o tempo demorava a passar; segundos pareceram dias. Um único tiro de uma peça ou de um fuzil, acidental ou não, de qualquer navio, teria precipitado uma reação em cadeia, levando centenas de homens à morte.[639]

Mas só houve o silêncio. Krieger perdeu a confiança, e não chegou a dar a ordem de fogo. Quando um dos canhões de 152 milímetros do Potemkin apontou para sua posição na ponte de comando, ele caiu, prostrado, no deque, junto com vários outros oficiais. Determinado a não atirar primeiro, Matyuchenko permaneceu na torre de controle, observando a esquadra passar incólume, dos dois lados. Não estava muito aliviado de escapar da morte. Estava era decepcionado com o fato de as outras tripulações dos encouraçados não terem se amotinado.

Então, no pior momento para o Potemkin, quando Matyuchenko e os outros se sentiam completamente abandonados, vários marinheiros dos encouraçados *Georgy Pobedonosets* e *Sinop* apareceram nos conveses desocupados para a batalha, acenando os quepes e gritando: "Hurra! Viva a liberdade!" No Potemkin, marinheiros deixaram seus postos e jorraram das escotilhas para os conveses superiores a fim de cumprimentar seus camaradas, os incentivando a tomar seus navios. Kovalenko, que tinha saído da sala das máquinas, tentou conter os marinheiros.

– Operadores das armas! – berrou. – De volta a seus postos. A esquadra ainda está com as armas apontadas para nós.

A rápida celebração terminou quando o Potemkin passou pelo *Georgy Pobedonosets* e pelo *Sinop*; os torpedeiros no fim da esquadra se espalharam para abrir caminho para o encouraçado.[640] Matyuchenko mandou Kostenko dar meia-volta no encouraçado para que eles pudessem avançar novamente na direção da esquadra. Estava exultante com os primeiros sinais de apoio das outras tripulações, e depois escreveu: "Era o momento que estávamos esperando [...] O fim da tirania estava próximo. Os fantoches do tsar tinham determinado uma recepção a bala. Em vez disso, houve gritos de alegria."[641]

Mas, como Kovalenko advertira os marinheiros que comemoravam, o confronto estava longe de ter terminado. Krieger e os outros capitães ainda comandavam seus encouraçados e suas tripulações. A esquadra seguia na direção de Odessa, talvez para esperar o Potemkin ou elaborar um novo plano de batalha. Então um sinal da nau capitânia ordenou uma virada total a bombordo. Eles estavam voltando.

Krieger mandou uma mensagem por semáforo para o Potemkin: "Lance suas âncoras."

Matyuchenko mandou seu sinaleiro responder: "Os oficiais da esquadra devem desembarcar de seus navios e ir para terra."[642]

Nenhum dos dois deu atenção ao outro, e, mais uma vez, o Potemkin e a esquadra aceleraram um na direção do outro. Das encostas de Odessa, uma batalha naval épica parecia iminente. Krieger esperava que os amotinados capitulassem na segunda passagem, mas percebeu logo que estava totalmente enganado. O Potemkin continuou indo em sua direção, as águias de duas cabeças em sua proa cada vez mais claras. Conforme o encouraçado se aproximava da esquadra, aparentemente prestes a atravessá-la de novo, um marinheiro, depois dois, depois ondas e ondas de marinheiros desaguaram nos conveses do *Georgy Pobedonosets*, do *Sinop* e do *Dvienadtsat Apostlov*, saudando o Potemkin como a um vitorioso. Krieger ficou atônito. Só os conveses dele e de Vichnevetsky continuavam vazios e prontos para a ação.[643]

Quando o Potemkin passou entre o *Georgy Pobedonosets* e o *Sinop*, Matyuchenko saiu apressado da torre de controle. Gritou para os marinheiros do *Sinop*, que se enfileiravam em três camadas nas amuradas:

— Prendam seus oficiais e se juntem a nós.

Matyuchenko estava tão entusiasmado que Kirill teve de segurá-lo pela cintura para evitar que ele caísse do navio. Em resposta, os marinheiros lançaram seus quepes para o alto e gritaram em uníssono:

— Viva o Potemkin![644]

Krieger então sinalizou para que o *Dvienadtsat Apostlov* atacasse o Potemkin, sabendo que o capitão Kolands faria tudo o que fosse necessário para manter o controle sobre sua tripulação e afundar os amotinados. Krieger tinha razão. Como ainda não tinha passado pelo Potemkin, o capitão Kolands ordenou a seu timoneiro que marcasse um curso direto contra o encouraçado. Ia atropelar e então detonar seu arsenal. Valia a pena investir sua vida, pensou, para acabar com aquela vergonha. Voltando à ponte de comando, ordenou aos oficiais que controlassem seus marinheiros e liberassem os deques. Ia começar a batalha.

O sinaleiro do Potemkin interceptou a ordem de Krieger. Enquanto o *Dvienadtsat Apostlov* virava a proa, ele disse, por semáforo: "*Dvienadtsat Apostlov*: pare." Mas Kolands estava determinado. A distância entre os encouraçados diminuiu. Os revolucionários a bordo do *Dvienadtsat Apostlov*, porém, tinham se preparado para aquele momento. Junto com vários outros, Volgin correu para a área das máquinas, afastando à força o tenente responsável pelas turbinas.

— Toda velocidade a ré — gritou Volgin para os marinheiros. Momentos depois, o *Dvienadtsat Apostlov* estremeceu e parou a menos de 10 metros do Potemkin, que passou a salvo.

Ao perceber que suas ordens tinham sido contrariadas, o capitão Kolands correu para a torre de controle e apertou o botão para detonar os arsenais, um ato de suicídio e de puro e simples assassinato. Felizmente para a tripulação, os revolucionários tinham cortado os fios que ligavam a torre aos arsenais que haviam sido adulterados para sabotar o navio antes de a esquadra deixar a ilha de Tendra. Kolands proclamou, amargurado:

— Vergonha! É uma vergonha não morrer pelo tsar e pela pátria.

Inconsciente de quão perto tinha estado da destruição, a tripulação do Potemkin observava a esquadra avançar para o mar, os oficiais aparentemente ainda no comando. Quando a esquadra retomou a formação, recuando na direção de Sebastopol, os marinheiros do Potemkin ficaram pasmos, sem saber como era possível nenhum dos navios ter se juntado a eles. Ter enfrentado a Frota do Mar Negro impressionava, mas o que eles precisavam mesmo era que mais tripulações se amotinassem, para reforçar sua rebelião.

Bem no momento em que eles se convenciam de que a causa estava perdida, um vigia avistou o *Georgy Pobedonosets* saindo da linha da esquadra.[645]

Quando a esquadra virou para o mar depois de seu segundo avanço contra o Potemkin, o capitão Guzevitch, na ponte de comando do *Georgy Pobedonosets*, recebeu uma mensagem irritada do *Rostislav*.

"Por que há tantos marinheiros de baixa patente nos conveses e não em seus postos de combate?", Krieger exigia saber.

Guzevitch olhou para seu encouraçado. A massa agitada de marinheiros crescia a cada minuto, e seus oficiais estavam impotentes para conter o fluxo humano.

– Chegou a nossa vez! – gritaram os marinheiros. – Fora, oficiais. Não precisamos deles. Joguem eles no mar.

A convocação para o motim deixou Guzevitch paralisado de medo.

"A tripulação está se rebelando", respondeu finalmente para a nau capitânia. "Estão ameaçando jogar os oficiais no mar."

"Vá para Sebastopol", Krieger insistiu. "Vá para Sebastopol."

No meio dessa troca de mensagens, Kochuba e vários outros revolucionários invadiram a ponte de comando, fuzis em punho, exigindo que o capitão parasse o encouraçado.[646]

Desde o momento em que a esquadra tinha marcado o curso da ilha de Tendra para Odessa, Kochuba vinha trabalhando para convencer a tripulação do *Georgy Pobedonosets* a ignorar qualquer ordem de atirar em seus irmãos. Durante o avanço do Potemkin contra a esquadra, com as armas apontadas para as duas colunas de encouraçados mas silenciosas, Kochuba correra pelos conveses inferiores, de pá na mão, pedindo aos marinheiros que se amotinassem. Os outros revolucionários, como Zakhary Borodin e Simon Deinega, incentivaram a tripulação a deixar seus postos e ir para os conveses demonstrar seu apoio ao Potemkin. Os que tentaram atrapalhar foram nocauteados; os revolucionários usaram qualquer coisa que achassem para conseguir passar – rodos, canos de ferro, até uma vara de pescar. Para muitos marinheiros, os gritos de "Não precisamos de tsar, só de liberdade!" e "Chega de os comandantes derramarem nosso sangue!" eram suficientes para os motivar a apoiar o levante.[647]

Quando o Potemkin fez a segunda passagem, os revolucionários do *Georgy Pobedonosets* já tinham levado centenas para os conveses. Os oficiais não deram um único tiro de resistência. Enquanto o capitão Guzevitch virava o encouraçado na direção de Sebastopol, junto com a esquadra, Kochuba invadiu o arsenal e distribuiu fuzis para os marinheiros. Correu então para a ponte para assumir o comando.

– Pare as turbinas – ordenou Kochuba ao capitão.

Guzevitch se recusou. Kochuba o empurrou e mandou uma mensagem para a sala das máquinas para que o navio parasse. Um camarada revolucionário foi assumir o timão. Alguns minutos depois, o *Georgy Pobedonosets* diminuiu a velocidade e saiu da formação.

"Por que o *Georgy Pobedonosets* não está avançando?", perguntou Krieger por semáforo.

Kochuba deixou o capitão dar a seguinte resposta: "A tripulação quer desembarcar os oficiais e se juntar ao Potemkin."

"Use toda sua potência e siga o esquadrão", exigiu Krieger.

"Não posso. Não posso. Não posso", respondeu desesperado o capitão Guzevitch, em sua última comunicação com a esquadra. Tentando ganhar tempo, na esperança de que Krieger desse meia-volta para o ajudar, Guzevitch quis negociar com a tripulação. Chamou os marinheiros e pediu que aqueles que quisessem ir para Sebastopol ficassem do lado de boreste do encouraçado, e que aqueles que quisessem se juntar ao Potemkin ficassem no lado de bombordo.

Quando alguns seguiram para bombordo do encouraçado, suplicou:

– Irmãos, o que vocês querem? Faço qualquer coisa. Vamos para Sebastopol.

A seu lado, o tenente K.K. Grigorkov, o único oficial na ponte armado com um revólver, se envergonhou com as palavras do capitão. A vergonha ficou ainda maior com a oferta de Guzevitch de mandar para o Potemkin os marinheiros que quisessem ir, e com sua promessa de não delatar o motim.

– Sou o capitão agora – disse Kochuba, brusco, interrompendo Guzevitch. Colocou então os oficiais sob vigilância e estabeleceu o curso para a direção do Potemkin. Antes de começar a avançar, mandou que o sinaleiro transmitisse suas intenções por semáforo.

Kochuba e os outros revolucionários deixaram então a ponte de comando para consolidar o controle sobre o navio. Ficaram surpresos ao perceber que a tripulação estava mais disposta a recusar as ordens do capitão que em dar o passo seguinte, inevitável, de se alinhar ao Potemkin.[648] No máximo, Kochuba podia confiar em setenta marinheiros da tripulação. No convés superior, alguns exigiam até que o *Georgy Pobedonosets* voltasse para Sebastopol.[649]

No Potemkin, Matyuchenko esperava o sinaleiro interpretar a mensagem por semáforo. "A… tripulação… do… *Georgy Pobedonosets*", anunciou o sinaleiro, observando pelo telescópio o outro sinaleiro mexer as bandeiras para a frente e para trás, "quer… se… juntar… a … vocês. … Pedimos… que… o… Potemkin… se… aproxime… de… nós."[650]

Uma onda de alegria e alívio explodiu na tripulação. O Potemkin finalmente tinha ganhado um aliado. Uma verdadeira esquadra revolucionária havia nascido. Enquanto Matyuchenko e Kirill formavam uma delegação para se aproximar do navio irmão, o segundo-tenente Alekseyev, que finalmente tinha saído do camarote para onde tinha se recolhido durante o confronto, aconselhou cautela. Disse que, mesmo que o restante dos encouraçados de Krieger estivessem recuando, o capitão Guzevitch podia estar tentando chegar perto o suficiente para os torpedear ou abalroar.[651]

Para evitar uma armadilha, Matyuchenko pediu ao sinaleiro que mandasse o *Georgy Pobedonosets* desligar as turbinas. Mas o *Georgy Pobedonosets* continuou a se aproximar, e já estava a menos de mil metros de distância. Alekseyev pressionou os marinheiros a atirar se o encouraçado chegasse mais perto. Viram então o sinaleiro do *Georgy Pobedonosets* indicar rapidamente para o Potemkin. "A tripulação do *Georgy Pobedonosets* pede aos camaradas do Potemkin que venham ao seu navio."

O *Georgy Pobedonosets* reduziu a velocidade e lançou âncora. Pelo telescópio, Matyuchenko viu o capitão Guzevitch ainda postado na ponte de comando. "Prendam seus oficiais", disse Matyuchenko pelo sinal, "e tragam-nos a nós".

"A situação está ruim. Nem todos concordam. Não vamos conseguir. Mande ajuda assim que puder", sinalizou o *Georgy Pobedonosets*.[652]

Instigado a agir pelo apelo e desconsiderando as advertências de Alekseyev, Matyuchenko chamou o torpedeiro *Ismail* para perto do Potemkin e embarcou nele com Kirill e vários outros integrantes da comissão, incluindo Dimtchenko e Kulik. Partiram na direção do *Georgy Pobedonosets*. Alguns marinheiros agitaram os quepes entusiasmados para o torpedeiro; outros observaram desconfiados dos conveses inferiores.

Quando eles chegaram ao *Georgy Pobedonosets*, uma escada de corda foi baixada, e Matyuchenko subiu a bordo junto com os outros. O torpedeiro então foi para a popa do encouraçado, os canos voltados para o casco, para o caso de o convite de subir a bordo ser uma emboscada. Matyuchenko cumprimentou caloroso Kochuba e seus camaradas revolucionários no convés principal, mas a reunião foi abreviada quando Matyuchenko se deu conta da perigosa situação do navio.

Metade da tripulação os recebeu com gritos de triunfo, e Kochuba claramente estava no controle das principais posições do encouraçado. Mas outros os trataram como intrusos no *Georgy Pobedonosets*. Queriam que os marinheiros do Potemkin saíssem dali para que pudessem se ligar de novo à esquadra. Igualmente perturbador era o fato de os oficiais estarem olhando para eles do passadiço. Embora estivessem sob vigilância e parecessem assustados, só sua presença significava que o motim ainda não estava garantido. Suspeitando que os marinheiros poderiam se voltar contra eles, Matyuchenko mandou um de seus companheiros de tripulação de volta ao Potemkin. Queria que uma guarda armada fosse enviada o mais rápido possível.

Em seguida Matyuchenko subiu num cabrestante no castelo de proa para tentar inspirar os marinheiros a se juntar a eles. Sabia exatamente o que pretendia dizer, mas descobriu que, devido ao excesso de uso e à falta de sono, sua voz saía forçada, sem a contundência de sempre. Virando-se para Kirill, pediu a ele que assumisse seu lugar.

O revolucionário de Odessa subiu no cabrestante e olhou para o mar de rostos. Os marinheiros próximos a ele esperavam ansiosos por suas palavras, mas outros, perto das escotilhas, ao fundo, tinham o rosto franzido e olhavam com hostilidade. Sabendo que suas palavras poderiam definir o destino do motim no *Georgy Pobedonosets*, Kirill falou com voz de trovão.

– Nosso povo exausto, privado dos direitos mais básicos, não aguenta mais a humilhação e a impotência. Está saindo às ruas das cidades e dos vilarejos, combatendo o tsar, que está despedaçando a mãe Rússia. Serão nossos filhos e irmãos, em roupas de soldados, os carniceiros do tirano, punindo nossa gente, que só quer uma vida melhor? Nós, homens orgulhosos do Potemkin, nos recusamos a assassinar nosso próprio povo, e não vamos permitir que qualquer outra pessoa mais faça isso.

Ele fez uma pausa, voltando o olhar para os oficiais no passadiço.

– Vocês, senhores... Vocês são servos podres do tsar. São responsáveis por rios de sangue inocente. Eles jazem em sua consciência. Mas chegou o dia do julgamento... Agora não há lugar para vocês aqui. Este navio, construído por operários, passou para as mãos de homens que vão servir e *proteger* esses operários, e não os escravizar nem oprimi-los.

Suas palavras provocaram gritos na tripulação.

– Avante pela liberdade do povo! Fora, tiranos!

Kirill apontou para os oficiais.

– Em nome do povo, vocês estão presos e serão levados para terra.

Quando um punhado de marinheiros armados do *Georgy Pobedonosets* tentou tirar os oficiais da ponte de comando, o tenente Grigorkov de repente afastou seus captores. Enojado pela ideia de ser feito refém e com vergonha de seu capitão, foi até o extremo da ponte. Sem hesitar, ergueu a pistola, pôs o cano na têmpora e atirou. Seu corpo caiu sobre a amurada e despencou para o mar. Todos ficaram paralisados, atônitos. Kirill então disse aos marinheiros que levassem os outros oficiais para o camarote do almirante.

Depois da retirada de Guzevitch e de mais um discurso contagiante de Kirill, a maioria da tripulação se comprometeu a ficar do lado do

Potemkin – ou pelo menos ergueu a voz demonstrando essa intenção. Quando o grupo armado liderado por Feldmann chegou, a tripulação já tinha se reunido para eleger uma comissão de marinheiros que comandasse o encouraçado. Enquanto isso, os oficiais faziam as malas. Quando se aprontaram, Matyuchenko levou Guzevitch e seus subordinados para a lancha a vapor. Sentados em meio aos marinheiros, os oficiais, de olhos baixos e uniformes sem dragonas, tinham um ar patético. Um deles ficava murmurando, ignóbil:

– Viver para ver esse tipo de coisa.[653]

De revólver na mão, Matyuchenko os vigiou no trajeto até o Potemkin.

Quando eles pararam ao lado do encouraçado, Kovalenko desceu para ver os oficiais, pois conhecia bem vários deles. Mas já não se sentia ligado a eles, e trocaram olhares como se fossem totais estranhos.

Meia hora depois, os dois encouraçados levantaram âncora e avançaram juntos na direção de Odessa, com o *Ismail* atrás deles. Assim como antes, Kirill e Feldmann queriam perseguir a esquadra, mas os líderes do Potemkin acharam que já tinham desafiado demais o destino naquele dia.[654]

De volta ao Potemkin, Matyuchenko foi tomado pelo sucesso. Os marinheiros tinham conseguido sua esquadra revolucionária, e o resto da Frota do Mar Negro havia sido obrigada a recuar, vergonhosamente, os capitães debilitados pela óbvia solidariedade das tripulações à causa dos rebeldes. Os dias sem dormir, a preocupação constante com a traição, os alarmes falsos em Odessa – tudo tinha valido a pena com a vitória que eles conquistaram. Muitos sentiam a mesma euforia.[655] Kovalenko imaginou os grandes avanços que fariam no dia seguinte.[656] Nada parecia impossível. Kirill também encarava o futuro com otimismo, e mais tarde descreveu o clima entre a tripulação naquela tarde, no retorno ao porto:

> Olhando para os marinheiros, vendo seu entusiasmo, tínhamos uma sensação boa por dentro. O pesadelo do medo de que nossos esforços fracassariam foi substituído pela confiança em nosso sucesso e na vitória sobre o inimigo de uma geração. [...] No dia seguinte tomaríamos Odessa, estabeleceríamos um governo livre, criaríamos um exército

popular, marcharíamos sobre Kiev, Kharkov e outras cidades, nos uniríamos aos camponeses nos vilarejos. Depois disso, marcharíamos sobre o Cáucaso, pela costa do mar Negro. Levaríamos a liberdade e a independência da escravidão a todo lugar. Em seguida para Moscou e finalmente São Petersburgo.[657]

Vinte e cinco quilômetros a sudeste de Odessa, a esquadra da Frota do Mar Negro parou e ancorou. Pela última vez naquele dia, Krieger convocou uma reunião entre seus capitães para decidir os próximos passos. Abalado pela deserção do *Georgy Pobedonosets*, Krieger queria saber se eles achavam que era possível confiar em suas tripulações para voltar a enfrentar o Potemkin. A resposta foi unânime: não.

Os capitães do *Sinop* e do *Dvienadtsat Apostlov* tinham escapado por pouco do motim em seus encouraçados; não queriam colocar a sorte à prova indo de novo atrás do Potemkin. Se recebessem a ordem para atirar, suas tripulações certamente se revoltariam. Vichnevetsky admitiu que a consequência era bem provável também em seu encouraçado. Krieger sugeriu então um ataque surpresa noturno, executado pelos torpedeiros, mas a ideia foi rejeitada porque nem as tripulações menores e mais manobráveis daqueles navios eram dignas de confiança. Sabia que eles estavam numa situação espinhosa. Podia voltar para Sebastopol desacreditado ou podia arriscar um motim na frota inteira. Com relutância, escolheu a primeira opção, mas fez uma última tentativa de negociar com o Potemkin antes de a esquadra partir.

Às 19h15, o torpedeiro nº 272 seguiu na direção de Odessa, capitaneado por I.N. Psiol, o segundo oficial do *Tri Sviatitelia*. Na aproximação, Psiol sinalizou ao Potemkin que se rendesse. "Nunca!", foi a resposta. Mesmo assim, o *Ismail* se afastou do encouraçado para abrir negociações. Temendo que o *Ismail* fosse atacar, Psiol reverteu a direção e acelerou de volta para a esquadra.[658]

Como até aquela parca tentativa fracassara, Krieger telegrafou para o almirante Avelan, informando-o do motim no *Georgy Pobedonosets* e do plano de recuar para Sebastopol. Antes de voltar, a esquadra descarregou seus canhões de 305 e de 152 milímetros. As balas caíram inofensivas em mar aberto.[659]

16

Com a exceção de uma volta a cavalo por Peterhof, Nicolau passou o dia cinzento e garoento de 17 de junho em uma série de longas reuniões, enquanto esperava para saber o resultado do confronto entre Krieger e o Potemkin.[660] Por fim, no comecinho da noite, seu vice-ministro do Interior, Trepov, telefonou para seu gabinete, transmitindo uma mensagem do general Kakhanov. A informação que ela continha estava, no entanto, errada. Kakhanov dizia que a esquadra tinha cercado o Potemkin naquela tarde e que os marinheiros amotinados tinham baixado suas bandeiras de batalha, aparentemente se rendendo, sem que nenhum tiro tivesse sido disparado.[661] O alívio que Nicolau sentiu se misturou à sede de vingança. Escreveu uma ordem para Tchukhnin diretamente no bilhete da transcrição: "Após uma célere investigação e corte marcial, a execução dos marinheiros tem de ocorrer na frente de toda a esquadra e da cidade de Odessa."[662]

Nicolau achava que o constrangimento e os problemas que os marinheiros tinham provocado nos últimos dias mereciam o acerto de contas público. Em São Petersburgo, a história do Potemkin tinha se espalhado, apesar dos censores. Em um teatro da cidade, operários haviam interrompido a apresentação do concerto e exigido que uma música fosse tocada em homenagem aos marinheiros.[663] Aristocratas russos temiam que o motim deflagrasse a revolução, e muitos tinham até deixado a cidade e seguido para o campo. O motim do Potemkin preocupava muitos deles, mais ainda que a batalha de Tsushima ou que as várias derrotas na Manchúria, porque um motim revelava que o regime do tsar estava apodrecendo de dentro para fora. Relatos de levantes simultâneos, embora de curta duração, nas bases navais de Libau e Kronstadt – milhares de marinheiros nos dois lugares se recusaram a trabalhar, destruíram seus alojamentos e invadiram o arsenal, para depois ser brutalmente reprimidos por soldados da infantaria – reforçaram as dúvidas de por quanto tempo mais o governo do tsar resistiria.[664]

Grupos revolucionários logo se aproveitaram do feito do Potemkin em sua guerra de propaganda dentro da Rússia. Um panfleto social-democrata pedia ao povo que se unisse, garantindo que a revolta dos marinheiros mostrava que "o último pilar da democracia está ruindo. O sentimento de solidariedade para com as massas trabalhadoras, há tanto tempo trancafiadas sob a voz da disciplina, está transbordando... e como!"[665] Também distribuíram panfletos para regimentos do Exército, incentivando novas rebeliões:

> Soldados! Sigam o exemplo dos marinheiros do mar Negro. Fiquem do lado certo do povo! Que cada um de vocês faça um juramento: "Prefiro cortar minha mão direita a levantá-la contra meu irmão!"
> Soldados do Exército russo! Sigam o exemplo dos heróis do Potemkin! Vão à guerra pela verdade e pela liberdade do povo![666]

Inspirados pelo motim, operários de várias grandes fábricas de São Petersburgo entraram em greve no dia 16 de junho, anunciando solidariedade aos marinheiros e pressionando por melhores condições para si mesmos. Cenas semelhantes aconteceram em Moscou e em outras cidades do império.[667] É verdade que uma série de greves havia irrompido pela Rússia inteira desde o Domingo Sangrento, mas os revolucionários estavam tão esperançosos de que o Potemkin marcasse o início de um levante armado que os social-democratas e os revolucionários socialistas na capital russa formaram uma comissão interpartidária pela primeira vez para coordenar os trabalhos junto aos operários.[668]

Entre a oposição liberal, o movimento para instituir uma Assembleia Constituinte ganhou mais força. Em Moscou, representantes de 87 cidades e municipalidades se reuniam para elaborar um programa de reformas. Os acontecimentos recentes no mar Negro tinham convencido alguns liberais, como Milyukov e Struve, de que eles tinham tomado o caminho errado depois de Tsushima, quando pressionaram pela aliança com os revolucionários e pela luta contra o poder do tsar nas ruas. O fato de marinheiros estarem matando oficiais e a destruição em Odessa eram exemplos suficientes de que a Rússia corria o risco de ficar em ruínas se eles mantivessem sua posição de militância. Em parte, o motim do Potemkin renovava seu comprometimento em adotar esforços pacíficos para conseguir as reformas.[669]

Na imprensa estrangeira, Nicolau enfrentava um desfile de publicidade negativa. Não importava quantas vezes os embaixadores russos garantissem para os repórteres que a revolta no mar Negro era uma situação isolada, perpetrada por bêbados que logo desistiriam de seu plano tresloucado, Nicolau se sentia perseguido por uma sequência interminável de reportagens e editoriais afirmando que seu regime corria sérios riscos. Embora a maioria dos jornalistas duvidasse que as Forças Armadas russas estivessem totalmente dominadas pela sublevação, eles previam que a deslealdade ia se disseminar rápido se o tsar fosse visto como vulnerável. "A insurreição se segue ao motim", editorializou o *New York Herald Tribune*. "Quase não há como superestimar sua gravidade sinistra."[670] O *Temps* parisiense afirmou que até oficiais russos tinham sido pegos espalhando literatura subversiva.[671]

A intensa onda de violência que o Potemkin incitara em Odessa e a expectativa de uma greve em massa em São Petersburgo para protestar contra as ordens de mobilização militar só reforçavam a opinião de que Nicolau estava numa situação sem saída. Sua única esperança era encerrar a guerra com o Japão e convocar uma assembleia representativa. A Associated Press previu: "Desde a insurreição de dezembro de 1825, quando uma parte dos regimentos da Guarda participou de uma tentativa de estabelecer uma república na Rússia, a situação da dinastia dos Romanov não é tão grave. Mesmo assim, em alguns dias a crise pode ter passado. Ou a revolta generalizada terá sido eliminada ou as chamas terão se espalhado, possivelmente escapando a qualquer esperança de controle."[672]

O Potemkin tinha provocado um medo especial na família Romanov. No início do motim, Xênia, irmã de Nicolau, escreveu nervosa em seu diário: "Só Deus sabe o que está acontecendo, e não há nada que possa ser feito! É terrível, terrível... Essa notícia simplesmente acabou conosco. Estamos vagando perdidos o dia inteiro – que pesadelo, é horrível demais." Alguns dias depois ela acrescentou: "Por quê, por que estamos sendo punidos assim por Deus?!"[673] O primo deles, grão-duque Konstantin Konstantinovich, que era amigo íntimo do capitão Golikov, lamentou: "O que está acontecendo com a Rússia? Que desorganização, que desintegração. Como uma peça de roupa que começa a rasgar nas costuras, e cai, aberta... Há um motim de verdade no navio de guerra Potemkin, da Frota do Mar Negro... É a revolução total."[674]

Mas, mesmo pressionado por todos os lados, Nicolau resistia à procura vigorosa de paz com o Japão ou qualquer mudança de posição sobre as reformas liberais. Nelidov, sua primeira opção para ser o plenipotenciário nas negociações de paz, tinha desistido, alegando motivo de doença, e o tsar novamente evitara escolher Witte, o nome recomendado pelo Ministério das Relações Exteriores, para seu representante. Optou, em vez dele, por um dos rivais de Witte, Nikolai V. Muravyev, embaixador em Roma e um dos preferidos pelo grão-duque Sergei, o linha-dura já morto. Mais preocupado em receber o reembolso adequado pelas despesas da viagem para as negociações de paz do que com seu conteúdo, Muravyev era mais um nome fraco para representar a Rússia como emissário nas negociações com o Japão. Nicolau se atinha à convicção de que seu império sobreviveria a uma guerra prolongada e que, com mais tempo, conseguiria tirar mais concessões dos japoneses.[675]

Nesse meio-tempo, ia atrasando qualquer tentativa de avanço na proposta da criação de uma Duma – formando comissões sobre o assunto, prometendo que estava analisando a possibilidade, mas nenhuma decisão. Mandando um sinal pessimista para os reformistas, também tinha convidado uma delegação de nobres monarquistas retintos para uma audiência em Peterhof.

Na noite de 17 de junho, a notícia de Kakhanov sobre o fim do motim era muito reconfortante. Nicolau podia novamente desqualificar a onda de proclamações nervosas de que a revolução estava chegando. Os amotinados seriam punidos, e fim da história. Então, poucas horas depois, ficou sabendo pelo Ministério da Marinha que não apenas o Potemkin não tinha se rendido, como também outro encouraçado tinha passado para o lado dele. Além do mais, Krieger tinha recuado para Sebastopol com a esquadra, com medo de novos motins.

Parecia que toda a Frota do Mar Negro estava perdida, pensou Nicolau; seu pesadelo só piorava. Cada dia a mais que o motim se arrastasse era um novo golpe sobre seu reinado. No idílio recluso no golfo da Finlândia, por mais que tentasse ignorar o pensamento, era impossível saber se os acontecimentos eram ou não os primeiros estágios de sua própria derrocada. Só Deus sabia qual seria o destino do tsar.[676]

Naquela mesma noite, em uma estação de trem nos confins da Ucrânia, o vice-almirante Tchukhnin recebeu dois telegramas do ministro da Marinha antes de reembarcar em seu trem especial que saíra de São Petersburgo. O conforto da automotriz particular – com seu quarto forrado de cortinas e seu salão dotado de mesas de mogno e cadeiras de veludo – não amenizava sua tensão.[677] Estava impaciente para chegar a Nicolayev, ainda a 12 horas de distância, e assumir pessoalmente o controle do desastre revelado nos telegramas que tinha na mão cerrada.[678]

O primeiro repetia a informação errada sobre o fim do motim, mas também incluía um bilhete de Avelan, reclamando da demora de Krieger e Vichnevetsky para confrontar o Potemkin. Tchukhnin conhecia bem a embaraçosa timidez de seus oficiais, um problema que tinha várias vezes levantado para seus superiores no Almirantado, em São Petersburgo. Pelo menos a esquadra tinha conseguido, sabia-se lá como, arrancar a rendição do Potemkin. O segundo telegrama, que explicava os verdadeiros acontecimentos, deixou Tchukhnin tonto.[679] Um dia antes, impedido de fazer qualquer coisa no trem exceto se preocupar, tinha escrito para Avelan, dizendo que, se Krieger e os outros capitães enfrentassem a revolta de suas tripulações, os oficiais se renderiam sem resistência, para não correr o risco de ser mortos. Agora que havia ficado comprovado que ele tinha razão, pretendia ver Krieger fora do cargo depois do fim daquela tragédia.[680]

Tchukhnin temia acima de tudo perder a chance de acabar com o motim em até 72 horas. Se Krieger tivesse demonstrado mais iniciativa e determinação, tinha certeza de que os marinheiros da esquadra teriam permanecido leais. Mas a demora dera aos traidores mais tempo para semear a discórdia. Era óbvio que Krieger e os outros capitães tinham falhado ao não prender aqueles homens antes de enfrentar o Potemkin. Os amotinados agora estavam embalados, e todos os encouraçados da Frota do Mar Negro eram suspeitos.[681]

Conforme o trem chacoalhava avançando pela escuridão do campo, Tchukhnin se sentou a uma mesa e elaborou um plano para lidar com a crise. Tinha, mais que tudo, que impedir que o Potemkin, ou qualquer outro encouraçado, tomasse a base naval de Sebastopol. Definiu ordens ainda mais estritas que as tomadas pelos russos para proteger Porto Artur dos japoneses: primeiro, a fortaleza deveria manter seus soldados e armas prontos para atirar em qualquer navio, dia e noite; segundo, torpedeiros teriam de parar todos os navios a 8 quilômetros da base e determinar a lealdade da tripulação; terceiro, outro grupo de torpedeiros inspecionaria esses mesmos navios a 3 quilômetros da base, com o mesmo objetivo; e quarto, se qualquer navio fosse suspeito, a fortaleza devia atirar imediatamente nele.

O plano de defesa estava decidido, mas Tchukhnin ainda tinha de arranjar uma maneira de derrotar o Potemkin e o *Georgy Pobedonosets* se os encouraçados amotinados *não* atacassem Sebastopol. Era inaceitável que ficassem muito tempo em Odessa, e representavam um grave perigo para toda a região do mar Negro. Tchukhnin passou a noite toda deliberando sobre o problema. Como as tripulações da tropa tinham claramente demonstrado solidariedade aos amotinados, ele não tinha como mandar a esquadra outra vez atrás do Potemkin, mesmo que ele mesmo estivesse no comando. Precisava haver outra forma de acabar com aquela traição. Enquanto Tchukhnin não descobrisse como, o general Kakhanov teria de fazer o que pudesse para proteger Odessa.[682]

Mais uma vez, Kakhanov se viu sozinho, tentando proteger a cidade – mas agora contra dois encouraçados em vez de um, e sem a esperança da ajuda da Frota do Mar Negro. Os moradores de Odessa fugiam por meio de todo tipo de transporte que conseguissem achar.[683] "A estação de trem está um verdadeiro Armagedon. Não há passagens", contou uma testemunha.[684] Os que conseguiam partir lotavam hotéis e pensões nas cidades vizinhas. Soldados eram despejados em Odessa e acampavam em parques e áreas comuns da cidade. As ruas, normalmente fervilhando de comércio, só viam o movimento de soldados em patrulha. Eles colavam avisos ameaçando atirar contra ajuntamentos de mais de vinte pessoas. Ao longo do dia, a maioria da população estava interessada demais na ação no mar para organizar manifestações. Mesmo com o recuo da esquadra e o retorno vitorioso do Potemkin ao lado do *Georgy Pobedonosets*, os bairros operários de Peresyp e Moldovanka continuavam calmos. Todo mundo esperava o próximo passo dos marinheiros amotinados.

Apesar do fracasso de seus esforços anteriores, Kakhanov se preparou para atacar. Mandou reforços para a brigada de artilharia estacionada na ponta de Langeron. Ordenou a montagem de uma bateria de armas de 229 milímetros que tinham chegado havia pouco tempo. Requisitou mais bombas de grande calibre a Otchakov e torpedos a Sebastopol, embora fosse improvável que eles chegassem a tempo. Por fim, mandou os oficiais reforçarem a vigilância ao longo do litoral para impedir que os marinheiros fizessem um assalto terrestre ou fossem até a cidade para obter provisões.[685]

Enquanto dava suas ordens, cônsules estrangeiros, autoridades municipais e jornalistas infestavam seu escritório, perguntando o que ia acontecer em seguida. Sua declaração inicial de que os marinheiros do Potemkin tinham se rendido quando a esquadra se aproximara já tinha se mostrado errada – um ponto negativo para Kakhanov junto ao tsar e um constrangimento que certamente faria manchete no mundo todo. Chega de pronunciamentos, pensou. Todos iam ter de esperar, incluindo ele mesmo, para saber o que os marinheiros planejavam fazer.[686]

Ao chegar ao porto de Odessa, o *Georgy Pobedonosets* se aproximou e saudou o Potemkin, a nau capitânia da esquadra revolucionária. Marinheiros se reuniram no castelo de proa do *Georgy Pobedonosets*, confiantes e ansiosos pelo próximo passo na luta. A cena aliviou os ânimos da tripulação do Potemkin, que tinha lutado sozinha por três dias, desesperada para saber se alguém se juntaria a ela ou não.

– Não temos medo de ninguém, não mais – disse um membro da tripulação, captando bem o clima. – E amanhã tomaremos Odessa.[687]

246

Até os marinheiros mais tímidos circulavam pelos conveses, contando como tinha sido o confronto com a esquadra, como se o episódio já fosse lendário. O sucesso da luta pela liberdade parecia garantido.

Matyuchenko deixou a festa para levar os oficiais do *Georgy Pobedonosets* a terra firme. Logo depois de desembarcá-los e virar na direção do encouraçado, viu um bando de soldados da cavalaria correrem para os oficiais, que subiam com dificuldade pela margem escarpada.

– Para o chão! – gritou um deles; de fuzis em riste, os soldados da cavalaria tinham confundido os oficiais com rebeldes do Potemkin. Matyuchenko olhou para trás e viu o capitão Guzevitch e os outros recuarem para a água. Alguns mergulharam na tentativa de escapar; outros tentaram até nadar de volta para a lancha.

– Mais um ato de heroísmo da parte dos oficiais do tsar – brincou Matyuchenko com os outros marinheiros. Deixaram os oficiais se virarem sozinhos e voltaram para o Potemkin.[688]

No *Georgy Pobedonosets*, a tripulação elegeu Kochuba e outros nove marinheiros para formar a comissão do navio. O contramestre A.O. Kuzmenko foi nomeado para comandar o encouraçado, em um papel semelhante ao do segundo-tenente Alekseyev no Potemkin. Soou então a chamada geral, e os marinheiros se reuniram para as orações da noite. Feldmann, que tinha ficado no *Georgy Pobedonosets* para dar ensinamentos revolucionários aos marinheiros, ouviu a tripulação em uníssono.[689] Achou estranho ouvir os marinheiros, em um navio livre, dizerem palavras em homenagem ao tsar. A cena revelou como seria difícil libertar os marinheiros de seus instintos e tradições. "Era estranho ouvir as palavras patrióticas da oração, ali, em um navio livre, no meio do mar", lembrou ele. "Era um sinal de que, embora os velhos demônios tivessem sido derrubados, seu poder ainda prevalecia."[690]

Depois da oração, a comissão seguiu para o camarote do almirante, onde encontraram um marinheiro martelando o piano a esmo, aproveitando a liberdade recém-conquistada. Quando ele foi enxotado da sala, os marinheiros se sentaram em torno da mesa. Sob o ar pesado de fumaça e da sensação da gravidade das consequências, tomaram as primeiras decisões como líderes do *Georgy Pobedonosets*. Na suspeita de que os suboficiais pudessem semear a discórdia, resolveram desembarcá-los no dia seguinte. Kochuba e Deinega também estavam preocupados com a lealdade da tripulação. Muitos marinheiros tinham demorado para ajudar na tomada do navio.

Enquanto a comissão se reunia, um cúter do governo abordou o *Georgy Pobedonosets*. Era comandado pelo oficial do porto Nikolai Romanenko.

— Fui mandado pelo brigadeiro-general Perelechin para perguntar se o novo navio encouraçado precisa de alguma coisa — disse, claramente tentando espionar e saber como andava a situação.

— Vá até nossa nau capitânia — aconselharam os marinheiros.

Quando Romanenko chegou ao lado do Potemkin, Matyuchenko permitiu que ele subisse a bordo, para saber mais sobre a situação em Odessa. O oficial portuário foi evasivo, porém, e desviou a conversa perguntando por que os marinheiros tinham atirado contra a cidade indefesa no dia anterior e o que eles queriam naquele momento.[691]

— Amanhã queremos que sejam entregues carvão e provisões ao Potemkin — disse seco Matyuchenko, cansado do jogo. — E diga ao general Kakhanov que ele devia desmobilizar as tropas e deixar o povo governar a cidade.

Romanenko foi embora. Pouco depois, Kochuba e vários outros integrantes da comissão do *Georgy Pobedonosets* chegaram com o contramestre Kuzmenko para coordenar suas ações com o Potemkin.[692] Como novo comandante, Kuzmenko não fez muito boa impressão. Seu rosto vermelho, de nariz achatado, tinha uma "expressão tola, selvagem, perdida", lembrou Kovalenko. "Seus olhos pequenos iam para cima e para baixo o tempo todo, como se ele tivesse roubado alguma coisa, e seus movimentos e gestos eram anormalmente largados." Deixando de lado a má impressão inicial, Kovalenko se apresentou e perguntou a Kuzmenko sobre as operações do encouraçado. Enquanto caminhavam até a sala de oficiais, Kovalenko concluiu que havia muito a ser feito no *Georgy Pobedonosets*, especialmente em termos de deixá-lo pronto para combate.

Mais de duzentos marinheiros lotaram a sala de oficiais, ansiosos para saber do motim do encouraçado-irmão e dos próximos passos da esquadra revolucionária. A balbúrdia das conversas teve de ser silencia-

248

da para que a comissão pudesse começar. Kochuba contou da viagem desde Sebastopol e do recuo de Vichnevetsky, naquela manhã. Explicou então como tinham tomado o *Georgy Pobedonosets*.

– Com um único tiro – interrompeu um marinheiro, se referindo friamente ao tenente que se matara na ponte. A sala inteira desatou a rir.[693]

Quando Kochuba terminou, pediu um intercâmbio de trezentos marinheiros entre os dois encouraçados para consolidar o apoio ao motim, mas os líderes do Potemkin acharam o número excessivo. Concordaram então em mandar cinquenta marinheiros para o *Georgy Pobedonosets*. Fecharam em seguida a lista de exigências a ser cumpridas por Kakhanov: a entrega das provisões necessárias (carvão, água potável e outros suprimentos), a libertação de todos os prisioneiros políticos, a retirada das tropas da cidade e, por fim, a transferência do controle político e militar ao povo. Se o general não cumprisse as exigências em 24 horas, eles bombardeariam Odessa, decidiu a comissão conjunta. Com gritos de aclamação, os marinheiros aprovaram o plano de tomar a cidade pela força.

Depois da dissolução da reunião, Kirill escreveu o ultimato em nome da "Tripulação da Esquadra Revolucionária". O ultimato era concluído pela declaração de que a perda de vidas inocentes durante qualquer bombardeio seria responsabilidade de Kakhanov. Ele havia sido devidamente avisado.[694]

Enquanto as tripulações se recolhiam para dormir depois do dia agitado, o *Ismail* patrulhava os mares em volta para o caso pouco provável de a esquadra voltar para um ataque surpresa. A noite nublada era iluminada apenas pelo varar dos holofotes do Potemkin e do *Georgy Pobedonosets*, os feixes amarelos de luz vasculhando as águas em busca de minas flutuantes. A certa altura, soou no convés superior do Potemkin o grito de que uma mina tinha sido avistada, mas, quando alguns marinheiros tomaram um bote para investigar, encontraram só um fardo de palha boiando nas ondas. Exceto por esse incidente, os conveses permaneciam em silêncio.[695]

Na paz da noite, Kovalenko caminhava pelo Potemkin. A maioria da tripulação já estava dormindo. Só os que estavam de guarda permaneciam acordados, conversando entre si sobre os acontecimentos do dia e sobre suas novas esperanças para o futuro. Kovalenko estava tomado pela ideia de que seu sucesso daquele dia deflagraria uma revolução em todo o império. Já havia passado umas duas horas depois da meia-noite quando conseguiu relaxar e foi dormir em um dos camarotes.[696]

Pela primeira vez desde o início do motim, a comissão não estava reunida debatendo no meio da madrugada. Matyuchenko descansava, finalmente se entregando à exaustão. Como o restante da tripulação, estava ansioso pelo dia seguinte, quando a luta enfim seria levada para a terra, onde se espalharia como fogo. Não conseguia imaginar como eles poderiam se contrapor a eles.[697] Kirill e Feldmann passavam a noite no *Georgy Pobedonosets*, revólveres na cintura, depois de ter ouvido conversas subversivas contra o motim no meio da tripulação; mas estavam igualmente confiantes na concretização do plano de lançar uma insurreição em Odessa no dia seguinte.[698]

Nenhum deles sabia que, enquanto dormiam, em paz, um bando de suboficiais se reunia na cozinha do *Georgy Pobedonosets*, tramando tomar o encouraçado dos amotinados.[699]

17

À S 8H, MATYUCHENKO atravessou as águas anormalmente calmas do porto e chegou sozinho ao cais deserto. Levava mil rublos no bolso – doação para a mulher de Gilyarovsky e manobra para fazer um reconhecimento da cidade, visando ao ataque. Outros marinheiros podiam ter ido, mas Matyuchenko quase nunca delegava tarefas perigosas, e queria ver com os próprios olhos as posições dos soldados. Era 18 de junho, o quinto dia do motim, e o Potemkin agora tinha aliados para ajudar a obrigar o general Kakhanov a se submeter, e a levar a revolução para o continente.

Confiante, ele subiu a escadaria de Richelieu. Ainda eram visíveis nas pedras as manchas de sangue do massacre de duas noites antes. Uma companhia de soldados estacionada no alto da escada observava curiosa o marinheiro desarmado que subia na direção deles, como se mandasse na cidade. Os oficiais agiram primeiro, avançando para ver quem era ele e por que estava ali. Matyuchenko explicou que queria permissão para mandar dinheiro para a família de seu ex-comandante, em um gesto de boa vontade.

Sem saber se aquilo era possível, enviaram um soldado para perguntar ao general Kakhanov. Recostado na estátua de Richelieu para esperar a resposta, Matyuchenko pediu ao coronel do regimento, brusco, fogo para acender seu cigarro, atitude cuja insolência normalmente o teria colocado na prisão. Em vez disso, o coronel fez o favor a ele. Enquanto esperava, Matyuchenko observou a alameda Primorsky e as ruas adjacentes, prestando atenção nas posições e na localização do palácio do comandante. Também conseguiu conversar com alguns soldados, perguntando discretamente se eles apoiavam os marinheiros. Os soldados disseram que seu regimento e vários outros passariam para o lado deles quando o bombardeio começasse.

Minutos depois, um general se aproximou e concordou em entregar o dinheiro. Não parecia muito feliz de estar falando com aquele marinheiro ordinário, muito menos de estar aceitando exigências.

– Posso receber um recibo? – perguntou Matyuchenko. O insulto era óbvio.

O general se irritou com a insinuação de que poderia ficar com o dinheiro para si, mas rabiscou um bilhete dizendo que tinha recebido os rublos e que os enviaria conforme a requisição do marinheiro. Matyuchenko desconfiou de que os dois encouraçados parados no porto eram motivo mais que suficiente para que o general engolisse seu orgulho. Então Matyuchenko voltou para o porto e subiu na lancha que o esperava. No caminho para o Potemkin, desenhou meticulosamente o que tinha visto na alameda Primorsky. Os marinheiros iam precisar saber a posição das tropas para o ataque a Odessa naquela noite.[700]

Às 10h, o sol desapareceu por trás das nuvens escuras da tempestade que se aproximava. Em sua cabine, o tenente Kovalenko escrevia num diário os acontecimentos dos últimos dias, quando Dymtchenko entrou, com um ar preocupado.

– O que aconteceu? – perguntou Kovalenko.

– Chegou gente do *Georgy Pobedonosets* – disse Dymtchenko, encarapitado no braço do sofá. – A tripulação está dividida. Há quem insista em ir até Sebastopol para dar início a negociações com Tchukhnin. Dizem que o Potemkin pode fazer o que preferir.

– Isso é obra dos suboficiais – disse Kovalenko.

– Sem dúvida.

– Temos que ir já para lá.[701]

Deixaram a cabine de Kovalenko e descobriram que Matyuchenko e Kirill já tinham preparado uma lancha para ir ao *Georgy Pobedonosets*. Matyuchenko, que se repreendia por não ter cuidado do problema antes, queria que os suboficiais fossem presos, mas Kochuba achava que, se tentassem fazer aquilo naquele momento, o encouraçado certamente ia se dividir ainda mais. O que queria era que oradores do Potemkin convencessem a tripulação a manter o curso em Odessa. Cético, Matyuchenko concordou com a estratégia.[702]

Junto com vários marinheiros, Kirill e Kovalenko se ofereceram para ir. Quando a lancha estava sendo preparada para partir, o dr. Golenko correu até Matyuchenko, que pretendia ficar no Potemkin, e perguntou o que estava acontecendo. Antes que Matyuchenko conseguisse terminar de explicar a instabilidade no *Georgy Pobedonosets*, Golenko pediu para ir ao navio, alegando que poderia cuidar dos marinheiros doentes do encouraçado, já que o médico deles tinha sido desembarcado. Embora Golenko não tivesse se envolvido muito nas ações políticas, havia se mostrado útil aos amotinados como médico, e aquele tipo de gesto aumentaria o sentimento de solidariedade entre os dois encouraçados. Matyuchenko permitiu que ele subisse a bordo.[703]

Quando a lancha chegou, o contramestre Kuzmenko barrou o caminho deles até o convés principal do *Georgy Pobedonosets*, para impedir que influenciassem ainda mais a tripulação.

– Nossa tripulação não quer mais ficar com o Potemkin – disse. – Quer partir para Sebastopol.

– Nos deixe falar com a tripulação – disse Kovalenko, forçando a passagem.

No convés principal, encontrou uma situação muito mais delicada do que imaginara. A tripulação discutia entre si sobre o que devia fazer; alguns chegando quase às vias de fato. Kirill pulou em cima de uma pilha de tábuas de madeira, um palanque improvisado de onde pudesse falar aos marinheiros. Sua voz, já fraca, se perdeu em meio aos gritos de "Chega de palavras do Potemkin!" e "Não vamos ouvir. Basta. Vamos para Sebastopol".

– Vamos ficar com o Potemkin – gritou Kochuba, tentando mobilizar os marinheiros. – Não vamos abandoná-los. Os covardes que quiserem ir para Sebastopol podem desembarcar e ir a pé.

Uma cacofonia de vozes explodiu no convés. Nenhum dos lados parecia estar ganhando, e os marinheiros procuraram alguém para liderá-los. Notaram Kovalenko e Golenko. Logo a balbúrdia se transformou em pressão para que os oficiais falassem.

– Camaradas… camaradas… camaradas – gritou Kovalenko, substituindo Kirill na pilha de tábuas e fazendo sinal para que a tripulação se aquietasse. Eles foram se acalmando à medida que ele falava. – Ontem foi o dia mais excepcional desde o início do levante do Potemkin. Ontem ganhamos um poderoso aliado com o *Georgy Pobedonosets*. Ficamos felizes com sua decisão de se unir a nós, de mãos dadas, para lutar contra o tsar... Mas agora, mal passada uma noite, vocês estão vacilando. Alguns de vocês querem ir para Sebastopol, mas, tirando sua rendição, o que mais esperam de Tchukhnin? Será que vocês se uniram voluntariamente a nós ontem só para nos trair um dia depois? Que tipo de espírito do mal espalhou as sementes da dúvida em suas almas? O que está deixando vocês confusos? Nossa luta não é justa?

A tripulação permaneceu em silêncio enquanto Kovalenko abraçava o discurso da revolução como nunca antes havia feito.

– Camaradas, nossa causa é justa porque lutamos contra um governo que começou uma guerra inútil, destrutiva e vergonhosa por capricho. Lutamos contra um governo que respondeu aos humildes pedidos dos operários de São Petersburgo com uma chuva de balas, e um governo que executa os defensores dos direitos do povo. Portanto, camaradas, o poder e a verdade estão do nosso lado. Sejamos fortes e, com os nossos encouraçados, ajudemos o povo. Viva o governo do povo! Viva a liberdade e a justiça!

Por alguns instantes, a tripulação foi unânime, gritando:

– Não iremos para Sebastopol. Não abandonaremos o Potemkin.

Kovalenko desceu, encarando Kuzmenko, que estava evidentemente chocado de ouvir aquelas palavras de um oficial.[704]

Então um marinheiro do *Georgy Pobedonosets* se adiantou, rompendo o encantamento temporário que Kovalenko tinha provocado.

– Se o Potemkin não quer se juntar a nós, sabemos o caminho para Sebastopol. Se quiserem, podem nos seguir.

Kirill gritou:

– Por que ir para Sebastopol?

– Vamos ancorar no mar e começar a negociar com Tchukhnin!

– Vocês vão negociar sobre como trazer Golikov e Gilyarovsky de volta do fundo do mar? – rebateu um marinheiro do Potemkin.

– Não – Kirill respondeu por eles. – Eles vão pedir perdão, se arrastar diante de Tchukhnin e se render.[705]

O marinheiro do *Georgy Pobedonosets* recuou para dentro do aglomerado de gente. Mas ainda não havia consenso. De surpresa, Golenko subiu na pilha de tábuas. Kovalenko pediu ao médico que descesse, temendo o que ele pudesse dizer.

– Sou filho de um camponês – começou Golenko, sem se abalar com Kovalenko. – Me preocupo com o que acontece com cada um de vocês. Mas se vocês forem para Sebastopol, o que vão reivindicar? Um *borshtch* mais gostoso, ou que vocês possam desembarcar mais vezes?

A tripulação não tinha resposta.

– Camaradas, há injustiça demais na Rússia. Me uni a vocês para exigir que todos sejam iguais. Vocês veem com os próprios olhos o tipo de injustiça que existe. Temos que erradicá-la.

O discurso curto mas incisivo do médico provocou sinais de aprovação entre a tripulação. Depois que ele desceu, um suboficial renovou o apelo para que o encouraçado se entregasse, mas o entusiasmo por aquele curso de ação tinha se esvanecido, pois a tripulação se perguntava o que tinha a ganhar negociando com o vice-almirante Tchukhnin. Kochuba prometeu então aos marinheiros que eles não tomariam nenhuma atitude enquanto não se reunissem de novo com o Potemkin. Isso os acalmou ainda mais.[706]

Golenko se esgueirou e foi falar com o contramestre Kuzmenko e vários outros suboficiais.

– Não posso mais ficar no Potemkin – disse a Kuzmenko. – Eles vão me matar, de um jeito ou de outro.

Sabendo que a resistência passiva do segundo-tenente Alekseyev tinha se mostrado inútil e que o Potemkin ia bombardear Odessa em breve, Golenko tinha decidido lançar um contramotim. Seu discurso à tripulação havia conquistado a confiança dela, da qual ia precisar mais tarde para reagir. Kuzmenko e os suboficiais aceitaram a oferta de ajuda do médico, e tramaram como tomar o encouraçado de volta.[707]

Com a discórdia no *Georgy Pobedonosets* controlada, pelo menos temporariamente, todos os que tinham vindo do Potemkin voltaram à lancha. Ninguém notara a breve ausência de Golenko. Quando desciam a escada até o barco, Kuzmenko se inclinou na amurada e disse:

255

– Nossa comissão não deve ir de novo até o Potemkin. Não tem nada o que fazer lá. Até o meio-dia vamos levantar âncora.

– Cuidado – disse Kirill, apontando para a corrente da âncora –, senão você vai acabar no fundo do mar junto com aquela âncora.[708]

A lancha partiu. Kochuba e outros líderes do *Georgy Pobedonosets* seguiram em outro barco até o Potemkin, para falar da enorme desavença que reinava na tripulação. Matyuchenko ouviu impaciente. Tinham chegado longe demais para ser atrapalhados por um punhado de suboficiais do *Georgy Pobedonosets*, que eram mais leais ao tsar que às fileiras de marinheiros de onde tinham vindo. A comissão conjunta decidiu mandar outro grupo para o encouraçado, dessa vez com uma guarda armada. Iam prender os traidores e levá-los ao Potemkin. Bastava de meias medidas.

Estava evidente que a tripulação do *Georgy Pobedonosets* também precisava de inspiração, mas o problema era quem mandar. Os dias de discursos em prol da revolução, muitas vezes por cima do barulho dos motores ou em salas enfumaçadas, tinham acabado com a voz de Matyuchenko. Kirill e Feldmann, ambos oradores cativantes, também estavam roucos, impossibilitados de gritar para uma tripulação em algazarra. Além do mais, vários outros agitadores eficientes tinham ido se reunir com Kakhanov e obter provisões e carvão. Com isso, restava a Kochuba e aos revolucionários do *Georgy Pobedonosets* mobilizar a própria tripulação.

Então, pela segunda vez naquele dia, o dr. Golenko se voluntariou, dessa vez para liderar a guarda armada e falar de novo aos marinheiros. A comissão deliberou apressada. Os favoráveis a ele, a maioria, disseram que o médico tinha optado por permanecer a bordo quando podia ter saído com os outros oficiais; tinha falado bem no *Georgy Pobedonosets*; e os marinheiros respeitariam sua autoridade de oficial. Só Kovalenko, que não podia ir de novo porque precisava preparar o encouraçado para o potencial bombardeio da cidade, manifestou graves preocupações. Argumentou que o médico tinha sido quem aprovara a carne estragada comprada em Odessa, e que ele tinha abandonado o Potemkin para ir ao *Vekha* no primeiro confronto com a esquadra. Dava para confiar nele? Mas os temores de Kovalenko não convenceram os líderes do navio.

Não tinham muita escolha senão mandar Golenko imediatamente; ele seria acompanhado de dois integrantes da comissão do Potemkin, que garantiriam que ele fizesse o que tinha sido determinado. Ficou decidido, o médico iria.[709]

Depois que eles partiram, a delegação que levara o ultimato a Kakhanov voltou para o Potemkin. O general Kakhanov tinha se recusado a recebê-los. Apesar da ameaça da presença dos dois encouraçados no porto, só concordou em mandar um pacote de suprimentos médicos. Com cossacos patrulhando a costa, impedindo qualquer outra entrega ao Potemkin, Kakhanov obviamente estava comprando briga. Os marinheiros decidiram dar exatamente o que ele queria, briga, se não mudasse de ideia até a noite. Não iam mais esperar 24 horas.[710]

Um grupo liderado por Kirill dominou uma balsa de carvão no porto, e o *Ismail* a rebocou até a lateral do encouraçado. Depois das duas incursões no mar no confronto com a esquadra, eles precisavam reabastecer seus estoques. Sem saber da instabilidade no *Georgy Pobedonosets*, a tripulação do Potemkin carregou animada o carvão no porão, os uniformes brancos dos marinheiros pretos de pó. Pareciam mais unidos que nunca. A cena animou Matyuchenko e os outros líderes. Quando eles tivessem terminado, e o grupo armado que havia sido mandado ao *Georgy Pobedonosets* livrasse o encouraçado irmão dos suboficiais, o poderio dos dois navios ia se voltar para Odessa para libertar o povo. Iludidos pelo excesso de confiança depois do sucesso contra a esquadra, não enxergavam quão tênues eram os laços que ligavam a esquadra revolucionária.

No fim da tarde, uma chuva leve começava a cair quando o oficial portuário Romanenko, "um homem de nariz vermelho com o típico perfil de um Bourbon", como Feldmann mais tarde o descreveu, parou ao lado do Potemkin em um cúter com uma bandeira branca hasteada. Romanenko subiu a bordo para informar os marinheiros de que tinha trazido algumas provisões. Também se ofereceu para facilitar as negociações entre os marinheiros e o general Kakhanov. Alguma coisa em seu jeito e nas descrições complexas sobre o estado da cidade deu aos marinheiros a impressão de que ele estava tentando ganhar tempo, mas eles não chegaram a pressioná-lo.

Às 16h, com Romanenko ainda a bordo e uma hora depois de a guarda armada ter partido com Golenko, Matyuchenko começou a ficar nervoso com a situação do *Georgy Pobedonosets*. A delegação do Potemkin ainda não havia feito qualquer sinalização. Mesmo assim, quando os conveses do *Georgy Pobedonosets* ficaram vazios, ele e todo mundo pensaram que era por causa da chuva que piorava. A princípio.[711]

Quando o dr. Golenko voltou ao *Georgy Pobedonosets*, reuniu a tripulação no convés principal para informar as decisões do Potemkin: em primeiro lugar, todos os suboficiais iam ser presos; em segundo, os dois encouraçados bombardeariam Odessa até arrasá-la naquela noite. Golenko não deu explicações, como se as decisões tivessem sido decretadas pelos superiores do Potemkin. Como desconfiava, os marinheiros reagiram irritados a sua fala. Alguns insistiram que não iam bombardear a cidade nem entregar ninguém da tripulação só porque o Potemkin tinha mandado.[712] O contramestre Kuzmenko e seus coconspiradores tinham obviamente conseguido alimentar o ressentimento contra o Potemkin dentro do *Georgy Pobedonosets*.[713]

Então Golenko executou sua jogada.

– A maioria da tripulação do Potemkin quer acabar com o motim… Mas estão com medo dos revolucionários. O *Georgy Pobedonosets* tem de servir de exemplo, levantando âncora e partindo para Sebastopol.

Kochuba e a guarda armada quase não conseguiam acreditar nas palavras do médico. Por alguns segundos, ficaram atônitos demais para contê-lo.

– Defenderei pessoalmente, diante do comando da Frota do Mar Negro, qualquer pessoa que ajudar a acabar com esse motim – prometeu o médico.

Finalmente, Kochuba e os outros dois integrantes da comissão do Potemkin tentaram agarrar Golenko, mas ele escapou para a multidão de marinheiros. A confusão dominava o convés principal; ninguém sabia direito o que era verdade e a quem seguir, exatamente como Kuzmenko tinha planejado. Enquanto Golenko falava, um suboficial ergueu a âncora até ela ficar apenas uns poucos metros debaixo d'água, ainda fora da vista do Potemkin. Vários outros assumiram o controle da sala das máquinas e desarmaram os fuzis no arsenal. Kuzmenko seguiu para a ponte de comando, onde determinou um alerta de batalha. Os conveses foram desocupados.[714]

Kochuba gritou:

– Matem os traidores!

Ele e outros marinheiros revolucionários tentaram conter o contramotim, ameaçando jogar no mar qualquer um que ajudasse os suboficiais. Os marinheiros ignoraram as ameaças, e os revolucionários descobriram que as armas do arsenal tinham sido inutilizadas. Seu controle sobre a tripulação sempre fora no máximo tênue, e a repentina confusão provocada por Golenko e a resistência organizada dos suboficiais davam a vantagem ao contramotim. Uma dupla de marinheiros do Potemkin tentou escapar para buscar ajuda, mas foi presa e jogada numa cabine.

Kuzmenko recebeu o recado de que a âncora estava levantada. Deu suas ordens para a sala das máquinas: a vante, a toda a velocidade.[715]

Um marinheiro entrou correndo na sala dos oficiais do Potemkin, quase derrubando Matyuchenko em sua pressa de contar que o *Georgy Pobedonosets* tinha levantado âncora. Romanenko explicou que o encouraçado estava provavelmente tirando a folga da corrente da âncora. Matyuchenko o afastou da frente da porta e o resto da comissão o seguiu até o convés, para encontrar o *Georgy Pobedonosets* passando pelo boreste do Potemkin, na direção do mar. Receberam então um sinal do encouraçado que escapava: "Indo para Sebastopol. Convidamos a tripulação do Potemkin a nos seguir."

Matyuchenko não conseguia acreditar no que via; não sabia o que fazer. A seu lado, Nikichkin gritou:

– Aos postos de combate! Para as armas, camaradas!

Centenas de marinheiros correram para suas posições.

– Rápido! Levantem a âncora! – alguns gritavam.

Outros berravam:

– Não dá tempo. Mantenham a âncora e atirem! Vamos dar uma lição nesses covardes malditos!

Voltando a si, Matyuchenko correu para a ponte de comando e, para ganhar algum tempo enquanto eles desamarravam a balsa de carvão, sinalizou para o *Georgy Pobedonosets*: "Vejo-os com clareza. Esperem 15 minutos. Iremos a Sebastopol juntos." Enquanto isso, Romanenko, que tinha sido mandado por Kuzmenko para distrair a tripulação do Potemkin, saiu sorrateiro do encouraçado. Tinha mais coisas para fazer.

Kuzmenko ignorou a mensagem do Potemkin, levando o encouraçado para fora do porto. Kochuba e seus companheiros tentaram novamente ter acesso à sala das máquinas e à ponte, mas foram contidos por fuzis, superados em número e impotentes.

"Pare e ancore no lugar", sinalizou então Matyuchenko. Mas o *Georgy Pobedonosets* avançava, cada vez mais rápido. Um alarme soou no Potemkin. Os marinheiros desocuparam os conveses, enfim desamarraram a balsa de carvão e içaram a bandeira de batalha sobre a ponte de comando. Os canhões de 305 milímetros se viraram lentamente em suas bases. Um marinheiro ao lado de Matyuchenko suplicou:

— Não podemos deixá-los desistir assim do navio. Temos de dar uma lição nos covardes.

Suas palavras eram desnecessárias: Matyuchenko pretendia destruir o navio se ele não parasse. Sinalizou de novo: "Vou atirar." Segundos se passaram. Os operadores das armas prendiam a respiração, esperando a ordem.

No *Georgy Pobedonosets*, os marinheiros avistaram a bandeira e hesitaram com a visão das torretas apontadas para eles. Exigiram que Kuzmenko desse meia-volta no encouraçado antes que fossem afundados. Sabendo que eles não conseguiriam escapar para Sebastopol sem uma luta, o contramestre deu ordem para reduzir a velocidade do encouraçado. Enviou então uma mensagem para o Potemkin: "Estou voltando para o lugar." O dr. Golenko, apavorado com a perspectiva de Kuzmenko voltar para o lado do Potemkin, correu para a ponte, gritando:

— Irmãos! Isso é traição. Joguem aquele contramestre na água.

Mas os suboficiais, assustadíssimos, não deram ouvidos.

Quando o *Georgy Pobedonosets* se virou na direção do porto, a tripulação do Potemkin gritou para os canhoneiros:

— Não atirem, camaradas. Ele está voltando. Ele virou.

A tripulação deixou suas posições, lotando o convés e agitando os punhos contra os marinheiros por sua traição.

Então, o *Georgy Pobedonosets* avançou direto para o Potemkin. Nos conveses, os marinheiros correram para todos os lados, confusos, sem saber o que estava acontecendo. De repente, Kuzmenko mudou de curso de novo, seguindo na direção do porto. Seguia o pequeno cúter comandado por Romanenko. O *Georgy Pobedonosets* avançava mais uma vez a toda velocidade.

– Olhem, eles estão virando na direção do porto – gritaram marinheiros no Potemkin. Não faziam ideia do que o *Georgy Pobedonosets* pretendia. – Mandem parar! Mandem parar!

O caos tomou conta do Potemkin; os marinheiros faziam apelos para que se tomasse alguma atitude, mas não tinham certeza do que fazer. O *Georgy Pobedonosets* mantinha o curso direto para o cais de Odessa; seus hélices enormes giravam na água cada vez mais rasa. Houve no Potemkin quem achasse que o encouraçado estava descontrolado, mas Kuzmenko sabia exatamente o que estava fazendo. Romanenko o guiava. Um minuto depois, o *Georgy Pobedonosets* estremeceu. Marinheiros foram jogados no chão quando a proa do encouraçado se chocou com o fundo, nos bancos de areia perto do cais de Platonovsky. O navio virou quase 90 graus a bombordo antes de parar.[716]

Na ponte de comando do Potemkin reinava o caos completo. Matyuchenko ordenou ao sinaleiro que enviasse uma mensagem para o *Georgy Pobedonosets*, para manter posição senão eles iam atirar. Ao ouvir essas instruções, o segundo-tenente Alekseyev caiu de joelhos, murmurando, histérico:

– Mais sangue. Não aguento mais. Liberte-nos, Deus, para a costa.

O sinaleiro informou à ponte que o *Georgy Pobedonosets* estava definitivamente encalhado na areia.[717]

Enquanto os líderes do Potemkin hesitavam entre destruir ou não o encouraçado, o dr. Golenko e os contra-amotinados escaparam para o cúter de Romanenko. Com medo de que aos forças de Odessa logo convergissem para o *Georgy Pobedonosets*, Kochuba e seus camaradas revolucionários lançaram um barco a remo na água e pularam nele. A guarda armada do Potemkin seguiu em outro barco.

O *Ismail* foi enviado para se encontrar com os barcos no caminho para o Potemkin.[718]

– O médico é um traidor – gritou Kochuba quando o *Ismail* se aproximou. – Ele traiu o *Georgy Pobedonosets*!

A notícia da traição deixou a tripulação do Potemkin arrasada e alimentou ainda mais pânico. Seu aliado mais poderoso contra o tsar os havia abandonado.

– O que vamos fazer agora? – gritou um marinheiro.

– Afundar o *Georgy Pobedonosets*! Mandem um pacote de bombas para eles – exigiram alguns, furiosos.

– Devíamos ir para o mar – disseram outros.

– Para Sebastopol, para nos rendermos – sugeriu um suboficial. Mas, em meio aos muitos berros divergentes, surgiu o grito:

– Para a Romênia! Para a Romênia![719]

De pé na ponte de comando, Matyuchenko amaldiçoou o *Georgy Pobedonosets*. No momento em que a tripulação do Potemkin devia estar planejando o ataque à cidade, eles tinham sido traídos. Os dias à espera da esquadra, o triunfo de conseguir mais um encouraçado para seu lado – nada daquilo tinha adiantado. Vários barcos carregados de soldados já seguiam para o *Georgy Pobedonosets*, cujas armas agora iam poder ser usadas para defender Odessa contra o Potemkin. Enquanto Matyuchenko pensava no que fazer, ouviu apelos cada vez mais altos e inflamados para que fossem para a Romênia, ideia que ele sabia ter sido espalhada por quem era contra o motim. A esperança de a esquadra ficar ao lado deles e depois a aliança com o *Georgy Pobedonosets* tinham diminuído os atrativos daquela opção. Mas naquele momento, com os ânimos arrasados, os marinheiros foram facilmente dominados pelo desejo de uma rendição fácil, em vez de continuar a lutar.[720]

A tripulação começou a gritar em coro: "Romênia! Romênia!"

Kirill e Feldmann tentaram calá-la.

– Irmãos, camaradas – pediram –, o que vocês estão querendo? Estão virando contra a causa...

– Para onde vocês estão nos levando? – um marinheiro interrompeu. – Querem que nos afoguemos como ovelhas?[721]

Embora o medo tomasse conta da tripulação, Matyuchenko se recusou a dar ouvidos a qualquer apelo pela rendição. Mesmo assim, as chances de sucesso em Odessa eram limitadas. Os marinheiros podiam atacar o *Georgy Pobedonosets* com suas armas. Podiam atirar de novo em Odessa para tentar obrigar o general Kakhanov a aceitar suas exigências. Ou uma ou outra ação significava que muita gente ia morrer. Além do mais, considerando que o Potemkin já não tinha outro encouraçado a seu lado, nem uma ligação muito grande com os revolucionários da cidade, suas ações poderiam acabar não servindo para nada.

Vakulentchuk sempre advertira Matyuchenko para não ficar à mercê de seu impulso intempestivo de atacar movido pelo ódio ao tsar. Tinha de pensar primeiro. "Não jogue tudo fora", o amigo tinha dito em suas últimas palavras a Matyuchenko. Sempre o pressionara a fazer o que fosse necessário para concretizar suas ambições revolucionárias. Mas o custo de usar todo o poderio das armas do Potemkin era alto demais, raciocinou Matyuchenko, para uma revolução que devia acontecer em nome do povo. Não podia fazer os marinheiros cometerem aquele tipo de carnificina.

Mesmo detestando a ideia de se refugiar na Romênia, Matyuchenko concordou em seguir para sua cidade portuária, Constanta. Ali eles poderiam obter mais provisões e combustível, e então pensar em um novo plano para servir à causa. Quando a tripulação se acalmasse, ele e os outros revolucionários os convenceriam de que a rendição era o caminho errado. Mas por enquanto precisavam atender ao apelo de deixar Odessa. A comissão concordou, e Murzak deu a ordem para que o encouraçado fosse preparado para partir. O Potemkin sinalizou ao *Vekha* que carregasse o máximo de carvão possível da balsa e que depois o seguisse.[722]

Quando o encouraçado deixava o porto, com o *Ismail* a seu lado, Kirill e Feldmann abordaram Matyuchenko.

– Como você pode querer ir para a Romênia? – gritou Kirill. – Não vê a vergonha que é?

Sob o fardo de uma decisão que jamais gostaria de ter tomado, Matyuchenko rebateu:

– Se vocês estão com medo por sua pele, posso mandá-los para terra.

E se afastou.[723]

O litoral de Odessa logo desapareceu. A noite caiu algumas horas depois, e os marinheiros estavam de novo sozinhos no mar Negro. As estrelas no céu e a pálida luz da lua refletida na água eram os únicos sinais de que eles não tinham abandonado o porto para entrar numa espécie de breu do esquecimento. Enquanto seguiam para sudoeste na direção de Constanta, avançando devagar, para economizar carvão, cada membro da tripulação repassava os acontecimentos dos últimos dias e seu futuro sombrio.

Na sala dos oficiais, Kochuba fez um apelo dramático para que eles mudassem de direção e fossem para Sebastopol.

– É isso que faremos, irmãos. Vamos chegar perto de Sebastopol e desembarcar cem rapazes determinados. Vamos encher suas camisas de cartuchos de munição, e durante a noite eles atacarão as sentinelas e entrarão na cidade. Então poderemos entrar na fortaleza, disfarçados de soldados do governo. Lá, prenderemos os oficiais e proclamaremos a revolta.

O imprudente plano, embora ousado, foi descartado. A tripulação estava decidida a ir para Constanta.[724]

O *Vekha* causou mais um baque no moral dos marinheiros quando ignorou as várias mensagens por telégrafo do Potemkin. Depois de algumas horas, ficou claro que sua tripulação também tinha traído o encouraçado. Os dramáticos acontecimentos das últimas 24 horas deixaram os marinheiros exaustos e desanimados, principalmente em contraste com seu estado de espírito na noite anterior, quando tinham voltado a Odessa, vislumbrando belas cenas da esquadra revolucionária deixando de joelhos o regime do tsar.[725]

De olhar perdido na vastidão do mar, Kirill e Feldmann entraram juntos em desespero.

– Parece que estamos perdidos – suspirou Feldmann.

– Nada mais há para nós – Kirill concordou. – Mas até vermos que tudo está completamente perdido, temos de continuar lutando. E ainda não ficou claro se tudo está perdido.

Sem mais nada a dizer, cada um deles pensou no fato de que talvez nunca mais vissem Odessa, sua cidade natal. Era bem provável que fossem morrer nos próximos dias.[726]

Kovalenko também não conseguia se conformar com a terrível fuga de Odessa. As esperanças da tripulação tinham se invertido rápido demais, e ele também estava preocupado com o baixo-astral dos homens, temendo que as "forças negras" que tinham tomado o *Georgy Pobedonosets* encontrassem sucesso semelhante no Potemkin. Suportar o fardo de uma revolução sem outro encouraçado a seu lado poderia se comprovar uma responsabilidade grande demais para a tripulação.[727]

Um silêncio abatido recaiu sobre o encouraçado. Alguns marinheiros achavam que tinham fugido de Odessa como covardes. Outros acreditavam que lá estavam impotentes para fazer qualquer outra coisa, mas, agora que estavam sozinhos, eram mais impotentes ainda. "E agora?" era a pergunta que todos faziam.[728] A viagem para a Romênia, para um marinheiro, lembrava um moribundo, mal conseguindo se agarrar à vida.[729]

A única voz que soava esperançosa no Potemkin, apesar de rouca pelo excesso de uso, vinha de Matyuchenko. Ele caminhava pelo encouraçado, tranquilizando a tripulação, dizendo que não havia motivo para desânimo. Tarde da noite, entrou na sala dos oficiais, onde alguns membros da comissão tinham se reunido para não ficar sozinhos. Com um ar destemido, Matyuchenko disse aos camaradas:

– Nem tudo está perdido, mesmo agora.

Prometeu que eles reanimariam os ânimos da tripulação e que a viagem à Romênia era apenas uma escala na luta pela liberdade.

Tocados pela convicção dele, os líderes do navio foram tomar ar no convés superior. Fitaram o mar, quase como se na escuridão pudessem enxergar o futuro, confirmando o que Matyuchenko tinha dito.[730]

Em Odessa, naquela noite, Kakhanov negociou a rendição do *Georgy Pobedonosets*. O pesadelo que tinha começado com a chegada do Potemkin, quatro dias antes, estava quase terminado, e ele se sentia triunfante com o fato de ter sido *ele* quem salvara a cidade.

De início, achara que a louca investida do *Georgy Pobedonosets* contra o porto indicasse o início de um bombardeio. Enquanto preparava as tropas para o ataque, ficou sabendo que o encouraçado tinha sido encalhado de propósito, com a ajuda do corajoso empenho do oficial portuário Romanenko. Logo depois, os líderes do contramotim entregaram a bandeira do *Georgy Pobedonosets* para Kakhanov. A rendição completa do encouraçado, porém, foi retardada pela exigência da tripulação de um perdão oficial para que pudesse desembarcar. Kakhanov mandara o general Karangozov ao encouraçado e esperava sua resposta. Para o caso de os marinheiros se recusarem a sair pacificamente, Kakhanov reposicionou suas baterias de artilharia para que tivessem alcance direto ao encouraçado.[731]

Os cidadãos de Odessa também esperavam impacientes.[732] As últimas 24 horas tinham sido uma experiência tumultuada. Na noite anterior, Kakhanov tinha anunciado que a esquadra havia derrotado o Potemkin e conseguido a submissão do navio. Mas logo depois os encouraçados de Krieger desapareceram no horizonte e o Potemkin retornou ao porto, com o *Georgy Pobedonosets* a seu lado. Soldados ainda ocupavam as ruas, e a cidade ficou mais um dia paralisada. Os cônsules estrangeiros, esperando o pior, instruíram seus cidadãos expatriados a deixar a cidade de qualquer maneira. E agora o Potemkin tinha ido embora, sem dar nenhum tiro. Em uma carta a São Petersburgo, o cônsul norte-americano elogiou os marinheiros do Potemkin por não terem bombardeado Odessa em represália antes de partir. No entanto, com o *Georgy Pobedonosets* ainda nas mãos da tripulação, a cidade enfrentava a possibilidade de um ataque devastador.

Às 23h, o general Karangozov voltou para a sede do comando militar com três marinheiros do encouraçado, que queriam manifestar seu arrependimento e pedir a misericórdia de Nicolau II. A tripulação do *Georgy Pobedonosets* finalmente permitiu que os soldados de Kakhanov tomassem o encouraçado. Os homens que subiram a bordo prenderam os suspeitos de ter participado do motim. Todo mundo foi levado calmamente para terra, com exceção do contramestre maquinista Pavel Gulyayev, um dos líderes do motim. Quando estava sendo levado de balsa, ele pulou no mar e se afogou.[733] Três horas depois, o general Kakhanov mandou um telegrama para Nicolau II, contando em detalhes como tinha conseguido acabar com o motim do *Georgy Pobedonosets*. Também disse a ele que o Potemkin seguia provavelmente para Sebastopol.[734]

Naquela mesma noite, o representante de Lenin, Mikhail Vasilyev-
-Yujin, chegou de trem a Odessa. Vinha de Viena com um passaporte
falso e um visto de residência (usando o nome do filho de um general
famoso), tinha passado por postos de fiscalização na fronteira e chegara
até a ser cumprimentado pelos guardas. Estava emocionado de voltar
para a Rússia, embora suas chances de subir a bordo do Potemkin fossem limitadas. As esperanças terminaram quando ele olhou para o porto e percebeu que o encouraçado não estava mais lá. Entrou em contato
com os bolcheviques de Odessa para descobrir o que tinha acontecido,
e para onde o Potemkin estava indo. Eles só podiam adivinhar seu destino. Arrasado por ter chegado tarde demais, Vasilyev-Yujin fez os preparativos para tomar um barco a vapor para a cidade portuária de Batumi,
no Cáucaso. Considerando a infiltração dos social-democratas entre o
povo dali, era a base óbvia para os marinheiros. Por causa dessa decisão,
ele jamais encontraria o Potemkin. A tripulação do encouraçado estava
sozinha, sem a ajuda dos marinheiros da Frota do Mar Negro nem de
nenhuma liderança política revolucionária em terra.[735]

III

Precisamos de audácia, ainda mais audácia, sempre audácia.

— GEORGES JACQUES DANTON,
revolucionário francês[736]

Que poesia trágica o destino deste exilado, condenado a vagar perdido no mar noite e dia, sozinho, longe dos amigos, perseguido por inimigos. Seus canhões mortais fitam furiosos o horizonte, a sentinela monta guarda sem descanso, cada momento pode se provar decisivo para a tripulação – embora o inimigo não se atreva a se aproximar da fortaleza flutuante –, e nenhum porto é seguro para as bravas almas; a costa ameaçadora os empurra adiante, e só o mar, que não sabe o significado de grilhões e servidão, abraça os combatentes da liberdade.

– *O Proletário*, sobre o motim do Potemkin[737]

18

NA TARDE DE 19 DE JUNHO, o Potemkin viajava lentamente pelo mar Negro. No castelo de proa, a tripulação se reunia em pequenos grupos. Um marinheiro tocava uma música folclórica russa no acordeão e os outros em torno dele cantavam em coro. Em outro grupo, um marinheiro vestido com um uniforme de cabo do Exército imitava um soldado marchando. Seus companheiros de tripulação riam ruidosamente da rigidez fingida e dos remendos malcosturados em suas mangas. Muitos descansavam nos conveses, aproveitando o sol ou observando o grupo de golfinhos que seguia o encouraçado a distância. Agora que só as águas os cercavam, o pessimismo com os acontecimentos de Odessa era dissipado pela renovada sensação de liberdade.[738]

Enquanto o encouraçado avançava para Constanta, a comissão de marinheiros se reuniu para definir um plano de ação. Antes de a reunião começar, a tripulação apresentou um fundo improvisado que tinha sido coletado no quepe de um marinheiro – muitos marinheiros tinham doado suas parcas economias pelo bem do encouraçado. O montante era insignificante se comparado ao que estava no cofre do navio, mas o gesto tranquilizou os líderes revolucionários, mostrando que ainda contavam com a fidelidade da tripulação.

Matyuchenko se recusava a pensar na Romênia como qualquer coisa mais que uma mera parada na jornada – nunca uma rendição –, mas nem mesmo a força de sua personalidade tinha convencido todo mundo dessa opinião. Além disso, os marinheiros se perguntavam como os oficiais de Constanta os receberiam. Uma coisa era certa: o choque com a atitude do *Georgy Pobedonosets* tinha inspirado a determinação de não seguir os passos dele.[739] A comissão acreditava que a Romênia era sua melhor opção para obter ajuda, devido a sua posição independente em relação ao tsar. As terras da Romênia estavam havia muito tempo entre o domínio dos Impérios Otomano e Russo, que se revezavam – assim como os interesses do Império Austro-Húngaro e da Europa ocidental. Em 1878, o Tratado de Berlim tinha formalizado sua soberania, uma vitória difícil e sofrida que seu monarca constitucional, o rei Carol I, estava mais que disposto a proteger, especialmente da Rússia, que já ocupara seu país. Dado seu respeito pelas liberdades civis, os marinheiros imaginavam que o governo romeno ia se solidarizar com sua luta. Por outro lado, o rei Carol não ia querer inflamar as relações com a Rússia, e portanto poderia rejeitar os pedidos de ajuda do Potemkin, ou, pior, tentar ganhar a simpatia de Nicolau capturando o encouraçado.[740]

No meio dessa discussão, um marinheiro encostado na parede manifestou o desejo que muitos integrantes da tripulação cultivavam em segredo:

– Talvez eles nos deixem ficar na Romênia.

Outro marinheiro reforçou a ideia:

– Isso mesmo. O tsar deles vai permitir que moremos lá.

Kirill, que tinha previsto esse tipo de pensamento, abriu um velho livro de regulamentações navais que tinha encontrado por acaso na biblioteca de Golikov. Leu em uma página marcada um trecho que dizia que governos estrangeiros sujeitos à lei internacional eram obrigados a devolver amotinados a seus países de origem.[741]

O marinheiro Lychev pressionou então por uma decisão.

– Depois que pegarmos combustível e suprimentos em Constanta, vamos voltar para a Rússia para lutar. Certo?[742]

A sala de oficiais ficou em silêncio. Era unânime: o Potemkin pararia em Constanta para conseguir carvão, água potável e comida. Os marinheiros também tentariam desencavar qualquer informação sobre os movimentos da esquadra e notícias sobre outros levantes na Rússia, torcendo para que Odessa tivesse sido o começo de muitos outros. Decidiriam então onde seria o melhor lugar para o Potemkin levar a revolução de volta à Rússia. Talvez, era a expectativa de alguns, seus irmãos da Tsentralka em Sebastopol liderassem uma revolta para tomar a base naval, ou conseguissem, pelo menos, tomar o controle de outro encouraçado para se juntar ao Potemkin. Mas, como já não contavam com o elemento surpresa, não seria fácil.[743]

Enquanto a maioria da tripulação relaxava ao ar livre, a comissão de marinheiros continuou reunida até o início da tarde, discutindo os motivos do contramotim do *Georgy Pobedonosets* e de seu fracasso em Odessa. Feldmann argumentou com veemência que eles tinham de evitar ser presas de mais dissensão ou indecisão.

Kirill então interrompeu.

– Camaradas, há um motivo significativo para nossos fracassos. Todos vocês sabem disso, não sabem? São os suboficiais e o segundo-tenente Alekseyev. Eles já mostraram várias vezes que só estão esperando um momento crítico para provocar confusão na tripulação inteira... para nos prejudicar e interferir em nossos planos. Devíamos ter nos livrado deles há muito tempo.

Alguns concordaram que os suboficiais deveriam ser desembarcados do Potemkin em um barco. Outros questionaram.

– Eles já sabem de nossos planos e do conflito entre a tripulação. Quando chegarem a Sebastopol, vão contar tudo a Tchukhnin. Vão até orientá-lo a como agir contra a gente.

Sem conseguir chegar a um consenso, os membros da comissão deixaram a discussão para depois.[744]

Por fim, voltaram a atenção para a melhor maneira de se autopreservar em Constanta. Reznitchenko se manifestou:

– Precisamos fazer com que os operários de *todos* os países fiquem sabendo da campanha do povo russo contra o tsar. Quando espalharmos a notícia na Alemanha, na Itália, na França e em todos os outros lugares sobre nosso levante, teremos o apoio não só da Rússia, mas do exterior também.

– É verdade... Precisamos fazer com que todo mundo saiba – disse Matyuchenko. Decidiram então redigir uma declaração a ser divulgada para a comunidade internacional.

A reunião terminou. Alguns marinheiros permaneceram na sala de oficiais, enquanto o Potemkin cruzava as águas agitadas do mar Negro. Falavam da grande revolução que varreria a Rússia devido a suas atitudes

– de como o povo receberia a liberdade e a igualdade recém-conquista-das, de como os marinheiros poderiam voltar para suas famílias e levar a vida que quisessem. Por um breve momento, esqueceram os muitos desafios que tinham de enfrentar, como o que fazer se os romenos rejei-tassem o pedido de ajuda, como sobreviver sem carvão suficiente para umas centenas de quilômetros de viagem e com comida e água que davam só para três dias, se as desavenças entre a tripulação deflagrariam um contramotim, e como o tsar e o Almirantado planejavam esmagar a rebelião. Encarariam aquelas realidades nos dias seguintes, mas naquele momento sonhavam com o que podia acontecer.[745]

Em Nicolayev, um porto no desembocadouro do rio Bug, onde o Potemkin tinha sido lançado em 1900 com grandes comemorações (a presença de autoridades, o batismo com água benta, o som de uma or-questra inteira e salvas de canhão), o vice-almirante Tchukhnin agora rezava pela derrocada do navio. No comando naval, uma sucessão de assessores e operadores de telégrafo enviava suas ordens em frenesi, dando asas às suas preces.[746]

Tchukhnin tinha chegado a Nicolayev no dia anterior, 18 de ju-nho. Os confrontos que tinham estourado entre marinheiros e cossacos, simultâneos às primeiras informações sobre o motim do Potemkin, já haviam sido controlados, mas Tchukhnin queria avaliar ele próprio o moral da frota. Da estação de trem, foi direto pra o porto para falar com seus marinheiros. Com o jeito ardoroso de sempre, explicou a obrigação moral que tinham de servir ao tsar com fidelidade, e disse que "atos ver-gonhosos de traição" prejudicavam imensamente a Rússia. Para concluir, pediu aos marinheiros que jurassem que executariam suas obrigações sem hesitar, mesmo se mandados para lutar contra o Potemkin. Sem ex-ceção, os marinheiros juraram, mas Tchukhnin ouviu a hesitação muda em suas vozes. Sabia que, se tivessem a chance, eles se rebelariam contra seus oficiais; além do mais, estava convicto de que os marinheiros se recusariam a lutar contra marinheiros iguais a eles.[747]

Naquela mesma tarde, Tchukhnin ficou sabendo por Krieger, que tinha chegado a Sebastopol, que o mesmo estado de espírito tomava conta do resto da frota, e que estavam se espalhando os rumores sobre um plano de levante no *Ekaterina II*. O médico-chefe do encouraçado ouvira falar do motim em potencial, ficara bêbado de preocupação e deixara escapar para seu capitão:

– Vossa Alteza em breve será Nossa Alteza, e você vai caçar caranguejos no mar... Vai haver uma revolução. Vamos até o Potemkin à noite. Todo mundo vai. Eu vou.

Com esse tipo de informação chegando de Sebastopol, era improvável que Tchukhnin se tranquilizasse se soubesse que os líderes do Potemkin se sentiam isolados e desesperadamente necessitados de ajuda. De sua perspectiva, achava que só sua liderança firme e suas providências duras impediam que todo seu comando caísse nas mãos dos revolucionários e se juntasse ao Potemkin.[748] Naquela noite, antes de saber da rendição do *Georgy Pobedonosets* a Kakhanov, Tchukhnin escreveu para o tsar Nicolau que era de esperar que houvesse mais problemas na Frota do Mar Negro. Concluiu, pesaroso: "Temo que o mar esteja na mão dos amotinados."[749]

As informações sobre o *Georgy Pobedonosets* e o *Vekha* trouxeram algum alívio. Tchukhnin ordenou ao capitão Guzevitch que voltasse ao comando e conseguisse confissões completas de cada tripulante. Os "criminosos" deveriam declarar sua participação no "motim militar" com um padre presente, e, se se recusassem, Guzevitch tinha que assegurar que eles jamais vissem suas famílias ou terras natais de novo. Tchukhnin não teria misericórdia com aqueles homens.

A partida do Potemkin de Odessa criou ainda mais problemas para o vice-almirante. Ninguém sabia para onde a tripulação pretendia ir. Todo o tráfego marítimo tinha sido paralisado alguns dias antes, mas um navio amotinado daquela potência era uma ameaça a todas as cidades do mar Negro, russas ou não, e não havia ninguém que o contivesse.[750] Um promotor da região afirmou ao ministro da Justiça russo: "A esquadra voltou para Sebastopol. O clima nas unidades navais é de deslealdade. Tchukhnin está em Nicolayev. Krieger e os líderes navais se recusam a tomar medidas enérgicas. A população aguarda nervosa o desenrolar dos fatos. Tirando isso, tudo está em ordem."[751]

O governador-geral do Cáucaso instruiu suas tropas a estocar vinte reses e sacas de farinha e pão no cais de Sukhumi, para o caso de o

Potemkin exigir provisões.[752] Em outras cidades do litoral, oficiais organizaram milícias e orientaram seus cidadãos a deixar as ruas se o encouraçado chegasse ao porto. Era tido como certo que o Potemkin reduziria a ruínas qualquer cidade que resistisse aos amotinados.[753]

Tchukhnin tinha viagem marcada para Sebastopol no trem expresso daquela noite, para garantir que seus comandos fossem seguidos à risca. Seria mais rápido ir por mar, mas, considerando a atitude rebelde da frota e a localização desconhecida do Potemkin, temia ser pego – não tanto de medo por seu bem-estar, mas por saber que seus oficiais subordinados eram incompetentes. Telegrafou a Avelan, direto: "Não seria apropriado para mim ser capturado." A pressão do alto para acabar com o motim se intensificava, e o fato de que ele não podia viajar em segurança pelo mar Negro o fazia tremer de raiva. Era mais uma mancha negra em sua reputação, que já fora impecável.[754]

Ao longo do dia, Tchukhnin tinha feito esforços exaustivos para capturar ou afundar o Potemkin e evitar a ruína da Frota do Mar Negro. Primeiro, mandou os planos elaborados durante a viagem desde São Petersburgo para sua equipe, a fim de proteger Sebastopol contra qualquer abordagem marítima. Em segundo lugar, devido às perigosas infiltrações de revolucionários na base naval, instruiu Krieger a deter todos os marinheiros de baixa patente que fossem desleais, não importava o número. Em terceiro, disse a Krieger que desativasse as máquinas e os sistemas de armas dos encouraçados que tivessem tripulações pouco confiáveis, para evitar novos motins. Em quarto, alertou os faróis ao longo da costa do mar Negro para manter vigilância atenta sobre o Potemkin. Em quinto, pediu ao Ministério da Guerra que mobilizasse tropas em baterias próximas a todos os portos russos importantes da região e desse ordens para que elas abrissem fogo contra o Potemkin se ele entrasse em seu alcance. Em sexto, obteve o compromisso do ministro das Relações Exteriores para abrir negociações diplomáticas com países vizinhos como a Turquia e a Romênia sobre como lidar com o Potemkin se ele fosse visto em suas costas; a Rússia requisitava que as provisões fossem impedidas de chegar ao encouraçado e que, se possível, obtivesse sua rendição.[755]

Mas Tchukhnin depositava sua fé na sétima e última medida, conhecida apenas por Avelan e poucas outras pessoas. As seis outras ordens tinham caráter defensivo, mas o comandante da Frota do Mar Negro detestava a ideia de simplesmente esperar. Preferia ficar na ofensiva, mas, enquanto não pusesse seus marinheiros na linha, não ousava correr o risco de outro motim ou da perda de mais oficiais com o envio de outros encouraçados atrás do Potemkin. Isso reduzia suas opções ofensivas a usar destróieres ou uma esquadra de torpedeiros, mas não dava para confiar nem em suas tripulações, que eram menores e mais fáceis de supervisionar. Avelan tinha sugerido recrutar homens da Guarda Imperial de São Petersburgo, cuja devoção ao dever estava intocada, para tripular os navios, mas levaria tempo demais para os reunir e treinar.[756]

Então, em Nicolayev, Tchukhnin tinha recebido uma oferta inesperada, mas providencial, do tenente Andrei Yanovitch. O oficial de 32 anos servia sob as ordens do contra-almirante Sergei Pisarevsky, chefe da Unidade de Treinamento do Mar Negro, e era o comandante mais confiável e experiente em batalhas que Tchukhnin tinha na frota. Ávido por recuperar a honra do tsar e se vingar dos assassinos de Golikov e dos outros oficiais, Yanovitch informou Tchukhnin de que tinha mobilizado um grupo de oficiais monarquistas linha-dura dispostos a embarcar em um destróier e partir à caça do Potemkin. Embora tivesse fama de gostar de jogos de azar e de perder a calma fácil, Yanovitch era um jovem e audacioso tenente (mais tarde, ele seria um dos primeiros voluntários da Força Aérea russa). Já tinha participado de um perigoso reconhecimento hidrográfico no Ártico e recebera a Medalha de Santo Estanislau por seus serviços na Frota do Báltico, sob o então capitão primeira-classe Rojestvensky. Especialista em artilharia, dava aulas de engenharia elétrica e mecânica na frota de treinamento em Sebastopol, comprovando o conhecimento que tinha de todos os aspectos de comandar um navio. Era, basicamente, perfeito para a missão.[757]

Tchukhnin aceitou prontamente a oferta, determinando que Yanovitch assumisse o comando do *Stremitelny* ("rápido"), o destróier mais veloz da frota, que era capaz de viajar a 26 nós e estava armado de lançadores de torpedo e duas peças de tiro rápido. Foram tomadas todas as providências para manter a missão em segredo, para que o destróier pegasse o Potemkin de surpresa.

Às 13h30, no dia 19 de junho, enquanto Tchukhnin dava as últimas ordens antes de deixar Nicolayev, a "esquadra suicida", como Yanovitch e os outros oficiais se referiam a si mesmos em tom de orgulho jocoso, zarpou às escondidas do porto de Sebastopol. Marcou o curso para noroeste, na direção de Odessa. É bem provável que Tchukhnin tivesse desejado estar a bordo com eles, buscando a vingança em pessoa.[758]

Enquanto o vice-almirante se dedicava a caçar o Potemkin, outra tripulação dentro de sua frota estava à beira do motim. Ancorado perto da ilha de Tendra, o navio de treinamento *Prut* foi preparado para partir para Sebastopol quando a missa ortodoxa de domingo acabasse. Às 9h30 do dia 19 de junho, mais de seiscentos marinheiros se reuniam no convés, dois terços deles aspirantes a maquinistas. Um padre dizia uma oração diante de várias imagens religiosas. O comandante do navio, capitão segunda-classe Aleksandr Baranovsky, estava ansioso pelo fim da missa, para que o navio pudesse voltar para a segurança da base da frota. Desde que levantara, naquela manhã, tinha a sensação de que alguma coisa estava errada com a tripulação. Pareciam anormalmente tensos e agitados, e ele já havia recebido um telegrama de Krieger o advertindo para ser especialmente vigilante com seus homens.[759]

O que Baranovsky[760] e seus 22 oficiais não sabiam era que o marinheiro Aleksandr Petrov, um dos líderes da Tsentralka que tinha sido recentemente removido do *Ekaterina II* por suspeita de subversão, estava pronto para tomar o navio. Na coberta de proa, pedia paciência a vários outros marinheiros revolucionários, entre eles o maquinista D. Titov e os bombeiros I. Adamenko e I. Atamasov. Esperavam o sinal de que seus camaradas estavam em posição para invadir o armazém das armas.[761] Por trás de Petrov, um marinheiro passava uma garrafa de vodca, dizendo:

– Vamos, irmãos, tomem um gole para se preparar!

Atamasov tomou a garrafa e advertiu o marinheiro para que ficasse quieto. Eles não podiam ser pegos bem naquela hora.

Cedinho, no dia 15 de junho, o *Prut* tinha deixado Sebastopol para um reconhecimento nas fortificações de treinamento da ilha de Tendra. Depois de baixar âncora perto da ilha, Baranovsky recebera um telegrama do comando da Frota do Mar Negro, o alertando do motim no Potemkin e o instruindo a levar o navio de treinamento para Nicolayev por precaução. Sem dar nenhuma explicação à tripulação, Baranovsky levara o *Prut* à cidade portuária, aonde chegou na manhã seguinte. Impôs restrições ao desembarque da tripulação, usando como motivo os recentes confrontos entre marinheiros e cossacos. A tripulação ficou sabendo sobre o motim no Potemkin naquela noite, quando um adolescente nadou até o navio e jogou um quepe no convés. Ele estava recheado com proclamações dos social-democratas sobre o encouraçado. No dia seguinte, cinquenta marinheiros foram até o porto para um carregamento militar e confirmaram a notícia. Animado, Petrov e outros marinheiros revolucionários insistiram que eles também se amotinassem.

Naquela tarde, o *Prut* deixou Nicolayev na direção de Sebastopol, para entregar a carga. No caminho, Baranovsky recebeu instruções de Krieger para esperar perto da ilha de Tendra até segunda ordem. O navio de treinamento chegou na manhã de 18 de junho. A tripulação passou o dia à toa, esperando a esquadra e especulando sobre o que teria acontecido com o Potemkin. Naquela noite, Petrov se reuniu com mais de cinquenta marinheiros no corredor paralelo ao eixo do hélice. Confirmou que eles tomariam o navio na manhã seguinte e que iriam então para Odessa a fim de se juntar à esquadra revolucionária do Potemkin (que, mal sabiam eles, tinha se esfacelado poucas horas antes da reunião). Titov daria o sinal para o motim começar.[762]

No meio da missa de domingo, no dia 19 de junho, Titov recebeu a informação de que os outros marinheiros estavam em posição e de prontidão. Com uma voz potente o bastante para percorrer todo o navio, gritou:

– Hurra! Hurra!

Petrov e Titov lideraram a investida da coberta de proa até a sala das armas, onde outro camarada já tinha rompido as trancas com uma barra de ferro. Enquanto distribuíam os fuzis, um jovem tenente correu para impedi-los e foi atingido no peito com uma baioneta. No convés principal, um contramestre também tentou sufocar o motim, mas, momentos depois de chamar a guarda, levou um tiro e caiu ferido no convés. Como planejado, os marinheiros correram com os fuzis carregados para pontos cruciais do navio. O oficial de quarto, que se recusou a sair da ponte de comando, foi morto com uma bala na cabeça, mas, com exceção dele, os amotinados não encontraram resistência por parte dos oficiais e suboficiais. A maioria da tripulação ficou do lado deles ou assistiu impassível enquanto eles assumiam o controle do navio.[763]

Titov capturou Baranovsky quando o capitão tentava escapar para seu camarote.

– Aonde você acha que está indo? Quer levar um tiro? – perguntou Titov, empurrando-o para o convés principal. Baranovsky se viu cercado de marinheiros a quem já tinha uma vez ameaçado com a morte se eles simplesmente participassem de alguma reunião socialista. Adamenko disse ao capitão que ele estava preso, e que largasse o sabre. Quando Baranovsky hesitou, o bombeiro deu vários golpes em seu rosto. Em seguida ele foi derrubado. Os marinheiros gritaram:

– Joguem ele no mar!

Baranovsky implorou por sua vida. Por fim, Petrov interveio para impedir que ele fosse morto. Do outro lado do navio, o padre empunhava o crucifixo, tentando acalmar a tripulação. Um marinheiro cortou a mão do padre com uma baioneta e disse:

– Nem o próprio diabo teria permitido o que você permitiu acontecer aqui.[764]

Pouco tempo depois, os marinheiros encurralaram o restante dos oficiais na sala dos oficiais e retiraram suas dragonas. Foi pequena a sede de sangue, que por certo período tinha dominado o Potemkin, durante a primeira hora do motim no *Prut* (exceto no caso de dois marinheiros, que arrastaram um tenente ferido pelo braço até a enfermaria, o provocando o tempo todo, perguntando quando ele pretendia morrer). Quando a posse sobre o navio foi consolidada, Petrov e Titov gritaram da ponte:

– Estamos livres! Agora, para Odessa!

Instruíram então os oficiais da navegação a traçar o curso para a cidade. Advertiram-nos:

– Se vocês tentarem nos enganar, nunca os perdoaremos.[765]

Durante a viagem, a tripulação elegeu uma comissão de marinheiros, com Petrov como líder. Depois, ele fez um discurso entusiasmante, e disse aos homens que eles estavam participando não de um motim, mas de uma revolução para conquistar a liberdade. No entanto, às 16h, quando chegaram a Odessa, ficaram arrasados por descobrir que o Potemkin não estava no porto.[766] Sem balas para os canhões, o *Prut* estava indefeso a ataques e desesperado pela proteção do poderoso encouraçado, a cuja causa tinha ido se unir.[767] Menos de uma hora depois, o navio de treinamento deixou Odessa, com pouco carvão. Petrov ia e vinha pelos conveses, imaginando para onde o Potemkin tinha ido e o que eles fariam.[768]

Em Odessa, o general Kakhanov alertou Sebastopol de que o *Prut* tinha entrado no porto e que não era possível avistar oficiais na ponte de comando.[769]

A muitos quilômetros dali, no mar Negro, o Potemkin seguia para Constanta, sem que a tripulação soubesse do motim no *Prut*. O suboficial M. Zubtchenko estava ao lado da amurada no boreste do encouraçado. Na mão tinha uma garrafa dentro da qual tinha colocado um bilhete, com a esperança de que viesse a ser encontrado em terra firme. Algumas horas antes, a comissão de marinheiros tinha dito aos suboficiais que eles seriam mortos se fossem pegos espalhando propaganda contra o motim. Com medo de ser morto, Zubtchenko escrevera uma mensagem torcendo para que ela chegasse a sua família: "Amigos e fiéis ortodoxos! Peço que informem minha querida esposa e meus queridos filhos de que estou morrendo, não pela mão do inimigo, mas pela mão de meu irmão. [...] Espero a morte a cada minuto, mas não sei qual será. Querida Marusya, eu te imploro, me perdoe. Morro pela Fé, pelo Tsar e pela Pátria. Eu a enlaço com força em meus braços ao morrer. [...] Me enterre no cemitério de Sebastopol. Dezenove de junho de 1905."[770]

Depois de apertar a rolha, ele jogou a garrafa no mar, observando-a reaparecer na superfície e então ficar para trás. No alto, no mastro de popa, tremulava a prova que, para Zubtchenko, demonstrava que os marinheiros não pretendiam se render em Constanta. Tinham içado uma grande bandeira vermelha com as palavras LIBERDADE, IGUALDADE, FRATERNIDADE bordadas de um lado e VIVA O GOVERNO POPULAR! do outro.[771] Também tinham recolocado a bandeira de Santo André no mastro de vante para ressaltar que não eram bandidos ou saqueadores.

280

Em um camarote, Kirill fazia as últimas revisões em uma das duas declarações que a comissão de marinheiros tinha encomendado. Feldmann trabalhava na outra. Quando terminaram, os dois revolucionários de Odessa voltaram à sala dos oficiais onde os líderes do navio haviam passado o dia. Kirill leu suas páginas escritas a mão:

A Todo o Mundo Civilizado – Cidadãos de todas as terras e de todas as nacionalidades.

O grandioso espetáculo de uma grande guerra pela liberdade está se desenrolando diante de seus olhos; o oprimido e escravizado povo russo derrubou a gema da autocracia despótica. A ruína, a pobreza e a anarquia, impostas pelo governo à Rússia, que há tanto tempo sofre, esgotaram a paciência dos trabalhadores. Em cada cidade e em cada vilarejo arde o fogo da fúria e da indignação do povo.

O grito poderoso de milhões de peitos russos, "CHEGA DOS GRILHÕES DO DESPOTISMO E VIVA A LIBERDADE!", domina como trovão as planícies infindáveis da Rússia. Mas o governo do tsar decretou preferir afogar o país no sangue do povo a garantir sua liberdade.

Mas o governo esqueceu uma coisa: que o Exército – a poderosa arma que o tsar usa em suas empreitadas sanguinárias – é formado pelo mesmo povo, os filhos daqueles mesmos operários que juraram conquistar sua liberdade.

Assim, nós, a tripulação do encouraçado *Príncipe Potemkin-Tavrichesky*, resolutos e por unanimidade damos este grande passo inicial. Que todos aqueles camponeses e operários, nossos irmãos, que caíram nos campos de nossa pátria pelas balas e baionetas dos soldados, nos libertem de sua maldição! Não somos seus assassinos. Não somos os carrascos de nosso próprio povo. Somos seus defensores, e nosso grito comum é: "Liberdade ao Povo ou Morte!" Exigimos o fim imediato do banho de sangue na longínqua Manchúria. Exigimos a convocação imediata de uma Assembleia Constituinte através de eleições diretas. Por essas reivindicações estamos dispostos a lutar, e a perecer com nosso navio, ou conquistar a vitória.

Temos certeza de que os cidadãos honestos de todas as nações e países vão se solidarizar com nossa grande luta pela liberdade. Abaixo a autocracia! Viva a Assembleia Constituinte. [772]

Os marinheiros aplaudiram suas palavras. Como afirmou Kulik, integrante da comissão, a declaração mostrava que eles não eram "piratas".[773] Feldmann se levantou, proferindo sua declaração "A Todos os Monarcas Europeus", uma curta nota que garantia a segurança de embarcações estrangeiras no mar Negro. A comissão aprovou as duas declarações, e um marinheiro recebeu a ordem de imprimir panfletos com cada uma. Então, por fim, a reunião acabou.[774]

Às 16h, o Potemkin passou pela ilha da Serpente, a pouco mais de 30 quilômetros da costa. A pequena e pedregosa ilha só parecia adequada para um cemitério. Pouco depois, os marinheiros avistaram o continente. Quando se aproximaram de Constanta, Matyuchenko e Kovalenko se reuniram a vários outros na ponte de comando. Construída sobre um promontório baixo, que se projetava cerca de 800 metros para dentro do mar Negro, a cidade era o principal porto marítimo da Romênia. Batizada em homenagem à irmã pelo imperador romano Constantino, o Grande, no século IV, a cidade, originalmente chamada Tomi, fora fundada, segundo a lenda, pelo rei Eetes da Cólquida, como repouso final do filho Absirto. Medeia, filha de Eetes, tinha esquartejado o irmão e espalhado os pedaços na estrada, para atrasar o rei em sua perseguição a ela, a Jasão e o Tosão de Ouro. Ela sabia que ele ia parar para recolher os pedaços.[775]

Conforme o Potemkin se aproximou, os marinheiros avistaram um velho farol no cabo, e então a torre de uma catedral. Constanta ia tomando forma quando, do nada, uma névoa cobriu o mar, obscurecendo totalmente a cidade.

– Um mau sinal – disse um marinheiro, meio brincando, do passadiço.[776] Alguns minutos depois, o vento levou a névoa, e a cidade voltou a aparecer. Respeitando o costume internacional para chegadas a uma costa estrangeira, Matyuchenko deu ordens para uma saudação com 21 tiros. As armas dispararam. Quando o eco se dissipou, a tripulação olhou para boreste, na expectativa de saber como seria recebida. O destino do motim dependia daquilo.

19

MINUTOS DEPOIS de baixar âncora, o Potemkin atraiu uma turba de curiosos na costa de Constanta. A presença de um encouraçado colossal em suas águas era intrigante – "Não era aquele encouraçado amotinado russo?" Enquanto os moradores da cidade se faziam essa pergunta, um cúter com a bandeira romena deixou o porto. Seguiu direto para o Potemkin.

– Guarda, atenção! – gritou Kovalenko quando o barco se aproximou do encouraçado. No convés principal, uma guarda de honra composta por trinta soldados usando uniformes recém-lavados formou duas linhas para receber os oficiais romenos. Com o objetivo de conquistar seu apoio e sua simpatia, a tripulação pretendia mostrar todo tipo de cortesia para com os romenos.

Quando o capitão Nikolai Negru, comandante do porto de Constanta, e um tenente do cruzador romeno *Elizaveta* subiram ao convés, a guarda de honra fez uma saudação. Negru devolveu a saudação, e o resto dos marinheiros agitou os quepes dando as boas-vindas. Kovalenko e Matyuchenko avançaram então para cumprimentar os oficiais.

– Onde está seu oficial de quarto? – perguntou Negru ríspido, em francês, observando que nenhum dos dois homens usava indicações de sua patente.

– Não temos – respondeu Kovalenko.

– Por favor, me levem a seu comandante, então.

– Também não temos comandante.

– Por que não? – Negru perguntou, com ar de surpresa.

– Você não está sabendo do que aconteceu em Odessa? – Kovalenko perguntou.[777]

Negru balançou a cabeça, embora soubesse do motim pelos jornais romenos e tivesse sido notificado naquele dia pelo capitão russo N.N. Banov, cujo navio-transporte *Psezuape* estava atracado no porto, de que o Potemkin havia deixado Odessa. (O embaixador russo em Bucareste havia advertido Banov de que o Potemkin poderia ir para a Romênia.) Negru fingia ignorância para ganhar tempo enquanto esperava ordens de seus superiores sobre o que fazer a respeito.

Kovalenko e Matyuchenko levaram o capitão e o tenente até o camarote do almirante, onde dez outros membros da comissão estavam reunidos, além de um marinheiro que falava romeno. Depois de um breve relato sobre o motim e suas ambições revolucionárias, Matyuchenko entregou a Negru uma lista de requisições: 400 toneladas de carvão, 200 quilos de óleo para os motores, 200 litros de vinho, uma cabeça de gado, suprimento de pão para três dias e água para 800 homens, 40 quilos de tabaco e 15 quilos de papel para enrolar cigarros.[778]

– Mais que tudo – disse –, a tripulação precisa de comida e água.[779]

– Tenho de pedir permissão a Bucareste – disse Negru. – Não posso fornecer as coisas enquanto não receber ordens. Talvez em um dia tenha a resposta.

Outro marinheiro pediu ao intérprete que contasse a Negru por que eles tinham ido para a Romênia:

– Seu país é um país liberal que não os deixaria morrer de fome se eles observassem as leis internacionais e restringissem o uso da força militar.

Um laivo de desespero tingiu sua voz, sentimento compartilhado pelos outros.

– O que vocês farão se tiverem os pedidos recusados? – perguntou então Negru.

– Não sabemos o que faremos – disse Matyuchenko –, honestamente. Mas, de qualquer jeito, voltaremos à Rússia para lançar a revolução. Outros encouraçados seguirão nosso exemplo.

Negru olhou para os marinheiros que o cercavam, impressionado com a determinação deles, especialmente levando em conta a situação em que estavam. O governo russo não se contentaria enquanto não encontrasse o Potemkin e punisse seus marinheiros. Mesmo assim, a obrigação de Negru era garantir que o encouraçado não atacasse o porto para conseguir o que queria, coisa que, sabia ele, os amotinados fariam fácil. Sua artilharia em terra era limitada, e o *Elizaveta* era o único navio de guerra romeno na área. Ele oporia pouca resistência a um encouraçado como o Potemkin.

O capitão disse a Matyuchenko que encaminharia o pedido deles. Naquele meio-tempo, uma pequena delegação poderia entrar em Constanta e encomendar as provisões necessárias para o caso de seus superiores permitirem a entrega.

– Mas – disse, com honestidade – a melhor coisa a fazer é desembarcar. Entregar o encouraçado. Aí vocês estarão livres e poderão ir aonde quiserem.

Os marinheiros rechaçaram a sugestão, e Negru deixou o encouraçado. Enquanto seu cúter voltava para o porto, o Potemkin fez outra saudação com as armas.

Os líderes do navio apreciaram o respeito que Negru demonstrara para com os marinheiros, e transmitiram a sensação para a tripulação. Mas o fato de ele ter se recusado a permitir a compra de provisões sem a aprovação de Bucareste preocupava os marinheiros.[780]

– Eles querem conspirar com o tsar pelo telégrafo – advertiram alguns.[781]

– Querem nos matar de fome até nos rendermos – previram outros.

Enquanto alguns marinheiros preparavam-se para desembarcar e encontrar os comerciantes da cidade, uma corveta militar do *Psezuape* abordou o Potemkin.

– Oficial chegando! – gritou uma sentinela. – Um oficial russo está chegando!

– Não façam barulho, camaradas – alertou Matyuchenko, sabendo que o transporte estava sob proteção romena enquanto estivesse em suas águas. – Deixem-no vir. Vamos ver se ele vale alguma coisa.

— Prendam-no! — recomendou um marinheiro. — Arranquem as dragonas de seus ombros.

Minutos depois, o capitão Banov, um oficial baixinho e corpulento, rigorosamente uniformizado, subiu a bordo. Assumira que o encouraçado amotinado tinha ido até lá para se render, já que a bandeira de Santo André estava hasteada no mastro de vante e os marinheiros tinham feito a saudação ao entrar no porto. Feldmann o abordou, perguntando o que ele queria.

— Como se atreve a falar comigo desse jeito? — disse Banov. — Onde está seu comandante?

— Este é o navio do povo, não do governo russo — interferiu Kovalenko. — Você deve ter ouvido falar de nós nos jornais romenos.

— Não sei ler romeno.

Banov recuou, se dando conta de que os amotinados não tinham se rendido.

— Nosso comandante está no fundo do mar — frisou Matyuchenko.

— Então... agora... *irmãos* — Banov gaguejou, quase paralisado de medo. — O que vão fazer comigo?

— Pode ir embora — disse Kovalenko. Banov saiu rápido do convés, desejando sorte aos marinheiros, que zombavam dele.[782]

Depois que Banov deixou apressado o encouraçado, Matyuchenko e outros marinheiros pegaram uma lancha e foram até o porto. Como o capitão Negru tinha dado só uma hora para que encomendassem as provisões, eles se dividiram em vários grupos. Quando tomou uma carruagem sozinho para ir até um dos mercados, Matyuchenko de repente percebeu que estava sendo levado para longe do centro da cidade. Desconfiado de uma emboscada como a de Odessa, pediu ao condutor que voltasse ao porto. O condutor disse que não, e Matyuchenko puxou um revólver e ameaçou atirar nele. O carro parou. Matyuchenko desceu, o revólver apontado para o condutor enquanto se afastava. Voltou então a pé para o porto, sem saber ao certo se o condutor simplesmente tinha se confundido ou se participava de alguma trama para o capturar. Os dias de perigo constante tinham-no deixado com os nervos à flor da pele.[783]

No porto, Matyuchenko e os outros esperaram meia hora por Grigory Rakitin, um dos marinheiros do grupo, mas ele não apareceu. Suspeitaram que ele tivesse abandonado o Potemkin. A noite havia caído sobre Constanta quando eles deixaram o cais. A escuridão ao leste, no mar Negro, anunciava grandes perigos, entre eles um boato que os marinheiros tinham ouvido na cidade: a respeito de um torpedeiro tripulado só e tão somente por oficiais, enviado pelo vice-almirante Tchukhnin para afundar o Potemkin.

Na volta para o encouraçado, Matyuchenko fez a lancha parar ao lado do navio romeno para pedir permissão ao capitão para usar os holofotes do encouraçado durante a noite. Os romenos permitiram o uso dos holofotes, mas em seguida o pressionaram a entregar o Potemkin, garantindo a segurança da tripulação. Matyuchenko recusou. O capitão fez então uma oferta inesperada, a de *comprar* o encouraçado dos marinheiros. Quando o intérprete transmitiu a oferta, Matyuchenko recuou, ofendido pela sugestão para vender o encouraçado do povo por uns poucos rublos.[784]

– Não viemos para cá para salvar nossa pele. Ela só vale três copeques no bazar – respondeu, o tom azedo. – Antes de eu vender nosso navio, me diga, quanto você quer pelo seu *Elizaveta*?

A resposta encerrou a conversa, e Matyuchenko deixou o cruzador.[785]

No Potemkin, mais tarde, naquela noite, enquanto os holofotes iluminavam as águas à procura de torpedeiros, os canhoneiros descansaram ao lado das armas, e a maioria da tripulação buscou abrigo nos conveses inferiores. Uma tempestade que se aproximava levou rajadas de vento aos conveses, e o mar foi ficando cada vez mais agitado. Kovalenko ia e vinha pelo ondulante convés principal, olhando para as silhuetas das casas e igrejas de Constanta. Bem ao longe, ouvia música tocando. Imaginou o povo local sob as luzes tremulantes de seus terraços, conversando sobre o Potemkin. Tentou adivinhar o que eles achavam dos marinheiros que tinham chegado a sua costa em nome da revolução.

Por todo o navio, tripulantes conversavam preocupados sobre se os romenos iam ou não permitir a entrega dos suprimentos. Sobreviviam a sopa de repolho e batata havia dias. O pão tinha quase acabado, e, em alguns dias, só restariam chá e açúcar. Também estavam desesperados por mais carvão – sempre mais carvão. Antes da meia-noite,

Matyuchenko recebeu um bilhete do comandante do porto: ele teria uma resposta de Bucareste até as 8h do dia seguinte.[786]

Em Constanta, o capitão Negru esperava nervoso a mensagem por telégrafo de seu ministro das Relações Exteriores. O marinheiro Rakitin, do Potemkin, que tinha desertado, contara a Negru que a tripulação estava dividida, e que duzentos ou trezentos homens estavam dispostos a abandonar o navio assim que tivessem a chance. Apesar dessa informação, o capitão havia visto com os próprios olhos a convicção dos líderes do motim e seu domínio sobre os marinheiros; duvidava que eles abandonassem a causa. Assim, tinha de prever o pior para sua cidade, que já estava em pânico. Embora planejasse rebocar o russo *Psezuape* para um setor mais protegido do porto, preparar o *Elizaveta* para o ataque e esconder unidades de artilharia ao longo da costa, aquelas medidas de nada serviriam se os marinheiros do Potemkin resolvessem pegar os suprimentos que queriam à força – ou punir Constanta por não os fornecer.[787]

Na escuridão do mar Negro, a centenas de quilômetros da costa da Romênia, o destróier *Stremitelny* avançava a 18 nós de velocidade. O tenente Yanovitch dirigira o contratorpedeiro para Odessa, na esperança de conseguir rastrear o Potemkin a partir de sua última localização conhecida. Com seus traços marcantes e sua cabeça estreita, o jovem oficial na coberta de proa fazia lembrar uma machadinha, impressão que era reforçada por sua personalidade fanática.[788]

No dia anterior, tinha obtido a aprovação para seu plano de sair à caça do encouraçado amotinado, e não havia perdido tempo em dispensar o capitão segunda-classe Konstantinov do comando do destróier. Uma hora depois, os vinte oficiais, a maioria tenentes e guardas-marinhas que Yanovitch tinha recrutado para a missão, subiam a bordo, junto com 13 marinheiros (principalmente foguistas e maquinistas, para operar as turbinas). Sob circunstâncias normais, quatro oficiais supervisionariam 52 marinheiros no destróier. Mas aquela estava longe de ser uma viagem normal. Para manter segredo, o *Stremitelny* deixara Sebastopol sem a sinalização costumeira à nau capitânia. Desde então, o destróier só tinha parado uma vez para pegar alguns tripulantes a mais de um torpedeiro.[789]

Às 2h do dia 20 de junho, Yanovitch observou as luzes de um navio pelo binóculo. O destróier se aproximou devagar, pronto para a batalha, mas só descobriu o navio de treinamento *Prut* voltando para Sebastopol. Yanovitch apontou os holofotes para o passadiço do *Prut* e viu um oficial, provavelmente o que estava de plantão.

– Vocês viram o Potemkin? – sinalizou por semáforo, sem ter consciência do motim no *Prut* e do fato de que o oficial em seu passadiço estava obedecendo às ordens dos amotinados. Se tivesse, Ianovitch não teria hesitado em mandar uma dupla de torpedos contra sua linha-d'água.

– Não – o *Prut* respondeu. – Está tudo bem?

– Tudo bem – devolveu Yanovitch, iludido pela presença do oficial. Retomou então o curso para Odessa. Uma hora depois, o *Prut* teve menos sorte; o torpedeiro *Jutky* cruzou com o navio de treinamento, mas dessa vez com um capitão informado sobre o motim. Ele tomou o *Prut* sob sua guarda e o levou a Nicolayev, privando Yanovitch de sua primeira captura.[790]

No primeiro farol depois de Odessa, o *Stremitelny* cruzou com o vapor britânico *Cranby*, que tinha recebido a missão do consulado britânico de retirar os cidadãos ingleses da cidade depois da recente onda de violência. Yanovitch ordenou que o vapor voltasse para o porto para que ele verificasse se não havia refugiados revolucionários a bordo. Quando o capitão do *Cranby* hesitou, Yanovitch ordenou a seus artilheiros que dessem um tiro perto da proa do vapor, para mostrar sua determinação de atacar se recebesse resistência (e seu desprezo pelas cordialidades que marcam as relações internacionais). O *Cranby* sabiamente voltou para o porto, com as armas do *Stremitelny* apontadas para si. Ninguém suspeito foi encontrado a bordo.[791]

Em Odessa, Yanovitch logo soube pelo capitão Boisman, que tinha sido mandado para lá por Tchukhnin para tratar da punição dos amotinados, que o Potemkin fora para Constanta. A notícia de sua chegada a um porto estrangeiro tinha se espalhado pelo mar Negro com a mesma velocidade da comunicação pelos fios de telégrafo.

Enquanto Yanovitch se preparava para deixar Odessa, na etapa seguinte da perseguição, seu segundo oficial o informou de que as válvulas dos torpedos tinham sido entortadas, em um ato óbvio de sabotagem. Furioso com a descoberta, Yanovitch dispensou o contramestre torpedeiro Bebenko e vários outros marinheiros, apesar de não ter provas do envolvimento deles. Embora tivesse oficiais estacionados em todo o navio, superando os marinheiros em número pela proporção de dois para um, *ainda* não dava para confiar na tripulação. Para fazer o conserto, o *Stremitelny* foi obrigado a ancorar em Odessa. Yanovitch pressionou os engenheiros para que trabalhassem rápido. Pretendia chegar a Constanta e enfrentar o Potemkin dali a 12 horas.[792]

Na sala do trono do Grande Palácio, em Peterhof, o conde V.F. Dorrer e seis outros nobres da província de Kursk foram conduzidos pelo piso de mosaicos intricados de parquete para a audiência com Nicolau II. O aposento, de pé-direito alto e teto branquíssimo, decorado com ornamentos em estuque formando guirlandas e rosas, e uma fileira de candelabros de ouro e de cristal, era a perfeita representação do poder do tsar, uma autocracia a que aqueles nobres tinham ido prestar sua devoção.[793] Junto com outros monarquistas que tinham criado a União dos Homens Russos, em oposição aos nobres liberais que lutavam por um governo constitucional, Dorrer admitia que eram muitos os problemas que abalavam o império. Mas acreditava fortemente que qualquer limitação à autocracia seria a garantia da ruína da Rússia. Em vez disso, como o conde recomendou polidamente a Nicolau naquela manhã, achava que a eleição de nobres proprietários de terra (como ele), formando uma assembleia consultiva, ajudaria a restaurar a ligação entre o tsar e seu povo.[794]

Sentado no trono de carvalho pintado de dourado, sobre uma pequena plataforma, Nicolau ficou tocado pelo sentimento de lealdade da delegação. Mas é provável que tenha prestado bem pouca atenção a suas palavras: como tsar, seu papel era se manter acima das briguinhas partidárias e movidas pelo interesse próprio. Tinha de decidir sozinho do que a Rússia precisava, sem a influência de outrem, não importava o fervor com que cada um defendesse sua tese.[795] De qualquer maneira, sua cabeça estava em outro lugar; ele só conseguia pensar no motim no mar Negro.

A chegada do Potemkin a Constanta na noite anterior tinha aumentado sua inquietação. Seus almirantes, que não haviam controlado a situação quando tiveram a chance, mereciam ser punidos junto com os marinheiros.[796] No telegrama informando Nicolau da situação a bordo do *Prut*, ele anotou a mão: "Krieger deve ser severamente advertido em meu nome pela disciplina intolerável dentro de sua divisão."[797]

Por quase uma semana, os representantes de Nicolau vinham minimizando o levante no Potemkin para os governos estrangeiros, o chamando de uma aberração insignificante, incitada pela bebedeira da tripulação. Os porta-vozes garantiam que o motim seria facilmente sufocado. Mas, quase uma semana depois, o encouraçado ainda estava à solta, e outros navios também tinham se rebelado.[798] Com o Potemkin ameaçando a Romênia, a Turquia reforçando suas baterias no estreito de Bósforo e a Grã-Bretanha estudando anular o Tratado de Paris para mandar navios de guerra para o mar Negro e acabar com o perigo, Nicolau sabia que estava parecendo fraco.[799] Os boatos de que o Exército poderia se juntar ao motim, por mais irrealistas que ele os considerasse, só o debilitavam ainda mais.[800]

No âmbito privado, seus assessores mais próximos refletiam a mesma preocupação. O embaixador russo em Londres, conde Aleksandr Beckendorf, escreveu para seu ministro das Relações Exteriores, Vladimir Lambsdorf:

> O levante do Potemkin desferiu um golpe moral significativo no prestígio da autocracia. A respeito dos tristes acontecimentos na Rússia, devo ressaltar que nenhum deles, nem mesmo nossos fracassos militares, causaram uma impressão tão perturbadora na opinião pública e, creio eu, no governo britânico, quanto os fatos em Odessa e o levante no Potemkin. Pela primeira vez, vejo claramente ser suscitada uma grave pergunta: se a revolução que estourou na Rússia ameaça a estabilidade da existência do governo.[801]

Com os japoneses fadados a invadir o território russo pela primeira vez na guerra, na ilha de Sacalina, e com a fragilidade de seu domínio doméstico desnudada pelo motim, Nicolau reconsiderou a ideia de buscar a paz. Seu ministro da Guerra, Sakharov, respondendo por carta ao recente pedido do tsar por opiniões de seu círculo mais próximo sobre o que fazer com a guerra, aconselhou: "Sob as atuais circunstâncias obter a paz é impossível, porque não se pode admitir que a Rússia confesse-se derrotada pelo Japão."[802] Seus outros generais concordaram. Mas o ministro das Finanças, Vladimir Kokovtsov, arriscou uma opinião contrária: "Me sinto forçado a admitir que a continuidade da campanha – com as coisas no estado em que estão no teatro da guerra e mais especificamente no interior do país – parece extremamente difícil, e que a conclusão com a paz é, do ponto de vista financeiro, extremamente desejável."[803]

Nicolau, por fim, passou a tender também para essa opinião. No dia 19 de junho, tinha informado o embaixador norte-americano, Meyer, de que seus plenipotenciários, liderados por Muravyev, estariam investidos de plenos poderes para negociar a paz, e de que ele havia decidido demitir Sakharov. Nicolau, entretanto, ainda não tinha decidido definitivamente a questão. Intimamente, ainda pensava em se retirar de vez das negociações; mas se o motim no mar Negro se arrastasse e se os japoneses tomassem Sacalina, ele não teria opção senão encerrar a guerra.

Oprimido por tantos problemas, Nicolau tinha boas desculpas para não prestar muita atenção a Dorrer e aos outros nobres de Kursk. Assim como na maioria das audiências, tinha recebido os convidados por cortesia, apenas para os aliviar de suas preocupações.[804] Antes do fim da reunião, Nicolau indicou que concordava com a proposta, mas em termos vagos e sem assumir qualquer compromisso. Concluiu então:

– Um Estado só é poderoso e sólido quando mantém sagrados os preceitos do passado. Nós mesmos já pecamos contra isso e Deus pode estar nos punindo... Estou convencido de que todos vocês, e cada um em sua esfera, vão *me* ajudar a restaurar a paz e a tranquilidade em nossa pátria, e portanto vão *me* servir do modo como espero de *meus* súditos leais.[805]

A aparente calma de Nicolau em meio à tempestade era bem típica dele. Em público, era raro demonstrar suas emoções ou revelar a verdadeira natureza de seus pensamentos. Mas em seu diário, naquele dia, expressou quão preocupado estava. "Só o diabo sabe o que está acontecendo na Frota do Mar Negro. Há três dias, a tripulação do *Georgy Pobedonosets* se juntou ao Potemkin, mas logo recobrou a razão e pediu ao comandante e aos oficiais que voltassem, e, depois de confessar, entregou 57 amotinados. O Potemkin apareceu em Constanta, na Romênia. A bordo do *Prut* houve algum descontentamento, que acabou com a chegada a Sebastopol. Se pelo menos o resto das tripulações da esquadra permanecesse leal!"[806]

Quanto mais os marinheiros do Potemkin se aguentassem, mais profundo seria o desespero de Nicolau.

Às 7h30 de 20 de junho, em Constanta, os ventos e o mar agitado obrigaram o *Ismail* a se refugiar no porto. Quando o torpedeiro entrou nas águas mais calmas, o cruzador romeno deu dois tiros, um sem bala e outro com carga explosiva, à frente do *Ismail*, para o afastar. O barco deu meia-volta e ancorou de novo perto do Potemkin, um mau prenúncio para os marinheiros que esperavam a resposta de Bucareste.

Duas horas depois, Matyuchenko e quatro integrantes da comissão embarcaram em uma lancha para receber a resposta prometida. O capitão Negru tinha visitado o encouraçado ao amanhecer, novamente tentando convencer a tripulação a deixar o Potemkin, embora ainda não tivesse notícias de seus superiores. Os marinheiros se recusaram, acreditando na possibilidade de o rei Carol permitir que eles reabastecessem o encouraçado.[807]

No porto, Matyuchenko desembarcou no cais, onde Negru o esperava com um intérprete a seu lado.

– Recebi instruções de Bucareste. Muito favoráveis a vocês, se vocês se renderem – disse Negru. Explicou então que não poderia, porém, por ordem do ministro das Relações Exteriores, permitir que eles comprassem carvão nem provisões.

Matyuchenko exigiu ver o telegrama original, atônito demais para acreditar na recusa. Eles tinham seguido todos os protocolos. Não tinham mostrado qualquer sinal de beligerância para com os romenos. Tinham rublos para pagar pelos produtos. E mesmo assim o pedido era rejeitado.[808]

Negru entregou o documento e em seguida leu para Matyuchenko os termos de rendição que o comandante do porto estava instruído a oferecer: "Tente convencer os marinheiros russos de que nosso governo vai reconhecê-los como desertores estrangeiros e em consequência eles ganharão a liberdade se deixarem o navio. Assim que eles aceitarem essas condições, terão permissão para ir para a Bulgária ou qualquer outro destino em vapores civis. Depois disso, peço que posicione uma guarda militar no Potemkin e que ajude os marinheiros a comprar provisões para si."[809]

Matyuchenko pediu com frieza que o tradutor redigisse o telegrama em russo. Disse então a Negru que voltaria com uma resposta quando tivesse apresentado a proposta à tripulação. Antes de a delegação de Matyuchenko partir, Negru pressionou os marinheiros a sair do encouraçado, argumentando que aquela era a única chance de sobrevivência para eles. Matyuchenko se afastou.

No Potemkin, Kochuba interrompeu Matyuchenko no meio da leitura do telegrama.

– Eles querem mesmo que aceitemos isso?

– Precisamos de pão e carne – gritou um marinheiro, oculto em meio à tripulação.

Matyuchenko fez os homens se calarem e terminou de ler a proposta. Eram poucos os que acreditavam que os romenos honrariam aqueles termos.

– É uma fraude. Eles vão nos capturar e nos entregar ao tsar – previu um tripulante, que recebeu um coro de aprovação.

– Então vocês não querem se render, não é? – perguntou Matyuchenko.

– Para a Rússia – a tripulação gritou. – Para a Rússia!

Enquanto os gritos arrefeciam, os líderes do navio foram para a sala dos oficiais para planejar o próximo destino do Potemkin. Não pegariam as provisões à força em uma terra estrangeira cuja segurança tinham garantido em suas proclamações. Ainda assim, estavam desesperados por carvão, água e comida. Precisavam urgentemente encontrar um lugar que tivesse os suprimentos em grande quantidade. Um marinheiro trouxe um mapa do mar Negro e o abriu sobre a mesa.[810] De início, Kirill sugeriu que eles voltassem a Odessa, por causa das muitas barcas de carvão que havia lá, mas Feldmann rebateu dizendo que Kakhanov, àquela altura, teria a cidade totalmente protegida.

– E Poti? – propôs Kirill. – Podíamos tomar um carvoeiro turco em rota para Constantinopla.

De novo a ideia foi rejeitada. Os marinheiros não iam recorrer à pirataria.[811] Denisenko propôs então Batumi, no sudoeste da Geórgia, onde revolucionários, entre eles um jovem Iosif Djugachvili (mais tarde conhecido como Josef Stalin), tinham dado início a vários levantes nos últimos meses, mas a ideia foi descartada porque a fortaleza da cidade estava armada com artilharia suficiente para destruir o Potemkin.

Feldmann então correu o dedo pelo mapa, parando em Teodósia, um porto na costa da Crimeia. Teodósia era um eixo ferroviário, desprovido de uma fortaleza e próximo ao Cáucaso, para onde eles talvez pudessem ir depois para espalhar a revolução. Aquela, acreditava ele, era a melhor chance de conseguir os suprimentos para que dessem continuidade à revolta. Além do mais, a proximidade de Sebastopol aumentava as chances de obterem informações sobre os movimentos da esquadra. Os marinheiros começavam a se mostrar favoráveis à sugestão quando o segundo-tenente Alekseyev entrou na conversa:

– Você não sabe de nada, mas mesmo assim interfere – cutucou ele, se dirigindo a Feldmann. – Meu conselho é ir para Eupatória... É o único lugar onde podemos conseguir carvão.

– Você quer ir para lá *só* porque é perto de Sebastopol. Não estou certo? – Feldmann perguntou, sabendo que Eupatória era uma cidade pequena com pouco comércio, tirando o de ovelhas.

– Vamos para Teodósia – concluiu a comissão.[812]

Kirill e dois marinheiros foram até o porto para comunicar Negru da decisão de ir embora. Também entregou cópias das duas proclamações que eles haviam escrito. Quando Negru perguntou para onde eles pretendiam ir, Kirill mentiu.

– Turquia – disse, para tirar os perseguidores de seu rastro. – Esperamos que o sultão otomano nos receba com mais cordialidade que o rei europeu.

Negru prometeu mandar as proclamações para os cônsules estrangeiros da cidade.[813]

No Potemkin, Matyuchenko reuniu a tripulação a fim de obter sua aprovação para a viagem até Teodósia. Ao longo das duas horas anteriores, os marinheiros tinham ficado cada vez mais indecisos sobre deixar a Romênia. A maioria sabia do estado desesperador de seus suprimentos, e muitos já tinham cansado da luta. Para resistir a esse sentimento, Matyuchenko mobilizou os marinheiros, com um discurso pontuado pelos movimentos eletrizantes de seu corpo, como se sentisse cada palavra que dizia. Concluiu a fala:

– Todo país tem suas leis, seus costumes, mas há um sentimento que é sagrado para todas as nações: o sentimento de responsabilidade para com o próprio país. Agora, irmãos, pensem um pouco em como o povo romeno vai se sentir em relação a vocês se os virem traindo seu país. Que, quando tiveram a chance de tirar sua pátria das mãos dos tiranos, se renderam vergonhosamente para salvar suas peles.[814]

Mais uma vez, ele conquistou a tripulação. Enquanto os marinheiros aprontavam o encouraçado para a viagem até Teodósia, o capitão Negru subiu a bordo para os convencer de como seu plano era inútil.

– A causa pela qual vocês estão lutando é impossível de ser ganha com um único encouraçado – argumentou. – O resto da Frota do Mar Negro não se juntou a vocês, então o que podem esperar em águas russas?

– O que não podemos fazer é perder a esperança em nosso sucesso – disse Kovalenko, direto. E conduziu Negru para fora do navio.[815]

Quando voltou ao porto, o capitão Negru selou em um envelope as proclamações dos marinheiros, que tinha prometido entregar aos cônsules. Pretendia as despachar diretamente para seus superiores em Bucareste. Embora admirasse os marinheiros por sua bravura e pela nobre contenção em não atacar sua cidade – e dissera aquilo ao ministro das Relações Exteriores –, não tinha coragem de envolver a Romênia em um conflito com o tsar da Rússia por distribuir as proclamações.[816]

Às 13h20, o Potemkin se afastou de Constanta, marcando primeiro curso para Constantinopla, bem sabendo que o capitão Banov telegrafaria a Sebastopol transmitindo a direção deles. Mesmo antes de a tripulação perder a terra de vista, porém, a animação inicial com o retorno à Rússia foi substituída por uma sensação de isolamento. Nada havia além de quilômetros de mar vazio à frente, exceto a promessa de refeições escassas e pouco descanso debaixo do sol escaldante. Tudo pela vaga esperança de talvez encontrar em Teodósia a ajuda de que precisavam. A liberdade que antes eles haviam saboreado nas águas abertas pesava agora como uma maldição.

20

"A PESAR DA OFERTA de proteção política, os marinheiros se recusaram a entregar as armas e o encouraçado às autoridades. [...] O Potemkin deixou o porto, na direção sudeste."[817]

Tchukhnin leu o telegrama secreto da Romênia poucas horas depois de seu trem chegar a Sebastopol na manhã de 20 de junho. A notícia descartava qualquer chance de o *Stremitelny* conseguir capturar rápido o encouraçado em Constanta. Mas com o Potemkin foragido, com pequenos estoques de carvão e comida e com o fato de Bulgária, Romênia e Turquia terem concordado em não ajudar os marinheiros, a capacidade dos rebeldes de sustentar o motim ficava cada vez menor. Logo eles seriam capturados ou afundados – fosse no mar ou em um porto russo. Os preparativos de Tchukhnin para o julgamento e a punição dos amotinados, seguindo as ordens do tsar, já não pareciam tão prematuros. Já tinha escolhido um embarcadouro em Odessa para a execução – a ser conduzida, sob suas ordens, diante da esquadra. O carrasco e os caixões já estavam acertados. Só faltava resposta ainda para a questão de onde eles seriam enterrados, mas uma propriedade estatal perto de Peresyp seria provavelmente a melhor escolha.[818]

Igualmente preocupante para o vice-almirante era o estado de insurreição entre os marinheiros de Sebastopol. Seus espiões já tinham ficado sabendo de um plano revolucionário para invadir o arsenal da base, tripular o restante da frota e se juntar ao Potemkin. Tchukhnin tomara providências preventivas naquela manhã mesmo. Mais de 2 mil marinheiros foram levados para o pátio principal da frota, para, segundo

298

o que disseram, um desfile comemorando a volta de Tchukhnin de São Petersburgo. Enquanto os marinheiros esperavam, gendarmes trancaram os portões do pátio. Naquele meio-tempo, os oficiais retiraram todas as armas do arsenal e as armazenaram fora da base.[819]

Naquela tarde, Tchukhnin decidiu falar às tripulações dos encouraçados que tinham voltado de Odessa. Como em Nicolayev, achava que, se argumentasse com os marinheiros, eles enxergariam como o motim era nocivo e resistiriam às "ilusões" promovidas pelos revolucionários. Antes de ele partir para o *Rostislav*, sua equipe tentou dissuadi-lo da empreitada.

– As tripulações te odeiam – um de seus oficiais se atreveu a dizer. – O senhor está se colocando em risco.

– Estou cumprindo minha obrigação – respondeu Tchukhnin. – Tenho de ver com meus próprios olhos as condições da frota. Para mim tanto faz se alguma coisa vai acontecer comigo hoje ou amanhã.[820]

No convés de cada navio, cercado por guardas, o vice-almirante falou como se nada tivesse a temer. Fez sua defesa patriótica da autocracia, e as tripulações responderam com promessas de obediência. Em um dos discursos, alguns marinheiros chegaram às lágrimas com o apelo de Tchukhnin para que honrassem seu dever e sua pátria. De qualquer maneira, Tchukhnin já tinha visto motins demais para não reforçar suas palavras com ações.[821]

Trouxe soldados extras de Odessa para proteger a fortaleza contra revoltas. Quase mil marinheiros foram presos, muitos com ligações apenas tênues – ou inexistentes – com os grupos revolucionários, e aprisionados na fortaleza. Como rapidamente as celas ficaram lotadas, Tchukhnin estabeleceu uma prisão flutuante a bordo do *Prut* – uma medida simbólica cujo sentido muitos captaram. Também ordenou que algumas centenas de reservistas fossem retirados de Sebastopol, de licença.

Na manhã seguinte, 21 de junho, quando a tripulação do *Sinop* ficou à beira da revolta com a prisão de marinheiros, Tchukhnin determinou que o navio fosse cercado por vários encouraçados e mandou uma unidade de infantaria a bordo com ordens para executar aleatoriamente cada décimo homem das fileiras se a tripulação não entregasse

299

os subversivos. Eles disseram o nome de 16 homens logo de cara, e a revolta morreu ali.

Se o tenente Yanovitch mostrasse a mesma determinação quando encontrasse o Potemkin, o navio, a ameaça que ele representava e seu papel de ponto de encontro para os marinheiros rebeldes de Sebastopol estariam eliminados.[822] Retardado pelo conserto em Odessa, o *Stremitelny* chegou a Constanta muito tempo depois de o Potemkin ter partido. A entrada do destróier no porto fez com que um cruzador romeno disparasse um tiro de advertência perto da proa, sem mencionar o turbilhão de queixas diplomáticas de Bucareste contra a presença de surpresa de outro navio russo em águas romenas. Inabalável, Tchukhnin redirecionou o *Stremitelny* para o grande porto búlgaro de Varna, aonde os amotinados poderiam ir para reabastecer – deviam estar ficando com pouco carvão. O comando naval desqualificou a informação de que o encouraçado estava indo para Constantinopla; desconfiavam ser uma trama para enganá-los. Enquanto o Potemkin não fosse avistado, no entanto, Tchukhnin só podia adivinhar seu destino e torcer para que o destróier chegasse logo perto para contê-lo.[823] Depois de dois dias improdutivos no mar, Yanovitch também estava ansioso pela oportunidade.[824]

Enquanto as autoridades navais em Sebastopol e São Petersburgo especulavam sobre quais seriam os próximos passos do Potemkin, o Ministério do Interior finalmente divulgou publicamente a notícia do motim em seu *Diário Oficial*. "Um fato lamentável e vergonhoso, e sem paralelo nos anais da Marinha russa" foi o prefácio do autor ao relato do governo, para depois descrever o motim de forma seca e objetiva. De acordo com essa fonte, os marinheiros tomaram o encouraçado por causa da carne estragada e então mataram impiedosamente seus oficiais, para então seguir para Odessa. Trinta indivíduos à paisana comandavam o Potemkin, e tinham ordenado um ataque contra a cidade sem terem sido provocados. Houve breve menções aos motins do *Georgy Pobedonosets* e do *Prut*, apenas para mostrar quão rápido as rebeliões tinham sido sufocadas. O artigo de mil palavras, publicado para minimizar o efeito do Potemkin sobre a população, foi extraordinário pelo que não mencionou: os incêndios, os distúrbios e os muitos mortos em Odessa; as declarações revolucionárias feitas pelos marinheiros; a desordem absoluta na frota de Tchukhnin; e o fato de que o encouraçado agora vagava à solta pelo mar Negro. Nenhum jornal russo tinha tido permissão ainda para publicar reportagens sobre o Potemkin, e os censores do governo prometiam se manter rígidos e vigilantes sobre a forma como aqueles detalhes – e sua importância – seriam revelados nos dias seguintes.[825]

A imprensa estrangeira não demonstrava a mesma hesitação, e os acontecimentos no mar Negro dominaram primeiras páginas e editoriais no mundo inteiro, proporcionando material dramático de leitura pelo sétimo dia seguido. Em 21 de junho, as manchetes proclamaram: "Rebeldes Resistem: *Knyaz Potemkin* Volta a Navegar" (*Manchester Guardian*); "Motim Domina na Rússia" (*Chicago Daily Tribune*); "O Tsar sem Frota" (*Vorwärts*); "Tentará Torpedear Encouraçado Rebelde" (*Los Angeles Times*). Os jornais europeus e norte-americanos publicaram relatos exaustivos, detalhando como a comissão revolucionária comandava o Potemkin, o modo covarde como Krieger recuara para Sebastopol, a recusa do encouraçado amotinado em se render em Constanta, a caçada do *Stremitelny*, os temores em Odessa de que o Potemkin fosse voltar e causar mais prejuízos à cidade, e como, de acordo com o *Times* de Londres, "o governo do tsar está se curvando para implorar ao sultão da Turquia e ao rei da Romênia que façam o favor de executar o trabalho policial que ele já não consegue fazer sozinho".

Lado a lado com esses artigos havia reportagens sobre a ameaça japonesa à ilha de Sacalina, sobre os milhares de operários que tinham entrado em greve em São Petersburgo e sobre a ida apressada de Nicolau II à mesa de negociações. Para o leitor comum, a Rússia parecia estar à beira do colapso, e o Potemkin era quem a estava empurrando para o precipício.

Por outro lado, a opinião pública internacional tinha visivelmente virado contra os marinheiros. Nos primeiros relatos sobre o levante, as ações dos marinheiros foram enquadradas em relação ao tratamento e às condições de vida atrozes de que eram vítimas, e, o mais importante, à necessidade de uma reforma política significativa para evitar a revolução.[826] Ao longo dos dias, porém, exceto em jornais socialistas como o *L'Humanité*, que via os marinheiros como heróis, a tripulação do Potemkin sofreu muitos ataques virulentos. "São praticamente piratas, e sua situação só permite rotas limitadas de fuga", opinou o *Chicago Daily Tribune*. "Como sua situação é desesperadora, pode-se muito bem esperar deles um curso desesperado." A página dos editoriais foi tão dura quanto, contestando desde a inteligência da tripulação até sua capacidade de navegação. Concluía: "Eles colocaram a corda no pescoço sem qualquer propósito específico, a não ser matar uns oficiais rígidos e gozar de alguns dias de liberdade e vodca ilimitadas."[827]

Aquele foi um dos muitos jornais que trocaram o termo *amotinados* por *piratas* e *criminosos* para se referir aos marinheiros. O *New York Times* argumentou que os marinheiros deviam ser enforcados pela falta de patriotismo.[828] Seu concorrente, o *New York Herald Tribune*, alertou para o que podia acontecer se uma frota amotinada resolvesse sair pilhando o mundo civilizado. O *Times* de Londres publicou um artigo sobre a Marinha russa dominado por uma entrevista com um oficial tsarista, que comparou comandar um de seus encouraçados a "entrar em uma jaula com bestas selvagens".[829] No *Le Figaro*, um editorial zombou dos marinheiros: "Eles estão dispostos a tudo, menos a cumprir suas obrigações! Não é bom nem para a Rússia nem para a civilização que a questão seja colocada – como um dilema absurdo e brutal – entre o absolutismo e a anarquia."[830]

Os líderes políticos internacionais tinham o mesmo desprezo pelos marinheiros. Embora a tripulação do Potemkin estivesse se opondo a um regime tido como corrupto por esses mesmos líderes, o tsar era considerado o menor dos males se comparado a um encouraçado cuja simples presença em Odessa tinha deflagrado o caos e a destruição sempre temidos em se tratando de revolucionários. Além disso, o motim, por sua própria natureza, era um anátema para qualquer governo. Um motim bem-sucedido só seria um exemplo perigoso. Os romenos já tinham tentado obter a rendição do encouraçado recusando ajuda aos marinheiros – e colocando Constanta sob enorme risco. Os búlgaros prometiam fazer a mesma coisa, e o sultão turco estava disposto a usar a Marinha e a artilharia em terra contra o Potemkin se ele entrasse no estreito de Bósforo. Temendo que suas forças seguissem o exemplo, instituíra uma censura estrita para informações sobre o motim nos jornais turcos.[831]

Apesar do debate no Parlamento britânico sobre a possibilidade de enviar navios de guerra para o mar Negro, as potências de fora da região não tinham como interferir diretamente para conter o Potemkin. Pretendiam, em vez disso, eliminar o que acreditavam ser a causa não só do motim, mas também da onda de turbulência na Rússia: a guerra com o Japão. Quase todos os dias, o presidente Roosevelt se comunicava com Paris, Viena, Berlim e Londres, pedindo ajuda para convencer o tsar a buscar vigorosamente a paz, para que conseguisse lidar melhor com a crise doméstica.[832] George Meyer, o embaixador americano em São Petersburgo, alertou Roosevelt para a urgência da questão em uma carta escrita no dia 20 de junho: "Até agora, achava que a revolução era improvável, mas os acontecimentos da semana passada (o aumento das greves, os tumultos em Lodz, a revolta dos fuzileiros navais em Libau, o sucesso do motim em Odessa, que resultou na morte dos oficiais e na tomada da embarcação, o Potemkin) mudaram completamente o aspecto da situação."[833]

Até os japoneses, que eram quem mais tinha a ganhar com um tsar de mãos atadas pelo motim, se solidarizaram mais com Nicolau do que com os marinheiros. Uma autoridade japonesa disse ao jornal *Jiji Shimpo*: "Soubemos da disseminação do espírito rebelde entre os soldados russos. Associado à tragédia no mar Negro, isso faz com que temamos que o governo russo seja derrubado. [...] E então não teríamos com quem negociar. Espera-se sinceramente, pelo bem tanto da Rússia como do Japão, que o problema seja encerrado em breve."[834]

Com a opinião pública e política mundial posicionada contra os marinheiros do Potemkin, com a desaprovação de suas ações pelos liberais russos, com os outros motins da Frota do Mar Negro desmantelados, e com Tchukhnin arrebanhando resistência na região inteira contra o encouraçado, a tripulação só tinha os líderes revolucionários exilados – homens como Lenin e Martov – a quem pedir ajuda. Esses líderes faltaram. Seus representantes nas grandes cidades russas imprimiam panfletos fazendo referências ao motim, mas só usavam o Potemkin para reforçar a própria propaganda. "O encouraçado *Knyaz Potemkin* içou nossa bandeira revolucionária vermelha. [...] Camaradas, agora é a vez de vocês. Devemos, temos de cumprir nossa obrigação de apoiar nossos camaradas em Lodz, Varsóvia e Odessa. Depois do Domingo Sangrento, toda a Rússia está prestando atenção ao que acontece aqui", proclamou o comitê social-democrata de São Petersburgo, em um esforço para recrutar operários para uma greve contra a mobilização.[835]

Em Genebra, os líderes intelectuais da revolução se ocupavam em interpretar o significado do Potemkin em sua luta mais ampla contra o tsar. Mas, tirando a missão improvável de Vasilyev-Yujin, determinada por Lenin, não conseguiram coordenar nenhuma ajuda para os marinheiros nos vários portos russos para onde o encouraçado pudesse seguir.[836]

Lenin chegou a escrever uma carta para o Escritório Socialista Internacional, pedindo que fizesse um apelo aos operários de todos os lugares para protestar contra o envio de navios de guerra europeus para o mar Negro a fim de afundar o Potemkin. Tirando isso, dedicava o tempo e sua prodigiosa ética de trabalho ao conflito fratricida que reinava dentro do Partido Social-democrata. Desferiu um ataque vingativo, especificamente, contra uma conferência menchevique recente, pela falta de organização.[837] Naquele mesmo dia, mais tarde, Lenin se deparou com um editorial no jornal parisiense *Le Matin* que fustigava todos os social-democratas pelo mesmo problema: "A falta de organização da revolução é inegável. A revolução toma posse de um encouraçado, um fato único na história, mas não sabe o que fazer com ele."[838]

Na tarde de 21 de junho, o Potemkin e o *Ismail* avançavam devagar pelo mar Negro, as tripulações exauridas pelo calor e pela falta de comida. Em nenhum outro lugar a situação era tão ruim quanto na sala de máquinas do Potemkin. Noite e dia, os maquinistas e foguistas estavam sujeitos ao ar úmido e pesado, e ao barulho constante, enquanto mantinham o encouraçado funcionando na viagem de 595 quilômetros até Teodósia, mas com metade da velocidade normal. Por causa da escassez de água doce (a destilaria de bordo só fornecia o suficiente para beber), usavam água salgada nas caldeiras, o que corroía e entupia os tubos. Só algumas caldeiras podiam ser usadas de cada vez, para que os marinheiros limpassem as outras. As paredes estavam pegajosas, e os homens se arrastavam para dentro delas com trapos e escovões; o trabalho deles apenas adiava a ruína inevitável das caldeiras.

Quando os marinheiros subiam da sala de máquinas para os conveses abertos, mal conseguiam ficar de pé ou falar.

– Não temos força – balbuciou um maquinista, se reportando aos líderes do navio. – Nossos braços estão fracos. A toda hora achamos que vamos cair.

Mesmo assim, conseguiam manter as turbinas funcionando, utilizando com moderação o suprimento de carvão que dava para dois ou três dias.[839]

Os maquinistas e foguistas não se animavam muito quando em meio aos outros marinheiros. Alguns cantavam ou jogavam baralho para se distrair entre os turnos, mas a despreocupação que tinham saboreado na viagem para Constanta já não existia. Oito dias haviam se passado desde que os homens tinham comido uma refeição decente, e aos cozinheiros só restavam quatro sacos de pão seco e um pouco de mingau para os alimentar. Alguns marinheiros abandonaram suas tarefas, e os guardas-marinhas Alekseyev e Kaluzhny se refugiaram em um camarote; o ócio alimentava seus medos, e eles imaginavam a morte no ataque da esquadra. O lento avanço do encouraçado para Teodósia também abalou o espírito da tripulação. Muitos estavam apavorados com a ideia de ser pegos em mar aberto pelos captores, ou seja, o torpedeiro dos boatos, tripulado por oficiais. A noite anterior tinha sido passada sob completa escuridão; os holofotes do navio foram desligados para não revelar a posição do Potemkin.

Sozinhos no mar Negro, sem nada em volta exceto as ondas, os marinheiros eram dominados por uma profunda sensação de isolamento. No primeiro dia em Odessa, haviam sido recebidos como heróis pelos operários, mas desde então não tinham tido contato com o povo pelo qual estavam dispostos a sacrificar suas vidas. O laivo de sucesso que tinham sentido quando o *Georgy Pobedonosets* passara para o lado deles havia sido apagado pela traição. A decepção só aumentava à medida que os marinheiros percebiam que era improvável que houvesse um motim na frota inteira. Com a fuga para a Romênia, tinham vislumbrado alguma esperança, mas agora ela parecia extinta.

Quando estava em Constanta, a tripulação ainda tinha duas opções, como Feldmann mais tarde descreveria: "Nos rendermos sob a proteção das autoridades romenas ou entrar em uma guerra pela morte do tsarismo. Escolhemos a última." A decisão irrevogável pesava sobre cada tripulante nos dois dias de viagem até Teodósia.

Aproveitando-se do pessimismo coletivo, os suboficiais começaram discretamente a colocar alguns marinheiros contra os revolucionários. Semearam dúvidas, dizendo à tripulação que o encouraçado precisava de consertos, senão logo iria perder sua capacidade de batalha, o que faria dele um alvo fácil para ser capturado ou – pior – mandado para o fundo do mar. Em cada oportunidade, sobre cada assunto, fosse limpando as caldeiras ou pendurando faixas festivas no lais de verga, reclamavam ressentidos de Matyuchenko e dos outros líderes. Quando Kirill ouviu dois suboficiais dizendo que o tsar não teria misericórdia com os marinheiros, ameaçou jogá-los no mar, por saber quão venenosas eram aquelas conversas. Se a maioria da tripulação perdesse a fé, o motim estaria acabado.[840]

No passadiço, Matyuchenko minimizava o clima perturbado da tripulação. Em Constanta, os marinheiros tinham afirmado claramente que preferiam morrer de fome a entregar o Potemkin, e a comissão de marinheiros escolhera o novo curso de ação depois de um amplo debate. De manhã, os homens tinham demonstrado a mesma determinação quando cruzaram com um carvoeiro turco. Apesar de o estoque do Potemkin estar perigosamente baixo, se ativeram à promessa de não atacar embarcações estrangeiras e deixaram o barco passar.[841] Assim como Kovalenko, que frequentemente se juntava a Matyuchenko para observar os homens, ele estava menos inclinado a enxergar o aspecto cada vez mais sitiado da tripulação, e mais disposto a lembrar com quanto interesse eles tinham se reunido para ouvir a discussão nas reuniões da comissão ou oradores como Nikichkin discutindo os objetivos da revolução.[842]

Naquela tarde, o maquinista Denisenko, que vinha trabalhando sem descanso para manter os motores funcionando, foi ao passadiço para conversar com o amigo.

– O que você acha das nossas chances? – perguntou Matyuchenko, disposto como sempre a falar sobre a luta que os aguardava.

– Quando chegarmos a Teodósia, isso vai ficar bem claro – disse Denisenko.

– Acho que devíamos ir para Batumi depois – respondeu Matyuchenko. – Podemos atracar perto da costa, e outros camaradas revolucionários vão se juntar a nós. Há muitos armênios na cidade, e muitos deles são socialistas. Vamos entrar mesmo na luta contra o tsar, tomando cidades, uma a uma, até chegarmos a São Petersburgo.

Denisenko protestou, dizendo que o plano era prematuro, mas Matyuchenko o interrompeu no meio da argumentação, o rosto vermelho e as mandíbulas contraídas. Era óbvio que não queria saber de dúvidas. Em sua opinião, o encouraçado solitário ainda podia triunfar sobre o tsar. Não conseguia acreditar que não.[843]

Antes de o sol se pôr, as montanhas cobertas de neve do Cáucaso surgiram no horizonte. Tão ao longe, pareciam quase estar flutuando no céu. Os marinheiros ficaram fascinados com a visão. Logo, porém, os picos desapareceram na escuridão opressora, e a sensação de isolamento voltou.[844]

21

À S 8H DO DIA 22 DE JUNHO, o Potemkin avançava na direção do golfo em meia-lua de Teodósia, com a bandeira revolucionária vermelha desfraldada. Os canhoneiros tinham retirado as coberturas dos canhões de 12 polegadas e polido os longos canos negros. Bandeiras decorativas enfeitavam os mastros de vante e de popa, e os conveses e peças de metal reluziam. Os marinheiros cumpriam suas tarefas com energia, usando seus uniformes mais novos (ou menos sujos). Os líderes do navio queriam apresentar a melhor imagem possível a Teodósia: eram combatentes pela liberdade, não bandidos vagabundos, como o tsar gostaria que se acreditasse. A menos de 2 quilômetros do quebra-mar do porto, os marinheiros ancoraram.[845]

Localizado no sul da costa da Crimeia, entre Sebastopol e o estreito de Kertch, o pequeno centro comercial de Teodósia era uma relíquia da grandeza de outrora. Encravada na junção das montanhas da Crimeia com as estepes, Teodósia ("presente dos deuses") foi fundada por comerciantes gregos no século VI a.C. para exportar grãos. Ao longo dos 1.500 anos seguintes, a cidade mudou de mãos com a mesma frequência que o vento mudava de direção, controlada ora por pérsios, romanos, godos, hunos, tártaros ou bizantinos. No século XIII, os genoveses tomaram o porto, construíram uma fortaleza de pedra com altas torres defensivas e rebatizaram a cidade como Kaffa. Em seu ápice como sede do poderio genovês no mar Negro, centenas de embarcações comerciais, faluas e navios de guerra entravam e saíam do porto de Kaffa todos os dias; dezenas de línguas eram faladas nas ruas; e comerciantes negociavam ouro, seda, especiarias, pérolas, caviar, peles russas e, mais lucrativo que tudo, escravos (mais de 1.500 por ano). Foi através de Kaffa que a peste bubônica entrou na Europa, vinda da Ásia, em 1347. Os turcos substituíram os genoveses em 1475, e então, no final do século XVIII, o general Potemkin conquistou a Crimeia para a Rússia. O apogeu da cidade chegou ao fim quando Catarina, a Grande, dedicou-se à construção de Odessa, mudando o centro de poder da região. Ela restituiu o nome antigo ao porto, mas, tirando isso, abandonou Teodósia. A cidade definhou. Os marinheiros do Potemkin viram as ruínas da que fora um dia sua grande fortaleza quando se aproximaram.[846]

A tripulação baixou uma lancha, e Kirill, Kochuba e Reznitchenko foram até o porto, seguidos pelo *Ismail*, para negociar com as autoridades da cidade a compra de carvão e outras provisões. Protegida por uma guarnição de meros quinhentos soldados, sem artilharia, Teodósia jamais resistiria a um ataque do encouraçado, mas a tripulação só queria usar as armas como último recurso. Quando a lancha chegou ao porto, centenas de pessoas tinham se aglomerado no cais. Houvera boatos de que o encouraçado amotinado pudesse ir para lá. A polícia montada, armada de fuzis, circulava entre a multidão, mas não fez qualquer esforço para dispersá-la. Os três revolucionários desembarcaram armados de revólveres – dispostos a dar uma demonstração de força.

Kirill foi direto até o policial mais próximo e pediu para falar com seu comandante. Momentos depois, um capitão de polícia se apresentou.

– Representamos a tripulação do encouraçado revolucionário Potemkin – disse Kirill, em voz baixa. – Gostaríamos que representantes da cidade fossem imediatamente até nosso navio. Além disso, precisamos de um médico. Por fim, devo adverti-los, se vocês negarem nossas exigências ou tentarem nos reter, estamos dispostos a destruir a cidade. Vamos esperar aqui pelos representantes.

O capitão de polícia disse a Kirill que ia informar o prefeito. Desapareceu então em meio à multidão. Uma hora passou até que o prefeito L. A. Durante chegasse, acompanhado de um secretário e de um médico. O prefeito era tão gorducho e amistoso quanto o secretário era magro e sério. Kirill os convidou para ir até o Potemkin.

– Estamos a seu dispor – disse Durante, polido, seguindo para a lancha.

Kirill e os dois marinheiros permaneceram em terra para falar com as pessoas no cais. Com seu jeito fervoroso de sempre, Kirill contou à multidão sobre o motim:

– Nós, marinheiros do Potemkin, oferecemos a vocês as mãos de nossos irmãos e estamos dispostos, com o povo russo ao nosso lado, a combater a monarquia.

Ao ouvir essas palavras de traição, a polícia tentou dispersar o ajuntamento. Kirill sacou o revólver e ameaçou sinalizar para os canhões do encouraçado. A polícia recuou.[847]

No Potemkin, Matyuchenko cumprimentou o prefeito Durante e seus acompanhantes no convés e os conduziu ao camarote do almirante, onde a comissão tinha se reunido. O médico foi levado à enfermaria, onde vários marinheiros sofriam de problemas estomacais. No camarote, Kovalenko falou primeiro, informando as autoridades de Teodósia de que o Potemkin estava lutando pela liberdade da Rússia e que era "dever de todo cidadão, de toda instituição pública, os apoiar, atraindo a solidariedade do povo para o nosso lado".[848] Matyuchenko então se levantou. Todo mundo estava tenso na sala: o prefeito queria ouvir o que era esperado dele, e os marinheiros questionavam se a expectativa seria cumprida.

Matyuchenko garantiu a Durante que os marinheiros não tinham intenção de prejudicar a cidade desde que ele os ajudasse. Primeiro, tinham de comprar suprimentos – Matyuchenko entregou ao prefeito uma lista parecida com a dada ao capitão Negru em Constanta. Em segundo lugar, explicou, queriam que o prefeito reunisse uma assembleia pública com a participação do público em geral para informar Teodósia dos objetivos do Potemkin. Matyuchenko entregou ao prefeito a proclamação "A Todo o Mundo Civilizado", que Kirill tinha escrito.

Surpreendentemente, Durante disse que cumpriria as exigências até as 16h daquela mesma tarde. O clima no camarote se amenizou imediatamente; os marinheiros nem mesmo se perguntaram por que ele tinha concordado tão fácil com as exigências, ao contrário da experiência deles em Odessa e Constanta. Aparentemente, ansiavam tão desesperadamente por aquela resposta que se recusavam a desconfiar de que a promessa do prefeito não seria cumprida.[849] Minutos depois,

Matyuchenko levou os oficiais de volta à lancha. Antes de embarcar, o prefeito se virou para a tripulação:

– Senhores, por favor tenham misericórdia da cidade. Eu imploro.

Vários marinheiros asseguraram que teriam. Quando a lancha partiu, a tripulação acenou com os quepes e foi almoçar pão e um gole de vodca. Com a promessa de *borshtch* de carne para o jantar e de estoques renovados de carvão e água, era a primeira vez em dias que tinham esperança. A longa viagem até Teodósia parecia ter valido a pena, e quando tivessem os suprimentos a bordo ficariam livres para lutar na revolução – embora ainda tivessem de resolver como fazer isso, sem o resto da Frota do Mar Negro a seu lado.[850]

Ao voltar ao porto, Durante convocou uma reunião emergencial do conselho municipal para decidir o que fazer a respeito do Potemkin. Os cidadãos de Teodósia lotaram a casa, transbordando para as ruas, desesperados para saber o que os marinheiros do Potemkin queriam e como os moradores da cidade seriam protegidos. Os ricos já estavam na estação de trem, providenciando a fuga para o campo.[851]

– Não desonrem Teodósia – pediu o general F. Plechkov, o comandante da guarnição, logo de cara. – Não aceitem as exigências desses rebeldes! Vocês só vão levantar o moral deles![852]

Assim que o encouraçado fora avistado a caminho do porto, Plechkov mandara uma série de telegramas para o vice-almirante Tchukhnin e para o governador da província, em Simferopol, o major-general E.N. Volkov.[853] Volkov ordenou ao comandante da guarnição que protegesse os prédios governamentais em Teodósia e que usasse a força militar "energicamente" para sufocar qualquer desordem. Não disse nada, porém, sobre fornecer ou não as provisões essenciais para o encouraçado, como carvão e água. Quanto ao comandante da Frota do Mar Negro, ele já tinha enviado ordens para toda a região para negar os suprimentos ao Potemkin, mas não tinha informado a Plechkov como protegeria a cidade se eles se ativessem a esse curso. Volkov achava que abastecer um encouraçado amotinado contrariaria a ordem do vice-almirante. O prefeito Durante, por outro lado, afirmava que o comandante da Frota do Mar Negro não havia informado nem a Plechkov nem a ele como pretendia salvar a cidade. Enquanto não fizesse aquilo, o prefeito tinha de agir no interesse da cidade, do modo como considerasse mais adequado.[854]

— Como acabei de voltar do encouraçado — disse Durante –, só posso dar meu voto a favor de satisfazer as exigências deles.

Ele contou ao conselho como ele e os outros visitantes tinham sido bem-tratados no navio e como a tripulação estava longe de ser o bando de desordeiros como haviam sido descritos. Por fim, insistiu que o bombardeio era um grande perigo, e que não se atrevia a negar as reivindicações dos marinheiros. Suas declarações foram recebidas com aplausos.

— Não temos o dever moral de satisfazer as exigências deles. Eles são traidores — rebateu um integrante do conselho. Vários operários assobiaram silenciando-o.[855]

Embora Plechkov e o chefe de polícia, coronel M. Zagoskin, suspeitasse que Durante só queria mesmo proteger suas vastas propriedades imobiliárias na cidade, não conseguiram convencer o conselho e, como não havia uma ordem específica do governador da província em contrário, o prefeito obteve os votos para atender às exigências do Potemkin. Ao saber disso, Plechkov fez um apelo ao conselho para que entregasse apenas comida e remédios para os marinheiros. Enquanto eles não tivessem uma resposta de Simferopol, argumentou, não deviam mandar nem carvão nem água. Relutante, o conselho aceitou a concessão.[856]

Quando a reunião terminou, Durante voltou a seu gabinete. Enquanto uma barca era carregada com os suprimentos, Durante mandou um telegrama para o governador da província: "Fui convocado a ir até o encouraçado Potemkin. Eles exigiram provisões e carvão em quantidade bastante modesta. A cidade foi ameaçada de bombardeio se eles não fossem atendidos. Consegui convencê-los a não desembarcar, e eles prometeram que não farão isso, se receberem os suprimentos. O público quer que as exigências deles sejam atendidas. A cidade está em pânico. A situação é perigosa. Peço instruções. Devido à situação extrema e à insistente pressão pública, preciso enviar as provisões."[857]

No comando, o general Plechkov esperava impaciente pelas novas ordens do major-general Volkov, que esclarecessem se ele devia rejeitar *todas* as exigências do Potemkin, apesar das consequências. Com uma guarnição limitada, alguns milhares de operários já em greve havia alguns dias e várias centenas de soldados russos submetidos à corte marcial e detidos na prisão da cidade, os riscos eram significativos. O Potemkin podia capturar Teodósia fácil – ou, pelo menos, instigar o mesmo tipo de levante de que Odessa tinha sido vítima. Mesmo assim, Plechkov desprezava a subserviência do prefeito e tinha a expectativa de que seus superiores restringissem toda assistência ao encouraçado, mesmo sob a ameaça de ataque.[858]

Sob o brilho do sol quente da tarde, os marinheiros se congregaram no castelo de proa do Potemkin depois do almoço insosso para mais uma rodada de discursos. Matyuchenko subiu primeiro no cabrestante para levantar os ânimos da tripulação depois da virada da sorte em Teodósia. Na mão segurava a proclamação de São Petersburgo que Kirill tinha encontrado quando estava no porto. Ela garantia que o tsar estava adotando as medidas mais rígidas para esmagar a rebelião. Mostrando a proclamação, Matyuchenko implorou à tripulação que resistisse a qualquer tentação de acabar com aquilo, que era nada menos que a luta por todo o povo russo. Suas palavras animaram a tripulação, e Kirill e Kochuba fizeram também os próprios discursos. Ainda assim, apesar de seu empenho, conseguiam sentir o medo e a dúvida entre os marinheiros, em um nível que não existia antes, nem mesmo nos primeiros dias do motim. Não dava para ser esvanecida com umas poucas palavras inspiradoras.[859]

Às 15h, uma barcaça ancorou ao lado do Potemkin, trazendo finalmente as provisões que eles tinham exigido. A tripulação entrou rápido em ação, escancarando as escotilhas para levar a bordo os suprimentos de que tanto precisavam. Um marinheiro amarrou uma corda ao molinete e baixou a extremidade com o laço até debaixo das patas dianteiras de um dos quatro bois que mugiam na barca. Foi dado um sinal, e o boi subiu para o convés principal. Outros tripulantes descarregaram remédios, óleo lubrificante e sacas de farinha, pão e batatas, além de ovos, chá, açúcar, uma gaiola com patos e um barril de vinho. Os homens já quase conseguiam sentir o gosto da próxima refeição. Mas a ausência de carvão e água saltava aos olhos.

313

Antes que pudessem perguntar se esses outros suprimentos chegariam em uma segunda barca, uma chalupa se aproximou do Potemkin, levando o secretário alto que tinha acompanhado o prefeito em sua primeira visita ao encouraçado. Atrás dele vinha um fotógrafo francês, que perguntou se podia tirar algumas fotos para os leitores de seu jornal. Enquanto o francês circulava pelos conveses, batendo fotos dos homens em poses destemidas em seus postos, o secretário se reuniu com Matyuchenko e Feldmann no passadiço. Explicou que o comandante da guarnição tinha argumentado contra a entrega de carvão e água – apesar dos esforços do prefeito. Aquilo era inaceitável, advertiu Matyuchenko. O funcionário explicou então que o governador da província devia chegar a Teodósia ainda naquele dia. Ele talvez invalidasse as ordens do general Plechkov. Matyuchenko dispensou o funcionário do encouraçado.[860]

A comissão de marinheiros fez uma reunião curta e escolheu Kirill e Reznitchenko para voltar ao porto e convencer o comandante da guarnição do perigo de permanecer na defensiva. Antes de eles partirem, um vapor entrou no porto. O Potemkin sinalizou para que ele se aproximasse.

– Vocês sabem alguma coisa da Rússia? — perguntou um marinheiro aos tripulantes do vapor. Estavam desesperados por notícias de Sebastopol.

– Você não leu os jornais? – perguntou um deles.

– Faz muito tempo que não!

Alguns minutos depois um marinheiro do vapor lançou um pacote de jornais internacionais e russos. Uma faca foi rapidamente trazida para cortar o cordão que amarrava a pilha. A tripulação do Potemkin devorou as notícias. O boato que tinham ouvido em Constanta foi confirmado: um destróier, completamente tripulado por oficiais, estava à caça deles. Com autoconfiança fingida, os marinheiros desqualificaram a atitude desesperada de Tchukhnin, apesar de terem vasculhado o horizonte por dias, armas a postos, procurando o contratorpedeiro. Os jornais também mencionavam de passagem um motim fracassado a bordo do navio-transporte *Prut* e boatos de levantes no *Ekaterina II* e no *Sinop*. A possibilidade de novos motins revigorou a tripulação, mas o efeito foi rápido. Leram então uma reportagem sobre o destino do *Georgy Pobedonosets*, detalhando a prisão de 67 homens que tinham sido delatados pelos outros marinheiros. Cada um deles seria submetido à corte marcial e provavelmente à pena de morte. A notícia, que chegara logo depois do cerco das autoridades de Teodósia, baixou ainda mais o moral da tripulação.

Preocupado com os acontecimentos, Kirill acompanhou Reznitchenko em um barco a remo rebocado por uma lancha até o porto. A proa do barquinho às vezes afundava sob uma onda, encharcando as calças e os sapatos dos marinheiros. Conforme eles se aproximaram do cais, soltaram o barco da lancha para que ela voltasse ao Potemkin, no caso de a tripulação precisar dela para as entregas de provisões. Kirill e Reznitchenko remaram então até a costa. Mais operários tinham se aglomerado no porto desde a manhã, e dessa vez uma companhia de soldados barrou os marinheiros assim que eles pisaram no cais.[861]

– Não os deixem passar – ordenou o oficial deles.

Movido pela fúria, Kirill avançou, só parando quando o peito encostou na ponta da baioneta de um soldado.

– Pode me apunhalar! – provocou.

O soldado recuou, olhando ora para Kirill ora para o oficial que o comandava, sem saber o que fazer.

– Pode me apunhalar! – repetiu Kirill, pressionando a lâmina, e dessa vez sentindo a ponta afiada contra o peito. – Sou um amotinado! Achamos que o governo e seus superiores são o mal. Eles roubam de nós e derramam nosso sangue. Se você acha que isso é mentira, me apunhale agora. Não vou me mexer.

O soldado finalmente abaixou o fuzil.

– Se você entende mesmo – disse Kirill –, apunhale o seu oficial, que o manda, como um cachorro, matar gente que luta por uma causa justa.

Alguns instantes se passaram. Ninguém se mexia. O comandante da companhia ordenou então aos soldados que dessem meia-volta e se afastassem, evitando o confronto.[862]

Inspirado pelo sucesso mas ainda furioso, Kirill subiu no convés de um navio perto dali e gritou para os estivadores que o descarregavam:

– Estamos lutando sob a bandeira revolucionária. Vamos continuar até nosso último suspiro. Que o povo se junte a nós. Aqueles que forem contra, que vão para o lado de nossos inimigos. É o povo quem compartilhará de nossa vitória. É para salvar o povo que vamos morrer.

Os trabalhadores gritaram em sinal de aprovação. Mas, quando Kirill e Reznitchenko foram até a cidade, o general Plechkov repeliu as tentativas deles de falar com ele, mandando-os embora do comando.[863] Quando voltaram ao Potemkin, pouco antes do anoitecer, a comissão de marinheiros se reuniu. Todo mundo na sala de oficiais sabia que eles estariam perdidos sem carvão e água. Teriam que bombardear a cidade se o governador da província não cedesse a suas exigências. Kirill argumentou exaustivamente em defesa dessa atitude. Matyuchenko concordou. O contramestre Murzak escreveu um ultimato a ser entregue depois da meia-noite, dando às autoridades de Teodósia até as 10h da manhã seguinte para enviar as provisões – ou o Potemkin abriria fogo.

Uma vez impresso o ultimato, não havia muito a fazer senão preparar o navio para o ataque e esperar. Conforme as horas iam passando, o *Stremitelny* chegava cada vez mais perto de Teodósia.[864]

Do outro lado do mar Negro, 160 quilômetros a leste da costa búlgara, o destróier avançava novamente. O tenente Yanovitch começara o dia em Varna, onde tinha abastecido o barco de mais carvão e consertado os mecanismos lança-torpedos, que haviam sido danificados de modo suspeito pela segunda vez. Às 4h45, recebeu um telegrama do vice-almirante Tchukhnin, o pressionando a encontrar e afundar o encouraçado amotinado. Antes de o *Stremitelny* deixar Varna, uma hora depois, Yanovitch ficou sabendo pelo capitão de um navio mercante búlgaro que havia informações de que o Potemkin talvez tivesse sido avistado perto de Sebastopol. Com esse novo dado, Yanovitch marcou o curso para a Crimeia.

No caminho, o destróier parou um vapor britânico e soube por seu capitão que o Potemkin estava ancorado em Teodósia. Finalmente Yanovitch tinha uma localização definida. Ele e os outros oficiais a bordo do destróier estavam implacavelmente determinados a cumprir sua missão. Parariam rapidamente em Yalta, a pouca distância do alvo, para carregar mais carvão. Se não houvesse atrasos e eles viajassem a todo vapor para Teodósia, avistariam o encouraçado por volta do meio-dia do dia seguinte, 23 de junho.[865]

Mas, na sala de máquinas, o foguista L. Pykhtin planejava impedir que Yanovitch conseguisse até mesmo chegar ao Potemkin. Os social--democratas de Sebastopol tinham ficado sabendo tudo sobre a missão do *Stremitelny* antes de ele deixar a base naval – a informação viera de uma empregada do ex-comandante do destróier; ela contara que ele tinha voltado para casa depois de saber que tinha sido dispensado, manifestando seu descontentamento. Pykhtin, marinheiro mercante e revolucionário, trabalhava para o mecânico-chefe do vapor *Volga*, P. Kuzyayev. Ex-oficial naval, Kuzyayev tinha se voluntariado para se juntar a Yanovitch. Pykhtin pediu ao mecânico-chefe um emprego no *Stremitelny*. Ninguém se preocupou em verificar o histórico do foguista, que tinha sido demitido do porto de Sebastopol por suas atividades subversivas. Desde o minuto em que subiu a bordo, ele tramou sabotar o destróier. Com a ajuda do contramestre de torpedo Babenko (que desde então tinha sido dispensado), impedira o *Stremitelny* de chegar a Constanta antes da partida do Potemkin. O esforço não saiu barato. O fato de eles terem desabilitado os torpedos alertou Yanovitch para a possibilidade de que alguns dos marinheiros que ele trouxera para fazer os trabalhos mais braçais do destróier pudessem estar trabalhando contra ele.

Mesmo sob a forte vigilância dos oficiais, Pykhtin encontrou uma nova maneira de atrapalhar a missão do *Stremitelny*. À medida que o barco avançava na direção da costa da Crimeia, ele e outros marinheiros alimentavam as fornalhas com um tipo de carvão que queimava a uma temperatura extremamente alta. Levaria tempo, mas no fim o calor intenso acabaria desabilitando as fornalhas e parando as turbinas. A questão era se isso ia ocorrer antes de eles serem pegos ou antes de o *Stremitelny* achar o Potemkin.[866]

Em Sebastopol, Tchukhnin deliberava sobre o que fazer a respeito do Potemkin agora que ele estava em Teodósia. Yanovitch estava do outro lado do mar Negro e não teria muita utilidade naquele momento. Na crença de que tivesse eliminado os marinheiros mais rebeldes da frota, Tchukhnin ordenara a Krieger naquela manhã que levasse a esquadra para buscar o *Georgy Pobedonosets* em Odessa. Quando ele voltasse, Tchukhnin planejava mandar seus encouraçados de novo atrás do Potemkin, em Teodósia. Mas a esquadra só voltaria no dia seguinte, e ele não podia confiar muito na determinação de Krieger. Tchukhnin despachara outro destróier, o *Griden*, para perseguir o Potemkin, mas seu comandante voltara para Sebastopol pouco depois de zarpar, temendo que a tripulação pudesse se amotinar.[867]

A pressão sobre Tchukhnin continuava aumentando. O tsar e o ministro da Marinha se recusavam a ouvir novas desculpas. Nicolau telegrafou: "Resolva essa situação e ponha um fim na perambulação do Potemkin de porto em porto. Você acha que terá recursos para conseguir aquilo sobre o que falamos? Reporte seus resultados."[868] O almirante Avelan repetiu as mesmas exigências: "O Potemkin exige carvão e água das autoridades municipais de Teodósia, ameaçando bombardeio em caso de recusa. Isso é intolerável. O motim do Potemkin precisa ser encerrado pelas medidas mais radicais disponíveis. Afunde o Potemkin, se puder."[869] Ao longo do dia, Tchukhnin também recebeu apelos desesperados de ajuda enviados de Teodósia. Os telegramas se empilhavam em sua mesa até uma altura de 30 centímetros, mas Tchukhnin sabia estar impotente para atender aos pedidos. Estavam todos à mercê daquele *maldito* navio.[870]

A lua cheia pairava sobre Teodósia, lançando sombras tênues pelos conveses do Potemkin. Depois da meia-noite, Kovalenko e Feldmann ficaram no passadiço, pensando no futuro. O governador da província não tinha chegado, nem o carvão e a água deles, forçando os marinheiros a mandar o ultimato para o prefeito. Era bem provável que tivessem de bombardear a cidade e entrar em confronto com a guarnição na manhã seguinte.

A perspectiva pesava sobre a tripulação e suscitava muitas dúvidas: Contra quantos soldados eles lutariam, e esses soldados seriam leais a seus oficiais? A guarnição tinha artilharia? Como os operários reagiriam ao bombardeio? Eles se uniriam aos marinheiros? Quanto de destruição teriam de infligir à cidade para que as autoridades capitulassem? E quem seria mais afetado pelas bombas – por certo os moradores inocentes de Teodósia?

Na tentativa de obter algumas respostas, Feldmann tinha se esgueirado até a terra firme naquela noite para entrar em contato com os grupos revolucionários da cidade, mas não tinha conseguido localizar sequer um. Por mais terrível que fosse a opção, os marinheiros estavam resignados a atacar Teodósia. Não tinham outra escolha.

Pela primeira vez, Kovalenko e Feldmann falaram dos riscos que tinham assumido desde que se uniram aos marinheiros no levante. Os jornais indicavam que se sabia que um oficial e vários revolucionários de Odessa estavam participando do motim. Sabiam que, se fossem capturados, seriam executados. Embora de início tivessem tentado não parecer se abalar com a perspectiva, Kovalenko admitiu seu medo e pensou no que a mãe sentiria quando ficasse sabendo de sua morte. Doía só de imaginar. Depois de algum tempo, os dois deixaram o passadiço para dormir um pouco em um camarote. Apertaram-se as mãos e se separaram; seria a última vez que conversariam.[871]

Em todo o encouraçado, calados, marinheiros escreviam cartas para as famílias para o caso de o pior acontecer. Alguns também rabiscaram bilhetes para o almirante Tchukhnin, dizendo que eram inocentes da participação no motim; apresentariam os bilhetes se fossem capturados. Ninguém se lembrou de falar com Matyuchenko naquela noite. Ele circulava pelos conveses, torcendo para que o general Plechkov abandonasse a resistência, e, se não, que eles arranjassem uma maneira de obter carvão, para que os canhões do Potemkin pudessem permanecer em silêncio.[872]

Na cidade, o general Plechkov permanecia no comando central. Nas primeiras horas do dia 23 de junho, recebeu um telegrama do general Volkov, atendendo a seu pedido. Era tarde demais para impedir a entrega das provisões de comida, mas as ordens eram diretas: Teodósia não mandaria mais nenhuma ajuda para o encouraçado, apesar da ameaça de ataque. Plechkov também tinha recebido uma mensagem do vice-almirante Tchukhnin, que explicou, bem direto, que a Frota do Mar Negro estava impotente para proteger a cidade nas próximas horas; os soldados de Plechkov teriam de defendê-la sozinhos. Quando o prefeito, acompanhado do conselho municipal, foi ao gabinete de Plechkov fazer um apelo pela entrega de carvão e água, o general rasgou o ultimato do Potemkin diante dos olhos dele. Suas ordens eram claras, disse ao prefeito, e ele não faria qualquer concessão aos amotinados.[873]

22

QUANDO OS MARINHEIROS acordaram, na manhã de 23 de junho, os cidadãos de Teodósia já estavam fugindo. Às 5h, o prefeito tinha colado avisos nas ruas, alertando que o Potemkin daria início ao bombardeio a qualquer momento. Houve pânico. Quem pôde seguiu de carruagem para as colinas, mas a maioria das famílias partiu a pé. Os pais carregavam os filhos mais novos no colo; o restante da família arrastava todos os pertences que conseguisse transportar. Todas as lojas e fábricas da cidade fecharam, e a polícia patrulhava tensa as ruas, na expectativa da chegada a qualquer instante das bombas do encouraçado.

Testemunhando aquela cena lamentável, a tripulação sentiu um calafrio; os homens sabiam que eram os causadores de todo aquele terror. Quando o prazo acabou, Matyuchenko e Feldmann embarcaram em uma lancha para ver se as autoridades da cidade estavam preparando a entrega de comida e carvão ou se tinham rejeitado definitivamente o ultimato. No porto, um dos assessores do prefeito claramente os aguardava.

– O comandante da guarnição diz não – disse, direto. – Esperem até as 11h. Fizemos um apelo ao governador. Ele certamente vai permitir que entreguemos o carvão. Pelo amor de Deus, esperem!

Feldmann disse ao funcionário que eles iam pensar na proposta, mas que ele devia saber que os marinheiros do Potemkin iriam cumprir a ameaça em breve. Antes de voltarem ao encouraçado, Matyuchenko deu uma volta com o barco, procurando estoques de carvão ao longo da costa e dentro da enseada do porto – uma última chance. Para surpresa deles, avistaram três barcaças carregadas de carvão ancoradas em um cais no extremo norte do porto. As barcaças estavam lá, sem guardas, esperando para ser tomadas – a resposta às suas necessidades. Matyu-chenko passou com a lancha por uma delas. O capitão apareceu no convés, e Matyuchenko perguntou o preço do carvão.

– Entrego o carvão a vocês de graça – disse o capitão. – Só não destruam minhas barcas.

Feldmann e Matyuchenko voltaram rápido para o Potemkin e contaram a descoberta à tripulação. Aliviados por conseguir carvão sem atacar Teodósia, trinta marinheiros se voluntariaram para buscar as bar-cas. Armados de fuzis, embarcaram em uma lancha – Matyuchenko, Feldmann, Nikichkin e Kochuba entre eles. O *Ismail* acompanhou os voluntários. Eles esfregavam as mãos, agradecidos pela sorte que tinham tido. Quando um deles engatilhou o fuzil, os outros zombaram pelo excesso de cautela.

Quando a lancha chegou perto de uma das barcas, a maioria dos marinheiros subiu a bordo para ajudar a erguer a âncora, para que o barco pudesse ser rebocado até o Potemkin. O cais e a margem perto dali estavam desertos; parecia que todo mundo na cidade tinha ido para as montanhas. Os marinheiros deixaram as armas de lado e fizeram força para erguer a âncora, centímetro por centímetro, das profundezas lamacentas do porto. Quando um marinheiro cansava, outro tomava seu lugar, com toda a disposição.

Assim que a âncora saiu da água, uma sentinela na lancha gritou:

– Soldados! Soldados chegando!

De repente, uma companhia de soldados apareceu na margem, e outra, no cais.

– Continuem trabalhando! – disse Kochuba a seus companheiros nas barcas. – Eles não vão atirar em nós.

Antes que qualquer um deles pudesse se proteger atrás das pilhas de carvão, tiros soaram. A primeira salva de tiros da emboscada atingiu três marinheiros.

– Camaradas, peguem seus fuzis – gritou Nikichkin, encobrindo os gritos dos feridos. Ele pegou sua arma e mirou; a seu lado, Feldmann fez a mesma coisa. Antes que Nikichkin pudesse atirar, ele se dobrou, atingido no peito. Balançou na borda da barca e caiu pela amurada. Feldmann olhou em torno, em choque, enquanto as balas zuniam a seu redor. Lá embaixo, na água, Nikichkin o encarava, seus olhos implorando ajuda. Feldmann mergulhou de pé no porto e enlaçou o ferido nos braços. Outros que estavam na barca pularam na água, mas foram atingidos enquanto tentavam fugir nadando. Vários marinheiros atiravam de volta, se protegendo atrás das pilhas de carvão, Kochuba entre eles.

Na lancha, dois marinheiros já tinham caído. Sob uma chuva de tiros, Matyuchenko levou o máximo de marinheiros que conseguiu de volta para a lancha, antes que as duas companhias de soldados se juntassem no cais. Os marinheiros estavam em número desesperadamente inferior. Por pura covardia, os marinheiros do *Ismail* levaram o torpedeiro de volta na direção do Potemkin, mantendo as armas em silêncio. Para muitos, o torpedeiro era a única chance de escapar, e ele tinha ido embora. A confusão reinava, e quem tinha ficado abandonado na barcaça gritava por ajuda. Alguns simplesmente xingavam o *Ismail*; outros seguiam seus camaradas na água, nadando em busca de proteção atrás da barca ou debaixo do embarcadouro. Matyuchenko deu meia-volta na lancha para buscar mais alguns marinheiros. Disse aos que o cercavam que atirassem de volta, mas eles não conseguiam fazer muito mais que se esconder. Vários jaziam à morte no convés, apertando as feridas para estancar o sangue.

Pouco depois de a lancha ter se afastado da barca, Matyuchenko de repente perdeu o controle. A lancha fez um círculo, avançando direto para os soldados aglomerados no cais. Uma bala tinha atingido o sistema de direção. Os soldados apontavam para eles enquanto Matyuchenko corria para a popa. Tudo parecia estar perdido. De alguma maneira, ele escapou da chuva de balas e conseguiu agarrar o leme, virando a lancha e a afastando do cais. Um tiro tirou seu quepe do lugar, e ele por um instante cobriu seus olhos, mas nenhum o acertou. Com a direção avariada, só podia voltar para o encouraçado com os que já estavam a bordo; ouvia os outros gritando por ajuda atrás dele. Uma saraivada de balas o seguia.

Um marinheiro ferido que jazia a seus pés olhou para Matyuchenko e perguntou:

– O que vai acontecer? Vou morrer?

– Nem se preocupe com isso, caro Vanya – disse Matyuchenko, no tom mais animador que conseguiu. – Você vai viver. Quando perceber, já vai estar se casando.

Na água, Feldmann segurava Nikichkin pelo peito e nadava furiosamente na direção da lancha. Vários marinheiros a sua volta foram mortos enquanto nadavam. Suas forças se esvaíam, e Feldmann sabia que não conseguiria chegar até o navio. Quando começou a voltar para a margem, outra bala atingiu Nikichkin. Seu corpo se retorceu, ele soltou Feldmann e afundou nas águas do porto. Feldmann nadou até um navio perto dali. Agarrando-se à corrente da âncora, descansou por um instante, para retomar o fôlego. Kochuba e outro marinheiro nadaram em torno da popa do navio.

– Para onde vocês estão indo? – arfou Feldmann.

– Para o encouraçado! – Kochuba respondeu, sem ar.

Cansado demais para segui-los, Feldmann segurou firme na corrente da âncora.

– Diga aos marinheiros que seus camaradas querem vingança – afirmou.

Kochuba assentiu com a cabeça, e os dois marinheiros nadaram para o encouraçado, com os tiros de fuzil ainda ecoando no cais. Conseguiram percorrer uma boa distância até que Kochuba foi atingido na mão e teve de diminuir o ritmo. Uma chalupa que carregava um bando de soldados tirou os dois da água. Alguns minutos depois, Feldmann foi arrastado para o cais e detido. Perdeu a consciência enquanto o levavam.

No Potemkin, Kirill e Kovalenko tinham corrido para o castelo de proa quando ouviram os primeiros tiros dos fuzis. O caos tomou conta do navio, e a tripulação tentava descobrir o que fazer. Alguns carregaram as armas de pequeno calibre para atirar nos soldados; outros imploraram para que eles não atirassem, com medo de que atingissem seus camaradas. Alguns soldados no cais miraram no Potemkin, causando ainda mais alarme quando suas balas ricochetearam nas chaminés de aço.

– A lancha está chegando! – apontou um marinheiro do convés das armas, quando Matyuchenko finalmente retomou o controle do barco para tirá-lo do porto. – Baixem as escadas!

Quando Matyuchenko virou a lancha ao lado do encouraçado, um silêncio soturno recaiu sobre o Potemkin. Os marinheiros olharam para seus camaradas lá embaixo. Um jazia em uma poça do próprio sangue, as mãos apertando firmemente o fuzil, o rosto paralisado na morte, os olhos abertos.

– Maca – ordenou Matyuchenko, subindo a escada. – Tsyrkunov está morto.

Os marinheiros desceram para tirar os feridos da lancha e carregá-los até a enfermaria, embora não tivessem médico. Só oito dos trinta marinheiros tinham voltado; o resto havia sido capturado ou morto. Uma comoção de revolta, medo e desespero tomou conta da tripulação.

– Para as armas, camaradas! Morte aos traidores!

– Chega de tiros, chega de sangue! Vamos para Sebastopol!

– É melhor morrer que nos entregar ao governo russo!

– Eles prenderam nossos camaradas! Estão com eles no porto!

– Abram fogo contra Teodósia!

– Para a Romênia! Para a Romênia!

Momentos depois, quando os marinheiros se reuniram no convés a ré, seus apelos por alguma ação tinham ficado apenas um pouco mais razoáveis. Teodósia jazia desocupada diante deles, exceto pelos soldados, policiais e uns poucos vagabundos que não tinham ido para as montanhas. A tripulação podia lançar um ataque sem grandes problemas, bombardeando a cidade e a condenando ao esquecimento em represália pelos camaradas mortos, e então desembarcar uma equipe de assalto para tomar as barcas. Mais marinheiros morreriam, mas o sucesso era mais que provável. A princípio, esse curso de ação parecia provável.[874]

– Vamos desembarcar e morrer honestamente, em combate, de armas na mão – declarou Kirill. – Senão seremos amaldiçoados como covardes e traidores.[875]

Para se preparar, alguns marinheiros correram para suas posições. A flâmula de batalha foi hasteada, o sinaleiro alertou todas as embarcações estrangeiras para que deixassem o porto, e os canhões de 305 milímetros se moveram para mirar na estação de trem, onde boa parte das pessoas mais influentes da cidade esperava o transporte para deixar Teodósia.

Mas, antes que esses marinheiros pudessem lançar o ataque, outros tripulantes os afastaram dos canhões. Os marinheiros xingavam uns aos outros, e brigas romperam em todo o encouraçado. No fim, porém, a flâmula foi baixada.[876]

— Não temos apoio em lugar algum — disse um marinheiro, em um apelo, expressando o que muitos sentiam. — Em Odessa, o *Georgy Pobedonosets* nos traiu. Aqui, o Exército ri de nós, e perdemos nossos camaradas tentando conseguir um punhado de carvão. Os mais bravos entre nós serão todos mortos, um por um, e o resto será levado quando o Potemkin for capturado.

Outro marinheiro se adiantou.

— Só resta uma coisa a fazer: voltar para a Romênia enquanto ainda podemos nos movimentar.[877]

Matyuchenko ouviu essas palavras; também entendia a demanda de Kirill por vingança. Ele próprio tinha segurado a mão de um marinheiro à morte no caminho para a enfermaria, uns minutos antes. Mas para que suas bombas cairiam? — se perguntava. Elas podiam destruir alguns prédios do governo, e, com sorte, matar os oficiais que haviam ordenado a emboscada no cais, mas a fuzilaria também assassinaria muitos soldados — homens que, segundo Matyuchenko acreditava, estavam na mesma situação que ele. Havia uma diferença fundamental entre eles: os soldados ainda não tinham aprendido que atacar um operário ou um marinheiro significava atingir o próprio irmão. Matyuchenko achava que suas mortes só seriam justificadas se o destino da revolução estivesse em jogo.

E o caso estava bem longe de ser esse, admitiu. A revolução do Potemkin estava perdida. Com pouco mais que o apoio tácito dos trabalhadores e sem coordenação com líderes revolucionários nas cidades, o Potemkin só tinha liberdade para vagar pelo mar Negro, lutando para arranjar carvão, água e comida, sem conquistar nada para a causa. Essa verdade arrasou Matyuchenko, mas ele finalmente a aceitou.

O que eles podiam fazer agora? As turbinas estavam à beira do colapso, depois de ter funcionado sem descanso desde que eles deixaram Sebastopol, 12 dias antes. Os maquinistas e os foguistas responsáveis por seu funcionamento estavam exaustos e eles próprios à beira do colapso. O resto da tripulação estava cansado e faminto. O peso de desafiar a morte quase constantemente desde o princípio do motim tinha ficado opressivo demais. Agora marinheiro se voltava contra marinheiro. Em um nível estritamente prático, Matyuchenko sabia que a capacidade deles de se engajar em uma batalha se deteriorava a cada momento que passava. Mais cedo ou mais tarde o destróier com os oficiais ou a esquadra encontrariam o encouraçado. Os marinheiros que tinham seguido sua liderança mereciam destino melhor que morrer inutilmente no mar ou ter de encarar o carrasco na forca. Matyuchenko sabia que a maioria queria se render em Constanta, onde havia alguma esperança de liberdade.

Daquela vez, Matyuchenko não fez um discurso empolgante sobre a necessidade de fazer sacrifícios pela revolução. Não exigiu que eles continuassem com a cruzada e se martirizassem. Por mais doloroso que fosse entregar o grande encouraçado, que ele acreditara que deflagraria a revolução popular, estava determinado a levar os marinheiros para a segurança que eles tinham conquistado.

– Para a Romênia! – a tripulação gritou de novo. Embora ainda quisesse lutar, Matyuchenko aceitou os apelos.

– Para a Romênia... Vamos para Constanta de novo... De volta à Romênia... É melhor morrer lá ou em qualquer outro lugar que diante de um pelotão naval de fuzilamento... Romênia!

Às 11h30, a sala de máquinas aumentou o vapor; os marinheiros prometiam desmontar conveses e mastros para usar como combustível se ficassem sem carvão. Meia hora depois, levantaram âncora. Conforme o Potemkin deixava o porto de Teodósia, Kirill continuou tentando convencer Matyuchenko e os outros líderes do encouraçado de que eles deviam aceitar a glória de uma "morte honesta" e seguir para o Cáucaso. Seus apelos não foram ouvidos. Com os pequenos estoques de carvão e água doce para as caldeiras do Potemkin, sobreviver à fuga para a Romênia e escapar das garras de Tchukhnin seria o golpe final deles contra o tsar.[878]

Os marinheiros marcaram curso primeiro para sudeste, para se manter bem longe de Sebastopol. A costa de Teodósia, depois as montanhas que avultavam ao longe, logo desapareceu de vista.[879]

Era uma noite quente em Peterhof. Enquanto Nicolau cavalgava sozinho pelo parque Alexandria, as nuvens escureceram, ameaçando temporal.[880] Parecia que o humilhante motim do Potemkin nunca ia acabar, apesar das preces do tsar a Deus e dos bilhetes ríspidos para o vice-almirante Tchukhnin, ambos diários. O encouraçado podia ter poupado Teodósia ao deixar o porto naquele dia, mas Nicolau estava recebendo informações de que os amotinados iriam para Yalta ou levariam sua fúria para seu palácio da Crimeia, em Livadia, onde tinha ficado com o pai nas horas finais antes da morte de Alexandre III. Os almirantes também especulavam que os marinheiros talvez tentassem entrar em contato com revolucionários em Batumi. Não importava. Para Nicolau, o *Potemkin* controlava o mar Negro, assim como controlava todas as conversas em São Petersburgo e todas as primeiras páginas dos jornais – seus censores tinham suspendido a proibição da divulgação da história depois do relato oficial.[881]

No porta-voz conservador de Nicolau, o *Novoye Vremya*, o editor A.S. Suvorin tinha escrito um editorial arrasador sobre o motim.

> Os filhos da Rússia estão destruindo sua própria mãe – mentindo, cortando-a, despedaçando-a com facas cegas para prolongar seu sofrimento. Foi isso o que vivemos para ver, a desgraça e a desonra. [...] Ninguém podia ter imaginado, nem aqui nem no exterior, nem no Japão, que não esperava que uma traição tão desprezível o viesse ajudar, que essa revolução usaria qualquer meio para conseguir seus objetivos. [...] A traição do *Potemkin* é impensada, inútil, miserável em sua vergonha e monstruosamente repulsiva em suas atitudes.[882]

O jornal reacionário *Moskovskye Vedomosti* refletiu o mesmo sentimento, e prosseguiu culpando a "imprensa estrangeira judia" de exagerar a importância do *Potemkin*.[883]

A maior parte dos outros jornais russos desqualificou bem menos o incidente, embora fosse improvável que Nicolau os tivesse lido. O progressista *Russkoye Slovo*, de grande circulação, usou o motim e as tentativas fracassadas de Tchukhnin de capturar o encouraçado como prova de que a reforma no governo era essencial: "O medo é a única base da disciplina no Exército e na Marinha, e vai se mostrar um instrumento ineficiente para manter as fileiras leais ao trono, assim como já se mostrou na supressão do descontentamento popular. O governo devia aprender a lição de que os soldados e os marinheiros estão começando a acordar, como o povo já acordou."[884]

O jornal liberal *Nacha Jizn* foi ainda mais drástico: "Bastou dois ou três agitadores aparecerem e fazerem uns discursos para a obediência normal dar origem à rebelião generalizada e sangrenta. Está óbvio que essa catástrofe foi movida pela estrutura da sociedade; está óbvio que a ignorância e a passividade já não podem mais ser a base da ordem social, e que o medo é um instrumento ineficiente de comando. Reformas radicais são necessárias para criar harmonia entre as aspirações do povo e as ações do governo." Esse editorial, publicado depois de várias reportagens sobre os quebra-quebras de Odessa, garantiu ao *Nacha Jizn* a visita de um funcionário do Ministério do Interior, que lacrou temporariamente as portas do jornal.[885]

O que os censores não podiam abafar eram as conversas nas ruas de São Petersburgo, sobre cossacos que tinham sido vistos atirando em uma multidão de operários diante da fábrica da Putilov. Nem podiam acabar com os boatos – de um golpe no palácio, da sublevação crescente no Exército no Extremo Oriente, da intenção do tsar de convocar uma assembleia representativa em breve, da recusa peremptória do tsar em fazer a mesma coisa, e dos planos do tsar de aceitar, ou rejeitar, a paz com o Japão. O motim no mar Negro alimentava essa onda de especulações, como se o Potemkin, como tinha feito o Domingo Sangrento, tornasse impossível ignorar a podridão do regime do tsar. Todo mundo esperava o empurrão que o derrubaria do poder. "É a revolução?" era a pergunta na boca do povo e nos editoriais dos jornais.[886]

Nicolau se aproximava do Palácio Inferior com o Potemkin contaminando seus pensamentos, como tinha feito ao longo da última semana e meia. O encouraçado estava sozinho, raciocinou ele, para se tranquilizar, sem apoio e distante no mar Negro; seus marinheiros não representavam qualquer ameaça iminente ao seu poder. Nicolau desmontou do cavalo momentos antes de as nuvens finalmente se abrirem, escapando para dentro do palácio justo quando a chuva desabou. O restante de sua noite se descortinava diante dele: primeiro o jantar, depois, talvez, algum tempo em seu gabinete folheando relatórios sobre a situação do império. Só queria que o maldito motim terminasse – era pedir demais?[887]

Em São Petersburgo, naquela mesma noite, o chefe naval do Estado-maior se postou diante do Almirantado, assediado por jornalistas russos e estrangeiros que queriam saber exatamente quando aquilo ia acontecer.

— Não temos como dizer — disse o almirante A.A. Wirenus. — Toda a questão está nas mãos do vice-almirante Tchukhnin.

— O senhor acha que ele vai despachar a esquadra de novo? — perguntou um repórter.

— Não sabemos o que ele vai fazer... A situação é grave. O navio não está nas mãos da tripulação, mas sob o controle do Comitê Revolucionário que subiu a bordo em Odessa. Eles divulgaram um manifesto pretensioso às potências. Querem ser considerados insurgentes... Sabem que suas cabeças estão a prêmio e nada os fará parar.

Wirenus concluiu então dizendo que torcia para que um destróier como o *Stremitelny* torpedeasse o Potemkin, para fazer dos marinheiros um exemplo implacável, mandando-os para o fundo do mar Negro.[888]

Naquela noite, bem tarde, o tenente Yanovitch procurava pelo Potemkin ao longo da costa da Crimeia. Considerando os pequenos estoques de carvão do encouraçado, os amotinados seriam estúpidos se se afastassem demais no mar aberto.

Retardados pela quebra de uma caldeira no caminho para Yalta, Yanovitch e os outros oficiais tinham chegado a Teodósia naquele dia, loucos pela batalha, mas descobriram que o encouraçado já havia ido embora. Tinham perdido o Potemkin por meras seis horas. Os oficiais do *Stremitelny* ficaram igualmente surpresos quando, ao desembarcar, foram detidos pelos soldados; o comandante da guarnição, Plechkov, achou que eles vinham de outro navio de amotinados. Quando o mal-entendido foi desfeito, apesar da exaustão da tripulação, o destróier foi reabastecido e Yanovitch retomou a caçada.[889]

O *Stremitelny* avançava a toda a velocidade nas primeiras horas de 24 de junho. Às 4h, seu vigia avistou luzes tênues de um navio ao sul. Embora a escuridão fosse quase total, Yanovitch conseguiu discernir que se tratava de algum tipo de navio de guerra. Alterou o curso do *Stremitelny* para interceptá-lo. Alguns minutos depois, avistou três chaminés; o espaço entre elas e a altura sugeriam que pertencessem ao Potemkin. Não havia outros encouraçados navegando na área, sabia ele, portanto o navio para o qual olhava não podia fazer parte da segunda esquadra de Tchukhnin.

Tinha acontecido. Finalmente encontrara o navio amotinado, pensou Yanovitch. Ordenou à tripulação que assumisse os postos de combate. Rapidamente, os tubos dos torpedos foram posicionados para o ataque, e o *Stremitelny* avançou direto para o encouraçado. Por causa dos canhões de 152 e 305 milímetros do Potemkin, além de sua bateria de peças de tiro rápido – armas cujo objetivo principal era repelir destróieres –, Yanovitch e sua tripulação sabiam que só tinham uma pequeníssima chance de conseguir afundar o Potemkin. Era bem provável, na verdade, que perecessem tentando.

Conforme se aproximaram, o encouraçado que eles avistavam mudou de curso, recuando na direção de Teodósia; mas não era páreo para a velocidade do *Stremitelny*. Um instante antes de Yanovitch dar a ordem de lançar os torpedos, porém, ele se aproximou o suficiente para perceber que o alvo tão desejado na verdade era o velho navio de treinamento *Pamyat Mercuriya*. Ele estava fugindo do *Stremitelny* porque seu capitão acreditara que o torpedeiro do Potemkin os estava perseguindo. Como Yanovitch, na pressa de partir de Sebastopol, tinha esquecido de levar os livros de códigos navais, os dois navios não tinham podido se identificar pelo telégrafo sem fio.

Com uma mensagem por intermédio do operador de semáforo, Yanovitch pediu para subir a bordo; suas esperanças de atacar os amotinados tinham mais uma vez ido por água abaixo. Ele e vários oficiais remaram até o barco de treinamento para ver se ele tinha alguma informação recente sobre o Potemkin. Não tinha. Ansioso para voltar à caçada, Yanovitch se despediu do capitão. Quando saiu da cabine e olhou para seu navio, mal conseguiu distingui-lo – ele estava quase totalmente soterrado pelo vapor. O carvão das fornalhas tinha finalmente inutilizado o destróier. Pykhtin e os outros foguistas quase não tiveram tempo de escapar por uma escotilha depois que os tubos explodiram.

O capitão do *Pamyat Mercuriya* se ofereceu para ajudar Yanovitch a consertar o *Stremitelny*, mas Yanovitch recusou. O destróier precisava de mais que simples reparos. Eles iam ter de voltar a Sebastopol. Sua caçada tinha acabado.[890]

23

O Potemkin avançava pela escuridão; os únicos sons ouvidos no encouraçado eram o barulho contínuo das turbinas e a proa cortando as ondas. Os marinheiros tinham apagado todas as luzes externas. Uma ou duas vezes a porta de uma cabine se abriu, lançando uma faixa de luz no convés, mas logo a porta foi fechada. Com as nuvens ocultando as estrelas e a lua, a escuridão parecia impenetrável. Um marinheiro comparou o Potemkin a um monstro negro se movendo pelo breu.

Temendo que alguns marinheiros, liderados pelos suboficiais, tentassem tomar o Potemkin antes da chegada à Romênia, Matyuchenko patrulhava os conveses com um revólver. Era triste que o motim tivesse chegado àquele fim, marinheiro contra marinheiro. Na popa do encouraçado, só vagamente podia discernir os traços do *Ismail*, embora ele seguisse bem perto. Pouco depois de o navio deixar Teodósia, alguns marinheiros do torpedeiro tinham tentado tomar o leme, planejando se render em Sebastopol. A tentativa de golpe fracassara, por isso o Potemkin rebocava o torpedeiro para garantir que ele ficasse com o encouraçado.[891]

No convés a ré, Matyuchenko cruzou com Illarion Chestidesyaty, membro da comissão. Ele fitava a escuridão.

– Não está conseguindo dormir, Illarion? – perguntou Matyuchenko.

– Não depois do que aconteceu esta manhã. Pesadelos.

– As coisas deram terrivelmente errado em Teodósia. Não devíamos ter nos exposto ao ataque daquela maneira. Pobres Nikichkin e Kochuba. E os outros. Vamos sentir saudades deles, querido irmão –

disse Matyuchenko. – Mas agora temos de estar preparados contra os suboficiais, entende? É melhor morrer que voltar a Sebastopol.

Chestidesyaty se ofereceu para ficar de guarda, bem sabendo que Tchukhnin perdoaria os suboficiais e não teria piedade alguma com o restante da tripulação.

Matyuchenko agradeceu afetuosamente e saiu para convocar outros marinheiros a vigiar partes essenciais do encouraçado.[892] Tinha razão de estar preocupado. Lá embaixo, em um canto escondido dos converses inferiores, 45 suboficiais e marinheiros tramavam tomar o Potemkin. Nenhum deles queria ir para a Romênia, para nunca mais ver a Rússia de novo. Achavam que sua chance tinha chegado. A comissão de marinheiros tinha perdido grande parte de sua influência sobre a tripulação. Bastaria prender Matyuchenko e os outros instigadores principais do motim para que a tripulação concordasse com eles e aceitasse voltar para a base da Frota do Mar Negro. Na reunião, os contra-amotinados decidiram matar todos os marinheiros revolucionários que resistissem.

Quando se dispersaram, os suboficiais verificaram a localização de cada membro da comissão. Desarmados, sabiam que sua melhor chance era atacar os líderes do navio enquanto eles dormissem. Para sua surpresa, descobriram que a maioria deles estava acordada e posicionada por todo o encouraçado, muitos com revólveres, obviamente prevendo um contramotim. A presença deles dissuadiu os suboficiais de entrar em ação, embora soubessem que aquela era provavelmente sua última chance de tomar o Potemkin antes de chegar a Constanta.[893]

No amanhecer de 24 de junho, dez dias após o início do motim, os marinheiros se viram, mais uma vez, cruzando o mar Negro sem terra nem navios à vista. Tirando algumas gaivotas barulhentas e atrevidas, estavam sozinhos nas águas calmas. A manhã passava e o sol escaldante de junho brilhava o tempo todo lá em cima, como se os perseguisse. No castelo de proa, os marinheiros não tinham muito o que cantar ou do que rir enquanto descansavam entre os turnos. A maioria conversava entre si, contrariada e pensativa. "Todo mundo se perguntava o que o futuro traria", contou mais tarde o marinheiro Lytchev. "O que nos esperava em uma terra estranha, desconhecida? Uma língua e costumes pouco familiares de um país distante. Isso deixava todo mundo chateado."

332

Muitos se preocupavam com que tipo de trabalho fariam e se algum dia veriam suas famílias novamente. Mesmo assim, sabiam que destino pior (trabalho forçado, na melhor das hipóteses; execução, na pior) os esperava se voltassem para a Rússia.[894] O dilema, depois de dez dias de emoções intensas e do castigo das provações físicas, foi demais para alguns. Em determinado momento da viagem de volta para Constanta, um marinheiro correu para o convés superior, o rosto lívido e os olhos desarvorados. Correu de amurada a amurada, gritando que eles deviam explodir o encouraçado. Foram necessários vários homens para contê-lo. Enquanto era carregado para a enfermaria, perdeu a consciência. Horas depois, morria.[895]

Kirill mal conseguia suportar permanecer no Potemkin, certo de que a tripulação tinha abandonado a revolução em nome da própria segurança. Se pelo menos os marinheiros tivessem compreendido melhor a oportunidade histórica que o poderoso encouraçado proporcionava a eles, pensou, teriam permanecido fiéis à causa, em vez de tomar o que encarava como o caminho covarde da fuga. Estava tão humilhado pelo recuo que pensou em pegar um pequeno bote carregado de armas e um pouco de comida e se lançar no mar. Abandonou a ideia depois de se dar conta de que dificilmente chegaria à costa. Kirill se meteu sozinho em um camarote, prostrado, se culpando por não fazer mais. Perdido em pensamentos depressivos, perdeu a cerimônia que aconteceu naquela tarde a bordo do Potemkin.

Os tripulantes já tinham realizado os funerais para dois dos marinheiros que voltaram com Matyuchenko depois da emboscada em Teodósia, costurando os corpos dentro de mortalhas de lona e jogando-os no mar. A tripulação se reunia agora no convés a ré para enterrar a bandeira revolucionária. Um marinheiro baixou do mastro a grande bandeira vermelha que eles tinham bordado com as palavras LIBERDADE, IGUALDADE, FRATERNIDADE. Solenemente, Matyuchenko e os outros a levaram até a amurada. Então a deixaram cair de suas mãos, para a água.[896] "Foi trágico observar a bandeira desaparecer", contou depois Matyuchenko. "E de repente ela ressurgiu atrás do navio, como se implorando a todos os marinheiros que continuassem lutando."

Ele sabia, no entanto, que aquela esperança já não mais existia para eles. Pensando nos dias que haviam se passado, lamentou quão perto tinham estado de conseguir. Em Odessa, depois do confronto com a esquadra, podiam ter ido para a cidade, capturado o arsenal de Kakhanov e o transferido para os trabalhadores. Mas aí o dr. Golenko e a tripulação do *Georgy Pobedonosets* os traíram, atrapalhando seus planos e os enviando para o mar Negro para a busca inútil por ajuda. Matyuchenko imaginou que os outros revolucionários os repreenderiam com palavras de desprezo por voltar para a Romênia – "Seus covardes lamentáveis! Que fortaleza enorme e poderosa vocês entregaram!"[897] Embora aceitasse a responsabilidade pelo fracasso, tinha a sensação de que o povo cuja liberdade eles tinham tentado conquistar os havia abandonado. "Por que vocês ficaram dormindo?", escreveu depois. "Por que ficaram dormindo por 11 dias quando procurávamos água doce no mar Negro? Vocês sabiam que não dá para beber água salgada ou fazer um encouraçado funcionar sem carvão. Por que não nos ajudaram?" O máximo que Matyuchenko podia fazer naquele momento era assegurar que a tripulação chegasse a Constanta e obtivesse a liberdade.[898]

Ao anoitecer, o mar plácido se agitou. Enquanto os marinheiros seguiam para o oeste, no meio da noite, uma tempestade em formação lançou ondas que quebravam contra as laterais do encouraçado. Sobre a forte ondulação do mar, com passos incertos, maquinistas e foguistas trabalhavam nos porões para manter as turbinas funcionando; as caldeiras estavam praticamente arruinadas pela água salgada. Os estoques de carvão também estavam perigosamente baixos. A poucas horas da costa romena, uma onda gigantesca rompeu a amarra que prendia o *Ismail*. O Potemkin voltou para procurar pelo torpedeiro no mar revolto e na escuridão. Depois de fazer contato, o *Ismail* permaneceu próximo do encouraçado para se abrigar.[899]

Às 23h os navios finalmente se aproximaram de Constanta; as ondas foram diminuindo conforme eles chegaram mais perto da costa. Os holofotes do Potemkin vasculharam as águas para detectar as boias de referência quando o navio entrou no porto. Sua tripulação se reuniu no castelo de proa, fitando a cidade iluminada ao longe – uma visão bem-vinda depois de dois dias no mar. Os motores pararam, e o encouraçado deslizou até quase não deixar mais rastros. No silêncio, os marinheiros ouviram sons indistintos de música vindos do porto. Era doloroso

334

pensar em quão complicada era a situação deles se comparada à noite despreocupada que os moradores de Constanta gozavam.

– Baixar âncora – veio a ordem do passadiço, rompendo a quietude. A âncora mergulhou na água, a corrente pesada batendo e rangendo ao passar pelo escovém. Quando os marinheiros firmaram a âncora, a música já tinha cessado no porto, e as luzes do cruzador romeno *Elizaveta* refletiam em seus olhos.[900]

Pouco depois da meia-noite, o capitão Negru, comandante do porto de Constanta, cruzou o cais para chegar até a lancha do Potemkin. Não fazia ideia das intenções da tripulação com a volta à cidade, mas as reportagens dos jornais dizendo que a esquadra de Krieger tinha afundado os amotinados eram obviamente falsas. No dia anterior, Negru tinha terminado de escrever seu relatório para o ministro romeno das Relações Exteriores a respeito da primeira visita do Potemkin. E então, mais uma vez, estava diante de uma força que não tinha capacidade para repelir.[901]

Entre os marinheiros na lancha, reconheceu Matyuchenko, que Negru tinha descrito a seus superiores como "a alma do motim".[902]

– O que vocês querem aqui? – perguntou Negru, sério.

– Vocês viram o *Sinop* ou o *Ekaterina II*? – perguntou Matyuchenko, explicando que em Teodósia tinham ouvido falar de revoltas a bordo dos dois encouraçados russos.

– Eles não vieram para este porto – disse Negru, percebendo que os marinheiros claramente alimentavam alguma esperança de que outros se juntassem a sua luta.

– Então decidimos nos render – anunciou Matyuchenko.

Sem dúvida Negru levou alguns instantes para acreditar na sorte que a declaração do marinheiro representava, mas rapidamente se recompôs. Pediu aos marinheiros que o encontrassem no velho farol no extremo do promontório de Constanta. Antes de Negru partir, o capitão Banov, do transporte russo *Psezuape*, foi até o cais para pedir para participar das discussões. Negru disse a ele que seus serviços não eram necessários. Havia muita coisa em jogo para que Negru tivesse de fazer o papel de diplomata – e não tinha mais muita paciência com os russos.[903]

Quando Negru chegou ao farol, uma hora depois, o general G. Angelesku, comandante das tropas, e várias outras autoridades municipais se juntaram a ele. Deixaram claro para Matyuchenko que a tripulação tinha de entregar o encouraçado e todas as armas para poder desembarcar. Foram proibidos de conduzir campanhas de propaganda política enquanto estivessem na Romênia. Em troca, toda a tripulação receberia asilo e poderia viver livremente no país. Sob nenhuma circunstância, assegurou o general Angelesku a Matyuchenko, seu governo os deportaria para a Rússia. Os marinheiros prometeram levar a oferta à tripulação para uma votação final. Retornaram então para o encouraçado.[904]

Quando o Potemkin reapareceu no porto romeno, telegramas e mais telegramas circularam entre Constanta, Bucareste, São Petersburgo e Sebastopol sobre como administrar aquela nova mudança na situação. O diplomata russo que cuidava dos assuntos romenos enviou uma seca mensagem matutina ao general Yacob Lagovari, ministro das Relações Exteriores do rei Carol, com uma ameaça não muito velada:

> Tenho a honra de pedir ao Governo Imperial que não deixe as tripulações do Potemkin e do *Ismail* desembarcarem, nem forneça carvão ou provisões. Ao mesmo tempo, tenho a obrigação de informar, por ordens do meu governo, de que as tripulações desses navios nos mancharam com assassinatos e roubos.[905]

O general Lagovari sabia que, se seguisse as instruções do tsar, a tripulação do Potemkin ficaria sem muitas opções que não bombardear seu principal porto. Por outro lado, não podia permitir que os marinheiros conseguissem tudo o que queriam, o que enfureceria Nicolau. Sua terceira opção, a que ele autorizou que Negru adotasse, era oferecer aos marinheiros os mesmos termos que tinha oferecido em sua primeira parada. Então, em uma manobra diplomática habilidosa, o chanceler ia fingir só ter recebido a requisição diplomática russa depois que já negociara a rendição do Potemkin. Diria a São Petersburgo, assim, que era tarde demais para mudar os termos. Mas os russos não iam ficar muito tristes. Afinal, Nicolau tinha elogiado aquelas mesmas medidas quando o Potemkin deixara Constanta, quatro dias antes – Lagovari teria prazer de lembrar os russos daquilo.[906]

Em Sebastopol, a equipe de Tchukhnin o despertou com informações de que o Potemkin finalmente tinha sido localizado e queria se render em Constanta. Ele despachou imediatamente o contra-almirante Pisarevsky, o comandante do destacamento de treinamento, para levar dois encouraçados e quatro torpedeiros e capturar o Potemkin antes que os marinheiros abandonassem o navio ou decidissem fugir de novo.[907] Pisarevsky, porém, provavelmente chegaria tarde demais, reafirmando a reprimenda de Avelan contra Tchukhnin, depois da saída do Potemkin de Teodósia, de que a frota estava sempre "um passo atrás" dos amotinados.[908]

Tchukhnin não tinha dormido muito quando recebeu a notícia. Na noite anterior, havia trabalhado até tarde, escrevendo para Nicolau e explicando como achava impossível justificar a profunda crise na Frota do Mar Negro, mas que medidas mais duras teriam de ser tomadas para restaurar a autoridade, entre elas rebaixar seus atuais oficiais. Era natural que Tchukhnin temesse receber aquela mesma punição.[909]

No dia 25 de junho, o sol se ergueu sobre o mar Negro, banhando o litoral romeno com sua luz suave e iridescente. Apesar de toda aquela beleza, os marinheiros olhavam para a terra com pouco apego. A maioria sabia que, quando se forçasse a pisar naquele chão, muito provavelmente jamais voltaria à terra natal.[910]

A tripulação foi até o convés a ré para votar a rendição. Matyuchenko explicou os termos que tinham acertado com o capitão Negru. Disse então:

– Camaradas, todos vocês sabem qual é a situação. Não temos carvão. Nossa água doce acabou há muito tempo. Estamos sem comida. Ir para Sebastopol e confessar significa admitir o fracasso. O tsar vai nos submeter às piores punições. Agora os romenos nos recusam carvão, água e provisões, mas garantem nossa segurança.

– Como você pode ter certeza de que eles não vão nos entregar para o tsar? – perguntou um marinheiro.

– É difícil que isso aconteça – disse Matyuchenko. – O rei Carol não é amigo de Nicolau, e o povo romeno, acho, jamais permitiria essa traição. O ponto principal é que estaremos livres, e isso significa que estaremos livres para lutar.

– Melhor nos render aos romenos que ao governo russo! – declarou outro marinheiro. A maioria da tripulação concordou.[911]

Antes de Matyuchenko partir para informar Negru, um barco a remo parou ao lado do Potemkin levando um homem de flor na lapela. Ao subir a bordo, ele anunciou ser um social-democrata e entregou um cartão de visitas para Matyuchenko. Dizia "doutor Rakovsky". Vários integrantes da comissão de marinheiros o chamaram para conversar. Christian Rakovsky, revolucionário socialista nascido na Bulgária, ligado a Georgy Plekhanov e que morava em Constanta, prometeu que descobriria uma forma de abastecer o encouraçado se a tripulação aguentasse mais alguns dias. Mas os marinheiros duvidaram de sua capacidade de obter o que eles precisavam, especialmente porque eles mesmos tinham fracassado ao longo da última semana. Além do mais, o nível de seus estoques tornava nada menos que impossível esperar com os motores ligados, nem que fosse por um dia. Explicaram a Rakovsky que a tripulação já estava comprometida em deixar o encouraçado. Ele abandonou a discussão e os tranquilizou, garantindo que os romenos cumpririam qualquer acordo. Ofereceu-se a ajudar os líderes do motim quando eles desembarcassem. Desceu então à enfermaria para ver os marinheiros feridos. Era a maior oferta de ajuda que os marinheiros tinham recebido dos social-democratas desde o início do motim.[912]

Quando Negru soube que o Potemkin aceitava seus termos, se dirigiu ao encouraçado. Chegou a bordo ao meio-dia, com vários soldados a seu lado e uma bandeira da Romênia. Pediu aos marinheiros que abaixassem a bandeira de Santo André do mastro. A tripulação tirou os quepes e baixou a cabeça, tentando não ver a bandeira tricolor azul, amarela e vermelha hasteada. Mais tarde, um sinal soou dando permissão para a entrada e desembarque no porto. A âncora foi erguida. O Potemkin avançou devagar. Minutos depois, veio a ordem para baixar âncora pela última vez.[913] Quando o encouraçado estava seguro, um dos contramestres gritou, angustiado:

– É aqui que ficamos, camaradas. Não somos mais marinheiros, mas homens livres privados de sua pátria.[914]

Os marinheiros juntaram seus pertences. Alguns tiraram do encouraçado tudo de valor que conseguiram encontrar – binóculos, cronômetros e uniformes de oficiais –, atitude que Matyuchenko e os outros revolucionários condenaram, mas não impediram. Quando os botes para o desembarque foram baixados, os marinheiros se despediram uns dos outros e de seu lar marítimo.

Enquanto os homens deixavam o encouraçado, o torpedeiro *Ismail* levantou âncora e saiu lentamente do porto. Sua tripulação, cujo apoio ao motim sempre fora relutante e forçado pela ameaça de ser afundado se abandonasse o encouraçado, tinha decidido voltar para Sebastopol para pedir misericórdia ao tsar. Mais ocupada com o desembarque e consciente de que a perda do *Ismail* não faria mais diferença, a tripulação do Potemkin deixou o torpedeiro partir incólume.[915]

Por toda a tarde, uma flotilha de botes levou os marinheiros do encouraçado para o porto. Um marinheiro lembrou: "Não houve brincadeiras, nem risadas, nem conversa. Nada se ouvia."[916] A maioria da tripulação lembraria pelo resto da vida o momento solene em que se afastou do encouraçado.

O segundo-tenente Alekseyev e os oficiais subalternos estavam entre os primeiros a desembarcar. Foram direto procurar o cônsul russo para implorar uma passagem de volta para Sebastopol. O sinaleiro Vedenmeyer, que tinha traído a tripulação em Odessa quando os canhões atiraram contra a cidade, garantiu para si o perdão do tsar ao levar os livros secretos de códigos navais do Potemkin antes que os romenos os confiscassem.[917]

Os líderes do navio desembarcaram por último. Kovalenko usava roupas civis. Tinha embalado seu uniforme, sua adaga de oficial e as medalhas de engenheiro, e pretendia doá-los quando desembarcasse. Aquela vida tinha terminado para ele. Mesmo assim, sabendo que os marinheiros não tinham outra opção senão a rendição, relutava em deixar o Potemkin.[918] Kirill ficou tão perturbado que, em seu longo relato sobre a participação no motim, escreveu apenas que o episódio provocava emoções demais para ser descrito.[919] Matyuchenko deu adeus a seu "bravo naviozinho" e desceu para uma lancha, resignado em abandonar o Potemkin, mas não amargurado. Era verdade, pensou, que os homens estavam abrindo mão de uma força poderosa que podia ter sido usada pelo bem da causa revolucionária; mesmo assim, durante 11 dias, eles tinham sacudido as bases do domínio do tsar sobre a Rússia.[920]

Quando pisaram no cais, carregando seus parcos pertences em trouxas de pano, os marinheiros se viram em meio a uma cena surpreendente. Em vez de entrar em uma armadilha, como muitos esperavam, os homens foram engolidos por centenas de romenos, que ofereciam uma recepção de heróis. O povo de Constanta apertava a mão dos marinheiros e distribuía tapinhas nas costas. Alguns convidaram os tripulantes a ir até suas casas; outros queriam trocar seus chapéus pelos quepes dos marinheiros. O Potemkin foi ovacionado quando os marinheiros se misturaram com a multidão. Matyuchenko ficou profundamente tocado pela calorosa recepção.[921]

Os marinheiros se reuniram em uma praça perto do porto. Matyuchenko tinha levado 24 mil rublos do cofre do encouraçado, e, com a ajuda de vários outros, distribuiu igualmente o dinheiro entre os homens (eles receberam mais ou menos o pagamento de meio ano).[922] Feito aquilo, se adiantou para se dirigir à tripulação pela última vez. Sua voz soou clara e forte:

> Caros camaradas! Sacudimos o pó de nossa querida pátria-mãe de nossos pés e pisamos o solo de um país estrangeiro. A Rússia, nossos pais e mães, nossas mulheres e nossos filhos foram deixados do outro lado do mar Negro. Não abandonamos nossa pátria-mãe. Aqueles que oprimem nosso povo é que a tiraram de nós. Lutamos com justiça. Queríamos conquistar a liberdade não só para nós mesmos, mas para todo o povo. Não conseguimos, mas aqueles que ficaram na Rússia, milhões de operários e camponeses, eles vão conseguir. E um dia voltaremos à Rússia para construir uma vida nova. Não se esqueçam desses dias grandiosos. Não nos esqueçamos uns dos outros. Adeus![923]

Matyuchenko então desapareceu no meio da multidão; a polícia secreta russa já estava no seu encalço. No porto, a água do mar jorrava para os porões do Potemkin. Determinado a manter o encouraçado revolucionário longe das mãos do tsar, Matyuchenko tinha ordenado aos marinheiros que abrissem as válvulas antes de desembarcarem. O Potemkin estava afundando.[924]

Epílogo

O revolucionário é um condenado.[925]
— MIKHAIL BAKUNIN, *Catecismo Revolucionário*

ANTES DA MEIA-NOITE, Matyuchenko, Kirill e Kovalenko embarcaram em um trem para Bucareste. Dada a participação deles no motim, temiam que o porto fosse um lugar muito perigoso para ficarem, especialmente porque a frota russa estava a caminho de Constanta. Foram acompanhados pelo dr. Rakovsky e pelo professor Arbore-Ralli, um emigrado russo que morava em Bucareste e tinha oferecido dividir sua pequena casa com os homens até que eles decidissem o que fazer com sua liberdade. Matyuchenko já sabia: persistiria na luta contra o tsar. Só a morte o impediria.[926]

Em Constanta, muitos marinheiros passaram sua primeira noite fora do Potemkin em clima de comemoração, com um laivo de tristeza. Tinham escapado dos grilhões do tsar, mas tiveram de deixar sua pátria, possivelmente para sempre, e precisavam encontrar trabalho e casa. Alguns se embebedaram, tentando aliviar os 11 dias de intensa pressão atingindo o fundo de uma garrafa de vodca. Outros passaram a noite contando a aventura aos operários da cidade, para depois ir para os alojamentos militares que o general Angelesku tinha liberado para eles nos arredores da cidade. De toda a tripulação, apenas 47, entre eles o segundo-tenente Alekseyev e a maioria dos suboficiais, tinham ido para o consulado russo, jurado inocência e pedido que fossem levados de volta a Sebastopol. Não encontrariam a recepção que achavam merecer por parte do comandante da Frota do Mar Negro.[927]

Logo que soube da rendição do encouraçado, o vice-almirante Tchukhnin mandou um telegrama para o tsar com a boa-nova: o

Potemkin logo voltaria a Sebastopol em mãos leais.[928] Aliviado com o fato de o pesadelo ter finalmente terminado, Nicolau conseguiu jogar sua primeira partida de tênis em semanas, ocasião significativa o suficiente para merecer menção em seu diário com o fim do motim. Mesmo assim, os efeitos colaterais diplomáticos e políticos do Potemkin estavam apenas começando a ser sentidos.[929]

A controvérsia cercava o simples ato de retomar o controle do encouraçado. Quando o contra-almirante Pisarevsky chegou a Constanta com sua esquadra, na manhã de 26 de junho, bem cedo, encontrou o Potemkin seminaufragado no porto, com a bandeira da Romênia hasteada. Depois de reclamar da ofensa do capitão Negru, alternou entre exigir a entrega do encouraçado e insistir que os judeus eram os responsáveis por tudo aquilo. Negru disse, calmamente, que ia ver o que fazer sobre o primeiro pedido.[930] Ao longo das horas seguintes, a disputa diplomática ascendeu aos escalões mais elevados de ambos os governos. O rei Carol resolveu a questão. Concordou em entregar o encouraçado sem mais demora, mas a Romênia não renegaria seu acordo com os marinheiros do Potemkin e não os deportaria.

Mais tarde, naquele dia, Pisarevsky hasteou a bandeira de Santo André no encouraçado e um padre borrifou água benta no convés para afastar "os demônios revolucionários".[931] O tenente Yanovitch assumiu então o comando do encouraçado, já que tinha chegado junto com a esquadra. Teria preferido a glória de afundar o Potemkin a supervisionar seu retorno à base naval, tarefa que exigia que a água fosse bombeada do casco do encouraçado e que ele fosse lentamente rebocado de volta a Sebastopol, uma vez que suas turbinas estavam inutilizadas.[932]

Enquanto esses acontecimentos se desenrolavam, os jornais russos e internacionais analisavam a importância do motim. Uma carta publicada no *Russkoye Slovo* argumentou que o Potemkin revelava as razões para o desastre de Tsushima: a marinha do tsar era de uma estupidez patética.[933] Desafiando novamente os censores, o *Nacha Jizn* concluiu que o motim "mostra que o mar da vida russa está turbulento até suas profundezas, e que o abismo entre o governo e o povo atingiu mais fundo as massas".[934] Seu primo liberal, o *Russkiye Vedomosti*, desmentiu as alegações oficiais de que o Potemkin era nada mais que o resultado de esforços de propaganda de "estudantes judeus", comparando essa explicação a culpar as chamas pelo incêndio.[935] Jornais governistas tentaram manter a linha, um opinando que "não havia marinheiros russos de verdade no Potemkin. [...] As Forças Armadas russas sempre se manterão fora da política". Um editorial do *Novoye Vremya* pediu melhores integrantes para a Marinha e apontou a necessidade de que forças contrarrevolucionárias se mobilizassem em defesa da monarquia. Os únicos retardatários foram as revistas socialistas, cujos autores ainda preparavam seus discursos sobre o significado revolucionário do Potemkin.[936]

A imprensa estrangeira não tardou, e contou sobre o motim lado a lado com a notícia de que os japoneses estavam invadindo com sucesso a ilha de Sacalina. O jornal britânico *Daily Telegraph* considerava agora o motim "a maior de todas as farsas", incapaz de mudar a posição da Rússia a respeito da paz ou das reformas.[937] O jornal esquerdista francês *Temps Nouveaux* rebateu dizendo que o motim revelava que a revolução estava entrando em uma "fase aguda".[938] Vários jornais alemães debateram se os romenos estavam fazendo a coisa certa ao proporcionar refúgio aos marinheiros russos em seu país.[939] Um editorial do *New York Times* disse que sim, mas afirmou, mais significativamente, que "a moral desses acontecimentos desastrosos para a Rússia é entrar logo em acordo com seu adversário [o Japão] e salvar o que ela ainda possui, na Europa e também na Ásia".[940]

Não era uma decisão que cabia a Tchukhnin. Além disso, ele já estava freneticamente ocupado tentando se manter no comando, especialmente depois que Nicolau substituíra o almirante Avelan pelo vice-almirante Aleksei Birilev, um dia depois da rendição do Potemkin.[941] Para escapar do mesmo destino, Tchukhnin criou uma ampla rede de responsáveis pelo motim, do vice-almirante Krieger e do contra-almirante Vichnevetsky, que ele dispensou, até os recrutas mais novos. Expurgou centenas de marinheiros da frota, transferindo-os para o Exército ou para postos distantes.[942] Em um bilhete para Birilev, também sugeriu a aposentadoria compulsória de muitos de seus comandantes, chamando-os de "fracos, indecisos, preguiçosos e incompetentes". Só o próprio Tchukhnin ficou isento de culpa.[943] Embora vários oficiais navais tivessem pedido a Birilev que instituísse reformas sérias, como a redução do tempo de serviço e a melhora nas condições de vida dos marinheiros, o novo ministro naval basicamente ignorou os apelos.

O Almirantado se concentrou, em vez disso, em punir os amotinados. Depois de salvar a própria pele, Tchukhnin assumiu aquela como uma missão exclusivamente sua, como comandante da Frota do Mar Negro. Sebastopol virou, tanto quanto base naval, uma prisão. Marinheiros foram detidos nas celas da fortaleza e no barco de treinamento *Prut*. Enquanto os promotores preparavam a investigação sobre o Potemkin e pressionavam o rei Carol a entregar os líderes do motim, a corte marcial de 44 marinheiros do *Prut* avançava rápido.[944] Iniciados no dia 20 de julho em um hangar de balões nos arredores de Sebastopol, os julgamentos contaram com a proteção de um batalhão de soldados e dois torpedeiros na baía. Aleksandr Petrov e outros três líderes se declararam culpados com orgulho, conquistando penas de morte para si. Dezesseis outros marinheiros foram condenados a trabalhos forçados e oito à prisão; os restantes foram absolvidos. Tchukhnin tinha insistido que toda a tripulação fosse indiciada, mas o tsar e seu ministro naval queriam um julgamento ágil, portanto Tchukhnin abriu mão da exigência.

Após negar os apelos de clemência, o comandante da Frota do Mar Negro realizou as execuções diante da fortaleza, em 24 de agosto. Gendarmes amarraram Petrov, Titov, Adamenko e Cherny a postes e colocaram capuzes de lona sobre eles. Depois deram fuzis a uma fileira de marinheiros recrutas e cercaram os homens de soldados. Se os recrutas hesitassem em executar os condenados, advertiu um oficial, os soldados atirariam *neles*. Antes de o oficial deixar cair seu lenço, para dar a ordem de fogo, Titov conseguiu tirar seu capuz com os dentes para que pudesse olhar o pelotão de fuzilamento no rosto. Sob seu capuz, Petrov gritou, revoltado: "Vocês não vão conseguir nada. Milhares virão para ficar em nosso lugar."

Foram suas últimas palavras.[945]

No mesmo mês, Tchukhnin julgou 75 marinheiros do *Georgy Pobedonosets*, entre eles Kochuba, que tinha sido transferido de Teodósia. Kochuba e dois outros receberam sentenças de morte a ser executadas diante de toda a frota. Dezenove de seus companheiros de tripulação foram condenados a um total de 185 anos de trabalhos forçados. Sem deliberações, Tchukhnin rejeitou também as apelações deles.[946]

Quando Matyuchenko soube da execução de seus camaradas, só ficou ainda mais determinado em atacar novamente o regime do tsar. Depois de seu primeiro encontro com Lenin em Genebra, os dois tinham se reunido mais algumas vezes. Lenin explicou como era necessário um grupo fechado de revolucionários para tirar o tsar do trono, fosse qual fosse o custo em termos de sangue ou vidas arruinadas. Matyuchenko nunca chegou a ser enfeitiçado por ele, e se recusou a entrar no Partido Bolchevique, que nascia. Em agosto, estava de volta a Bucareste, tendo conseguido apenas promessas de dinheiro e armas para apoiar suas ações. Não tinha planos de retornar à Suíça.[947] Escreveu para um amigo: "Entenda que toda essa polêmica entre os partidos estava me consumindo. Se eu ficasse, teria ficado completamente envolvido nas rixas e nas briguinhas."[948]

Nas reuniões realizadas no pequeno vinhedo próximo à casa de Arbore-Ralli, Matyuchenko organizou uma comissão de marinheiros para coordenar as ações revolucionárias de seus ex-companheiros de tripulação. Nos meses desde o fim do motim, os marinheiros haviam se espalhado pela Romênia. Alguns moravam em Bucareste e Constanta, trabalhando em fábricas. Outros partiram para o campo a fim de plantar, formando comunas de setenta a oitenta homens. Matyuchenko viajava com frequência para se encontrar com eles, mas passava a maior parte do tempo em Constanta, planejando outra rebelião na Frota do Mar Negro e infiltrando propaganda na Rússia.[949]

Informantes da Okhrana informaram Sebastopol de que Matyuchenko estava orquestrando uma trama para assassinar o vice-almirante Tchukhnin, e, o que era mais preocupante, tinha sido ouvido em setembro dizendo: "Haverá um novo motim na Frota do Mar Negro, e será colossal."[950] Periodicamente, os que vigiavam Matyuchenko perdiam seu rastro. Ele era suspeito, com razão, de entrar e sair de Sebastopol e Odessa quando bem quisesse. Apesar dos movimentos clandestinos, sua intenção era clara. Naquele outono, o marinheiro mandou uma carta aberta para os oficiais navais russos, advertindo-os: "A mudança chegará em breve à Rússia. Se vocês pensam que ela está longe, estão enganados. Repito, ela vai chegar muito em breve."[951]

Quatro dias depois de o Potemkin se render em Constanta, Nicolau convidou Sergei Witte – que tinha comparado o motim a uma grande fábula – a ir a Peterhof e lhe ofereceu o posto de plenipotenciário-chefe nas negociações de paz com o Japão.[952] Muravyev, o embaixador em Roma, tinha se retirado das conversas, e o tsar precisava ver a guerra encerrada. Embora Witte sentisse, como disse a outro ministro do governo, que só tinha sido chamado quando "fora preciso limpar a sujeira", era patriota e a pessoa mais qualificada para o serviço.[953] Com um mandato para obter a paz, Witte viajou para Portsmouth, New Hampshire, onde o presidente Theodore Roosevelt fez o papel de intermediário. (Por ter "juntado as partes a contragosto"[2], como ele mesmo afirmou, Roosevelt ganhou o Prêmio Nobel da Paz.) Apesar da posição de superioridade do Japão na negociação, Witte conseguiu um acordo em meados de agosto que isentava a Rússia de pagar indenização e determinava uma perda territorial bem menor que a esperada. Para recompensar Witte pelo sucesso, Nicolau fez dele conde.

Simultaneamente a esses esforços, Nicolau tomou medidas para sufocar outra fonte importante de instabilidade na Rússia: o apelo por reformas no governo. Desde fevereiro, o ministro do Interior, Buligin, vinha se reunindo com grão-duques, ministros e conselhos secretos sobre que tipo de representação e direitos oferecer ao povo. No início de julho, uma conferência secreta presidida pelo tsar discutiu uma proposta final. Os participantes continuavam divididos sobre quanto de reforma era necessário, se é que havia tal necessidade. Então o conde A.P. Ignatyev falou. Reacionário conhecido, tinha voltado recentemente de uma viagem a Odessa e à região do mar Negro logo depois do motim. Para surpresa de todos, declarou que sem reformas sérias a autocracia estava perdida. No dia 6 de agosto, depois de um mês de hesitação, Nicolau concordou com o que ficaria conhecida como a Constituição de Bulygin, prometendo a criação de uma Duma estatal eleita.

---

[2] Em inglês, "knocking their heads together". (N. da E.)

346

Por mais que Nicolau acreditasse ter feito tudo o que precisava para acalmar as rebeliões que haviam começado em janeiro e explodido no mar Negro, o pior ainda estava por vir. A condução da guerra já tinha amealhado resistência ao tsar e desnudado a corrupção e a inépcia de seu governo. Afinal de contas, ele encabeçara a primeira derrota de uma potência europeia diante de um país asiático na história moderna. As novas reformas criavam apenas um órgão consultivo, que podia ser dissolvido quando Nicolau quisesse, e as restrições rígidas para os eleitores garantiam que a maior parte dos operários ficasse excluída. Tanto liberais como revolucionários ridicularizaram igualmente a tímida proposta do tsar. Além de tudo, ele nada tinha feito para ajudar os camponeses e operários.[954]

Em setembro, Nicolau e sua família fizeram um longo cruzeiro no mar Báltico a bordo de seu iate, o *Polyarnaya Zvezda*. Durante o dia, faziam piqueniques e aproveitavam as praias das ilhas, velejando pelas águas azuis. À noite, estouravam fogos de artifício ou se reuniam em torno do piano para ouvir a tsarina tocar Beethoven. Nicolau estava feliz como sempre fora, desde a infância. No dia 19 de setembro, voltou relutante a Peterhof, nada ansioso pelo peso do cargo. E ele apareceu bem rápido.[955]

Naquele mesmo dia, uma greve, um incidente de pequenas dimensões em uma gráfica de Moscou, se transformou em um levante nacional. Vinte e quatro horas depois, gráficos de toda a cidade deixaram seus postos. Ao longo dos dias seguintes, operários fizeram greves em fábricas e mais fábricas. Quando a polícia tentou forçar os padeiros da cidade a voltar ao trabalho, temendo que Moscou passasse fome, sem pão, houve uma rixa. O episódio acrescentou à luta os estudantes da Universidade de Moscou. Operários fizeram passeatas, mais confrontos aconteceram e, no dia 2 de outubro, um conselho ("soviete") de operários foi criado para liderar as greves.

Bem quando o movimento começava a perder a força, o príncipe Trubetskoy morreu. Em São Petersburgo e Moscou, milhares de pessoas saíram às ruas para homenagear o herói liberal que no início de junho tinha feito um apelo ao tsar por reformas, dizendo: "Não se demore, majestade... Grande é sua responsabilidade diante de Deus e da

Rússia." As multidões agitaram bandeiras vermelhas e cantaram a "Marselhesa". Na frente do Palácio de Inverno, os manifestantes se ajoelharam em uma silenciosa homenagem aos que haviam perecido no Domingo Sangrento.

Mais greves aconteceram. Gráficos, metalúrgicos, operários da construção naval, condutores de *drochkys*, carteiros e até os dançarinos do balé de Mariinsky – todos participaram. Então os ferroviários pararam, agravando ainda mais a situação. As linhas de trem foram fechadas, primeiro a rota Moscou-Kazan, depois dezenas de outras. A Rússia ficou paralisada. O preço da comida dobrou, depois triplicou; bancos e escritórios fecharam; ministros ficaram presos dentro de casa; as aulas foram canceladas; e as linhas de telégrafo e o fornecimento de energia foram interrompidos. Na capital, um único farol acima do Almirantado brilhava à noite.

Os trabalhadores organizaram mais sovietes. Revolucionários – tanto mencheviques como bolcheviques e revolucionários socialistas – alimentavam e incentivavam novas greves.[956] Tirando o bastante ocupado Leon Trotsky, de 26 anos, contudo, Lenin e os outros líderes da revolução estavam em seu exílio em Genebra, longe da insurreição crescente e espontânea que se espalhava por todo o império. Na maior parte das vezes, os liberais apoiavam as greves, e as anunciavam nos jornais, mas também temiam que os operários se alinhassem demais aos socialistas e pedissem a "revolução contínua".[957]

A força e a escala do movimento deixaram Nicolau chocado, já que ele, como escreveu um integrante da corte, vinha vivendo "em um mundo completamente imaginário, achando estar tão forte e poderoso como sempre".[958] Com o *Polyarnaya Zvezda* de prontidão em Peterhof para o caso de o tsar precisar fugir do país, ele se preparou para soltar o general Trepov, cujo lema era "nada de economizar munição e nada de tiros de festim", em cima da multidão. Mas nem aquela medida extrema garantia que o povo ia se acalmar. No dia 9 de outubro, com a Rússia à beira do caos, Witte colocou o tsar contra a parede em seu escritório de Peterhof e disse que ele só tinha duas opções para impedir que a revolução "varresse mil anos de história": instalar uma ditadura militar e pontilhar as ruas de sangue ou criar um governo constitucional como os liberais tinham proposto.[959] Witte descreveu suas teses em um manifesto elaborado com antecedência para a conversa.[960]

Nos oito dias que se seguiram, à medida que os protestos se intensificavam, Nicolau consultou todo mundo, da mulher aos tios e ministros. Como sempre, houve divergências, mas a maioria, incluindo Trepov, concordou com Witte em que eram necessárias muito mais reformas – imediatamente. Nicolau finalmente cedeu. Mas em 17 de outubro, minutos antes de assinar o manifesto para determinar a liberdade civil, o jugo da lei e a criação de uma Duma de Estado verdadeiramente representativa, ele hesitou. Mandou chamar o tio, o grão-duque Nikolai, um soldado veterano de temperamento forte que tinha uma presença física imponente e um vozeirão parecido com o de Alexandre III, para investi-lo de poderes ditatoriais. Antes de se reunir com o sobrinho, Nikolai disse ao barão V.B. Fredericks, ministro da corte: "Está vendo este revólver?" Tirou um revólver do paletó. "Vou falar com o tsar agora e implorar que ele assine o manifesto. Ou ele assina ou, na presença dele, enfiarei uma bala na cabeça."

Nicolau assinou. Dois dias depois, lamentou para a mãe: "Querida mamãe, você não pode imaginar o que passei antes daquele momento. [...] Em toda a Rússia pediam por aquilo, imploravam por aquilo, e à minha volta muitos – muitos mesmo – tinham a mesma opinião. [...] Não havia outro jeito senão fazer o sinal da cruz e dar o que todo mundo estava pedindo. Meu único consolo é que essa é a vontade de Deus, e que essa grave decisão tirará minha querida Rússia do caos intolerável em que ela está há quase um ano."[961] Enquanto o tsar choramingava para a mãe pelo fato de ter violado seu juramento sagrado de sustentar a autocracia, o povo russo comemorava. O Manifesto de Outubro, como o documento passou a ser chamado, foi lido em igrejas e praças. Estranhos se abraçaram nas ruas e deram festas regadas a champanhe, celebrando. "O maior momento da história russa", registrou um diário. Manifestações de apoio atraíram dezenas de milhares de pessoas em São Petersburgo, Moscou, Kiev, Odessa, Tbilisi, Baku, Minsk e outras cidades por todo o império.[962]

Então explodiu o caos de verdade. Witte assumiu como presidente do Conselho de Ministros, e o governo do tsar tentou definir os detalhes das novas liberdades. Liberais debatiam até onde levar as reformas e se deviam ou não apoiar Witte, e suas fileiras racharam. Agora que tinham ganhado alguns centímetros, os revolucionários lutavam por mais poder. Lenin, Martov e outros líderes socialistas planejavam voltar para a Rússia para fomentar mais rebeliões. Os sovietes organizaram mais greves, permitindo cada vez mais que os revolucionários dominassem sua liderança e pressionassem pela insurreição armada. Sentindo a debilidade do governo, soldados e marinheiros realizavam os próprios protestos, e camponeses saqueavam os proprietários de terra.[963]

Temendo a derrocada da autocracia, monarquistas de direita reagiam com seu apoio tácito (e às vezes declarado) ao tsar e seus ministros. Nas ruas, os Cem Negros, uma mistura de vários tipos de monarquistas, faziam passeatas contra liberais, socialistas e judeus, a quem viam como a fonte do avanço russo na direção da democracia. Em gangues reforçadas por criminosos comuns e que contavam com o apoio da polícia, atacavam operários, estudantes e principalmente judeus. Nas duas semanas depois do anúncio do Manifesto de Outubro, foram registradas as mortes de 3 mil judeus, em 690 pogrons.[964] A maior tragédia aconteceu em Odessa. Depois do motim do Potemkin, o general Kakhanov tinha sido substituído por um tipo ainda pior, o barão A.V. Kaulbars, que colaborou com os Cem Negros em uma orgia de barbarismos. Reunidos sob o grito "Batam nos judeuzinhos", incendiaram casas de judeus, saquearam suas lojas, os jogaram do alto de telhados, atiraram neles à queima-roupa, os destroçaram com rajadas de metralhadora, arrancaram suas entranhas e estupraram suas mulheres. Em três dias, assassinaram oitocentos judeus, feriram 5 mil e deixaram mais de 100 mil desabrigados.[965]

Lado a lado com essa violência, o povo russo passou por seis semanas do que ficou conhecido como "Dias de Liberdade". Os sindicatos se multiplicaram. Os sovietes ampliaram seu alcance, especialmente em São Petersburgo, e formaram milícias. Jornais de todas as visões políticas "proliferaram como cogumelos", e a liberdade quase absoluta de reunião passou a vigorar.

Aqueles dias desapareceram no início de dezembro, depois de os bolcheviques, inspirados por Lenin e até certo ponto incentivados pelos mencheviques e os revolucionários socialistas, decidirem lançar uma insurreição em Moscou. Embora não contassem com o apoio da população em geral e tivessem esperanças ilusórias de que as fileiras militares passariam para o seu lado, estavam intoxicados pelas próprias palavras incendiárias.[966] Lenin disse na época: "A vitória, ela para nós não é a questão. [...] Não devemos alimentar ilusões. [...] O que interessa não é a vitória, mas dar uma sacudida no regime e atrair as massas para o movimento."[967]

Depois de anunciar uma greve geral e armar alguns operários, os revolucionários, liderados em parte por Vasilyev-Yujin (o mesmo bolchevique que Lenin tinha mandado para fazer contato com o Potemkin), tomaram estações de trem e montaram barricadas em várias partes da cidade. Ao longo dos dias seguintes, uma guerra campal explodiu contra a polícia e os soldados, paralisando Moscou. O governador-geral de Moscou pediu mais soldados ao tsar. Sentindo que a cidade poderia tombar se os revolucionários entrassem no Kremlin, Nicolau autorizou uma repressão impiedosa, reforçada pelos conselhos de Witte e Trepov.[968] Soldados entraram na cidade com ordens de "exterminar as gangues de insurgentes".[969] Com barragens de artilharia e uma chuva de tiros de metralhadora, o levante foi sufocado. Mais de mil moscovitas morreram.

Fortalecido pelo sucesso militar, Nicolau endossou então uma campanha disseminada de terror contra a oposição. Socialistas foram caçados e mortos. Operários e estudantes foram açoitados e jogados na cadeia. Vilarejos camponeses foram incendiados e reduzidos a pó. O novo ministro do Interior, P.N. Durnovo, instruiu seus governadores de província dizendo que "é impossível julgar centenas de milhares de pessoas. Proponho atirar nos desordeiros e em casos de resistência incendiar suas casas".[970] Ao longo dos cinco meses seguintes, a campanha esmagou os partidos revolucionários, desanimou os liberais, lotou as prisões, arruinou a economia e deixou mais milhares de mortos.

Mesmo assim, as reformas que Nicolau determinara em outubro não podiam ser ignoradas. Pela primeira vez, o povo russo tinha vivido a dádiva, como escreveu um observador, "de pensar e falar livremente". Aquilo eles jamais esqueceriam. Pela primeira vez, o tsar da Rússia tinha concordado em abrir mão do controle absoluto sobre o país, colocando em curso a criação de um órgão representativo escolhido por eleição popular. A voz do povo *seria* ouvida, e a Rússia nunca mais seria a mesma.[971]

Em 27 de abril de 1906, os deputados eleitos para a Duma participaram de uma recepção no Palácio de Inverno antes da abertura de sua primeira sessão. No vasto Salão da Coroação, velhos e novos líderes da Rússia ficaram cara a cara, divididos pelo trono dourado e carmesim, envolto por um manto imperial de pele. À direita ficaram os ministros e conselheiros de Estado, bem-vestidos e encarquilhados, os almirantes e generais carregados de medalhas e fitas douradas e as senhoras cheias de joias, esperando – todos da aristocracia. À esquerda ficaram os deputados recém-eleitos, alguns em trajes de noite adequados a sua origem nobre ou a sua riqueza, mas outros de túnicas de camponês, blusas de operário e batinas de padre. Os dois grupos se encaravam como inimigos em um campo de batalha.

Às 13h, o chefe de cerimônias bateu no chão com seu bastão e as portas se abriram. Nicolau entrou, usando seu uniforme do Regimento das Guardas Preobrajensky. Sua mãe e sua mulher o acompanhavam à esquerda e à direita. Um coro de igreja cantou enquanto eles avançaram para o trono, os lábios contraídos, fazendo o sinal da cruz como a caminho de um enterro. Com a voz trêmula, de início, Nicolau do trono leu um texto escrito com antecedência, prometendo um futuro grandioso para a Rússia. Concluiu com a esperança de que os deputados "se provariam merecedores da confiança depositada pelo tsar e pelo povo". Então fez um aceno com a cabeça e deixou solenemente o salão, sem ter dirigido o olhar sequer uma vez para os deputados durante a cerimônia. Sua corte aplaudiu entusiasmada. Os deputados, não.

Depois, todos eles deixaram o palácio no rio Neva, onde vários barcos pequenos a vapor aguardavam para os transportar ao Palácio Tauride, sede da nova Duma. O sol brilhava enquanto eles subiam o rio. As pessoas se aglomeravam nas margens e nas pontes, demonstrando apoio a seus novos representantes. Eles diminuíram a velocidade ao passar pela notória prisão de Kresty, onde muitos que tinham lutado por aquele dia permaneciam aprisionados. Os deputados acenaram com os chapéus. Finalmente chegaram à frente do caro palácio neoclássico erguido por Catarina, a Grande, para homenagear seu amante e general

352

favorito, o príncipe Potemkin. Com grande ambição e determinação, a Duma Estatal foi inaugurada.[972]

Matyuchenko e seus companheiros de tripulação estavam bem longe do ostracismo enquanto aqueles fatos importantes aconteciam. Um dia depois da assinatura do Manifesto de Outubro, os marinheiros da Frota do Mar Negro se uniram a soldados e a estivadores para exigir a libertação dos tripulantes do Potemkin que estavam presos. Liderados pelo tenente Pyotr Schmidt, que corajosamente se declarou contra o governo, eles invadiram a prisão e libertaram os homens. Alguns foram mortos na perseguição, e Schmidt foi preso. Foi o prelúdio de um motim generalizado na frota, que estourou várias semanas depois (como Matyuchenko tinha prometido e lutado para fomentar). No dia 12 de novembro, marinheiros e soldados entraram em greve em Sebastopol e fizeram passeatas. Intimidados pela dimensão do protesto, a polícia e os oficiais navais ofereceram pequena resistência. Marinheiros invadiram o arsenal da fortaleza; outros assumiram o controle de vários encouraçados e torpedeiros no porto e içaram bandeiras vermelhas em seus mastros. No dia seguinte, o tenente Schmidt, libertado da prisão, assumiu o comando do cruzador-couraçado *Otchakov*, com vários marinheiros do Potemkin a seu lado. Ameaçavam tomar a base inteira.

Mais uma vez, o vice-almirante Tchukhnin parecia estar perdendo o controle sobre a Frota do Mar Negro. Sem muitos outros recursos, deu ordem para que a fortaleza atirasse nos navios amotinados. O bombardeio incendiou o *Otchakov*, inutilizou vários outros navios, matou e feriu dezenas e obrigou os marinheiros a se renderem. Tchukhnin prendeu mais de 2 mil marinheiros e fez com que Schmidt fosse executado pelos problemas que causara, mas o incidente provou que o espírito rebelde do Potemkin permanecia vivo na marinha. Como força militar, ela estava arruinada.[973]

Em consequência da revolta liderada por Schmidt, Tchukhnin voltou a exigir que o governo romeno extraditasse o "ninho de marinheiros revolucionários" que vivia no país, responsabilizando-os pela disseminação da turbulência dentro de sua frota. Os romenos, porém, disseram não. Tchukhnin voltou sua atenção então para a corte marcial dos marinheiros presos do Potemkin. A presença deles na base era uma ameaça grande demais.[974]

Em 26 de janeiro de 1906, o julgamento enfim começou.[975] Os trabalhos duraram menos de duas semanas. Três tripulantes capturados em Teodósia receberam sentenças de morte, mas elas foram substituídas por 15 anos de trabalho forçado, quando os promotores perceberam que a punição violava a clemência determinada pelo Manifesto de Outubro. Três outros ficaram com sentenças menores de trabalho forçado. Trinta e um marinheiros foram condenados a dois anos de prisão, e o tribunal dispensou os oficiais Alekseyev e Golenko do serviço militar.[976] Quanto a Konstantin Feldmann, ele tinha escapado da prisão antes do julgamento, se disfarçando de soldado.[977]

O resultado pouco satisfez o vingativo Tchukhnin, mas ele nada podia fazer, a menos que os principais instigadores do motim voltassem para a Rússia e fossem capturados. Ele jamais veria aquele dia. Um dia depois do começo do julgamento dos amotinados do Potemkin, uma revolucionária socialista – filha de um almirante da Marinha – entrou na datcha do comandante da Frota do Mar Negro em Sebastopol e deu quatro tiros nele com uma pistola Browning, antes de atirar contra si mesma. Milagrosamente, Tchukhnin sobreviveu. Cinco meses depois, no entanto, um marinheiro chamado Yakov Akimov, que trabalhava como jardineiro da datcha, infiltrou um fuzil na propriedade e deu um único tiro no vice-almirante, matando-o. O tsar declarou Tchukhnin um herói nacional e cuidou para que ele fosse sepultado ao lado dos mais celebrados almirantes na catedral de São Vladimir, em Sebastopol.[978] Em um cemitério adjacente, o capitão Golikov, cujo corpo tinha aparecido na praia, foi enterrado. Seu epitáfio dizia: "Deus, perdoa-lhes. Não sabem o que fazem."[979]

Matyuchenko sabia exatamente o que tinha feito e o que queria fazer, mas, no início de 1906, ficou sem sua base romena de operações. A polícia da Romênia o tinha prendido sob a suspeita de disseminar propaganda socialista. Desafiando os protestos de mais de cem marinheiros do Potemkin pela libertação de Matyuchenko, um tribunal romeno o deportou para o Império Austro-Húngaro, de onde ele partiu até a

França, passando pela Suíça. Por encará-lo como um homem sem pátria, procurado por alguns países devido a seu perfil revolucionário, os franceses o rechaçaram. Em junho de 1906, ficou por pouco tempo em Londres e em seguida emigrou para os Estados Unidos. Arrumou um emprego na fábrica de máquinas de costura Singer em Nova York e restabeleceu suas ligações com outros revolucionários russos. Naquele setembro, se encontrou com Máximo Gorki, que o ajudou a publicar um relato sobre o motim. Durante todo o tempo em que permaneceu na cidade, Matyuchenko trabalhou incansavelmente pela derrubada do tsar, reunindo um grupo de seguidores dedicados em seu bairro, no Lower East Side, mas o que queria mesmo era agir.

No fim do ano, voltou à França e organizou um grupo revolucionário entre os desempregados parisienses. Sua paciência para os debates e tratados socialistas tinha ficado ainda menor, e ele começou a tender para as opiniões anarquistas do amigo Arbore-Ralli. "Será que pode existir uma força para o bem?", escreveu Matyuchenko para ele de Paris. "É possível escrever uma lei que reflita o que o coração e a razão desejam? Minha razão irrestrita, minha consciência, meus desejos puros – essas são as leis."

Em janeiro de 1907 ele se preparou para voltar à Rússia. Não aguentava mais ficar longe de sua terra natal nem, mais precisamente, ficar distante da luta contra o tsar. Seus camaradas o advertiram que não fosse, certo de que a caçada humana contra ele não tinha terminado. Mas Matyuchenko estava decidido. "Não posso ficar. Estou sofrendo demais aqui", disse a um deles. Em Genebra, obteve um passaporte falso e uma arma. O que não sabia era que a polícia secreta russa já desconfiava que ele pudesse estar chegando.[980]

Desde o fim do motim, a Okhrana continuara perseguindo Matyuchenko, que era um dos criminosos mais procurados da Rússia. Embora muitas vezes tivessem perdido seu rastro, o acompanharam ao longo dos dois anos anteriores conforme ele mudava de país – Romênia, Suíça, França, Império Austro-Húngaro, Inglaterra e Estados Unidos –, mas não conseguiram obter sua extradição. Então, em maio de 1907, o relatório de um agente policial em Paris informou a Okhrana de que havia rumores de que Matyuchenko estaria indo para a Rússia.[981] No dia 6 de junho, sua foto foi amplamente divulgada entre os guardas da fronteira e policiais, com instruções para fazer todo o possível para efetuar sua prisão.[982]

Mesmo assim, Matyuchenko passou incólume pela fronteira entre a Rússia e a Romênia no rio Dunai, disfarçado de pescador. Chegou a Odessa no dia 28 de junho e se encontrou com alguns revolucionários. Por acaso, a casa estava sendo vigiada. No dia seguinte, Matyuchenko foi para o porto vizinho de Nicolayev, no mar Negro, com a polícia em seu encalço. Não faziam ideia de quem ele fosse, mas, como estivera em companhia de homens que podiam estar envolvidos no furto recente de 50 mil rublos de um vapor russo, acharam que valia a pena ficar de olho nele.

Quando Matyuchenko conversava com um marinheiro no banco de um parque, em Nicolayev, a polícia agiu e o prendeu. O registro da prisão afirmava que ele tinha sido pego de posse de uma pistola, dois cartuchos de munição, um caderno, um panfleto intitulado "O Soldado" e documentos que diziam que seu nome era Fedorenko, de Poltava. Levaria dez dias para que a polícia soubesse, por um informante, que os documentos eram falsos e que tinha, na verdade, capturado Matyuchenko em pessoa.

O interrogatório subsequente não revelou mais que fatos escassos sobre o histórico dele. Ele admitiu ter nascido no dia 2 de maio de 1879, em uma família de camponeses de um vilarejo perto de Kharkov, Ucrânia. Tinha três irmãos e duas irmãs. Tinha dois anos de escolaridade. Trabalhara como maquinista antes de servir à Marinha russa. Era solteiro e disse não saber se os pais ainda estavam vivos. O coronel cuja missão era interrogar Matyuchenko deve ter ficado impressionado. Era possível que aquele fosse o homem que subjugara a Frota do Mar Negro?[983]

No dia 11 de outubro, Matyuchenko foi entregue à prisão de Sebastopol. Um dos detentos lembrou de quando o viu pela primeira vez: "Duas dúzias de guardas, de revólveres e sabres desembainhados, conduziam um homem num terno preto. Sua calma e seu olhar seguro eram testemunhos de sua força de vontade e de sua determinação inabalável. Ouviu-se um sussurro em meio ao silêncio que se seguiu: É Matyuchenko... Matyuchenko... Matyuchenko."[984]

Ele teve as visitas proibidas; também não podia receber nem enviar mensagens – tamanho era o medo de que ele incitasse uma rebelião a distância. Uma semana depois de sua chegada, foi submetido a um julgamento, acusado de matar um oficial. Nada menos que cem guardas o conduziram de sua cela até o tribunal e de volta à cela. Ele não se defendeu, e se declarou culpado. Sua sentença foi a morte. O Manifesto de Outubro tinha proibido a execução de revolucionários, mas o tsar queria que *aquele* fosse enforcado, apesar da indignação pública, e os juízes assim determinaram. Matyuchenko se recusou a recorrer e, como prêmio, teve permissão para fumar um cigarro.

Na noite seguinte, os guardas levaram um caixão ao pátio. Espalhou-se pela prisão a notícia de que Matyuchenko seria enforcado na manhã seguinte. Yefim Bredikhin foi um dos que ficaram sabendo. Também marinheiro do Potemkin, tinha sido preso havia pouco tempo em Moscou. Fora transferido para Sebastopol e condenado a 15 anos de trabalhos forçados. Não conseguia dormir; como muitos outros, cujas celas davam para o pátio da prisão, Bredikhin começou a abrir um buraquinho na parede sobre a janela de sua cela. Às 5h30, um guarda foi até sua porta. Matyuchenko queria se despedir dele.

Bredikhin seguiu o guarda pelos corredores da prisão até a sala do sentinela. Foi instruído a não dizer uma palavra durante o encontro. Então eles o levaram através de várias portas trancadas até a cela de Matyuchenko. Encontrou o amigo cercado de oficiais navais de várias patentes, que estavam ali para o observar em suas últimas horas, como se ele fosse algum animal raro. Apoiado na parede mais distante da cela nua, Matyuchenko encarava os oficiais, o rosto sem qualquer sinal de emoção. Bredikhin sentiu as lágrimas se acumularem em seus olhos. Matyuchenko avançou na direção do amigo e o abraçou, sussurrando em seu ouvido: "Não vale a pena chorar." Entregou a Bredikhin a cruz dourada que tirou do pescoço, a que tinha ganhado em seu batizado. Gravadas na cruz havia as palavras SALVE E PRESERVE. Quando Bredikhin perguntou a Matyuchenko a quem deveria dar a cruz, os guardas o agarraram pelos ombros e o arrastaram da cela. Ele se deu conta tarde demais de que não devia ter falado.

Minutos depois, Matyuchenko, usando um sobretudo pesado de lã, foi levado para a morte. Quando entrou no pátio da prisão, tudo estava em silêncio. Duas companhias de cossacos e dragões protegiam o local, e vários oficiais navais tinham comparecido para assistir à execução. O sol ainda não tinha nascido, e a única luz elétrica delineava a comprida sombra do carrasco na parede do pátio. A plataforma de execução improvisada consistia de um pesado poste preso ao chão e de uma mesa. Um capitão naval leu em voz alta os crimes de Matyuchenko contra o Estado. Levou mais de uma hora. Duas vezes, Matyuchenko cuspiu para o lado, mas tirando isso permaneceu imóvel. No fim da leitura, gritou para os marinheiros da guarda: "Adeus, camaradas!" Quando tentou falar de novo, o capitão ordenou, aos berros, que ele ficasse quieto. Calmamente, Matyuchenko perguntou: "Por que você está gritando?" Um padre veio para oferecer a absolvição final, mas Matyuchenko o repeliu e foi direto para a plataforma.

O céu começou a se encher de luz.

Havia quatro carrascos, todos com o colarinho levantado para esconder o rosto, temendo represálias por executar um homem que era um herói para tanta gente. O juiz, no tribunal, havia dito ao carrasco-chefe, um gigante de ombros largos, que tomasse cuidado especial com Matyuchenko, pois ele era perigoso. O carrasco respondera: "Já cuidei de gente que estava despedaçando as correntes; posso cuidar desse aí."

Mas Matyuchenko não teve de ser levado à força para sua posição. Ele subiu na mesa, ainda acorrentado e algemado, e disse aos oficiais que se reuniam a sua volta: "Me enforquem, seus covardes. Mas saibam que vai chegar a hora em que serão vocês que estarão pendurados nos postes nas ruas."

O carrasco-chefe subiu em um banquinho para colocar o laço no pescoço de Matyuchenko. Ajustou a corda ao poste, desceu e, sem qualquer intervalo, chutou a mesa. A corda se esticou.

Tambores rufaram. Matyuchenko girou e balançou no ar durante 15 minutos que se seguiram. Os tambores pararam.

Os carrascos retiraram Matyuchenko. Tiveram dificuldade para tirar as algemas porque ele tinha deslocado várias articulações na tentativa de respirar. Por fim, colocaram seu corpo de 28 anos dentro do caixão e carregaram para o mesmo cemitério improvisado onde os marinheiros do motim de novembro de 1905 tinham sido enterrados.

358

Sozinho diante da cela que fora de Matyuchenko, Bredikhin não tinha ouvido as acusações nem visto o enforcamento. Em seu rápido encontro, Matyuchenko havia conseguido entregar um bilhete. Dizia simplesmente: "Hoje a sentença será executada. Tenho orgulho de morrer pela verdade, como deve um revolucionário."[985]

No final, o motim do Potemkin e as manifestações de 1905 não conseguiram tirar Nicolau do trono. Levaria mais 12 anos e um rio de sangue para que aquilo acontecesse.

Setenta e dois dias após a Duma abrir sua primeira sessão, o tsar determinou sua dissolução, depois que os deputados fizeram reivindicações, entre elas a libertação de todos os prisioneiros políticos, o que ele não podia aceitar. Nicolau ainda detinha as rédeas e, apesar de seu Manifesto de Outubro, ainda acreditava em seu direito divino de governar o Império Russo como bem entendesse. Foram realizadas novas eleições para a Duma; novos deputados foram eleitos; e o novo órgão logo foi dissolvido também. Em 1908, Nicolau tinha descumprido, na prática, todas as promessas significativas de reforma.[986] A falta de coordenação dentro da oposição, a lealdade do Exército e as mudanças políticas simuladas que acalmaram as massas e aumentaram a divisão entre liberais e socialistas – tudo isso manteve Nicolau no poder.[987]

O que provocou o fracasso do motim do Potemkin? As memórias dos marinheiros e as polêmicas socialistas apresentam vários motivos específicos, entre eles seu início prematuro, antes do resto da frota, as dificuldades logísticas de obter carvão e água, a estrutura de liderança difusa, a traição do *Georgy Pobedonosets*, a ausência de suporte em terra, e a falta de disposição de retirar os suboficiais do cenário. Mas, mesmo que a tripulação tivesse aguentado mais tempo e atraído mais navios da Frota do Mar Negro para seu lado, suas chances de instigar um levante em massa que ultrapassasse a região pareciam fadadas ao fracasso, especialmente levando em consideração os empecilhos em geral à revolução na Rússia daquela época.[988]

Por seu empenho, Matyuchenko e Vakulentchuk perderam a vida, assim como Petrov, Kochuba e vários outros membros da Tsentralka. De toda a tripulação do Potemkin, da qual alguns voltaram à Rússia antes da abdicação de Nicolau, 173 foram submetidos à corte marcial. Coletivamente, foram condenados a 322 anos de prisão e trabalhos forçados na Sibéria.[989]

A maioria permaneceu no exílio, ficando na Romênia ou começando uma nova vida na Suíça, na Argentina, no Canadá, na Austrália, nos Estados Unidos, na Inglaterra, na Irlanda e em outros lugares. O tenente Kovalenko virou professor em Genebra. Kirill e Feldmann seguiram caminhos parecidos, escrevendo livros sobre sua passagem pelo Potemkin e depois morrendo durante os grandes expurgos de Stalin em 1937. Alguns marinheiros voltaram à Rússia após a queda do tsar, em 1917, mas só alguns ocuparam postos no novo Estado de Lenin, de modo mais notável Lytchev, integrante da comissão, que se tornou embaixador na Grã-Bretanha. Para todos, os 11 dias de motim no mar Negro marcaram o resto de suas vidas.[990]

O encouraçado Potemkin não lutou mais pela revolução. Para não ter de ouvir o nome do encouraçado de novo, Nicolau rebatizou o Potemkin com o nome de *Panteleimon* ("o todo-misericordioso"). Os almirantes do tsar o utilizaram para atacar navios turcos na Primeira Guerra Mundial. Mais tarde, durante a guerra civil que se seguiu à Revolução Russa, abrangendo todo o país, suas turbinas foram destruídas para não caírem na mão dos bolcheviques. Em 1925, o Potemkin tinha virado ferro-velho. Um pedaço do mastro chegou até a ser usado em um farol.

Não há dúvida de que o motim não atingiu suas metas ambiciosas, e que os marinheiros sofreram com esse resultado, mas isso não diminui o significado do Potemkin, assim como o fracasso da Revolução de 1905 em termos gerais não elimina seu impacto sobre o futuro da Rússia. O levante do mar Negro atingiu o cerne do pilar de sustentação do tsar: as Forças Armadas. Aconteceu em um momento crítico, em 1905, quando Nicolau analisava a possibilidade de obter a paz junto ao Japão e de determinar o cumprimento de uma proposta de reforma elaborada por seu ministro do Interior, Bulygin. Embora Nicolau nunca tenha explicitado por que concordou em encerrar a guerra e aprovar a Duma consultiva em agosto de 1905, coisa que levou ao Manifesto de Outubro, o motim o afetara de modo profundo demais para não ter tido influência sobre suas ideias.[991]

360

O tsar e seus aliados temiam a repetição do motim e a passagem generalizada das Forças Armadas para o lado da revolução. Disse um monarquista: "Cada vez que a Frota do Mar Negro navega, tenho medo de que haja outro Potemkin entre os navios, e outro Matyuchenko entre sua tripulação."[992] Em fevereiro de 1917, seguindo o legado do Potemkin, amotinados da guarnição militar de Petrogrado e da base naval de Kronstadt se mostraram o golpe decisivo para obrigar Nicolau a deixar o trono. O tiro do cruzador ligeiro *Aurora*, sinalizando o golpe militar bolchevique em outubro, destacou a participação dos marinheiros na Revolução Russa entre 1905 e 1917.

No Império Soviético, o motim do Potemkin se transformou em um dos momentos mais simbólicos e seminais da revolução. O governo deu medalhas aos marinheiros e os celebrou como heróis. Monumentos foram erguidos e uma série de livros foi publicada sobre o acontecimento. A representação mais famosa foi a dramatização da história por Sergei Eisenstein no fundamental filme *Encouraçado Potemkin*, visto e estudado no mundo inteiro. A título de curiosidade, Feldmann fez uma ponta no filme como marinheiro.

Lenin chamou a Revolução de 1905 de um "ensaio geral"; ela confirmou que ele ia precisar de métodos implacáveis para assumir o controle da Rússia no levante de 1917. Depois de seu sucesso, a história foi escrita e filmada a seu serviço. Os bolcheviques se apossaram do Potemkin para fazer autopropaganda, afirmando que o partido tivera um papel decisivo no encouraçado. Lenin e seus seguidores lançaram fortes injúrias contra Matyuchenko, que tinha rejeitado abertamente o partido, marginalizando seu empenho e acentuando os equívocos que ele pudesse ter cometido. De acordo com muitos historiadores, o motim terminou em rendição porque Matyuchenko não fora o líder bolchevique decidido de que a tripulação precisava. Deixando esses relatos políticos de lado, os marinheiros que participaram do levante do mar Negro não se amotinaram para impor o Estado soviético repressivo dominado por Lenin e seu sucessor, Josef Stalin.

O historiador britânico Orlando Figes caracterizou muito bem a Revolução Russa como a "tragédia do povo", em uma pesquisa monumental sobre o período em seu livro com o mesmo nome. Parte dessa tragédia foi o fato de homens como Matyuchenko e os outros tripulantes, que lutavam pela liberdade e por uma vida melhor, terem morrido em um combate revolucionário que resultou em uma Rússia que eles teriam desprezado, tanto quanto aquela contra a qual haviam lutado.

A verdade sobre as suas vidas, e sobre os motivos que os levaram a sacrificá-las, merece ser recuperada.

Índice de personagens
Agradecimentos
Notas de pesquisa e bibliografia
Notas
Índice remissivo

Índice de personagens

Para ajudar o leitor a navegar entre os muitos nomes da história, o autor ressaltou alguns dos principais protagonistas – embora a lista certamente não seja completa:

Amotinados do Potemkin

P. V. Alekseyev – membro da comissão de marinheiros que participou da missão para comprar carne em Odessa

A.P. Berezovsky ("Kirill") – revolucionário de Odessa, menchevique, que se tornou membro da liderança do encouraçado

E.R. Bredikhin – membro da comissão de marinheiros, anarquista, próximo a Matyuchenko

S.A. Denisenko – membro da comissão de marinheiros que cuidou da sala de máquinas durante o motim

I.A. Dimtchenko – membro da comissão de marinheiros e um dos principais agitadores

K.I. Feldmann – revolucionário de Odessa, menchevique, que subiu a bordo do encouraçado quando ele chegou à cidade portuária

V.P. Kulik – maquinista e membro da comissão de marinheiros que fez parte da delegação do enterro que foi até o general Kakhanov

I.A. Lytchev – membro da comissão de marinheiros e amigo íntimo de Vakulentchuk

A.N. Matyuchenko – membro da Tsentralka e a "alma do motim", como uma testemunha o descreveu

F.V. Murzak – contramestre que foi eleito segundo oficial pela comissão de marinheiros

F.Z. Nikichkin – foguista e um dos maiores agitadores, quem deu o tiro inicial do motim

E.K. Reznitchenko – membro da comissão de marinheiros que mandou o *Smely* fazer o reconhecimento da esquadra

G.N. Vakulentchuk – membro da Tsentralka e líder dos revolucionários do Potemkin

F.A. Vedenmeyer – sinaleiro e membro da comissão de marinheiros

Oficiais do Potemkin

Segundo-tenente D.P. Alekseyev – eleito pela comissão de marinheiros para assumir o papel de capitão do navio depois do motim

Tenente I.I. Gilyarovsky – segundo oficial do Potemkin, conhecido como um dos "dragões" mais cruéis

Dr. A.S. Golenko – médico-assistente do navio, que preferiu ficar no Potemkin depois do motim

Capitão E.N. Golikov – primeiro oficial do Potemkin

Tenente I.M. Kovalenko – oficial da sala de máquinas, que preferiu se juntar aos revolucionários e se tornou um dos líderes do navio

Segundo-tenente A.N. Makarov – oficial intendente que comprou a carne infestada de larvas em Odessa

Dr. C.G. Smirnov – médico principal a bordo do Potemkin

Tenente V.K. Ton – oficial de armas que supervisionava Matyuchenko diretamente

Outros marinheiros da Frota do Mar Negro

S.P. Deinega – revolucionário do *Georgy Pobedonosets* que ajudou a lançar o motim em seu encouraçado

I.T. Yakhnovsky – fundador do movimento revolucionário dentro da Frota do Mar Negro

D.P. Kochuba – membro da Tsentralka que liderou o motim no *Georgy Pobedonosets*

A.O. Kuzmenko – contramestre que foi eleito para ser o capitão do *Georgy Pobedonosets* depois do motim.

L. Pykhtin – foguista e sabotador do *Stremitelny*

A.M. Petrov – membro da Tsentralka que liderou o motim no navio de treinamento *Prut*

M.L. Volgin – marinheiro revolucionário no encouraçado *Dvienadtsat Apostlov*

I. Babenko – contramestre de torpedo do destróier *Stremitelny*

Outros oficiais da Frota do Mar Negro

Capitão N.N. Banov – comandava o transporte russo *Psezuape*, que estava em Constanta na época do motim

Capitão A.P. Baranovsky – comandante do navio-escola *Prut*

Vice-almirante G.P. Tchukhnin – chefe da Frota do Mar Negro e principal encarregado de sufocar os levantes revolucionários e o próprio motim

Coronel P.P. Eikhen – comandava o transporte militar *Vekha*

Capitão I.E. Guzevitch – comandava o encouraçado *Georgy Pobedonosets*

Tenente A.A. Yanovitch – se voluntariou para liderar o destróier *Stremitelny*, tripulado por oficiais, em uma caçada ao Potemkin

Tenente P.M. Klodt von Yurgensburg – comandava o torpedeiro *Ismail* antes do motim

Capitão M.N. Kolands – comandava o encouraçado *Dvienadtsat Apostlov*

Vice-almirante A.H. Krieger – oficial-general da Frota do Mar Negro, que liderou a nau capitânia *Rostislav* na esquadra enviada atrás do Potemkin em Odessa

Contra-almirante S. Pisarevsky – chefe do destacamento de treinamento da Frota do Mar Negro, que buscou o Potemkin depois da conclusão do motim

Contra-almirante F.F. Vichnevetsky – liderava o encouraçado *Tri Sviatitelia* e era o segundo no comando da esquadra enviada a Odessa para afundar o Potemkin

Oficiais de Odessa

General S.V. Kakhanov – governador militar

General K.A. Karangozov – adjunto de Kakhanov

Prefeito D.B. Neidhardt – chefe do governo civil

Brigadeiro-general V. P. Perelechin – chefe do porto comercial

N. I. Romanenko – oficial do porto e assistente de Perelechin

Oficiais de Constanta e Teodósia

Prefeito L. A. Durante – chefe do governo civil em Teodósia

Capitão N. Negru – comandante do porto de Constanta e principal negociador com o Potemkin na Romênia

General F. Plechkov – comandante de guarnição em Teodósia

Personalidades importantes em São Petersburgo

Nicolau Romanov – Tsar de Todas as Rússias

Almirante F.K. Avelan – ministro da Marinha

A.G. Bulygin – ministro do Interior

D.F. Trepov – vice-ministro do Interior, linha-dura que propôs a instituição
da lei marcial em Odessa e nas regiões em torno

S.Iu. Witte – ex-ministro das Finanças e enviado plenipotenciário às negociações de paz entre Rússia e Japão

P.N. Milyukov – historiador e um dos líderes do liberalismo russo

S.N. Trubetskoy – reitor da Universidade de Moscou que representou a assembleia de *zemstvos* a Nicolau II para promover as reformas no governo

Agradecimentos

Sou muito grato à minha equipe de tradutores que ajudou a decifrar os mistérios da língua russa (Matvei Yankelvitch, Margaret Weiss, Olga Parno, Sergei Levtchin, Zlata Akilova, Dima Dubson, Ludmilla Sheffer, Tanya Bass, Noam Primak, Efrem Yankelevich e Christina Sever); à sabedoria de Earl Dille e John Haley, que leram os originais e propuseram muitas melhorias; aos bibliotecários da Biblioteca Pública de Nova York, Divisão Eslávica e Báltica, assim como aos arquivistas do Arquivo Naval Estatal Russo – sua contribuição à história jamais deve ficar sem reconhecimento; a Elihu Rose, que me iluminou sobre a verdadeira natureza do motim; a meus pesquisadores em São Petersburgo e Moscou, Igor Kozyr e Irina Krivaya, que trabalharam incansavelmente a meu lado, lançaram luz em corredores que nunca teria descoberto sozinho e ofereceram a orientação tão necessária o tempo todo; a meu amigo Brett Forrest, que abriu muitas portas na Rússia; à gentileza e generosidade do dr. Robert Zebroski, que me ofereceu acesso a sua extensa pesquisa sobre a Frota do Mar Negro, sem a qual este seria um livro muito inferior; à afiada canetinha vermelha de Liz O'Donnell, a melhor das editoras de texto, e a minha maravilhosa redatora, Susanna Brougham; ao grande apoio e à representação de Scott Waxman e seu companheiro de batalha Farley Chase; à magnífica editora e promotora de meus escritos, Susan Canavan, e à equipe dela na Houghton Mifflin (com menção especial a Megan Wilson e Reem Abu-Libdeh); a minha mulher, Diane, por tantas e incontáveis dádivas que quase me fazem corar de pensar na sorte que tenho; e a minha filhinha, Charlotte, que me ensinou o significado de alegria. Por fim, este livro é dedicado a meus avós, um deles que a família tristemente perdeu enquanto eu escrevia. Sua morte me fez lembrar de quanto devemos àqueles que nos ajudaram a nos erguer pela primeira vez sobre os próprios pés.

Notas de pesquisa e bibliografia

Enquanto escrevia *Motim Vermelho*, mantive a meu lado uma citação de um historiador da Revolução Francesa, Albert Mathiez: "O historiador tem uma obrigação tanto consigo mesmo como com seus leitores. Possui, de certo modo, a cura das almas. É responsável pela reputação dos grandes mortos, que conjura e retrata. Se comete um erro, se repete calúnias sobre os inocentes, ou se expõe à admiração depravados ou maquinadores, não comete apenas um ato maligno; envenena e ilude o pensamento público."

Em minha tentativa de descobrir a verdade por trás dos acontecimentos do motim do Potemkin, contei com a dádiva e a maldição de uma quantidade imensa de material de pesquisa. Muitos participantes do motim escreveram memórias, entre eles Matyuchenko, Kovalenko, Feldmann, Lytchev e Kirill. Além desses, tive acesso aos relatos escritos por Tchukhnin, Kakhanov, Negru e Krieger, e também aos de dezenas de outras autoridades, o que me permitiu contar os dois lados da história. Ademais, durante as investigações da corte marcial sobre os motins no mar Negro de 1905, foram conduzidos interrogatórios com centenas de marinheiros e oficiais que testemunharam os fatos. Há também a infinidade de telegramas e de correspondências que circularam de lá para cá entre o Almirantado, a esquadra, Nicolau II, Tchukhnin, Kakhanov, Avelan e oficiais em Odessa, Teodósia e Constanta. Para ter acesso a esses documentos (entre outros), contei com o dr. Robert Zebroski, que forneceu cópias da pesquisa que ele conduziu para sua bela dissertação de doutorado "The Making of a Sailor's Revolution in the Black Sea Fleet, 1902-1905" [O nascimento de uma revolução de marinheiros na Frota do Mar Negro, 1902-1905].

Minhas visitas aos arquivos russos, especialmente aos Arquivos Navais em São Petersburgo, revelaram materiais fascinantes, como diários de bordo do *Stremitelny* e dos encouraçados envolvidos na esquadra enviada para perseguir o Potemkin. Para dar apoio à pesquisa, encontrei muitos relatos de jornais e revistas da época sobre os fatos, assim como coleções extensas de documentos, como o *Vosstaniye na bronenostse Knyaz Potemkin Tavrichesky*, de Nevsky. E, por fim, tive o benefício dos incontáveis relatos históricos de acadêmicos russos sobre o Potemkin, cada um oferecendo novos detalhes e esclarecimentos. Os mais importantes foram *V borbe za svobodu: Vosstaniye na bronenostse Potemkin*, de Gavrilov, e *Burevestniki, revolyutsii v Rossii i flot*, de Kardashev. O único relato com versão em língua inglesa sobre o motim, *Mutiny* (1960), de Richard Hough, também foi útil, embora lhe faltasse o acesso aos arquivos russos.

A dificuldade da escala e da amplitude dessa quantidade de material reside em dois fatores: (1) os relatos em primeira pessoa frequentemente se contradizem, seja devido a lapsos de memória ou por tentativas de enviesar as lembranças em benefício próprio, e (2) muitas coleções de documentos e boa parte da intelectualidade russa foram influenciadas para acentuar o papel de Lenin e do Partido Bolchevique. Em *Motim Vermelho*, meu desafio foi identificar os relatos mais confiáveis em primeira pessoa, contrabalançá-los em relação ao todo e discernir fatos do revisionismo nos relatos históricos escritos depois de 1917. Espero que meus esforços tenham se mostrado frutíferos, e qualquer erro ou equívoco serão unicamente meus.

Por fim, em 1905, o Império Russo usava o calendário juliano, que estava 13 dias atrás do calendário gregoriano usado no Ocidente. No decorrer do livro e na seção de notas, adoto o calendário russo. A única exceção a essa regra é o uso do calendário gregoriano nas notas quando em referência às datas de jornais ou revistas ocidentais. O autor, assistido por Yaroslav Gorbachov, empregou a transliteração ao inglês convencional dos nomes russos, baseada no sistema BGN/PCGN.*

---

*Na edição em inglês. (N. da E.)

Arquivos na Rússia*

Arquivo Estatal Central da Revolução de Outubro, Moscou – TsGAOR
Arquivo Estatal Central Histórico, São Petersburgo – TsGIA
Arquivo Estatal Central Militar Histórico, Moscou – TsGVIA
Arquivo Estatal Central Histórico, Moscou – TsGIA(M)
Arquivo Estatal Central da Frota Naval Militar, São Petersburgo – TsGAVMF

Jornais e revistas da época

Chicago Tribune
Daily Telegraph (Londres)
Iskra
Revista de São Petersburgo
Manchester Guardian
Moskovskiye Vedomosti
Nacha Jizn
New York Herald Tribune
New York Times
Novoye Vremya
Osvobojdeniye
Proletário
Russkiye Vedomosti
Russkoye Slovo
Times (Londres)
Washington Post

Livros e artigos

Adoratsky, V. V., ed., *Krasny arkhiv*, 1925, vol. 8, p. 250-53
Alekseyev, P. B., *Vosstaniye na bronenostse Knyaz Potemkin Tavritchesky* (Odessa, 1926)
Alexinsky, Gregor, *Modern Russia* (Charles Scribner's Sons, 1913)

---

* Por favor observe que usei as denominações antigas desses arquivos, já que muitos documentos foram tirados da pesquisa do dr. Zebroski em 1988-89, quando esses eram os nomes aplicáveis.

Alzona, Encarnacion, *French Contemporary Opinion of the Russian Revolution of 1905* (Studies in History and Economics and Public Law, Universidade de Columbia, 1967)

Anthony, Irvin, *Revolt at Sea: A Narration of Many Mutinies* (G.P. Putnam's Sons, 1937)

Arbenina, Stella, *Through Freedom to Terror* (Hutchinson and Company, 1927)

Arbis Art Publishers, *Peterhof: The Great Palace* (São Petersburgo, 2001)

Ascher, Abraham, *The Revolution of 1905: Russia in Disarray* (Stanford University Press, 1988)

Ascherson, Neal, *Black Sea* (Hill and Wang, 1995)

Balmuth, Daniel, *The Russian Bulletin: A Liberal Voice in Tsarist Russia* (Peter Land, 2000)

Barkovets, A., Dinastia Romanovyh: Tsarevitch Alexi (São Petersburgo, 2004)

Baron, Samuel, *Plekhanov: The Father of Russian Marxism* (Stanford University Press, 1963)

Baumann, Joachim, e Moosburger, Uwe, *Odessa: Facets of a Changing City* (Verlag Friedrich Pustet, 2003)

Baylen, Joseph, *The Tsar's Lecturer General: W. T. Snead and the Russian Revolution of 1905* (Georgia State College, 1969)

Bell, Christopher, e Elleman, Bruce, orgs., *Naval Mutinies of the Twentieth Century: An International Perspective* (Frank Cass, 2003)

Belomor, A., *Vice-Admiral G.P. Tchukhnin* (São Petersburgo, 1909)

Bennett, Geoffrey, "The *Potemkin* Mutiny" (*U.S. Naval Institute Proceedings*, setembro de 1959), p. 58-66

Berezovsky, Anatoly, *Odinnadtsat dney na Potemkine* (São Petersburgo, 1907)

Bernstein, Herman, org., *The Willy-Nicky Correspondence* (Alfred A. Knopf, 1918)

Bind, Edward, *The Secret Letters of the Last Tsar* (Longmans, Green, and Company, 1938)

Black Sea Coast of the Soviet Union: A Short Guide (Foreign Languages Publishing House, 1957)

Bliznyuk, A.M., "Reis Stremitelnogo" (*Voprosy Istory*, nº 6, 1975), p. 212-14

Bogatchev, P.M., org., *Revolyutsionnoye dvijeniye v chernomorskom flote v 1905-1907 gg* (Moscou, 1956)

Almirantado Britânico, *The Black Sea Pilot* (Departamento Hidrográfico, 1942)

Brooks, Jeffrey, *When Russia Learned to Read: Literacy and Popular Literature* (Princeton University Press, 1985)

Bullocke, J.G., *Sailors' Rebellion: A Century of Naval Mutinies* (Eyre and Spottiswoode, 1938)

Bulow, Prince Von, *Memoirs of Prince Von Bulow*, vols. 1 e 2 (Little, Brown and Company, 1931)

Busch, Noel, *The Emperor's Sword: Japan vs. Russia in the Battle of Tsushima* (Funk and Wagnalls, 1969)

Bushnell, John, *Mutiny amid Repression: Russian Soldiers in the Revolution of 1905-1906* (Indiana University Press, 1985)

————, *The Tsarist Officer Corps, 1881-1914: Customs, Duties, Inefficiency* (American Historical Review, outubro de 1981)

Byrnes, Robert F., *Pobedonostsev: His Life and Thought* (Indiana University Press, 1968)

Cecil, Lamar, *Whilhelm II: Emperor and Exile: 1900-1941*, vol. 2 (University of North Carolina Press, 1996)

Chlyakhov, A.B., "Potemkintsy v Sevastopolskom Vosstanii" (*Voprosy Istorii*, nº 11, 1985), p. 178-80

Curtis, William, *Around the Black Sea* (Hodder and Stoughton, 1911)

Delbruck, Hans, *The Barbarian Invasions*, vol. 2 de *History of the Art of War* (University of Nebraska Press, 1990)

Dennett, Tyler, *Roosevelt and the Russo-Japanese War* (Peter Smith, 1959)

Departamento de Estado dos Estados Unidos, *Papers Relating to the Foreign Relations of the United States* (1906)

Deutscher, Isaac, *Trotsky, o Profeta Armado, 1879-1921* (Civilização Brasileira, 2005)

Dillon, E.J., *The Eclipse of Russia* (George H. Doran Company, 1918)

Dispatches from U.S. Consuls in St. Petersburg, 1803-1906 (National Archives and Records Service, 1963)

Don Levine, Isaac, org., *Letters from the Kaiser to the Czar* (Frederick Stokes Company, 1920)

Ducamp, Emmanuel, *The Winter Palace* (Alain du Gourcuff Editeur, 1995)

Dugdale, E.T.S., org., *German Diplomatic Documents, 1871-1914*, vol. 3 (Methuen and Company, 1928)

Elchaninov, A., *The Tsar and His People* (Harper and Brothers, 1890)

Emelin, Y., *Naval Officers Killed During Time of Revolution, 1905-1907* (São Petersburgo, 2003)

Erickson, Carolly, *Alexandra: The Last Tsarina* (St. Martin's Press, 2001)

Essad-Bey, Mohammed, *Nicholas II: Prisoner of the Purple* (Funk and Wagnalls Company, 1937)

Esthus, Raymons, *Double Eagle and Rising Sun* (Duke University Press, 1988)

Fedorov, A.M., *Revolyutsionnyye vosstaniia v chernomorskom flote v 1905g* (Moscou, 1946)

Feldmann, K.I., *The Revolt of the* Potemkin, traduzido por Constance Garnet (W. Heineman, 1908)

Figes, Orlando, *A Tragédia de um Povo: A Revolução Russa, 1891-1924* (Record, 1999)

Fischer, George, *Russian Liberalism: From Gentry to Intelligentsia* (Harvard University Press, 1958)

Fischer, Louis, *A Vida de Lenin* (Civilização Brasileira, 1967)

Fisher, Alan, *The Crimean Tatars* (Hoover Institution Press, 1978)

Fox, Ralph, *Lenin: A Biography* (Harcourt, Brace and Company, 1934)

Fuller, William, *Civil-Military Conflict in Imperial Russia* (Princeton University Press, 1985)

Galai, Shmuel, *The Liberation Movement in Russia, 1900-1905* (Cambridge University Press, 1973)

Gasiorowski, Waclaw, *Tragic Russia* (Cassell and Company, 1908)

Gautier, Théophile, *Russia* (Arno Press, 1970)

Gavrilov, B.I., *V borbe za svobodu: Vosstaniye na bronenostse Potemkin* (Moscou: Misl, 1987)

———, "Vosstaniye na 'Georgy Pobedonosets'" (*Voprosy Istorii*, nº 6, 1975), p. 120-28

Genkin, I., *Vosstaniye na bronenostse "Potemkin Tavritchesky": K dvadtsatiletiyu vosstaniya* (Moscou-Leningrado, 1925)

George, Arthur, *St. Petersburg: Russia's Window to the Future* (Taylor Trade Publishing, 2003)

George, James, *History of Warships: From Ancient Times to the Twenty-first Century* (Naval Institute Press, 1998)

Gerasimov, A., *Krasny bronenosets: Voorujennoye vosstanye v 1905 godu na bronenostse "Potemkin Tavritchesky"* (Leningrado, 1925)

Getzler, Israel, *Martov: A Political Biography of a Russian Social Democrat* (Cambridge University Press, 1967)

Grand Duke Cyril, *My Life in Russia's Service – Then and Now* (Selwyn and Blount, 1930)

Grichin, P.P., *Uroki "Potemkina" i taktika voorujennogo vosstaniya* (Moscou--Leningrado, 1932)

Gurko, V.I., *Features and Figures of the Past* (Stanford University Press, 1939)

Guttridge, Leonard, *Mutiny: A History of Naval Insurrection* (Naval Institute Press, 1992)

Gwynn, Stephen, org., *The Letters and Friendships of Sir Cecil Spring Rice* (Greenwood Press, 1929)

Hagerman, Herbert, *Letters of a Young Diplomat* (Rydal Press, 1937)

Hall, Coryne, *Little Mother of Russia: A Biography of the Empress Marie Feodorovna* (Holmes and Meier, 2001)

Hamburg, G.M., *Politics of the Russian Nobility* (Rutgers University Press, 1984)

Hamm, Michael, org., *The City in Late Imperial Russia* (Indiana University Press, 1986)

Hammond, Nicholas, *Alexander the Great: King, Commander, and Statesman* (Noyes Press, 1980)

Handbook for Travellers: Russia, Poland, and Finland (John Murray, 1888)

Hapgood, Isabel, *Russian Rambles* (Houghton Mifflin, 1895)

Harcave, Sidney, *Count Sergei Witte and the Twilight of Imperial Russia* (M.E. Sharpe, 2004)

_____, *First Blood: The Russian Revolution of 1905* (Macmillan Company, 1964)

_____, org., *The Memoirs of Count Witte* (M.E. Sharpe, Inc., 1990)

Hardinge, Lord of Penshurst, *Old Diplomacy* (John Murray, 1947)

Harrison, W., *The British Press and the Russian Revolution of 1905* (Oxford Slavonic Papers, vol. 7, 1974), p. 74-95.

Hathaway, Jane, org., *Rebellion, Repression, Reinvention: Mutiny in Comparative Perspective* (Praeger, 2001)

Healy, Ann, *The Russian Autocracy in Crisis* (Archon Books, 1976)

Herlihy, Patricia, *Odessa: A History, 1794-1914* (Harvard University Press, 1986)

Herwig, Holger, *The German Naval Officer Corps: A Social and Political History* (Clarendon Press, 1973)

Hitchens, Keith, *Rumania, 1866-1947* (Clarendon Press, 1994)

Hone, Joseph, *Duck Soup in the Black Sea: Further Collected Travels* (Hamish Hamilton, 1988)

Hough, Richard, *The Fleet That Had to Die* (Birlinn, 1958)

_____, *The* Potemkin *Mutiny* (Pantheon Books, 1960)

Howe, M.A. Dewolfe, *George von Lengerke Meyer* (Dodd, Mead and Company, 1920)

Ignatyev, A.A., *A Subaltern in Old Russia* (Hutchinson and Company, 1944)

Inozemtsev, M., org., "Bronenosets 'Knyaz Potemkin Tavritchesky' v Odesse" (*Krasny arkhiv*, nos. 69-70, 1935), p. 72-100

Iroshnikov, Mikhail, *Before the Revolution: St. Petersburg in Photographs* (Harry Abrams, 1991)

Jane, Fred, *Imperial Russian Navy* (Thacker and Company, 1904)

Joubert, Carl, *The Truth About the Tsar* (Eveleigh Nash, 1905)

Judge, Edward, *Plehve: Repression and Reform in Imperial Russia* (Syracuse University Press, 1983)

Kagan, Frederick, e Higham, Robin, orgs., *The Military History of Tsarist Russia* (Palgrave, 2002)

Kanatchikov, Semyon Ivanovich, *A Radical Worker in Tsarist Russia* (Stanford University Press, 1986)

Kardachev, Iu., *Burevestniki, revolyutsii v Rossii i flot* (Moscou, 1987)

_____, "Nesostoyavchayasya Kazn" (*Sovetskiye Arkhivy*, nº 5, 1970), p. 64-67

_____, "Novyye Svedeniya o Vosstanii na Bronenostse Potemkin" (*Voprosy Istorii*, nº 11, 1965, p. 57-65

Karsten, Peter, *The Naval Aristocracy: The Golden Age of Annapolis and Emergence of Modern American Navalism* (Free Press, 1972)

Keegan, John, *The Price of Admiralty* (Penguin Books, 1990)

Keep, J.L.H., *The Rise of Social Democracy in Russia* (Clarendon Press, 1963)

_____, *Soldiers of the Tsar: Army and Society in Russia, 1462-1874* (Clarendon Press, 1985)

Kennan, George F., *Russia Leaves the War* (Princeton University Press, 1956)

Kennard, Howard, *The Russian Peasant* (J.B. Lippincott Company, 1908)

King, Charles, *The Black Sea: A History* (Oxford University Press, 2004)

King, Greg, *The Court of the Last Tsar: Pomp, Power, and Pageantry in the Reign of Nicholas II* (John Wiley and Sons, 2006)

Klado, Capitão Nicolas, *The Battle of the Sea of Japan* (Hodder and Stoughton, 1906)

____, *The Russian Navy in the Russo-Japanese War* (Hurst and Blackett, 1905)

Klier, John D., org., *Pogroms: Anti-Jewish Violence in Modern Russian History* (Cambridge University Press, 1992)

Kokovtsov, Conde, *Out of My Past* (Stanford University Press, 1935)

Korostovetz, J.J., *Pre-War Diplomacy: The Russo-Japanese Problem* (British Periodicals Limited, 1920)

Kovalenko, A.M., "Odinnadtsat dney na bronenostse Knyaz Potemkin Tavritchesky", *Byloe* (nº 1[13]), 1907), p. 88-113; (nº 2[14] 1907), p. 124-41; (nº 3[15] 1907), p. 46-68

Krasny arkhiv, "Vosstaniye na bronenostse *Georgy Pobedonosets*" (vols. 11-12, 1925), p. 231-62

Kravchinsky, Serge, *The Russian Peasantry* (Swan Sonnenschein, 1894)

Krupskaya, Nadejda, *Reminiscences of Lenin* (Lawrence and Wishart, 1960)

Lenin, V.I., *Collected Works*, vol. 8 (Foreign Languages Publishing House, 1962)

Lieven, Dominic, *Nicholas II: Emperor of All Russias* (John Murray, 1993)

Lincoln, W. Bruce, *In War's Dark Shadow: The Russians Before the Great War* (Dial Press, 1983)

____, *Sunlight at Midnight: St. Petersburg and the Rise of Modern Russia* (Basic Books, 2000)

Los, F.E., org., *Revolyutsiya 1905-1907 rovik na Ukraine* (Kiev, 1955)

____, *Revolyutsionnaya borba na Ukraine v period pervoy russkoy revolyutsii. 1905g* (Kiev, 1955)

Lytchev, I.A., *Potemkintsy* (Moscou, 1954)

Lyubimov, D.N., "Russkaya Smuta" (Arquivo Bakhmeteff de História e Cultura Russa e do Leste Europeu, Columbia University, n.d.)

MacDonogh, Giles, *The Last Kaiser: William the Impetuous* (Weidenfeld and Nicolson, 2000)

Mahan, A.T., *Types of Naval Officers* (Little, Brown and Company, 1901)

Manning, Roberta, *The Crisis of the Old Order in Russia* (Princeton University Press, 1982)

Massie, Robert, *Dreadnought: Britain, Germany, and the Coming of the Great War* (Random House, 1991)

_____, *Nicholas and Alexandra* (Atheneum, 1968)

_____, *Peter the Great: His Life and World* (Alfred A. Knopf, 1980)

Registro Geral do Departamento da Fuzilaria Naval e da Frota Naval (São Petersburgo, 1907)

Matyuchenko, A.N., "Pravda o Potemkine", *Vosstaniye na bronenostse Potemkin Tavritchesky*, Nevsky, V. I., org., Parte VII – Matrosy chernogo morya (Moscou, 1923)

Maud, Renee Elton, *One Year at the Russian Court: 1904-1905* (John Lane Company, 1918)

Maylunas, Andrei, e Mironenko, Sergei, *A Lifelong Passion: Nicholas and Alexandra, Their Own Story* (Weidenfeld and Nicolson, 1996)

Maynard, John, *The Russian Peasant and Other Studies* (Collier Books, 1962)

McCormick, Frederick, *The Tragedy of Russia in Pacific Asia* (Outing Publishing Company, 1907)

McCully, Newton, *The McCully Report: The Russo-Japanese War* (Naval Institute Press, 1977)

McFarland, Philip, *Sea Dangers: The Affair of the Somers* (Schocken Books, 1985)

McGuffie, T.H., *Stories of Famous Mutinies* (Arthur Baker Limited, 1966)

McNeal, Robert H., *Tsar and Cossack, 1855-1914* (Macmillan, 1987)

McReynolds, Louise, *The News Under Russia's Old Regime* (Princeton University Press, 1991)

Mehlinger, Howard, e Thompson, John, *Count Witte and the Tsarist Government in the 1905 Revolution* (Indiana University Press, 1972)

Melnikov, P.M., *Bronenostse Potemkin* (São Petersburgo: Sudostroeniye, 1980)

Milyukov, Paul, *Political Memoirs: 1905-1917* (University of Michigan Press, 1967)

Mishanov, Valentin, *The Navy of the Russian Empire* (Slavia Art Books, 1996)

Mitchell, Donald, *A History of Russian and Soviet Sea Power* (Macmillan Publishing, 1974)

Mitchell, Mairin, *The Maritime History of Russia, 848-1948* (Sidgwick and Jackson, 1949)

Morison, Elting, *The Letters of Theodore Roosevelt* (Harvard University Press, 1951)

Mossolov, A.A., *At the Court of the Last Tsar* (Methuen and Company, 1935)

Nagel Travel Guides: Rumania (Nagel Publishers, 1967)

Naida, S.F., org., *Revolyutsionnoye dvijeniye v tsarskom flote, 1825-1917* (Moscou, 1948)

_____, *Voennyye moryaki v period pervoy russkoy revolyutsii 1905-1907* (Moscou-Leningrado, 1955)

National Archives and Records Service, "Dispatches from U.S. Consuls in Odessa, 1834-1906", vol. 13, 25 de fevereiro de 1903-14 de agosto de 1906 (1963)

Neuberger, Joan, *Hooliganism: Crime, Culture, and Power in St. Petersburg* (University of California Press, 1993)

Nevinson, Henry, *The Dawn in Russia, or Scenes in the Russian Revolution* (Harper and Brothers, 1906)

Nevsky, V.I., ed., *Vosstaniye na bronenostse "Knyaz Potemkin Tavritchesky": Vospominaniya materiali i dokumenty* (Moscou-Petrogrado, 1924)

1905 god. Revolyutsionnoye dvijeniye v Odesse i Odesshchine (Odessa, 1925)

Nish, Ian, *The Origins of the Russo-Japanese War* (Longman, 1985)

Novikoff-Priboy, A., *Tsushima* (Alfred A. Knopf, 1937)

O'Connell, Robert L., *Sacred Vessels: The Cult of the Battleship and the Rise of the U.S. Navy* (Westview Press, 1991)

Oldenburg, S.S., *Last Tsar: Nicholas II, His Reign, and Russia* (Academic International Press, 1977)

Olgin, Moissaye, *The Soul of the Russian Revolution* (Henry Holt and Company, 1917)

Oliphant, Laurence, *The Russian Shores of the Black Sea* (Konemann, 1998)

Paleologue, Maurice, *Three Critical Years: 1904-1906* (Robert Speller and Sons, 1957)

Pares, Bernard, *My Russian Memoirs* (AMS Press, 1931)

Parliamentary Debates: The 6th Session of the 27th Parliament of the United Kingdom of Great Britain and Ireland, vol. 148 (Wyman and Sons, 1905)

Payne, Robert, *The Life and Death of Lenin* (Simon and Schuster, 1964)

_____, *The Terrorists* (Funk and Wagnalls Company, 1957)

Pipes, Richard, *The Russian Revolution* (Vintage Books, 1991)

_____, *Struve: Liberal on the Left, 1870-1905* (Harvard University Press, 1970)

Platonov, A.P., org., *Vosstaniye v tchernomorskom flote v 1905g* (Leningrado, 1925)

Plechakov, Constantine, *The Tsar's Last Armada: The Epic Journey to the Battle of Tsushima* (Basic Books, 2002)

Pleskov, V.A., org., *Tsarsky Flot pod Krasnym Styagom* (Moscou, 1931)

Plotto, Alexandre V., *Au Service du Pavillon de Saint Andre* (Paris, 1998)

Pobedonostsev, Konstantin, *Reflections of a Russian Statesman* (University of Michigan Press, 1965)

Pokrovsky, M.N., org., *Armiya y pervoy revolyutsii: Otcherki i materialy* in series 1905: *Materialy i dokumenty* (Moscou-Leningrado, 1927)

Politovsky, Eugene, *From Libau to Tsushima* (John Murray, 1906)

Ponomarev, I.I., *Geroyi Potemkina* (Moscou, 1955)

Popov, M., "Potemkin v Feodosii" (*Voenno-Istoritchesky Jurnal*, nº 22[6], 1980), p. 64-67

Prokhorov, A.M., org., *Great Soviet Encyclopedia* (Macmillan, 1973)

Proletarskaya revolyutsiya, nº 12 (147), 1925

Pyatnitsky, O., *Memoirs of a Bolshevik* (International Publishers, 1933)

Radzinsky, Edvard, *The Last Tsar: The Life and Death of Nicholas II* (Doubleday and Company, 1992)

Rawson, Don, *Russian Rightists and the Revolution of 1905* (Cambridge University Press, 1995)

Registro Nominal de Tenentes e Guardas-marinhas (São Petersburgo, 1904)

Reichman, Henry, *Railwaymen and Revolution: Russia, 1905* (University of California Press, 1987)

Revolyutsionny bronenosets. Vosstaniye v tchenomorskom flote (Po materialam "Iskra" i "Sotsialdemokrata") (Genebra, 1905)

Rice, Christopher, *Russian Workers and the Socialist-Revolutionary Party Through the Revolution of 1905-1907* (Macmillan, 1988)

Riha, Thomas, *A Russian European: Paul Milyukov in Russian Politics* (University of Notre Dame Press, 1969)

Rivet, Charles, *The Last of the Romanofs* (E.P. Dutton and Company, 1918)

Robbins, Richard, *The Tsar's Viceroys* (Cornell University Press, 1987)

Romanov, Alexander, *Once a Grand Duke* (Farrar and Rinehart, 1932)

Romanov, Nicolau, *Dnevnik Imperatora Nikolaia II, 1890-1906* (Moscou, 1991)

Rose, Elihu, "Anatomy of Mutiny" (*Armed Forces and Society*, 1982), p. 561-74

____, "Mutiny on the *Potemkin*" (*Military History Quarterly*, outono de 1988), p. 105-113

Rosen, Baron, *Forty Years of Diplomacy* (Alfred A. Knopf, 1922)

Rostotskaya, N., *Potemkinskie dni v Odesse* (Odessa, 1906)

Sablinsky, Walter, *The Road to Bloody Sunday* (Princeton University Press, 1976)

Salisbury, Harrison, *Black Night, White Snow: Russia's Revolutions, 1905-1917* (Doubleday and Company, 1978)

Sanders, Jonathan, "The Union of Unions" (dissertação, Universidade de Columbia, 1985)

Saul, Norman, *Sailors in Revolt: The Russian Baltic Fleet in 1917* (Regents Press, 1978)

Schwarz, Solomon, *The Russian Revolution of 1905* (University of Chicago Press, 1967)

Selivanov, V.I., *Matros Matyuchenko* (Moscou, 1931)

____, *Matros Petrov* (Moscou, 1931)

Service, Robert, *Lenin – A Biografia Definitiva* (Difel, 2006)

Shanin, Teodor, *Russia, 1905-1907: Revolution as a Moment of Truth* (Yale University Press, 1986)

Singleton, Esther, org., *Russia as Seen and Described by Famous Writers* (Dodd, Mead and Company, 1904)

Smith, Edward, *The Young Stalin: The Early Years of an Elusive Revolutionary* (Farrar, Straus and Giroux, 1967)

Spector, Ivar, *The First Russian Revolution: Its Impact on Asia* (Prentice Hall, 1962)

Spector, Ronald, *At War, at Sea: Sailors and Naval Combat in the Twentieth Century* (Viking, 2001)

Stern, Leo, *Die Russische Revolution von 1905-1907 im Spiegel der Deutschen Presse* (Rutten and Loening, 1961)

Stockdale, Melissa, *Paul Milyukov and the Quest for a Liberal Russia* (Cornell University Press, 1996)

Subtelny, Orest, *Ukraine: A History* (University of Toronto Press, 1988)

Surh, Gerald, *1905 in St. Petersburg: Labor, Society, and Revolution* (Stanford University Press, 1989)

Thompson, Arthur, e Hart, Robert, *The Uncertain Crusade: America and the Russian Revolution of 1905* (University of Massachusetts, 1970)

Tomilov, S.A., *Bronenosets Potemkin* (Odessa, 1975)

Tomitch, V. M., *Battleships*, vol. 1 de *Warships of the Imperial Russian Navy* (BT Publishers, 1968)

Tchernenko, A.M., e Chlyakhov, A.B., "P.M. Matyuchenko" (*Ukrains'kyy Istorychnyy Jurnal*, nº 10, 1989), p. 136-41

Tchernov, Yu, *Myatejny Bronenosets* (Moscou, 1990)

Treadgold, Donald, *Lenin and His Rivals: The Struggle for Russia's Future* (Frederick Praeger, 1955)

Treptow, Kurt, *A History of Romania* (Columbia University Press, 1996)

Trotsky, Leon, *Minha Vida* (Paz e Terra, 1978)

_____, *1905* (Random House, 1971)

Troyat, Henri, *Daily Life in Russia Under the Last Tsar* (Stanford University Press, 1959)

Tyrkova-Williams, Ariadna, *Cheerful Giver: The Life of Harold Williams* (Peter Davies, 1935)

Urossov, Serge Dmitriyevich, *Memoirs of a Russian Governor* (Harper and Brothers, 1908)

Valentinov, Nicolay, *Encounters with Lenin* (Oxford University Press, 1968)

Valk, S.N., *et al.*, *1905 god v Peterburge* (Leningrado-Moscou, 1925)

Van der Kiste, John, e Hall, Coryne, *Once a Grand Duchess: Xenia, Sister of Nicholas II* (Sutton Publishing, 2002)

Van Dyke, Carl, *Russian Imperial Military Doctrine and Education, 1832-1914* (Greenwood Press, 1990)

Vasilyev-Yujin, M.I.V., *V ogne pervoy revolyutsii* (Moscou, 1955)

Vassili, conde Paul, *Behind the Veil at the Russian Court* (John Lane Company, 1914)

Verner, Andrew, *The Crisis of Russian Autocracy: Nicholas II and the 1905 Revolution* (Princeton University Press, 1990)

Vilensky, V., org., *Katorga i ssylka*, nº 5, vol. 18 (Moscou, 1927)

Villari, Luigi, *Russia Under the Great Shadow* (T. Fisher Unwin, 1905)

Viroubova, Anna, *Memories of the Russian Court* (Macmillan Company, 1923)

Vorres, Ian, *The Last Grand Duchess: Her Imperial Highness Grand Duchess Olga Alexandrovna* (Charles Scribner's Sons, 1964)

Walkin, Jacob, *The Rise of Democracy in Pre-Revolutionary Russia* (Frederick Praeger, 1962)

Wallace, Donald Mackenzie, *Russia* (Henry Holt and Company, 1908)

Warner, Denis, e Warner, Peggy, *The Tide at Sunrise: A History of the Russo-Japanese War* (Frank Cass, 2002)

Warth, Robert, *Nicholas II: The Life and Reign of Russia's Last Monarch* (Praeger, 1997)

Washburn, Stanley, *The Cable Game: The Adventures of a Press Boat During the Russian Revolution of 1905* (Andrew Melrose, 1913)

Weber, Max, *The Theory of Social and Economic Organization* (Free Press, 1997)

Weinberg, Robert, *The Revolution of 1905 in Odessa* (Indiana University Press, 1993)

Wells, David, e Wilson, Sandra, *The Russo-Japanese War in Cultural Perspective, 1904-1905* (St. Martin's Press, 1999)

Westwood, J.N., *Russia Against Japan, 1904-1905: A New Look at the Russo-Japanese War* (State University of New York Press, 1986)

_____, *Witnesses of Tsushima* (The Diplomatic Press, 1970)

White, John, *The Diplomacy of the Russo-Japanese War* (Princeton University Press, 1996)

Wieczyneki, Joseph, org., *Modern Encyclopedia of Russian and Soviet History*, vol. 24 (Academic International Press, 1981)

Wildman, Allan, *The End of the Russian Imperial Army* (Princeton University Press, 1980)

Williams, Harold Whitmore, *Russia of the Russians* (Pitman and Sons, 1914)

Wilson, H.G., *Battleships in Action*, vol. 1 (Scholarly Press, 1969)

Wintringham, Thomas, *Mutiny: Being a Survey of Mutinies from Spartacus to Invergordon* (Stanley Nott, 1936)

Witte, Conde Sergei, *Memoirs of Count Witte* (Howard Fertig, 1967)

Wolfe, Bertram, *Three Who Made a Revolution* (Delta Books, 1964)

Woodward, David, *The Russians at Sea: A History of the Russian Navy* (Frederick A. Praeger, 1965)

Wynn, Charters, *Workers, Strikes, and Pogroms: The Donbass-Dnepr Bend in Late Imperial Russia* (Princeton University Press, 1992)

Yegorov, I. "Potemkin Tavritchesky" (*Morskoy sbornik*, nº 6-7, 1925), p. 3-16

Zadneprovsky, N., e Sokolov, N., *Afanasy Matyuchenko* (Kharkov, 1958)

Zebroski, Anthony, "The Making of a Sailors' Revolution in the Black Sea Fleet, 1902-1905", dissertação (Universidade do Estado de Nova York em Stony Brook, 1994)

Notas

1   Citado em Wolfe, folha de rosto.

2   Service, p. 164; Valentinov, p. 79-80, 146-47; Krupskaya, p. 120; Salisbury, p. 138-39.

3   Tchernenko e Chlyakhov; Selivanov, *Matros Matyuchenko*, p. 29-30.

4   Valentinov, p. 146.

5   Salisbury, p. 151.

6   Lenin, *Collected Works*, vol. 8, p. 562. Em um longo artigo sobre o Potemkin escrito logo depois do motim, Lenin afirmou: "Nenhuma represália nem nenhuma vitória parcial sobre a revolução pode diminuir a importância desse acontecimento. O primeiro passo foi dado. O Rubicão foi cruzado."

7   Feldmann, p. 17-19; Hough, *Potemkin Mutiny*, p. 23-26; Ponomarev, p. 53; Selivanov, *Matros Matyuchenko*, p. 10.

8   Selivanov, *Matros Matyuchenko*, p. 9.

9   Tchernenko e Chlyakhov; Selivanov, *Matros Matyuchenko*, p. 27-30; TsGIA(M), f. 102, op. 00, d. 1667, p. 5; Hough, *Potemkin Mutiny*, p. 223-26.

10   Krupskaya, p. 117-19.

11   Tchernenko e Chlyakhov.

12   Selivanov, *Matros Matyuchenko*, p. 29-30.

13   Ibid.; Tchernenko e Chlyakhov; Krupskaya, p. 117-18.

14   Mitchell, M., p. 37.

15   Kennan, p. 3.

16   Gautier, p. 139-43; Erickson, p. 150-53; Kennan, p. 3-4; Hapgood, p. 56-57.

17 Plechakov, p. 183; Gurko, p. 339-42; Harcave, *First Blood*, p. 78; Ascher, p. 75; Erickson, p. 150-53; Hagerman, p. 90-93; Maud, p. 107-11; Van der Kiste e Hall, p. 59; Hardinge, p. 112; Vorres, p. 113-14; Hall, p. 205-6; Lincoln, *In War's Dark Shadow*, p. 286; Rosen, p. 253-54; Hapgood, p. 57-58; *Daily Telegraph*, 20 de janeiro de 1905. O que aconteceu na Bênção das Águas foi amplamente documentado nas memórias de integrantes da corte, que lembraram a ocasião com grandes detalhes.

18 Ducamp, p. 68; King, G., p. 172, 307-8.

19 Salisbury, p. 115.

20 Lincoln, *Sunlight at Midnight*, p. 20-21.

21 Figes, p. 12.

22 Olgin, p. 15-17; Ascher, p. 20-24; Kanatchikov, p. 83-84.

23 Massie, *Nicholas and Alexandra*, p. 3; Kennard, p. 6-7; Wolfe, p. 11.

24 Figes, p. 11.

25 Gurko, p. 341.

26 Vorres, p. 114.

27 Gasiorowski, p. 247.

28 Plechakov, p. 253-54.

29 Romanov, N., 6 de janeiro de 1905.

30 Esthus, p. 31.

31 Hough, *The Fleet*, p. 33; Warner e Warner, p. 483.

32 Ibid., p. 482.

33 Novikoff-Priboy, p. 20. Deve-se observar que *Tsushima*, de A. Novikoff--Priboy, é na verdade um romance, mas seu autor participou dos fatos, e foi citado em vários relatos da Batalha de Tsushima como fonte precisa de informações sobre o que aconteceu. Por cautela, o autor só usou seus trechos descritivos relativos a indivíduos e ações, e não se apoiou em seu relato para nenhum desenrolar específico de acontecimentos.

34 Plechakov, p. 37-41; Hough, *The Fleet*, p. 17-18.

35 Westwood, *Russia Against Japan*, p. 138.

36 Figes, p. 18, 168; Don Levine, p. 96; Judge, p. 158; Wells e Wilson, p. 4-9.

37 Arbenina, p. 19; Salisbury, p. 90; Fuller, p. 131-33; Figes, p. 169; McCormick, vol. 2, p. 205; Ascher, p. 52; Fuller, p. 132.

38 Plechakov, p. 116.

39 Warner e Warner, p. 423-26.

40 Politovsky, p. 84; Hough, *The Fleet Had to Die*, p. 77; Westwood, *Witnesses of Tsushima*, p. 115-18.

41 Plechakov, p. 132-201; Warner e Warner, p. 484-87; Hough, *The Fleet*, p. 96-110; Plechakov, p. 173-95.

42 Kagan e Higham, p. 198-99.

43 Busch, prólogo; Warner e Warner, p. 500-501; Woodward, p. 146-47.

44 Woodward, p. 158-61.

45 Westwood, *Witnesses of Tsushima*, p. 165.

46 Wilson, p. 243-45; Klado, *The Battle*, p. 27, 30-37.

47 Westwood, *Russia Against Japan*, p. 146-48; Warner e Warner, p. 504-6; Mitchell, D., p. 252-56; Wilson, p. 247; Hough, *The Fleet*, p. 163-68; Spector, R., p. 14-15.

48 Novikoff-Priboy, p. 185-96; Westwood, *Witnesses of Tsushima*, p. 184.

49 Hough, *The Fleet*, p. 67; Warner e Warner, p. 505.

50 Wilson, p. 248-54; Novikoff-Priboy, p. 178-81; Westwood, *Witness of Tsushima*, p. 181-83, 189-90; Hough, *The Fleet*, p. 170-75; Warner e Warner, p. 508-11; Spector, R., p. 15-19; Plechakov, p. 269-72; Busch, p. 154-57.

51 Novikoff-Priboy, p. 185-96; Westwood, *Witness of Tsushima*, p. 183-89; Hough, *The Fleet*, p. 177-79; Westwood, *Russia Against Japan*, p. 148; Busch, p. 159-60.

52 Mitchell, D., p. 262-65.

53 Williams, p. 404.

54 Massie, *Nicholas and Alexandra*, p. 111-12.

55 "World Politics", *North American Review* (julho de 1905); *Chicago Daily Tribune*, 29 de maio de 1905.

56 Plechakov, p. 309-11; *Daily Telegraph*, 31 de maio de 1905; Romanov, N., 16 de maio de 1905.

57 Figes, p. 173-81; Ascher, p. 90-93.

58 Olgin, p. 118.

59 Blind, p. 175; Vassili, p. 217; Essad-Bey, p. 132; Massie, *Nicholas and Alexandra*, p. 89.

60 Romanov, N. 16-19 de maio de 1905.

61 Curtis, p. 292-303; Villari, p. 136-39; *Handbook for Travellers*, p. 367-71.

62   Ponomarev, p. 52-53.

63   TsGAVMF, f. 920, op. 6, d. 410, p. 74.

64   Ibid., p. 1.

65   Naida, Voyennyye moryaki, p. 416; TsGAVMF, f. 417, op. 2, d. 771, p. 3

66   Nevsky, p. 23

67   Ponomarev, p. 7.

68   Berezovsky, p. 30.

69   Naida, *Revolyutsionnoye dvijeniye*, p. 113.

70   Berezovsky, p. 19-21; Vilensky, p. 28.

71   TsGAVMF, f. 243, op. 1, d. 9731, p. 213; Gavrilov, *V borbe za svobodu*, p. 199.

72   Naida, *Revolyutsionnoye dvijeniye*, p. 363.

73   Ponomarev, p. 65.

74   Selivanov, *Matros Petrov*, p. 9-15.

75   *Proletarskaya revolyutsiya*, nº 12, 147, 1925. Esse discurso foi descrito por Petrov em uma carta para a irmã dias antes de ser executado pelo pelotão de fuzilamento em 24 de agosto de 1905.

76   Gavrilov, *V borbe za svobodu*, p. 26-28.

77   Ponomarev, p. 65.

78   Ibid.

79   Gavrilov, *V borbe za svobodu*, p. 27.

80   Ibid, p. 66.

81   Selivanov, *Matros Matyuchenko*, p. 7; Zadneprovsky e Sokolov, p. 3.

82   Olgin, p. 24-26; Kennard, p. 11-15; Kravchinsky, p. 233-34. Nas duas biografias de Matyuchenko, a casa de sua família e os vilarejos são descritos como típicos da região. Portanto, o autor tomou a liberdade de usar essas fontes para mostrar a vida padrão nos vilarejos da Ucrânia.

83   Olgin, p. 32.

84   Selivanov, *Matros Matyuchenko*, p. 7-8; Zadneprovsky e Sokolov, p. 3-4.

85   Kanatchikov, p. 83-84; Figes, p. 111-15; Olgin, p. 8-15.

86   *Handbook for Travellers*, p. 65.

87   Lincoln, *In War's Dark Shadow*, p. 121.

88   Selivanov, *Matros Matyuchenko*, p. 8; Zadneprovsky e Sokolov, p. 5-7.

89   Zadneprovsky e Sokolov, p. 6-7.

90 Kardachev, "Novyye Svedeniya".

91 Zadneprovsky e Sokolov, p. 7-8; Matyuchenko, p. 285-92; Kanatchikov, p. 1-200; Reichman, p. 90-108. Pouco se sabe sobre a vida de Matyuchenko no Extremo Oriente, exceto pelas informações sobre onde ele morou em Vladivostok e por quanto tempo. Busquei elementos de seu processo intelectual em seus escritos sobre a opressão dos trabalhadores, assim como em sentimentos expressos na autobiografia de Kanatchikov, cujo histórico familiar era notavelmente semelhante ao de Matyuchenko. Kanatchikov manifestou esses sentimentos de forma brilhante em seu livro.

92 Figes, p. 116.

93 Zadneprovsky e Sokolov, p. 8; Pyatnitsky, p. 17; Rice, p. 42-46.

94 Figes, p. 123. *A People Tragedy*, de Orlando Figes, é um dos melhores livros já escritos sobre o desenvolvimento da Revolução Russa, incluindo a seção sobre a história do pensamento revolucionário na Rússia.

95 Ibid., p. 131-41; Wolfe, p. 24-27, 91-94; Deutscher, p. 1-4; Pipes, *Russian Revolution*, p. 135-43.

96 Figes, p. 146; Baron, p. 262-63; Wolfe, p. 91-94.

97 Figes, p. 148-50; Shanin, p. 216-19; Wolfe, p. 120.

98 Figes, p. 149-52; Wolfe, p. 289-97; Gurko, p. 389-91; Getzler, p. 70.

99 Zadneprovsky e Sokolov, p. 8.

100 Lytchev, p. 15-17; Kanatchikov, p. 159; Joubert, p. 69-70; Subtelny, p. 202-3.

101 Kanatchikov, p. 159.

102 Lytchev, p. 16-17; Zadneprovsky e Sokolov, p. 9.

103 Figes, p. 55.

104 Lytchev, p. 21.

105 Wildman, p. 35; Figes, p. 57; Lytchev, p. 18-20; McNeal, p. 90; Zadneprovsky e Sokolov, p. 11-12.

106 Fedorov, p. 11.

107 TsGAVMF, f. 417, op. 2, d. 771, p. 3.

108 Nevsky, p. 24.

109 TsGAVMF, f. 417, op. 2, d. 771, p. 4.

110 Wildman, p. 35; Figes, p. 57; Lytchev, p. 18-20.

111 Manning, p. 30-34; Fuller, p. 13-15.

112 Zebroski, p. 70-100. A dissertação de Zebroski sobre a Frota do Mar Negro revela com uma luz sociológica os conflitos entre marinheiros e oficiais dentro da Marinha russa.

113 Bushnell, *The Tsarist Officer Corps*. Um dos melhores estudos sobre o tema.

114 Naida, *Voyennyye moryaki*, p. 414.

115 Zadneprovsky e Sokolov, p. 13; Selivanov, *Matros Matyuchenko*, p. 9; Zebroski, p. 119.

116 Figes, p. 114.

117 Matyuchenko, p. 285-90; Zebroski, p. 477-88.

118 Ponomarev, p. 11-16; Platonov, p. 137-45; Vilensky, p. 23-27.

119 Saul, p. 16-17; Zebroski, p. 37-60.

120 Zebroski, p. 54.

121 Zadneprovsky e Sokolov, p. 13-14; Ponomarev, p. 53.

122 Matyuchenko, p. 291. Essa citação pertence ao princípio do relato de Matyuchenko sobre o motim do Potemkin, um longo ensaio sobre a exploração de operários, camponeses e marinheiros e sobre quão difícil é descobrir a fonte da liberdade e da igualdade em um sistema dedicado a suprimi-las. O autor tomou a liberdade de se basear no texto para exemplificar os discursos inflamados de Matyuchenko.

123 Melnikov, p. 147.

124 Lytchev, p. 28-32; Nevsky, p. 320; Platonov, p. 31-32.

125 Lytchev, p. 32; Platonov, p. 34; Gavrilov, *V borbe za svobodu*, p. 21-25.

126 Lytchev, p. 60, Ponomarev, p. 53.

127 Berezovsky, p. 23.

128 Gavrilov, *V borbe za svobodu*, p. 51.

129 Ponomarev, p. 53.

130 Ibid.

131 Ibid.

132 Ibid., p. 66.

133 Gavrilov, *V borbe za svobodu*, p. 34; Feldmann, p. 31; Ponomarev, p. 24; Fedorov, p. 150-151. A porcentagem de marinheiros politicamente confiáveis a bordo do Potemkin é alvo de debates desde o próprio motim. Nem mesmo o governo, depois de uma intensa investigação, conseguiu chegar a uma lista específica. Os números variavam desde parcos cinquenta até quatrocen-

tos. Matyuchenko declarou uma vez que "há trezentos social-democratas dispostos a morrer" a bordo do Potemkin. Adotando argumentos de várias fontes, o autor chegou ao número aproximado de duzentos marinheiros solidários ao movimento, cinquenta dedicados ardentemente à causa.

134 Lytchev, p. 33.

135 Ponomarev, p. 66; Gavrilov, *V borbe za svobodu*, p. 29-33

136 Platonov, 42-44; TsGIA, f. 102, op. 00, d. 1667, p. 278-79; Gavrilov, *V borbe za svobodu*, p. 32; Feldmann, p. 30-31; Berezovsky, p. 37-39.

137 TsGAVMF, f. 1.025, op. 2, d. 35, p. 149; Kardachev, *Burevestniki revolyutsy*, p. 8; Berezovsky, p. 36; Nevsky, p. 259.

138 Massie, *Dreadnought*, p. 475; grão-duque Cyril, p. 47-48; Novikoff-Priboy, p. 215-16.

139 Entrevista com Igor Koyzr.

140 Registro Geral, p. 606-9; TsGAVMF, f. 417, op. 5, d. 361, p. 13-31; ibid., f. 432, op. 5, d. 5783, p. 13-31.

141 Berezovsky, p. 34.

142 Ibid., p. 33.

143 Nevsky, p. 231.

144 TsGAVMF, f. 1025, op. 2, d. 35, p. 149; Kardachev, *Burevestniki revolyutsy*, p. 8; Berezovsky, p. 36; Nevskyi, p. 259.

145 Almirantado Britânico, p. 242-47.

146 Mitchell, D., p. 26-29; George, J., p. 11-65; Karsten, p. 340; O'Connell, p. 66; Spector, R., p. 46, 22-23.

147 Mitchell, D., p. 192-203; Mitchell, M., p. 230.

148 Anthony, p. 8.

149 Melnikov, parte I. Melnikov apresenta a melhor descrição da constituição e armação do navio de guerra Potemkin, superior a qualquer outra fonte em termos das características físicas dos navios.

150 *Registro Geral*, p. 606-9; TsGAVMF, f. 417, op. 5, d. 361, p. 13-31; TsGAVMF, f. 432, op. 5, d. 5783, p. 13-31.

151 Ignatyev, p. 269.

152 Plotto, s.p.

153 Platonov, p. 15; Jane, p. 472-73.

154 TsGAVMF, f. 920, op. 5, d. 410, p. 269.

155 Ibid., p. 270; Fedorov, p. 21.

156 TsGAVMF, f. 243, op. 1, d. 9731, p. 117.

157 Plott; Belomor.

158 TsGAVMF, f. 928, op. 6, d. 410, p. 71; ibid., f. 417, op. 1, d. 3457, p. 94.

159 TsGIA, f. 102, op. 5, 1905, p. 104-6; Platonov, p. 18; Feldmann, p. 26--28.

160 Fedorov, p. 15-25; Bogatchev, p. 165.

161 Zebroski, p. 167; TsGAVMF, f. 243, op. 1, d. 9731, p. 244.

162 Platonov, p. 149.

163 Belomor, p. 164-68.

164 TsGAVMF, f. 417, op. 4, d. 6.826, p. 1.

165 *Washington Post*, 25 de dezembro de 1904.

166 Guttridge, p. 74.

167 Berezovsky, p. 31.

168 Ibid., p. 14; Gavrilov, *V borbe za svobodu*, p. 18.

169 Nevsky, p. 229.

170 Berezovsky, p. 32.

171 Kovalenko, p. 47; *Registro Geral*, p. 63-64; TsGAVMF, f. 417, op. 2, d. 786, p. 80; Emelin, p. 69.

172 Berezovsky, p. 14-15.

173 Melnikov, p. 149.

174 Naida, *Voyennyye moryaki*, p. 85; Zadneprovsky e Sokolov, p. 12; Feldmann, p. 32; Platonov, p. 13.

175 Berezovsky, p. 30-31.

176 Ponomarev, p. 69-70

177 Nevsky, p. 259.

178 Ponomarev, p. 70.

179 Ibid., p. 7.

180 Ibid., p. 19.

181 Lytchev, p. 25.

182 Ibid., p. 26-27.

183 Melnikov, p. 149.

184 Plechakov, p. 117.

185 Kovalenko, p. 88; Nevsky, p. 231-32, 259.

186 Almirantado Britânico, p. 225-27.

187 King, C., p. 5-17; Ascherson, p. 2-7.

188 King, C., p. xi.

189 Washburn, p. 73-74.

190 Mitchell, M., p. 143-44.

191 Nevsky, p. 231-32, 259; TsGAVMF, f. 1.025, op. 2., d. 35, p. 149; *1905 god*, p. 210.

192 Ponomarev, p. 60.

193 Gavrilov, *V borbe za svobodu*, p. 35. A maioria das fontes se refere ao torpedeiro como Nº 267, sua designação oficial pela Frota do Mar Negro. Para facilitar a leitura, optei por usar seu nome antigo.

194 Herlihy, p. 194.

195 King, C., p. 163; Hough, *Potemkin Mutiny*, p. 42.

196 Herlihy, p. 140; Ascherson, p. 142-43.

197 Weinberg, p. 1. Os livros *The Revolution of 1905 in Odessa*, de Robert Weinberg, e *Odessa: A History, 1794-1914*, de Patricia Herlihy, oferecem duas das melhores análises em língua inglesa sobre Odessa, e recomendo fortemente que os leitores investiguem esses livros para mais detalhes sobre a história e a estrutura social dessa cidade fascinante.

198 Herlihy, p. 123.

199 Weinberg, p. 22.

200 Herlihy, p. 194.

201 Isaac Babel, citado em Herlihy, p. 128.

202 Weinberg, p. 11.

203 Ibid., p. 18-19; Herlihy, p. 253-57.

204 Herlihy, p. 304; Inozemtsev, p. 75-76. Em vários relatos do período, as autoridades a todo momento acusavam os judeus de responsabilidade pelos confrontos. Nesta última referência do Arquivo Vermelho, o general Kakhanov, comandante militar de Odessa, acusa cinco vezes os judeus pelos tumultos de junho no espaço de duas páginas.

205 Gavrilov, *V borbe za svobodu*, p. 55-58; Platonov, p. 56-60; Keep, *The Rise of Social Democracy in Russia*, p. 74-75, 161-75.

206 Feldmann, p. 3-5; Nevsky, p. 8-13; Weinberg, p. 110-14.

207 Nevsky, p. 15-16; Weinberg, p. 115-20.

208 Berezovsky, p. 64-65; Weinberg, p. 127.

209 Ibid.; Nevsky, p. 19-20; Berezovsky, p. 69-70.

210 *Revolyutsionny bronenosets*, p. 29.

211 Berezovsky, p. 67-70; TsGIA(M), f. 102, op. 00, d. 1667, p. 29-30.

212 Berezovsky, p. 70-72.

213 Weinberg, p. 128.

214 *Russkiye Vedomosti*, 21 de junho de 1905; Berezovsky, p. 72-76; Feldmann, p. 5-6; Hough, *Potemkin Mutiny*, p. 50-51; Ponomarev, p. 72-73. Toda esta cena, incluindo o diálogo e as descrições citadas, é baseada nestas fontes.

215 Inozemtsev, p. 74-76; Hough, *Potemkin Mutiny*, p. 49-50.

216 *Russky Invalid*, 19 de agosto de 1908.

217 Inozemtsev, p. 74-75.

218 Hough, *Potemkin Mutiny*, p. 49-50.

219 Inozemtsev, p. 75.

220 *1905 god*, p. 210; Nevsky, p. 232; TsGAVMF, f. 1.025, op. 2, d. 35, p. 149; Weinberg, p. 129.

221 Entrevista com Igor Kozyr; Novikoff-Priboy, p. 141; Plechakov, p. 119-20; Hough, *Potemkin Mutiny*, p. 20-21.

222 Berezovsky, p. 41; Nevsky, p. 230; Lytchev, p. 52.

223 Entrevista com Igor Kozyr; Plechakov, p. 119-20.

224 Berezovsky, p. 41; Hough, *Potemkin Mutiny*, p. 16; Ponomarev, p. 73-74; Matyuchenko, p. 294.

225 *Journal de St. Petersburg*, 15 de junho de 1905.

226 Berezovsky, p. 41.

227 Ibid.; TsGAVMF, f. 1.025, op. 2, d. 35, p. 149; Hough, *Potemkin Mutiny*, p. 15-17.

228 Hough, *Potemkin Mutiny*, p. 16; Melnikov.

229 Berezovsky, p. 41-42; Matyuchenko, p. 293; TsGAVMF, f. 1.025, op. 2, d. 35, p. 149.

230 Berezovsky, p. 42-43; Gavrilov, *V borbe za svobodu*, p. 36; Ponomarev, p. 73; Bogatchev, p. 39; Zebroski, p. 216-17. Há certa discrepância nos relatos sobre o momento em que essa discussão aconteceu no navio. Gavrilov e Ponomarev sugerem que tiveram a discussão logo após o retorno do torpedeiro, às 5h. Mas os marinheiros revolucionários não teriam como saber da ampla reação à carne estragada antes do hasteamento da bandeira, de manhã, quando os marinheiros tiveram a chance de fazer a inspeção com os próprios olhos e souberam por Smirnov que nada seria

feito a respeito dela. Nas memórias de Berezovsky, ele afirma que a reunião aconteceu depois do enfrentamento com o dr. Smirnov, e o autor decidiu que esse é o cenário mais provável.

231 Berezovsky, p. 44.

232 Ponomarev, p. 73.

233 Bogatchev, p. 39.

234 Berezovsky, p. 42.

235 Gavrilov, *V borbe za svobodu*, p. 18; Kovalenko, p. 47; *Registro Geral*, p. 63-64; TsGAVMF, f. 417, op. 2, d. 786, p. 80; Emelin, p. 69.

236 Matyuchenko, p. 293; *New York Herald Tribune*, 30 de junho de 1905.

237 Matyuchenko, p. 294; Hough, *Potemkin Mutiny*, p. 19.

238 Kovalenko, p. 89.

239 TsGAVMF, f. 1.025, op. 2, d. 17, p. 46; Gavrilov, *V borbe za svobodu*, p. 37.

240 Hough, *Potemkin Mutiny*, p. 21; Kovalenko, p. 89-90.

241 Matyuchenko, p. 294; Berezovsky, p. 45-46; Zebroski, p. 220; Feldmann, p. 34; Nevsky, p. 233; Lytchev, p. 54; Bogatchev, p. 47-48.

242 Ibid.

243 Berezovsky, p. 46.

244 Feldmann, p. 34.

245 Matyuchenko, p. 294.

246 Berezovsky, p. 46.

247 Kardachev, *Burevestniki revolyutsii*, p. 17.

248 Matyuchenko, p. 294; Feldmann, p. 34-35; Hough, *Potemkin Mutiny*, p. 24; Bogatchev, p. 54; Lytchev, p. 54; Berezovsky, p. 46-47. Em relação a essa fase do motim, as fontes se contradizem quanto ao fato de os marinheiros terem permanecidos firmes no protesto ou começado a ceder. Fica claro pelas lembranças de Matyuchenko que os revolucionários entraram em ação quando começou a parecer que eles seriam identificados. Se a tripulação tivesse permanecido unida, é improvável que isso fosse acontecer. Assim, o autor acredita que Matyuchenko foi para a torreta quando a situação começou a dar mostras de que os marinheiros iam começar a obedecer à ordem de Golikov.

249 Berezovsky, p. 47.

250 Gavrilov, *V borbe za svobodu*, p. 38.

251 Hough, *Potemkin Mutiny*, p. 25.

252 Berezovsky, p. 48-49.

253 Hough, *Potemkin Mutiny*, p. 22.

254 Berezovsky, p. 48; Gavrilov, *V borbe za svobodu*, p. 38; Feldmann, p. 36; Matyuchenko, p. 294; *1905 god*, p. 211; TsGIA(M), f. 102, op. 00, d. 1.667, p. 279; Platonov, p. 47; Ponomarev, p. 75-76; Nevsky, p. 233; Lytchev, p. 54. Nos relatos russos mais famosos e nas memórias de marinheiros publicadas depois do lançamento do filme de Sergei Eisenstein, a lona foi trazida e jogada sobre os marinheiros, que então esperaram a morte. No entanto, depoimentos e lembranças de marinheiros anteriores ao filme registram a ordem para trazer a lona, mas não fazem menção a ela ter coberto os marinheiros e/ou ter sido colocada no convés. Nas memórias de Eisenstein, ele deixa claro que o uso da lona para cobrir os marinheiros foi uma invenção sua, e que oficiais russos que lhe prestaram consultoria tinham dito que aquilo jamais teria acontecido. A ordem de trazer a lona tinha o único objetivo de evitar que o sangue sujasse o convés. Mesmo assim, Eisenstein usou a imagem dramática, e isso obviamente influenciou as lembranças dos marinheiros e as histórias sobre o fato desde então. O historiador russo Gavrilov foi o primeiro a questionar a validade do mito da lona, e o autor analisou cuidadosamente as memórias e o depoimento à corte marcial, concordando que a lona não foi usada do modo como acabou sendo popularizado. Mesmo assim, a ordem para que a lona fosse trazida para cobrir o convés é igualmente aterradora, sob qualquer aspecto.

255 Hough, *Potemkin Mutiny*, p. 25.

256 Gavrilov, *V borbe za svobodu*, p. 39.

257 Matyuchenko, p. 294-95.

258 Ibid., p. 295; Bogatchev, p. 39.

259 Matyuchenko, p. 295; TsGAVMF, f. 1.025, op. 2, d. 35, p. 149; Bogatchev, p. 39-40.

260 Matyuchenko, p. 296.

261 Ibid. Esta é uma paráfrase da descrição feita por Matyuchenko para esse momento essencial do motim, e cuja importância ele sabia que era um caso de vida ou morte.

262 Ibid., Bogatchev, p. 40-56; Nevsky, p. 234; Gavrilov, *V borbe za svobodu*, p. 39; Kardachev, *Burevestniki revolyutsii*, p. 13 (registros da corte

marcial de marinheiros). Assim como outros detalhes desses momentos confusos, as memórias e as histórias se contradizem. Algumas colocam Vakulentchuk como fazendo parte da guarda ou sob a própria lona. Outros dizem que primeiro foram disparados tiros, depois houve a ida ao arsenal. Neste caso, o autor se baseou no relato de Matyuchenko, que está mais próximo dos documentos da corte marcial.

263 Bogatchev, p. 40; Feldmann, p. 35.

264 Karsten, p. 140.

265 Citado em Maynard, p. 19.

266 Barkovets, p. 17; King, G., p. 206-9; Massie, *Peter the Great*, p. 610; Lieven, p. 62; Hall, p. 92.

267 Elchaninov, p. 11-15; Verner, p. 62; Massie, *Nicholas and Alexandra*, p. 111-22; King, G., p. 214-15.

268 Romanov, N., 14 de junho de 1905. O cronograma detalhado para o dia 14 de junho era o típico de Nicolau II, como revelam referências prévias. No entanto, em nome da precisão, vale a pena mencionar que na tarde desse dia Nicolau levou a filha Maria para um piquenique especial de comemoração do aniversário dela. Mesmo assim, a agenda não mudou muito.

269 *Novoye Vremya*, 14 de junho de 1905.

270 Balmuth, p. 238.

271 *Daily Telegraph*, 27-28 de junho de 1905; *Washington Post*, 27-28 de junho de 1905.

272 Lieven, p. 1-7; Figes, p. 6-7.

273 Ibid.

274 Lieven, p. 23-25; Warth, p. 1-3.

275 Figes, p. 16-17; Warth, p. 4; Massie, *Nicholas and Alexandra*, p. 13-15.

276 Warth, p. 5-6.

277 Byrnes, p. 312; Essad-Bey, p. 10-12; Massie, *Nicholas and Alexandra*, p. 14.

278 Essad-Bey, p. 13.

279 Figes, p. 17-19; Essad-Bey, p. 19; Warth, p. 6-8.

280 Romanov, A., p. 168-69.

281 Ascher, p. 14.

282 Essad-Bey, p. 69-73; Lincoln, *In War's Dark Shadow*, p. 282-83; Salisbury, p. 56-57.

283 Vassili, p. 254-55.
284 Essad-Bey, p. 87.
285 Figes, p. 20.
286 Ibid., p. 21-23; Warth, p. 24-25; Romanov, A., p. 138-39; Verner, p. 57.
287 Urossov, p. 137.
288 Warth, p. 34.
289 Salisbury, p. 43.
290 Olgin, p. 32.
291 Figes, p. 35-54.
292 Ibid., p. 158-61; Walkin, p. 186.
293 Figes, p. 164-65.
294 Walkin, p. 186.
295 Ibid., p. 192.
296 Judge, p. 234.
297 Ascher, p. 55-66; Verner, p. 113; Figes, p. 171-73.
298 Salisbury, p. 120-27; Sablinsky, p. 344-47.
299 Verner, p. 113.
300 Harcave, *Memoirs of Count Witte*, p. 132.
301 Gurko, p. 368-69.
302 Figes, p. 191; Harcave, *First Blood,* p. 144-50.
303 Lenin, *Collected Works*, vol. 8, p. 483.
304 Stockdale, p. 136.
305 Ascher, p. 129.
306 *Daily Telegraph*, 19 de maio de 1905.
307 *Manchester Guardian*, 19 de maio de 1905.
308 Esthus, p. 38.
309 Don Levine, p. 172.
310 Oldenburg, p. 130; Morison, p. 1.206.
311 Pares, p. 82; Oldenburg, p. 132-33; Fischer, G., p. 189-91; Galai, p. 251-53.
312 *Dispatches from U.S. Consuls,* carta datada de 9 de fevereiro de 1905, do sr. Ethebert Watts para Frank Loomis, secretário-assistente de Estado.
313 Romanov, N., 14 de junho de 1905.
314 Rose, "Mutiny on the *Potemkin*".

315 Matyuchenko, p. 296; Berezovsky, p. 51-53; Gavrilov, *V borbe za svobodu*, p. 39-42; Feldmann, p. 36; Nevsky, p. 234; Lytchev, p. 55-56; Vorres, p. 34.

316 Matyuchenko, p. 296.

317 Lytchev, p. 55.

318 Vilensky, p. 30.

319 Hough, *Potemkin Mutiny*, p. 29.

320 Nevsky, p. 260; Kovalenko, p. 90.

321 Berezovsky, p. 52.

322 Kovalenko, p. 88; *Osvobojdeniye*, 6 de julho de 1905.

323 Subtelny, p. 296.

324 Kovalenko, p. 90.

325 Ibid., p. 91.

326 Ibid., p. 91-93.

327 Nevsky, p. 262.

328 Kardachev, *Burevestniki revolyutsii*, p. 22.

329 Matyuchenko, p. 298; TsGAVMF, f. 1025, op. 2, d. 35, p. 150; Bogatchev, p. 60; Lytchev, p. 57-58.

330 Vilensky, p. 32-34.

331 Berezovsky, p. 54; Matyuchenko, p. 297; Feldmann, p. 37; Zebrosky, p. 231.

332 Hough, *Potemkin Mutiny*, p. 33.

333 Lytchev, p. 56; TsGAVMF, f. 1.025, op. 2, d. 17, p. 24-25.

334 Hough, *Potemkin Mutiny*, p. 38.

335 Berezovsky, p. 58.

336 Ibid.

337 Melnikov, *Registro Nominal*, p. 168.

338 Berezovsky, p. 58; Ponomarev, p. 246-47.

339 Ponomarev, p. 78; Gavrilov, *V borbe za svobodu*, p. 42; Nevsky, p. 262--63; Hough, *Potemkin Mutiny*, p. 39.

340 *1905 god*, p. 212.

341 Gavrilov, *V borbe za svobodu*, p. 42.

342 Kardachev, *Burevestniki revolyutsii*, p. 14.

343 Kovalenko, p. 93-94.

344 Ponomarev, p. 79; TsGAVMF, f. 1.025, op. 2, d. 35, p. 149-50; Lytchev, p. 57; Berezovsky, p. 55-57; Bogatchev, p. 60; Hough, *Potemkin Mutiny*, p. 35-36; Gavrilov, *V borbe za svobodu*, p. 41.

345 Matyuchenko, p. 297; Nevsky, p. 237.

346 Gavrilov, *V borbe za svobodu*, p. 47.

347 Vilensky, p. 32-33.

348 Ponomarev, p. 80; Melnikov, p. 152.

349 Vilensky, p. 34.

350 Ibid. Feldmann, p. 41; Ponomarev, p. 80.

351 Hough, *Potemkin Mutiny*, p. 58.

352 Feldmann, p. 18-19. Feldmann também escreveu, porém, que isso foi a derrocada de Matyuchenko como líder, dizendo que embora ele ficasse "cheio de uma energia efervescente quando o clima entre a multidão estava em alta, mergulhava na apatia assim que ele caía".

353 Berezovsky, p. 26.

354 Feldmann, p. 41.

355 TsGAVMF, f. 1.025, op. 2, d. 19, p. 166; *Revolyutsionnyi bronenosets*, p. 51.

356 Vilensky, p. 34; Hough, *Potemkin Mutiny*, p. 40-41.

357 Gavrilov, *V Borbe za svobodu*, p. 44-49. O estudo de Gavrilov oferece a análise mais abrangente das afiliações políticas dos marinheiros, tanto contra como a favor do motim.

358 Ponomarev, p. 81; Berezovsky, p. 61.

359 Berezovsky, p. 97-98, 114; Kardachev, *Burevestniki revolyutsy*, p. 24.

360 Kardachev, p. 97.

361 Lytchev, p. 61-62.

362 Ibid., p. 58.

363 Ponomarev, p. 86-88.

364 Ibid.; Feldmann, p. 41; Hough, *Potemkin Mutiny*, p. 61-62; Ponomarev, p. 82.

365 Rostotskaya, p. 13; Kardachev, *Burevestniki revolyutsy*, p. 22; Lytchev, p. 58.

366 Lytchev, p. 59.

367 Ponomarev, p. 81-82.

368 Nevsky, p. 264-66.

369 Selivanov, *Matros Matyuchenko*, p. 18.

370 Hathaway, p. 13; Wintringham, p. 9.

371 Delbruck, p. 178-85.

372 Rose, "Anatomy of Mutiny"; Weber, p. 156.

373 Guttridge, p. 6.

374 McGuffie, p. 37-42.

375 McFarland, p. 138-39.

376 Guttridge, p. 8-10.

377 Bell e Elleman, p. 32-33.

378 Bullocke, p. 189-209.

379 Mahan, p. 367.

380 Guttridge, p. 7.

381 Bushnell, *Mutiny amid Repression*, p. 75.

382 Berezovsky, p. 104; Feldmann, p. 44; Ponomarev, p. 82.

383 Kovalenko, p. 96.

384 Zadneprovsky e Sokolov, p. 17.

385 Kovalenko, p. 96.

386 Ibid., p. 101.

387 Berezovsky, p. 88.

388 *Revolyutsionnyi bronenosets*, p. 29-30; Inozemtsev, p. 76; Rostotskaya, p. 10-11; Weinberg, p. 129-31.

389 *Revolyutsionnyi bronenosets*, p. 30.

390 Berezovsky, p. 81-94.

391 Feldmann, p. 15.

392 Kovalenko, p. 103.

393 Nevsky, p. 238; Berezovsky, p. 101.

394 Gavrilov, *V borbe za svobodu*, p. 52; Berezovsky, p. 98-100; Matyuchenko, p. 299.

395 Feldmann, p. 45-57; Bogatchev, p. 57.

396 TsGVIA, f. 400, op. 5, d. 31, p. 73.

397 Matyuchenko, p. 300; TsGVIA, f. 400, op. 5, d. 31, p. 73; Ponomarev, p. 92; Pleskov, p. 32.

398 Matyuchenko, p. 300.

399 Gavrilov, *V borbe za svobodu*, p. 62.

400 TsGVIA, f. 400, op. 5, d. 31, p. 73; Vilensky, p. 36-37; *1905 god*, p. 213; Berezovsky, p. 103.

401 Hough, *Potemkin Mutiny*, p. 80.

402 Berezovsky, p. 94-95; Rostotskaya, p. 12.

403 Kardachev, *Burevestniki revolyutsii*, p. 25.

404 Gavrilov, *V borbe za svobodu*, p. 62.

405 Berezovsky, p. 95; Hough, *Potemkin Mutiny*, p. 72.

406 TsGVIA, f. 400, op. 5, d. 31, p. 74; *Revolyutsionnyi bronenosets*, p. 38; Gavrilov, *V borbe za svobodu*, p. 60; Gerasimov, p. 125.

406 Berezovsky, p. 96.

407 Novikoff-Priboy, p. 48; 89-90; Berezovsky, p. 107.

408 Ibid., p. 110.

409 Feldmann, p. 64. Como Feldmann não incluiu em suas memórias o discurso que fez no castelo de proa de manhã (e sim um proferido algumas horas depois), o autor usou o discurso feito mais tarde, já que, segundo a descrição de Feldmann, ele tratou de temas semelhantes.

410 Ibid., p. 53.

411 Rostotskaya, p. 12.

412 Ibid., p. 12-14; *Revolyutsionnyi bronenosets*, p. 38; Ponomarev, p. 94-96; Lytchev, p. 62-65; Berezovsky, p. 114-16; Gavrilov, *V borbe za svobodu*, p. 64.

413 Rostotskaya, p. 13.

414 Berezovsky, p. 117.

415 Ponomarev, p. 96.

416 TsGAVMF, f. 417, op. 1, d. 3023, p. 98.

417 Inozemtsev, p. 77; Witte, p. 263.

418 TsGVIA, f. 400, op. 5, d. 31, p. 74.

419 Inozemtsev, p. 77-80.

420 Hough, *Potemkin Mutiny*, p. 70.

421 Inozemtsev, p. 79-80.

422 TsGIA(M), f. 601, op. 1, d. 105, p. 3.

423 *Novoye Vremya*, 15 de junho de 1905.

424 Kardachev, "Novyye Svedenya".

425 Essad-Bey, p. 150; Vassili, p. 355-56.

426 Romanov, N., 15 de junho de 1905. Em seu diário, naquela noite, Nicolau escreveu: "Os marinheiros do encouraçado Potemkin se rebelaram, mataram os oficiais e tomaram o navio, ameaçando causar tumultos na cidade! Inacreditável."

427 Pipes, *Russian Revolution*, p. 81. Pipes cita Sergei Witte, que disse, a respeito das Forças Armadas russas: "Quem criou o Império Russo? ... só o poder da baioneta do Exército. O mundo se curvou não a nossa cultura,

não a nossa igreja burocratizada, não a nossa riqueza e prosperidade. Se curvou ao nosso poderio."

428 Wildman, p. 6-8; Verner, p. 22-25; Fuller, p. 40-41.

429 Fuller, p. 40-41.

430 Bushnell, *Mutiny amid Repression*, p. 234-35. Bushnell elenca todos os motins que ocorreram em 1905. Antes de 14 de junho de 1905, oito incidentes de motim tinham acontecido dentro do Império Russo, mas nenhum com a mesma escala, a mesma longevidade ou a mesma importância em termos de ameaça que o do Potemkin.

431 Keep, *Soldiers*, p. 378-81.

432 Fuller, p. 130. Fuller elenca 3.893 ações por parte das Forças Armadas em 1905 para suprimir revoltas. Ele ressalta que, em 7,9% dessas ações, a violência foi usada.

433 Kardachev, "Novyye Svedeniya".

434 Kardachev, *Burevestniki revolyutsii*, p. 30.

435 Ibid.

436 TsGIA, f. 601, op. 1, d. 105, p. 1; TsGAVMF, f. 417, op. 1, d. 3.023, p. 54.

437 Lincoln, *Sunlight at Midnight*, p. 108-9; Gautier, p. 107.

438 *Journal de St. Petersburg*, 16 de junho de 1905.

439 TsGAVMF, f. 417, op. 1, d. 3.023, p. 34.

440 Melnikov, p. 180.

441 Ioffe, p. 178-79; Romanov, A., p. 90-99, 216-23; *Washington Post*, 30 de outubro de 1893.

442 TsGAVMF, f. 406, op. 9, d. 4.636; Ioffe, p. 210-11; Belomor; *Washington Post*, 25 de dezembro de 1905; *Daily Telegraph*, 30 de maio de 1905.

443 Belomor, p. 22-24.

444 TsGAVMF, f. 417, op. 1, d. 3.023, p. 53; Platonov, p. 155-56.

445 Belomor, p. 23.

446 TsGIA(M), f. 52, op. 1, d. 316, p. 11; Platonov, p. 155-56; Kardachev, *Burevestniki revolyutsii*, p. 32.

447 TsGIA(M), f. 52, op. 1, d. 316, p. 12.

448 Kardachev, *Burevestniki revolyutsii*, p. 29-30.

449 Melnikov, p. 154; Ponomarev, p. 97-98; Vilensky, p. 37. Há certa confusão entre as fontes sobre se esse discurso foi feito no dia 16 de junho, antes dos tiros contra Odessa, ou nessa cena específica. Fica claro que Matyu-

chenko proferiu discursos dramáticos nas duas situações, e é provável que ele tenha usado ameaças semelhantes a "Vamos formar uma fila".

450 Berezovsky, p. 115-21; Feldmann, p. 55.

451 Feldmann, p. 55.

452 Ibid., p. 46-47.

453 Ibid., p. 55-56; Berezovsky, p. 121.

454 Kovalenko, p. 106.

455 TsGAVMF, f. 1.025, op. 2, d. 17, p. 17-20.

456 Ibid.; Feldmann, p. 58-59.

457 TsGAVMF, f. 1.025, op. 2, d. 17, p. 18.

458 Ibid., p. 60-62; Kovalenko, p. 107; Lytchev, p. 66-67.

459 Feldmann, p. 60.

460 TsGVIA, f. 400, op. 5, d. 31, p. 74; Weinberg, p. 135.

461 Weinberg, p. 75.

462 Ibid.

463 Ibid., p. 135.

464 *Revolyutsionny bronenosets*, p. 40.

465 TsGIA(M), f. 52, op. 1, d. 316, p. 74.

466 *Revolyutsionny bronenosets*, p. 33; Rostotskaya, p. 20-22; Bogatchev, p. 128.

467 TsGVIA, f. 400, op. 5, d. 31, p. 75.

468 *1905 god*, p. 218.

469 *Chicago Daily Tribune*, 30 de junho de 1905.

470 Inozemtsev, p. 80.

471 Ibid., p. 93; Gavrilov, *V borbe za svobodu*, p. 71. Não há dúvida de que Kakhanov permitiu que os distúrbios acontecessem, e a declaração de Karangozov revela a crueldade quase inimaginável com a qual eles encararam a situação. Dito isso, historiadores como Gavrilov argumentam também que a polícia enviou agentes disfarçados de mendigos para começar os incêndios e incentivar a violência entre a multidão, incitando até um pogrom. Embora este autor não considere os oficiais de Odessa incapazes de tal ato – já que eles usariam aquelas técnicas no outono de 1905 –, não há prova suficiente para concluir que eles tenham motivado diretamente os atos de 15 de junho de 1905. Vários indivíduos no porto (entre eles Glotov) tentaram incitar a violência antissemita. Vários

406

foram mortos na tentativa, de acordo com o belo relato histórico de Robert Weinberg, *The Revolution of 1905 in Odessa*, p. 139.

472 *Daily Telegraph*, 30 de junho de 1905; Rostotskaya, p. 21-22; TsGVIA, f. 400, op. 5, d. 31, p. 75-77; *Revolyutsionny bronenosets*, p. 33-35; National Archives and Records Service, carta do cônsul em Odessa para a embaixada dos Estados Unidos em São Petersburgo, 29 de junho de 1905; Bogatchev, p. 127-31. A última referência, da coleção de documentos de Bogatchev, pertence a uma carta enviada por I.G. Korolenko para seu irmão mais velho, Vladimir, o famoso jornalista russo. Ela foi escrita enquanto os fatos aconteciam. Sua descrição do que ocorreu naquela noite em Odessa ainda é uma das mais pungentes.

473 Inozemtsev, p. 82.

474 Hough, *Potemkin Mutiny*, p. 77-80; Bogatchev, p. 131; Inozemtsev, p. 95; *New York Daily Tribune*, 30 de junho de 1905. No relato de Richard Hough sobre o motim no Potemkin, ele oferece a melhor descrição da carnificina que aconteceu na escadaria de Richelieu. Mas, assim como no filme de Sergei Eisenstein, que tornou a cena famosa, o livro equivocadamente situa o massacre durante o dia. Embora definitivamente tenha havido violência nos degraus nos primeiros estágios do tumulto, quando as pessoas tentavam escapar do porto, os cossacos e soldados só agiram à meia-noite, sob as ordens de Kakhanov.

475 Bogatchev, p. 129.

476 Kovalenko, p. 107-11.

477 Ibid., p. 110-11; Feldmann, p. 68-69.

478 Feldmann, p. 70-73; Berezovsky, p. 128-30; Ponomarev, p. 102-3.

479 *Revolyutsionnyi bronenosets*, p. 15; Berezovsky, p. 130-31; Gavrilov, *V borbe za svobodu*, p. 74.

480 Nevsky, p. 241.

481 Feldmann, p. 74-77; Hough, *Potemkin Mutiny*, p. 102-4.

482 Ibid.; *Revolyutsionnyi bronenosets*, p. 24; Kardachev, *Burevestniki revolyutsii*, p. 24; *Chicago Daily Tribune*, 2-5 de julho de 1905.

483 Feldmann, 77-79.

484 Nevsky, p. 264.

485 Grishin, p. 63.

486 Hough, *Potemkin Mutiny*, p. 110-11.

487 Berezovsky, p. 138.

488 Kovalenko, p. 125-27. De acordo com Kovalenko, a ideia de fugir para a Romênia surgiu no camarote onde os oficiais estavam sendo mantidos, e o segundo-tenente Alekseyev começou a falar sobre ela no dia 16 de junho.

489 Ibid., p. 128; Berezovsky, p. 137. Os dois relatos sobre essa conversa, e sobre o momento em que ela aconteceu, são contraditórios, mas o autor tentou conciliar as divergências para mostrar a profunda preocupação entre os líderes do navio de que o apoio ao motim estava em perigo.

490 Kovalenko, p. 128.

491 Berezovsky, p. 132-39; Ponomarev, p. 104-5; Gavrilov, *V borbe za svobodu*, p. 77.

492 Ponomarev, p. 104-5.

493 Berezovsky, p. 134-35.

494 Ibid.

495 Feldmann, p. 84.

496 Hough, *Potemkin Mutiny*, p. 111; Feldmann, p. 85-86. O autor baseou essa conversa no relato de Hough, exceto por uma modificação: a hora da reunião. Hough afirma que a conferência militar seria realizada durante o funeral, mas isso contradiz a linha temporal de quando o Potemkin atirou contra a cidade.

497 Baylen, p. 29-31, 49-50.

498 Belomor, p. 172; Kardachev, "Novyye Svedeniya".

499 TsGAVMF, f. 417, op. 1, d. 3.023, p. 62.

500 Ibid., p. 53; Platonov, p. 73-74; Gavrilov, *V borbe za svobodu*, p. 87.

501 *New York Herald Tribune*, 30 de junho de 1905; *Daily Telegraph*, 30 de junho de 1905; Saul, p. 25.

502 *Journal de St. Petersburg*, 10-11 de junho de 1905.

503 Ponomarev, p. 103; Kardachev, "Novyye Svedeniya"; Gavrilov, *V borbe za svobodu*, p. 87. O que quer que tenha sido dito na reunião além disso se perdeu. Nenhum dos três registrou os detalhes da discussão em seus diários ou em sua correspondência, como se colocar os fatos no papel fosse lembrá-los do nadir de suas vidas. Mas os comandos que se seguiram são bastante reveladores.

504 Kardachev, "Novye Svedenya"; Belomor, p. 173; Kardachev, *Burevestniki revolyutsii*, p. 32-33; Romanov, N., 16 de junho de 1905.

505 Kardachev, "Nesostoyavchayasya Kazn".

506 Belomor, p. 174.

507 Nevsky, p. 363-66.

508 *1905 god*, p. 220; Gavrilov, *V borbe za svobodu*, p. 72; TsGVIA, f. 400, op. 5, d. 31, p. 15.

509 Bushnell, *Mutiny amid Repression*, p. 62; Ascher, p. 172.

510 Gavrilov, *V borbe za svobodu*, p. 87.

511 *Daily Telegraph*, 29-30 de junho de 1905; *Chicago Daily Tribune*, 29-30 de junho de 1905.

511 Robbins, p. 224-27; Surh, p. 269-71.

512 Manning, p. 111.

513 *New York Herald Tribune*, 30 de junho de 1905; *Daily Telegraph*, 30 de junho de 1905. O autor hesitou em incluir esses boatos sobre motins no Exército, mas em quase todos os jornais que leu eles eram repetidos. Mesmo que fossem apenas aquilo – boatos –, Nicolau lia os jornais estrangeiros e teria sido informado por eles, aumentando sua preocupação.

514 White, p. 210-11; Esthus, p. 26-35; Dennett, p. 174-88.

515 Howe, p. 156-62; "Carta de Roosevelt para Lodge, 16 de junho de 1905", Morison, p. 1.221-32.

516 Morison, p. 1.221-32.

517 "Carta de Roosevelt para George Meyer, 19 de junho de 1905", ibid., p. 1.241-42.

518 Essad-Bey, p. 94; Harcave, *Memoirs*, p. 418-19; Harcave, *Count Sergei Witte*, p. 142-43; Korostovetz, p. 18-19.

519 Korostovetz, p. 11.

520 White, p. 233; Departamento de Estado dos Estados Unidos, p. 814--15.

521 Dillon, p. 229.

522 *Chicago Daily Tribune*, 29 de junho de 1905.

523 *New York Times,* 29 de junho de 1905.

524 *Daily Telegraph*, 29 de junho de 1905; Harrison, p. 75-80.

525 *Times*, 29 de junho de 1905; Harrison, p. 75-80.

526 *Petit Journal*, citado em *Daily Telegraph*, 30 de junho de 1905.

527 *Tageblatt*, citado em *New York Times*, 1º de julho de 1905.

528 *Nitchi Nitchi Chimbun*, citado em *Daily Telegraph*, 1º de julho de 1905.

529 *Daily Telegraph*, 30 de junho de 1905; *New York Herald Tribune*, 30 de junho de 1905.

530 *Parliamentary Debates*, p. 546.

531 Alzona, p. 5-23; White, p. 194-95; Lieven, p. 92-93; Gwynn, p. 469-70; Bulow, p. 143-47.

532 Spector, I., p. 61.

533 Dennett, p. 188.

534 Ibid., p. 54-55.

535 Paleologue, p. 258, 265.

536 Dugdale, p. 206.

537 *British Reports*, relato de Charles Hardinge, 4 de julho de 1905 (FO 65/1.701).

538 Howe, p. 173-75.

539 Spector, I., p. 62.

540 Esthus, p. 56.

541 Service, p. 164; Valentinov, p. 79-80, 146-47; Krupskaya, p. 120; Salisbury, p. 138-39.

542 Wolfe, p. 55; Fischer, L., p. 6; Valentinov, p. 13.

543 Fischer, L., p. 17.

544 Payne, *The Life*, p. 76-77.

545 Figes, p. 145-46; Fischer, L., p. 40.

546 Fischer, L., p. 18-35.

547 Payne, *The Life*, p. 148-51.

548 Figes, p. 153-54; Wolfe, p. 240-43.

549 Trotsky, *Minha Vida*.

550 Salisbury, p. 142-43; Payne, *The Life*, p. 176-78.

551 Payne, *The Life*, p. 182.

552 Lenin, *Collected Works*, vol. 8, p. 237; Fischer, L., p. 44.

553 Wolfe, p. 288-89; Salisbury, p. 140-41; Lenin, *Collected Works*, vol. 8, p. 144-47; ibid., vol. 34, p. 296-300.

554 *La Tribune de Genève*, 29 de junho de 1905; Krupskaya, p. 110. O autor tomou a liberdade de escolher esse jornal como um pelos quais Lenin soube da notícia. Nas lembranças da mulher dele do tempo de Lenin em Genebra, ela escreveu: "Vivíamos como todos os imigrantes políticos

russos em Genebra – de um número da *Tribune* até o outro." Foi assim que Lenin soube do Domingo Sangrento.

555 Lenin, *Collected Works*, vol. 8, p. 560-73.

556 Vasilyev-Yujin, p. 68-71; Fox, p. 124-26; Prokhorov, p. 526; Keep, *The Rise*, p. 174. Em certos locais, essa conversa entre Lenin e Vasilyev-Yujin dá pistas do revisionismo bolchevique, mas as fontes são claras em mostrar que Lenin realmente mandou Vasilyev-Yujin para Odessa. O autor eliminou alguns dos comentários mais abrangentes atribuídos a Lenin, incluindo a revoltante declaração de que, quando Vasilyev-Yujin controlasse o encouraçado, deveria mandar um torpedeiro para buscar Lenin e o levar à Rússia.

557 Bushnell, *Mutiny amid Repression*, p. 58-62.

558 Gerasimov, p. 130-31; Nevsky, p. 323; Berezovsky, p. 140-44; Matyuchenko, p. 315-19; *New York Herald Tribune*, 30 de junho de 1905.

559 Matyuchenko, p. 318.

560 Berezovsky, p. 141.

561 Ponomarev, p. 106.

562 Matyuchenko, p. 315-18; Berezovsky, p. 140-44.

563 Ibid.; TsGAVMF, f. 417, op. 1, d. 3.023, p. 40; *Washington Post*, 30 de junho de 1905.

564 Inozemtsev, p. 83-85.

565 Ibid. No longo relatório que Kakhanov escreveu sobre suas ações durante o motim do Potemkin, não atribuiu a si próprio o plano de emboscar os marinheiros quando estivessem voltando do enterro. Mas considerando que, logo depois da emboscada frustrada, o Potemkin bombardeou a cidade, é de se imaginar que ele hesitasse em assumir a culpa. A trama foi obviamente organizada, e o autor acredita que os oficiais locais não teriam corrido o risco sem a autorização de Kakhanov. Portanto, o autor fez o máximo para recriar o raciocínio por trás da emboscada, especialmente se levando em conta as ideias de Kakhanov naquela época, evidenciadas em seu longo relatório sobre o Potemkin.

566 *Krasny arkhiv, Motim do Georgy Pobedonosets*, p. 235; TsGAVMF, f. 920, op. 6, d. 428, p. 5.

567 Platonov, 75.

568 *Krasny arkhiv, Motim do Georgy Pobedonosets*, p. 235; TsGAVMF, f. 920, op. 6, d. 428, p. 53.

569 Pleskov, p. 19.

570 Ibid., p. 20.

571 TsGAVMF, f. 1.025, op. 2, d. 37, p. 96.

572 Platonov, p. 178.

573 Gavrilov, *V borbe za svobodu*, p. 88.

574 Platonov, p. 101.

575 Feldmann, p. 87; Nevsky, p. 242.

576 Feldmann, p. 87-89; Berezovsky, p. 145.

577 Feldmann, p. 90; Berezovsky, p. 146-48; Nevsky, p. 241; Rostotskaya, p. 29.

578 Berezovsky, p. 148.

579 Gavrilov, *V borbe za svobodu*, p. 80-83; Feldmann, p. 90-93; Hough, *Potemkin Mutiny*, p. 116-19; Berezovsky, p. 149-51; Kovalenko, p. 131--52; Lytchev, p. 69; Nevsky, p. 241; Platonov, p. 69-71; Selivanov, *Matros Matyuchenko*, p. 20-23. As fontes se contradizem entre si quanto ao motivo e ao momento dos tiros contra a cidade. Algumas afirmam que o bombardeio começou quando a comitiva fúnebre ainda estava na cidade, mas isso contradiz a viabilidade do relato de Matyuchenko, cujos detalhes sobre o enterro são claros e realistas. Como ele fez o discurso que inspirou a tripulação a lançar o ataque – e participou do enterro –, o autor acredita que o ataque aconteceu depois. As fontes também dão várias razões para o bombardeio: a emboscada à comitiva do enterro, o fato de Kakhanov ter impedido o navio de ser reabastecido, o massacre de 15 de junho, a reunião do conselho militar. O autor entremeia a maioria dessas razões na decisão de bombardear Odessa.

580 Matyuchenko, p. 302.

581 Hough, *Potemkin Mutiny*, p. 118.

582 *Russkoye Slovo*, 24 de junho de 1905; National Archives and Records Service, carta do cônsul Heenan para George Meyer, embaixador norte--americano em São Petersburgo, 4 de julho de 1905.

583 Ponomarev, p. 108.

584 Feldmann, p. 94-102.

585 Inozemtsev, p. 85.

586 Feldmann, p. 94-102.

587 Rostotskaya, p. 23-24.

588 Ponomarev, p. 56; Nevsky, p. 274.

589 Gavrilov, *V borbe za svobodu*, p. 83.

590 Berezovsky, p. 155-58.

591 Ibid., p. 158-59.

592 Ponomarev, p. 110; Kovalenko, p. 134-35; Feldmann, p. 104; Nevsky, p. 242-43.

593 Kovalenko, p. 134; Hough, *Potemkin Mutiny*, p. 152-57.

594 Feldmann, p. 106.

595 Kovalenko, p. 135; Hough, *Potemkin Mutiny*, p. 155.

596 Kovalenko, p. 136.

597 Gavrilov, *V borbe za svobodu*, p. 92; TsGAVMF, f. 1.025, op. 2, d. 35, p. 151.

598 Hough, *Potemkin Mutiny*, p. 133-34.

599 Platonov, p. 79.

600 Kovalenko, p. 137; Ponomarev, p. 112; Berezovsky, p. 162-63; Hough, *Potemkin Mutiny*, p. 134-35.

601 Kovalenko, p. 137.

602 Gavrilov, *V borbe za svobodu*, p. 93.

603 Hough, *Potemkin Mutiny*, p. 134.

604 *Krasny arkhiv, Motim do Georgy Pobedonosets*, p. 236.

605 Feldmann, p. 147.

606 Ibid., p. 108.

607 Pleskov, p. 22. Também fica claro pelo relato de Volgin que os revolucionários do *Georgy Pobedonosets* não limitaram seus esforços de propaganda apenas a seu encouraçado. Os marinheiros do *Georgy Pobedonosets* que trabalhavam nas lanchas a vapor espalharam a ideia de revolta para os tripulantes dos outros navios.

608 Gavrilov, *V borbe za svobodu*, p. 94; Hough, *Potemkin Mutiny*, p. 137.

609 Hough, *Potemkin Mutiny*, p. 137.

610 Pleskov, p. 23.

611 *Russkoye Slovo*, 24 de junho de 1905.

612 Rostotskaya, p. 24-28.

613 TsGAVMF, f. 417, op. 1, d. 3.023, p. 112; Gavrilov, *V borbe za svobodu*, p. 90.

614 Kardachev, *Burevestniki revolyutsii*, p. 37; Inozemtsev, p. 85.

615 Hough, *Potemkin Mutiny*, p. 149.

616 Berezovsky, p. 164; *Journal de St. Petersburg*, 18 de junho de 1905.

617 Hough, *Potemkin Mutiny*, p. 135.

618 Kovalenko, p. 137; Feldmann, p. 109.

619 Nevsky, p. 243; Feldmann, p. 110-11, 139; Gavrilov, *V borbe za svobodu*, p. 94.

620 Berezovsky, p. 162-63.

621 Gavrilov, *V borbe za svobodu*, p. 94.

622 Nevsky, p. 243.

623 Ibid.

624 Hough, *Potemkin Mutiny*, p. 138.

625 TsGAVMF, f. 1.025, op. 2, d. 37, p. 4.

626 Kardachev, *Burevestniki revolyutsii*, p. 33.

627 Klado, *The Battle*, p. 54-55.

628 Kovalenko, p. 138.

629 Ponomarev, p. 113; Kardachev, *Burevestniki revolyutsii*, p. 38; Feldmann, p. 110-11.

630 Tomitch, p. 47-53.

631 TsGAVMF, f. 870, op. 1, d. 33.043, p. 24-25.

632 Ibid.; Berezovsky, p. 169; Lytchev, p. 71; Nevsky, p. 143; Hough, *Potemkin Mutiny*, p. 139; Kovalenko, p. 138-39.

633 Feldmann, p. 113.

634 Kardachev, *Burevestniki revolyutsii*, p. 38.

635 Nevsky, p. 243; Gavrilov, *V borbe za svobodu*, p. 97. O segundo-tenente Alekseyev testemunhou aos oficiais ter dado um comando contrariando a ordem, evitando assim a colisão. Considerando, porém, que o oficial estava fingindo passar mal durante a batalha muda, o autor acredita que sua versão seja improvável e autofavorecedora, embora o historiador russo Gavrilov tenha opinião diversa.

636 Kardachev, *Burevestniki revolyutsii*, p. 38-39.

637 Kovalenko, p. 139; Pleskov, p. 26.

638 Matyuchenko, p. 304.

639 Kovalenko, p. 139.

640 Platonov, p. 162.

641 Berezovsky, p. 169; Melnikov, p. 164.

642 Pleskov, p. 27-29; Gavrilov, *V borbe za svobodu*, p. 99; Ponomarev, p. 114.

414

643 Gavrilov, "Vosstaniye na 'Georgy'".

644 *Krasny arkhiv, Motim do Georgy Pobedonosets*, p. 246-50.

645 TsGAVMF, f. 1.025, op. 2, d. 37, p. 2; TsGVIA, f. 400, op. 5, d. 31, p. 37; Gavrilov, "Vosstaniye na 'Georgy'"; Platonov, p. 83-84; *Krasny arkhiv, Motim do Georgy Pobedonosets*, p. 242-51; Gavrilov, *V borbe za svobodu*, p. 101-5.

646 *Krasny arkhiv, Motim do Georgy Pobedonosets*, p. 252-59.

647 Gavrilov, "Vosstaniye na 'Georgy'".

648 Feldmann, p. 115.

649 Gavrilov, "Vosstaniye na 'Georgy'".

650 Ibid.; *Krasny arkhiv, Motim do Georgy Pobedonosets*, p. 240-45; Berezovsky, p. 173-78; Feldmann, p. 115-18.

651 Kovalenko, p. 141.

652 Matyuchenko, p. 304-5.

653 Kovalenko, p. 49.

654 Berezovsky, p. 182-83.

655 Melnikov, p. 165-66; Platonov, p. 89-90, 162; Kardachev, *Burevestniki revolyutsii*, p. 41.

656 TsGAVMF, f. 417, op. 1, d. 3.023, p. 117. De acordo com os arquivos, Krieger também mandou um telegrama para Avelan antes da partida do torpedeiro nº 272, o informando de seu plano de um ataque noturno contra o Potemkin. Mas aparentemente a reunião com os capitães o convenceu de que seu plano era uma tolice.

657 Romanov, N., 17 de junho de 1905.

658 TsGIA(M), f. 601, op. 1, d. 105, p. 8.

659 Kardachev, "Nesostoyavchayasya Kazn".

660 *Daily Telegraph*, 3 de julho de 1905.

661 *Washington Post*, 30 de junho de 1905; *Times*, 30 de junho de 1905; *Chicago Daily Tribune*, 1º de julho de 1905.

662 Los, *Revolyutsionnaya borbe*, p. 67-69.

663 Valk, p. 235-54.

664 Surh, p. 269-72; Brooks, p. 183-87.

665 Rice, p. 78-79. De acordo com Rice, essa comissão, que se formou durante o motim do Potemkin, se manteve até as greves de outubro de 1905.

666 Ascher, p. 175-76; Stockdale, p. 138-39; Sanders, p. 901-2; 930.

667 *Chicago Daily Tribune*, 30 de junho de 1905; *Daily Telegraph*, 30 de junho de 1905; *Manchester Guardian*, 30 de junho de 1905; *New York Herald Tribune*, 30 de junho de 1905; Alzona, p. 52-53.

668 *Daily Telegraph*, 1º de julho de 1905.

669 *Los Angeles Times*, 1º de julho de 1905.

670 Maylunas e Mironenko, p. 277.

671 Ibid., p. 278.

672 White, p. 232-33; Harcave, *Count Sergei Witte*, p. 144; Kokovtsov, p. 52-54, 551.

673 Ibid., p. 45.

674 Entrevista no Museu Ferroviário Histórico de São Petersburgo.

675 Belomor, p. 173.

676 Kardachev, "Novyye Svedenya".

677 Gavrilov, *V borbe za svobodu*, p. 93.

678 Belomor, p. 174.

679 Platonov, p. 90-92; Melnikov, p. 169.

680 *Russkoye Slovo*, 24 de junho de 1905; *Daily Telegraph*, 1º de julho de 1905; *Manchester Guardian*, 1º de julho de 1905.

681 Gavrilov, *V borbe za svobodu*, p. 109.

682 Inozemtsev, p. 86.

683 Ibid., National Archives and Records Service, carta do cônsul Heenan para o embaixador Meyer, 21 de junho de 1905; *Russkiye Vedomosti*, 21 de junho de 1905.

684 Berezovsky, p. 182.

685 Matyuchenko, p. 307.

686 Gavrilov, "Vosstaniye na 'Georgy'".

687 Feldmann, p. 121.

688 *Krasny arkhiv, Motim do Georgy Pobedonosets*, p. 241.

689 Matyuchenko, p. 307; Inozemtsev, p. 96.

690 Kovalenko, p. 46; Feldmann, p. 119.

691 Berezovsky, p. 184, 196.

692 Gavrilov, *V borbe za svobodu*, p. 110; Feldmann, p. 124.

693 Kovalenko, p. 49; Feldmann, p. 124.

694 Matyuchenko, p. 307; Berezovsky, p. 187-88. Essa conclusão sobre o estado de espírito dele pode ser inferida pelo comportamento desafiador

416

de Matyuchenko no dia seguinte, ao entrar desarmado em Odessa e falar com um general como se o oficial fosse um subalterno.

695 Feldmann, p. 126-127.

696 Gavrilov, *V borbe za svobodu*, p. 111.

697 Berezovsky, p. 187-88; Feldmann, p. 128-31.

698 Kovalenko, p. 50.

699 Ibid.; Matyuchenko, p. 307.

700 Platonov, p. 95.

701 Kovalenko, p. 51-52.

702 Nevsky, p. 245; Berezovsky, p. 191.

703 Platonov, p. 95-96; Zebroski, p. 338-39.

704 Gavrilov, *V borbe za svobodu*, p. 112-13.

705 Ibid., p. 112-14.

706 Kovalenko, p. 54-55; Feldmann, p. 132-33.

707 Inozemtsev, p. 87.

708 Feldmann, p. 134; Gavrilov, "Vosstaniye na 'Georgy'".

709 Gavrilov, *V borbe za svobodu*, p. 115.

710 *Krasny arkhiv, Motim do Georgy Pobedonosets*, p. 242.

711 Platonov, p. 95-96; Gavrilov, "Vosstaniye na 'Georgy'".

712 Melnikov, p. 167.

713 TsGAVMF, f. 1.025, op. 2, d. 35, p. 151-52; Matyuchenko, p. 308; Feldmann, p. 136-38; Berezovsky, p. 197-99; Gavrilov, *V borbe za svobodu*, p. 117-18; Nevsky, p. 246.

714 Ponomarev, p. 123.

715 TsGAVMF, f. 920, op. 6, d. 428, p. 51.

716 Kovalenko, p. 56-57; Matyuchenko, p. 308; Melnikov, p. 168.

717 Matyuchenko, p. 308.

718 Feldmann, p. 139.

719 Matyuchenko, p. 208-9; Melnikov, p. 26.

720 Berezovsky, p. 201.

721 Feldmann, p. 149.

722 TsGAVMF, f. 1.025, op. 2, d. 17, p. 19.

723 Feldmann, p. 143; Berezovsky, p. 202.

724 Kovalenko, p. 57.

725 Lytchev, p. 77.

726 *Revolyutsionnyi bronenosets*, p. 21.

727 Feldmann, p. 143-44.

728 Inozemtsev, p. 87-88.

729 National Archives and Records Service, carta do cônsul Heenan para George Meyer, embaixador norte-americano em São Petersburgo, 4 de julho de 1905; *Russkoye Slovo*, 21 de junho de 1905.

730 Inozemtsev, p. 88; TsGAVMF, f. 417, op. 1, d. 3.023, p. 120.

731 Nevsky, p. 368; TsGAVMF, f. 920, op. 6, d. 428, p. 51.

732 Vasilyev-Yujin, p. 68-77.

733 Vasilyev-Yujin, p. 76.

734 Melnikov, p. 175.

735 Feldmann, p. 153.

736 Ibid., p. 144.

737 Hitchens, p. 1-50; Treptow, p. 319.

738 Berezovsky, p. 218.

739 Ponomarev, p. 130; *Revolyutsionnyi bronenosets*, p. 21-22.

740 Berezovsky, p. 208-18; Feldmann, p. 155.

741 Berezovsky, p. 216-18.

742 Ponomarev, p. 131.

743 Melnikov.

744 Belomor, p. 176-77.

745 Platonov, p. 162; Gavrilov, *V borbe za svobodu*, p. 141.

746 TsGAVMF, f. 417, op. 1, d. 3.023, p. 67.

747 Belomor, p. 175.

748 Los, *Revolyutsiya 1905-1907*, p. 373.

749 Kardachev, *Burevestniki revolyutsii*, p. 35.

750 Zebroski, p. 295.

751 Nevsky, p. 364-65; Belomor, p. 176; TsGAVMF, f. 920, op. 6, d. 428, p. 8, p. 41; Gavrilov, *V borbe za svobodu*, p. 150.

752 Los, *Revolyiutsiya 1905-1907*, p. 373; Kardachev, "Nesostoyavchayasya Kazn"; Kardachev, *Burevestniki revolyutsii*, p. 46-47; TsGAVMF, f. 920, op. 6, d. 428, p. 68; ibid., f. 417, op. 1, d. 3.023, p. 79.

753 Bliznyuk; Hough, *Potemkin Mutiny*, p. 151-52.

754 TsGAVMF, f. 406, op. 9, d. 4.969, p. 9; ibid., f. 417, op. 4, d. 3.831, p. 1-21; Tchernov, p. 351; *Registro Geral*, p. 270.

755 Bliznyuk; TsGAVMF, f. 870, op. 1, d. 149, p. 154; Hough, *Potemkin Mutiny*, p. 152.

756 Ponomarev, p. 291-92; Naida, *Voennye moryaki*, p. 371.

757 Selivanov, Matros Petrov, p. 9-15

758 Naida, *Voennyye moryaki*, p. 372.

759 Gavrilov, *V borbe za svobodu*, p. 143-46; Naida, *Voennyye moryaki*, p. 370-72; Platonov, p. 100-104.

760 Ponomarev, p. 292-95.

761 Zebroski, ref. 179, 181; Platonov, p. 103-4.

762 Platonov, p. 103-4; Ponomarev, p. 293.

763 Ponomarev, p. 296.

764 Naida, *Voennyye moryaki*, p. 366.

765 Ibid., p. 374.

766 TsGAVMF, f. 920, op. 6, d. 428, p. 61.

767 Kardachev, *Burevestniki revolyutsii*, p. 48. A garrafa acabou chegando ao litoral da Crimeia e foi enviada à mulher de Zubtchenko.

768 Gavrilov, *V borbe za svobodu*, p. 126.

769 Ibid., p. 199; Grishin, p. 64-66; Feldmann, p. 157-58; Berezovsky, p. 219. Os documentos históricos se contradizem sobre se Kirill escreveu a declaração ao "Mundo Civilizado" e Feldmann aos "Monarcas Europeus" ou vice-versa.

770 Ponomarev, p. 132.

771 Los, *Revolyutsionnaya borba*, p. 66.

772 Almirantado Britânico, p. 168-71; *Nagel Travel Guides*, p. 281-85.

773 Kovalenko, p. 58.

774 Berezovsky, p. 222-24; Ponomarev, p. 133-34; Feldmann, p. 159-62; Bogatchev, p. 20-22.

775 TsGAVMF, f. 417, op. 1, d. 3.023, p. 270; Bogatchev, p. 19-20; Kovalenko, p. 58.

776 Bogatchev, p. 21; Ponomarev, p. 133; Berezovsky, p. 226.

777 Bogatchev, p. 21; Ponomarev, p. 133.

778 Berezovsky, p. 224.

779 Matyuchenko, p. 309; Nevsky, p. 280; Feldmann, p. 161-62.

780 Ibid., p. 163-64.

781 Kovalenko, p. 63-64.

782 Matyuchenko, p. 310.

783 Kovalenko, p. 61; Bogatchev, p. 21; Berezovsky, 226.

784 Bogatchev, p. 19-25.

785 Tchernov, p. 351.

786 Bliznyuk; TsGAVMF, f. 870, op. 1, d. 149, p. 154-55.

787 Gavrilov, *V borbe za svobodu*, p. 148-49; Ponomarev, p. 292.

788 *Times* (Londres), 4 de julho de 1905; *Manchester Guardian*, 4 de julho de 1905.

789 Bliznyuk; TsGAVMF, f. 870, op. 1, d. 149, p. 154-55.

790 King, G., p. 205; Abris Art Publishers, p. 12-14. Embora os documentos históricos não estipulem esse fato, o autor assumiu que Nicolau tenha recebido a delegação na sala do trono, um aposento normalmente usado por Nicolau para receber visitas oficiais em Peterhof.

791 Liubymov, p. 277; Rawson, p. 83-85; Manning, p. 112-13.

792 Verner, p. 194.

793 Romanov, N., 20 de junho de 1905.

794 Gavrilov, *V borbe za svobodu*, p. 151.

795 *Chicago Daily Tribune*, 30 de junho de 1905; *Times* (Londres), 3 de julho de 1905; *New York Times*, 3 de julho de 1905.

796 *Parliamentary Debates*, p. 773; TsGAVMF, f. 920, op. 6, d. 428, p. 160.

797 Gavrilov, *V borbe za svobodu*, p. 169.

798 Kardachev, *Burevestniki revolyutsii*, p. 50.

799 Dillon, p. 299.

800 Ibid., p. 300.

801 Fuller, p. 160; Departamento de Estado dos Estados Unidos, p. 816; *Chicago Daily Tribune*, 4 de julho de 1905.

802 Verner, p. 197.

803 Romanov, N., 20 de junho de 1905.

804 Hough, *Potemkin Mutiny*, p. 205.

805 Bogatchev, p. 22-23.

806 Berezovsky, p. 227.

807 Ponomarev, p. 134-35.

808 Feldmann, p. 167-70; Berezovsky, p. 228-29.

809 Smith, p. 135-37.

810 Berezovsky, p. 231.

811 Feldmann, p. 170.

812 Kovalenko, p. 61.

813 Bogatchev, p. 23.

814 Hough, *Potemkin Mutiny*, p. 196.

815 Kardachev, "Nesostoyavchayasya Kazn".

816 Platonov, p. 54-55.

817 Belomor, p. 177.

818 Ibid., p. 178.

819 Gavrilov, *V borbe za svobodu*, p. 150-51; Melnikov, p. 171; Zebroski, p. 367-68.

820 TsGAVMF, f. 870, op. 1, d. 149, p. 160; Hough, *Potemkin Mutiny*, p. 205-6.

821 Platonov, p. 118-20.

822 *Daily Telegraph*, 5 de julho de 1905.

823 O autor estudou os seguintes jornais em língua inglesa desse período, muitos deles com citações tiradas de jornais da Alemanha, da França, da Áustria e do Japão: *The Times* (Londres), *Manchester Guardian*, *Daily Telegraph*, *New York Times*, *New York Herald Tribune*, *Washington Post*, *Los Angeles Times* e *Chicago Daily Tribune*. Além disso, o autor analisou estudos como "French Contemporary Opinion of the Russian Revolutions of 1905", de Encarnacion Alzona; *The Uncertain Crusade*, de Arthur Thompson e Robert Hart; e *Die Russische Revolution von 1905-1907 im Speigel der Deutschen Presse*, do dr. Leo Stern, para entender a mudança de opinião sobre os marinheiros.

824 *Chicago Daily Tribune*, 4 de julho de 1905.

825 Thompson e Hart, p. 51.

826 *Times* (Londres), 4 de julho de 1905.

827 Alzona, p. 53-54.

828 Spector, I., p. 62.

829 Thomson e Hart, p. 60.

830 Howe, p. 176.

831 *Daily Telegraph*, 3 de julho de 1905.

832 Valk, p. 258.

833 Getzler, p. 96-106.

834 Lenin, *Collected Works*, vol. 8, p. 544-46, 555.

835 Ibid., p. 572.

836 Feldmann, p. 176-177.

837 Kovalenko, p. 62-63; Gavrilov, *V borbe za svobodu*, p. 130; Berezovsky, p. 237; Feldmann, p. 172-78.

838 Matyuchenko, p. 310.

839 Kovalenko, p. 63.

840 Vilensky, p. 36-38.

841 Feldmann, p. 178.

842 Hough, *Potemkin Mutiny*, p. 174-75.

843 Curtis, p. 217; Ascherson, p. 16-18; 95-96; King, C., p. 84-86, 92, 115-17, 162; *Black Sea Coast*, p. 98-100; Fisher, p. 64-93; *Handbook for Travellers*, p. 395-96.

844 Berezovsky, p. 239-44.

845 Feldmann, p. 180.

846 Popov.

847 Berezovsky, p. 248.

848 *Revolyutsionnyi bronenosets*, p. 49.

849 Nevsky, p. 266.

850 TsGAVMF, f. 920, op. 6, d. 428, p. 112-18.

851 Popov.

852 *Revolyutsionnyi bronenosets*, p. 49.

853 Popov; Nevsky, p. 266.

854 Ibid.

855 Ibid.

856 Feldmann, p. 182.

857 Ibid., p. 184-85; Matyuchenko, p. 311.

858 Berezovsky, p. 250, 254.

859 Ibid., p. 251-55.

860 *Revolyutsionnyi bronenosets*, p. 49.

861 Ponomarev, p. 137; Popov; Matyuchenko, p. 311.

862 TsGAVMF, f. 870, op. 1, d. 149, p. 161-65; Bliznyuk; Platonov, p. 118--19.

863 Bliznyuk.

864 TsGAVMF, f. 920, op. 6, d. 428, p. 150; Gavrilov, *V borbe za svobodu*, p. 131.

865 TsGIA(M), f. 601, op. 1, d. 105, p. 40.

866 Gavrilov, *V borbe za svobodu*, p. 131.

867 TsGAVMF, f. 920, op. 6, d. 428, p. 127.

868 Berezovsky, p. 260; Feldmann, p. 186.

869 Nevsky, p. 269; Matyuchenko, p. 311.

870 Popov; TsGAVMF, f. 920, op. 6, d. 428, p. 118.

871 Popov; Matyuchenko, p. 311-12; Feldmann, p. 187-96; Berezovsky, p. 216-67; Kovalenko, p. 66-67; Nevsky, p. 268-69; Ponomarev, p. 138--39.

872 Berezovsky, p. 264.

873 Gavrilov, *V borbe za svobodu*, p. 136.

874 Kovalenko, p. 66.

875 Matyuchenko, p. 312-13; Selivanov, *Matros Matyuchenko*, p. 25-26; Berezovsky, p. 264; Hough, *Potemkin Mutiny*, p. 179.

876 Gavrilov, *V borbe za svobodu*, p. 136-37.

877 Romanov, N., 23 de junho de 1905.

878 Ibid.; *Chicago Daily Tribune*, 6 de julho de 1905.

879 *Novoye Vremya*, 22 de junho de 1905.

880 *Moskovskiye Vedomosti*, 23 de junho de 1905.

881 *Russkoye Slovo*, 23 de junho de 1905; *Chicago Daily Tribune*, 6 de julho de 1905.

882 *Nacha Jizn*, citado em *Russkoye Slovo*, 23 de junho de 1905.

883 *Times* (Londres), 6 de julho de 1905; *Daily Telegraph*, 8 de julho de 1905.

884 Romanov, N., 24 de junho de 1905.

885 *New York Times*, 7 de julho de 1905.

886 TsGAVMF, f. 870, op. 1, d. 149, p. 164-68; Bliznyuk; Melnikov, p. 119-20.

887 Hough, *Potemkin Mutiny*, p. 183-85; Bliznyuk; Platonov, p. 120; TsGAVMF, f. 870, op. 1, d. 149, p. 167.

888 Berezovsky, p. 268.

889 Ponomarev, p. 140-41.

890 Lytchev, p. 81-82.

891 Ibid., p. 81.

892 Berezovsky, p. 271-72.

893 Ibid., p. 268-75.

894 Matyuchenko, p. 313.

895 Ibid.

896 Lytchev, p. 82.

897 Berezovsky, p. 275-76.

898 Bogatchev, p. 24.

899 Selivanov, *Matros Matyuchenko*, p. 262.

900 Bogatchev, p. 24; Nevsky, p. 272; Berezovsky, p. 276; Matyuchenko, p. 313.

901 Nevsky, p. 272, 283; Lytchev, p. 83.

902 Hough, *Potemkin Mutiny*, p. 207.

903 Ibid., p. 207-10.

904 Platonov, p. 166.

905 TsGAVMF, f. 417, op. 1, d. 3.023, p. 207.

906 Ibid., p. 237; Nevsky, p. 365.

907 Lytchev, p. 82.

908 Ponomarev, p. 143.

909 Matyuchenko, p. 314; Platonov, p. 121.

910 Ponomarev, p. 143; Matyuchenko, p. 314.

911 Lytchev, p. 82.

912 TsGAVMF, f. 417, op. 1, d. 3.023, p. 273; Matyuchenko, p. 314; Nevsky, p. 273.

913 Lytchev, 273.

914 Ibid.; Platonov, p. 170.

915 Kovalenko, p. 67-68.

916 Berezovsky, p. 278.

917 Matyuchenko, p. 314; Feldmann, p. 133.

918 Gavrilov, *V borbe za svobodu*, p. 139; Nevsky, p. 272-73.

919 Nevsky, p. 273.

920 Kardachev, *Burevestniki revolyutsii*, p. 52.

921 Hough, *Potemkin Mutiny*, p. 183; TsGAVMF, f. 417, op. 1, d. 3.023, p. 270-79; *Chicago Daily Tribune*, 11 de julho de 1905.

922 Bakunin, citado em Radzinsky, p. 13.

923 Nevsky, p. 276-77; Lytchev, p. 95.

924 TsGVIA, f. 400, op. 5, d. 21, p. 111; Platonov, p. 170; Nevsky, p. 273--77; Lytchev, p. 89-90.

925 TsGAVMF, f. 920, op. 6, d. 428, p. 171.

926 Romanov, N., 25 de junho de 1905.

927 Ibid.; Hough, *Potemkin Mutiny*, p. 209-15.

928 Gavrilov, *V borbe za svobodu*, p. 154.

929 Platonov, p. 168-70.

930 *Russkoye Slovo*, 25 de junho de 1905.

931 Gavrilov, *V borbe za svobodu*, p. 174.

932 Ibid.

933 Ibid.

934 *Daily Telegraph*, 10 de julho de 1905.

935 Alzona, p. 53.

936 Stern, p. 464-71.

937 *New York Times*, 11 de julho de 1905.

938 Romanov, N., 26 de junho de 1905.

939 Platonov, p. 155.

940 Ibid., p. 172; Zebroski, p. 441.

941 TsGAVMF, f. 417, op. 2, d. 852, p. 247.

942 Platonov, p. 125-26; Gavrilov, *V borbe za svobodu*, p. 155-57; TsGAVMF, f. 407, op. 1, d. 166, p. 46-48; Kardachev, "Novyye Svedeniya".

943 TsGAVMF, f. 1.025, op. 2, d. 27, p. 261-71; Gavrilov, *V borbe za svobodu*, p. 157.

944 Lytchev, p. 98; Krupskaya, p. 117-18; Tchernenko e Chlyakhov.

945 Ibid.

946 Chlyakhov.

947 TsGIA(M), f. 102, op. 00, d. 1.667, p. 15-16; Chlyakhov.

948 Nevsky, p. 336-38.

949 Harcave, *Memoirs*, p. 422-23; Thompson e Hart, p. 61; Dillon, p. 298.

950 Esthus, p. 63.

951 Ascher, p. 177-89; Harcave, *First Blood*, p. 162-65; Figes, p. 186-87.

952 Salisbury, p. 150-51.

953 Ibid., p. 151-55; Harcave, *First Blood*, p. 176-91; Howe, p. 231-41. Lincoln, *In War's Dark Shadow*, p. 297-99.

954 Ascher, p. 237.

955 Figes, p. 191.

956 Ibid.

957 Mossolov, p. 89-90; Essad-Bey, p. 164-70; Salisbury, p. 154-57.

958 Bind, p. 183-86.

959 Essad-Bey, p. 170-71; Healy, p. 16-17.

960 Harcave, *First Blood*, p. 199-205.

961 Healy, p. 15-17; Figes, p. 196-97; Klier, p. 224-25; Ascher, p. 258.

962 Weinberg, p. 166-69.

963 Lincoln, *In War's Dark Shadow*, p. 306-9; Ascher, p. 275-303.

964 Figes, p. 199.

965 Ascher, p. 304-25.

966 Ascher, p. 321.

967 Figes, p. 201.

968 Ascher, p. 341-42.

969 Essad-Bey, p. 174-77; Healy, p. 148-52; Tyrkova-Williams, p. 55-57; Vassili, p. 343-45; Nevinson, p. 320-26; Howe, p. 285-87.

970 Chlyakhov; Harcave, *First Blood*, p. 203, 221-22; Trotsky, *1905*, p. 198--207.

971 TsGIA(M), f. 102, op. 00, d. 1667, p. 5.

972 TsGAVMF, f. 1.025, op. 2, d. 19, p. 31.

973 Gavrilov, *V borbe za svobodu*, p. 158; TsGAVMF, f. 1025, op. 2, d. 35, p. 34.

974 Feldmann, p. 273-93.

975 Plotto; Gavrilov, *V borbe za svobodu*, p. 160; TsGAVMF, f. 417, op. 1, d. 3.457, p. 21, 94.

976 Tchernov, p. 351; TsGAVMF, f. 417, op. 5, d. 361, p. 13-31.

977 Tchernenko e Chlyakhov; Selivanov; Guttridge, p. 141.

978 Tchernenko e Chlyakhov; TsGAOR, f. 102, op. 8, d. 1.221, p. 173-77, 205, 251, 313.

979 TsGAOR, f. 102, op. 8, d. 1.221, p. 205.

980 Nevsky, p. 327-29; Tchernenko e Chlyakhov; TsGIA(M), f. 102, op. 00, d. 1.667, p. 9.

981 Tchernenko e Chlyakhov.

982 Platonov, p. 131-36; Adoratsky, p. 250-53; Zebroski, p. 484-85; Nevsky, p. 31-32; Tchernenko e Chlyakhov. A descrição da execução de Matyuchenko se baseia principalmente nas observações de Bredikhin, que mais tarde as relatou em uma carta para Arbore-Ralli. Essa carta, e outros detalhes de seus últimos dias, está presente nessas cinco fontes.

983 Lieven, p. 60.

984 Figes, p. 202-4.

985 Bogatchev, p. 14-15; Rostotskaya, p. 32; Lytchev, p. 86; Berezovsky, p. 8-9, 279; Feldmann, p. 199; *Proletário*, 4 de julho de 1905; Platonov, p. 41; *Revolyutsionnaya Rossiya*, 1º de julho de 1905; *Revolyutsionnyi bronenosets*.

986 Zebroski, p. 466.

987 Ibid., p. 185-93.

988 Gavrilov, *V borbe za svobodu*, p. 194.

989 Ibid., p. 193.

Índice remissivo

"A Resolução dos Marinheiros do Mar Negro", 37

"A Todos os Monarcas Europeus" (proclamação do Potemkin), 281

"A Todos os Marinheiros em Patrulha" (panfleto), 60

"A Todo o Mundo Civilizado" (proclamação do Potemkin), 280, 309

Adamenko, I., 276, 278, 343

Akimov, Yakov, 353

Aleksandr Mikhailovitch (grão-duque), 104

Alekseyev, Dmitry P. (oficial), 123, 125, 131, 132, 166, 175, 176, 181-83, 207, 217-18, 226, 234-35, 246, 260, 271, 294, 338
  como capitão interino do Potemkin, 138, 182
  depois da rendição, 340, 353
  e Odessa, 205, 254

Alekseyev, Pyotr V. (amotinado), 70, 80, 84, 128, 150, 304
  em Odessa, 142
  no Potemkin, 121

Alemanha. *Ver* Guilherme II

Alexandre I (tsar), 44

Alexandre II (tsar), 40, 59, 100, 105

Alexandre III (tsar), 17, 100, 188, 192, 348
  como autocrata, 101, 105
  condições sob, 103
  despesas navais feitas por, 105
  morte de, 102, 103, 326

Alexandre (navio russo), 33

Alexandra ("Alix", mulher de Nicolau II), 18, 102, 103

Alexis (grão-duque), 104

Almaz (cruzador russo), 33

anarquistas, 73, 129, 354

Angelesku, G., 335, 340

Arbore-Ralli, Zik, 12, 340

Atamasov, I., 276

Aurora (cruzador russo), 58, 360

Austro-Húngaro, Império, 190, 270, 353, 354

Avelan, Fyodor K., 21, 157, 238, 243, 275, 317
  e Nicolau II, 32
  e Tchukhnin, 158, 160-61, 184, 185, 188, 274, 356
  substituição de, 342

Babel, Isaac, 72

Babenko, I., 316

Bakunin, Mikhail, 12, 340

Balfour, A.J., 190

Banov, N.N., 283, 285, 295, 354

Baranovsky, A.P., 276-78

Batumi (Geórgia), *14*, 266, 294, 306, 326

Beckendorf, Aleksandr, 290

Berezan (cruzador russo), 84

Berezovsky, A.P. ("Kirill"). *Ver* "Kirill"

Bessalayev, Stefan, 67

Birilev, Aleksei, 342-43

Bismarck, Otto von, 106

Boisman (capitão do *Eriklik*), 186, 288

Bolcheviques, 9, 46, 73, 129, 150, 192-94, 266, 347
  levantes feitos por, 349, 359, 360

Boris (bolchevique de Odessa), 162, 164, 222

Borodin, Zakhary, 233

Bósforo, estreito de, *14*, 62, 69, 191, 290, 301

428

Bredikhin, Yefim, 84, 114, 129-30, 142, 356, 358

Bucareste (Romênia), 12, *14*, 283, 284, 287, 292, 295, 299, 335, 340, 344

Bulgária, *14*, 293, 297, 337

Bulygin, A.G., 108, 359

Bulygin, Constituição de, 345

Bund, 73

União Judaica, 73

Carol I (rei romeno), 270

Catarina, a Grande (tsarina), 57, 71, 308, 351

Cáucaso (Rússia), 69, 78, 273, 306, 325
planos de disseminar a revolução no, 38, 266, 294

Cem Negros, 349

Chesma (navio russo), 185

Cherny (amotinado do *Prut*), 343

Chernychevsky, Nikolai, 192

Chestidesyaty, Illarion, 330, 331

Chicago Daily Tribune, 189, 300-01

comissão de marinheiros (no Potemkin) 150, 163, 207, 209, 213, 216, 222, 237, 269, 278, 279, 280, 305, 313, 315, 331, 337, 344
comunicado da, a Kakhanov, 222
criação da, 128
em Teodósia, 313, 315
escreve proclamações internacionais, 278, 279
liberta oficiais em Odessa, 183, 204
planeja seguir para Teodósia, 305, 313
planos da, 132 ,141, 172
planos da, quando seguia para Constanta em busca de carvão e provisões, 280, 315
revolucionários de Odessa entram na, 180, 181, 182
sobre a Frota do Mar Negro, 331
sobre as discórdias entre a tripulação, 269, 278
sobre as provisões em Odessa, 209, 213, 216
sobre o bombardeio a Odessa, 305, 313
sobre os traidores do *Georgy Pobedonosets*, 315, 331

Constituinte, Assembleia (Duma), 242, 345, 348, 351-52, 358-59
estabelecimento da, 240

pressão dos liberais pela, 108, 109
pressão dos revolucionários pela, 280

círculos de estudo, 46, 51, 67

comissão de marinheiros (no *Prut*), 296

comissão de marinheiros (no *Georgy Pobedonosets*), 271

Conselho de Ministros, 348

Constanta (Romênia)
exilados do Potemkin em, 288, 305
Potemkin em, 281, 282, 286-87, 290, 292, 292
Potemkin segue para, para obter carvão e provisões, 262, 270, 284
Potemkin segue para, para se render, 263, 269, 279, 300
rendição do Potemkin em, 271, 279, 305
Stremitelny em, 289, 297, 299
Ver também Romênia

contramotim
no *Georgy Pobedonosets*, 254, 258, 265, 271
no *Vekha*, 166
tentativa de, no *Ismail*, 118

Coreia, 23, 26, 31, 34, 99

cossacos
em Libau, 185
em Moscou, 196
em Nicolayev, 272, 277
em Odessa, 79, 80, 140, 142, 147, 168, 169, 171, 179, 196
em São Petersburgo, 180, 327
emboscada a Matyuchenko por, 176, 256
protegendo Nicolau II, 32, 76-77, 153

Cranby (vapor britânico), 288

Crimeia, península da, *14*, 56, 69, 294, 307, 308, 315, 316, 326, 328

Crimeia, Guerra da, 35, 40, 57

Deinega, Simon P., 233, 247

Denisenko, Stefan A., 84, 128-29, 294, 305-06
como revolucionário do Potemkin, 85, 90, 114, 118, 132

Dergachi (Rússia), 40, 42, 43, 46

Domingo Sangrento (São Petersburgo, 1905), 33, 62, 73, 108, 194, 240, 303, 327, 347

Dorrer, V.F., 289, 291

"dragões". *Ver* oficiais

Duma. *Ver* Assembleia Constituinte
Durante, L.A. (prefeito de Teodósia), 308-11
Durnovo, P.N., 350
Dvienadtsat Apostlov (*Doze Apóstolos*, navio russo), 200, 201, 203, 214, 218, 220, 228, 230, 231, 238
Dymtchenko, I.A., 204
 e o *Georgy Pobedonosets*, 251
 na comissão de marinheiros, 207

Eikhen, P.P., 165-66
Eisenstein, Sergei, 9, 360
Ekaterina II (navio russo), 37, 38, 185, 273, 276, 313, 334
Elizaveta (cruzador romeno), 282, 284, 286, 287, 334
Emerans (carvoeiro), 144, 145, 148, 168
Encouraçado Potemkin, O (filme), 9
Eriklik (navio russo), 186
Escola de Cadetes Navais, 59, 61
Estados Unidos, 109, 159, 191, 354, 359
 cônsul dos, em Odessa, 110-11
 reação dos, ao motim, 190
  Ver também Meyer, George; Roosevelt, Theodore
Eupatória (Crimeia), 294
exército (soldados; tropas), 139, 194, 237
 camponeses e operários no, 47, 106, 346
 e os amotinados do Potemkin, 121, 199, 353
 em Odessa, 71, 73
 em Teodósia, 294-96
 emboscada a Matyuchenko pelo, 256, 27, 264, 268, 279, 305
 rumores de motim no, 100, 105
 Ver também cossacos, Forças Armadas, *oficiais específicos*

Feldmann, Konstantin I., 140, 145, 146, 175, 177, 178-80, 183, 210, 214, 218, 222, 228, 237, 246, 249, 271, 280, 281, 285, 294, 305, 313, 317
 a bordo do *Georgy Pobedonosets*, 319, 320-22
 como revolucionário de Odessa, 149, 162, 163, 164, 166
 depois da rendição, 359, 360
 e o enterro de Vakulentchuk, 319, 320-22
 e Teodósia, 318

em Constanta, 353
escreve proclamação internacional, 294
 junta-se aos amotinados do Potemkin, 183, 204, 205
 leva ultimato a Kakhanov, 317
 sobre o bombardeio a Odessa, 280, 281, 285, 294
 sobre o incêndio de Odessa, 210, 214
Figes, Orlando, 360
França, 57, 71, 103, 188, 190, 271, 354
 revoluções na, 107, 189
Fredericks, V.B., 348

Gapon, Georgy, 13, 107
Genebra (Suíça), 11, 194, 347
 Lenin em, 192, 303, 344
 Matyuchenko em, 12-13, 354, 359
George III (rei britânico), 10, 134
Georgy Pobedonosets (*São Jorge*, navio russo), 200, 218-19, 225, 226, 229, 230-38, 244-49, 251-65, 269, 271, 317, 324, 333, 343, 358
 comissão de marinheiros no, 225
 contramotim no, 304, 314
 motim no, 252-55, 257, 259
 no porto de Odessa, 292, 299
 punição aos amotinados do, 299-301
 rendição do, 343, 358
 revolucionários no, 202, 203
 se volta contra o Potemkin, 324, 333-34
 tripulação dividida no, 273
Gerasimov (oficial), 145, 153, 201
Gerasimov (revolucionário), 145, 153, 201
Gilyarovsky, Ippolit I., 59, 82, 86-93, 112-13, 116, 124, 135, 253
 assassinato de, 114
 e o boicote à carne, 86, 115
 mulher e filha de, 165, 166, 172, 250
 reputação de, 64, 85
Glotov, Nikita, 167-68
Golenko, A.S. (dr.), 70, 80, 87, 216, 222, 258, 259, 260, 333, 353
 como inspetor da carne, 174
 desaparecimento de, 252, 254, 255
 dispensado das Forças Armadas, 333
 durante o motim do Potemkin, 87, 113, 134
 e a viagem para comprar carne, 174, 177-79

430

e o contramotim do *Georgy Pobedonosets*, 177-79, 207

no *Georgy Pobedonosets*, 258-60

volta de, 255, 257

Golikov, Y.N. (capitão), 53, 58, 59, 60, 61, 63-66, 70, 81-92, 119-20, 122-25, 132, 135, 137, 212, 242, 253, 270, 275, 353

disciplinação de marinheiros por, 63-66

e a carne estragada, 119, 121, 122

e Gilyarovsky, 59, 64, 82

enterro de, 275

histórico de, 55-60

morte de, 270, 271

na ilha de Tendra, 83, 85

suspeita de amotinados em seu navio, 119-20, 122-25

tenta fugir dos amotinados do Potemkin, 212

Gorki, Máximo, 107, 354

greves (na Rússia), 25, 33, 45, 50, 73, 79-80, 106, 165, 349

em Moscou, 187, 240, 346, 347

em Odessa, 130, 138-40, 148, 150, 302

em São Petersburgo, 79, 107, 194

em Teodósia, 346

Griden (destróier russo), 317

Grigorkov, K.K., 234, 236

Grigoryev, N.F., 115, 116, 117

Guarda Imperial, 21, 275

Guerra Russo-japonesa, 21, 64, 72

Batalha de Chemulpo na, 64

Batalha de Tsushima na, 99

como derrota russa, 64

efeitos domésticos da, 66, 68, 71

hesitação de Nicolau II em encerrar a, 72

negociações de paz na, 99, 110, 345

revolucionários sobre a, 64-66

Ver também Nicolau II

Guerra Russo-turca, 22, 78, 159

Guilherme II (kaiser alemão), 23, 190, 191

Gulyayev, Pavel, 265

Guzevitch, Ilya E., 202, 219, 226, 232-37, 246, 273

Hardinge, Charles, 191

Hellville (perto de Madagascar), 22, 24, 25

Herzen, Aleksandr, 44

Howe, Richard, 134

Ignatyev, A.P., 345

Igreja Ortodoxa Russa, 18, 100, 101

Império Otomano, *14*, 19, 69, 190

Império Russo, 19, 69, 71, 72, 100, 102, 358

história da atividade revolucionária no, 71, 72

história dos motins no, 69, 70,71, 73

planos de espalhar a revolução desde o Potemkin até todo o, 154

Ver também Forças Armadas; motim, nobres, camponeses; marinheiros; operários; *locais, tsares, navios e revolucionários específicos no*

Império Soviético, 360

imprensa, 101, 189, 241, 300, 326, 342

internacional sobre o motim, 9

Nicolau II e a censura à, 85, 86

relato oficial do motim pela, 189

revolucionária, 101-03

russa sobre o motim, 79

sobre a Batalha de Tsushima, 99

sobre as greves russas, 86

sobre o governo do tsar, 79-80, 83

sobre o incêndio de Odessa, 101, 103, 104

Inglaterra, 25, 57, 354, 359

Artigos de Guerra da, 134

Marinha da, 133

sobre o motim, 57

Ismail (torpedeiro do Potemkin), 70, 71, 80, 83, 112, 118, 119-21, 141, 143, 215, 235, 237, 238, 248, 256, 260, 261, 262, 292, 333, 335, 338

e o *Georgy Pobedonosets*, 215

em Constanta, 292

em Teodósia, 330, 333

na viagem para comprar carne, 119-21

no porto de Odessa, 141, 143

oficiais tentam fugir no, 256, 260, 261, 262

rendição do, 335

segue para Teodósia, 320, 321, 323

tentativa de contramotim no, 292, 303, 308

Ivan, o Terrível (tsar), 21, 100, 104

Japão, 18, 21, 23, 33, 52, 57, 60, 99, 106, 109-10, 187, 188, 100, 191, 241, 242, 302, 326, 327, 345, 359

Nicolau II no, 187

sobre o motim, 57, 60

Ver também Guerra Russo-japonesa
judeus, 73, 79, 140, 167, 341-42, 349
Kakhanov, Semyon V., 78-79, 140, 152-54, 157, 161, 167, 169-72, 178, 180, 182, 183, 184, 196, 199, 200, 205, 209, 210, 211, 221, 239, 242, 244, 245, 247, 248, 250, 255, 256, 262, 264, 265, 273, 294
como governador militar de Odessa, 152-54, 157
e a fuga da esquadra do mar Negro, 265, 273
e o enterro de Vakulentchuk, 265
  e o levante no porto de Odessa, 167, 169, 170, 172, 173
  e os levantes dos operários de Odessa, 78-79
Georgy Pobedonosets se rende a, 247, 248
ordens de Nicolau II para, 140
reporta sobre a rendição do Potemkin, 294
sobre o avistamento do *Prut*, 256
sobre os suprimentos ao Potemkin, 205, 209, 210, 211, 221
substituição de,
ultimatos do Potemkin a, 242
Kaluzhny, P.V., 174, 304
Karangozov, K.A., 169, 210, 211, 265
Kaulbars, A.V., 349
Kazarsky (cruzador russo), 200, 220
Kharkevitch, A.N., 115, 117, 122
Kharkov (Rússia), 41, 50, 51, 99, 115, 124, 172, 238, 355
condições dos trabalhadores em, 43
Matyuchenko em, 42, 47
"Kirill" (Anatoly P. Berezovsky), 75-78, 138-40, 146-51, 162-66, 175, 181, 183, 204-07, 213-15, 218, 222-23, 228, 231, 234-37, 248-49, 251-56, 261-63, 270, 271, 280, 293-94, 305, 308-09, 312-15, 322-25, 332, 338, 340, 359
depois da rendição, 338, 340, 359
e a Frota do Mar Negro, 231
e Odessa, 146, 147, 149, 150
e Teodósia, 270, 271
no *Georgy Pobedonosets*, 261-263, 267
proclamação internacional escrita por, 252-53, 255
  se une aos amotinados do Potemkin, 234, 237, 238

sobre a lei internacional a respeito dos motins, 138-140
sobre o bombardeio a Odessa, 183, 185
ultimato a Odessa escrito por, 204, 205
Kochuba, Dorofey P., 203, 220, 247, 248, 257, 258, 259, 263, 293, 308, 312, 320, 321, 322
em Teodósia, 343
no *Georgy Pobedonosets*, 319, 232, 233, 235, 246, 255, 260-61
punição para, 330, 358
se une ao Potemkin, 233, 234, 247, 251, 252, 254
Klodt von Yurgensburg, Pyotr M., 70, 120
Kokovtsov, Vladimir, 291
Kolands, M.N., 201, 220, 228, 231
Konstantin Konstantinovich (grão-duque), 242
Kostenko, M.M., 225, 227-30
Kovalenko, Aleksandr, 63, 115-17, 122, 137, 138, 141, 143, 172-74, 181-82, 214, 216, 22, 227, 230, 237, 247, 248, 251-55, 264, 281, 282-83, 285-86, 295, 305, 309, 317, 318, 322, 338, 340, 359
depois da rendição, 359
e a Frota do Mar Negro, 207-08
e o bombardeio a Odessa, 141, 143, 144
e o contramotim do *Georgy Pobedonosets*, 282, 283
e o motim no Potemkin, 247-48
em Constanta, 309, 317, 319
em Teodósia, 285-86
no *Georgy Pobedonosets*, 264
se une aos amotinados, 251, 252, 254
sobre Golikov, 63-64
sobre o segundo-tenente Alekseyev, 122
temores de, sobre o dr. Golenko, 172-74
Krieger, A.H., 160, 161, 185, 186, 200, 201, 219, 220, 221, 222, 225, 226, 227, 228, 229, 230-34, 238-39, 243-44, 265, 272, 273, 274, 276, 277, 290, 300, 316, 317, 334, 342
adverte o capitão do *Prut*, 243-44
busca o *Georgy Pobedonosets*, 230, 233
demora de, 227-29
dispensa de, 342
e o motim do *Georgy Pobedonosets*, 265, 267, 268

na reunião dos capitães, 243-44, 247
Nicolau II repreende, 161
no confronto com o Potemkin, 316, 317
opinião de Tchukhnin sobre, 200, 201
planos do Potemkin de provocar, 276, 277, 281
Kronstadt (Rússia), 97, 240, 360
Krupskaya, Nadejda, 192, 193
Kulik, Vasili, 178, 179, 235, 281
Kursk, província de (Rússia), 289, 291
Kuzmenko, A.O., 246, 247, 252-54, 257-60
Kuzyayev, P., 316

Lagovari, Yacob, 335-36
Lenin, Vladimir Ilyich, 9, 11, 45-46, 109, 192-95, 266, 302, 303, 344, 346, 349, 350, 359, 360
e Matyuchenko, 192, 193, 195
e os levantes de 1905, 344, 345, 346
histórico de, 9, 11
ideias revolucionárias de, 45-46
representantes de, 302, 303
sobre a Guerra Russo-japonesa, 109
Libau (Rússia), 24, 27, 185, 240, 302
liberais, 33, , 34, 45, 64, 73, 99, 106, 107, 108, 167, 187, 189, 193, 240, 242, 289, 302, 346, 347, 347, 348, 349, 353, 358
Duma pedida pelos, 64
ideias revolucionárias dos, 45, 47
oposição dos nobres aos, 107, 108
oposição dos oficiais navais aos, 106, 107, 108
rejeição de Nicolau II aos, 99
sobre a Duma de Nicolau II, 106, 107
sobre as greves dos operários, 65, 67, 70
sobre os amotinados, 187-89
Livadia (Crimeia), 102, 326
Liventsev, N.Y., 83, 86, 90, 113
Lodz, 99, 187, 302, 303
Luís XVI (rei francês), 10, 189
Lvov, Georgy (príncipe), 106
Lytchev, Ivan A., 129, 131, 331, 359

Madagascar, 22, 24
Magalhães, Fernão de, 133
Mahan, Alfred Thayer, 57
Makarov, Aleksandr N., 70, 71, 79, 83, 114, 121

e a carne, 80, 125
e os amotinados, 129
Manchúria, 23, 25, 62, 99, 155, 239, 280
Ver também Porto Artur
Manifesto de Outubro, 348, 349, 352, 353, 356, 358, 359
mar Negro, 19, 38, 47, 49, 56, 58, 69, 71-72, 76, 102, 129, 144, 152, 156, 160, 186, 190-200, 217, 226, 238, 240-41, 244, 263, 269, 271, 273-74, 279-80, 286-91, 293, 300, 302-04, 307, 315-16, 324, 326-28, 331, 333, 336, 339, 345-46, 355, 359-60
Mar Negro, Frota do
armas da, 57-58, 142
condições para o motim na, 53, 115, 129
esperanças dos marinheiros por um motim na frota inteira, 34, 37, 51, 52, 127
motim generalizado na, 61
não se juntando aos amotinados do Potemkin, 60, 120
perseguição e confronto com o Potemkin pela, 70, 126
Sebastopol como base da, 35-36, 47, 56, 61
Ver também Tchukhnin, Grigory P.; Forças Armadas; oficiais, marinheiros e navios nas
Maria (filha de Nicolau II), 111
Marie (mãe de Nicolau II), 101
marinheiros (russos)
condições dos, 9, 10, 15, 18, 25, 32, 35-37, 58-59, 86, 94-98, 134, 139, 146
depois da rendição do Potemkin, 349, 350, 356
em Nikolayev, 295, 299
no Stremitelny, 305, 307
número de revolucionários entre os, do Potemkin, 117, 359
sentimentos de motim entre, 9, 10, 25-28, 45, 52-54, 168, 189, 199, 205-11, 338, 342-46, 299, 302-05, 317, 328, 345
Tchukhnin fala aos, 310
treinamento dos, 50-52, 56
Ver também Frota do Mar Negro; Forças Armadas; motim; oficiais; suboficiais; comissão de marinheiros; Tsentralka; nomes de navios e marinheiros específicos
Martov, Julius, 193-94, 302, 349
Martyanov, Iosif, 129

Marx, Karl, 13, 43-45, 193

Matyuchenko, Afanasy Nikolayevitch, 11-13, 35-39, 41, 42-43, 46-54, 64-67, 70, 81-82, 84-85, 88-93, 112-14, 118-19, 123-26, 127-38, 142-46, 150-53, 162, 163-67, 173-75, 182-84, 196-200, 203-211, 213

    como chefe da comissão de marinheiros, 123, 125

    como líder revolucionário do Potemkin, 142-46, 150, 152, 153, 162

    depois da rendição, 213

    e a carne estragada do Potemkin, 167-, 168, 170, 172

    e a Frota do Mar Negro, 129, 131

    e a morte e o enterro de Vakulentchuk, 196, 199

    e a rendição do Potemkin, 213

    e o assassinato dos oficiais do Potemkin, 182, 183, 185

    e o bombardeio a Odessa, 150, 152, 155

    e o *Georgy Pobedonosets*, 174, 176, 179, 183

    em Constanta, 204, 205, 207

    em Teodósia, 210, 211

    execução de, 213

    histórico de, 35-39

    observa o incêndio de Odessa, 88, 89, 91, 92

    polícia secreta seguindo, 81-82, 84

    prisões de, 127, 129, 130, 131, 133

Medvedev, Fyodor, 76

mencheviques, 46, 73, 192, 193

    ataque de Lenin aos, 347, 349

    Kirill como, 150

    revoltas de, 129, 194

Meyer, George von Lengerke, 187, 191, 291, 302

Miguel (primeiro autocrata russo), 100

Mikasa (navio japonês), 26, 28, 29

Forças Armadas (russas)

    camponeses e operários convocados para as, 78, 342

    imprensa russa sobre as, 78

    motins nas, ameaçando o Estado, 111

    nobres como oficiais das, 49, 241

    salários e promoções nas, 156, 191, 210

    trabalhadores capacitados nas 78, 133, 134, 360

    tsar dependendo das, 241, 359

    Ver também Exército; Frota do Mar Negro; serviço militar obrigatório; cossacos; motim, oficiais, Guerra Russo-japonesa, marinheiros, *oficiais e navios específicos*

Milyukov, Pavel N. 106, 109, 240

Mirsky, P.D. (príncipe), 107-08

Moscou (Rússia), 33, 73, 99, 100, 103-04, 107, 187, 350, 356

    greves em, 240, 346

Mukden (Manchúria), 25-26, 99

Muravyev, Nikolai V., 242, 291, 345

Murzak, F.V., 131, 262, 315

motim

    ameaças de, na Frota do Mar Negro, 189, 211

    ameaças de, no *Berezan*, 84

    como precursor da revolução, 38, 127, 128, 131, 142, 151, 186

    história do, 35, 36, 39, 42

    importância do Potemkin, 336

    lei internacional sobre, 270

    Nicolau II sobre o, 86, 87

    no *Georgy Pobedonosets*, 201, 206, 207, 209, 239

    no Potemkin, 179, 201, 203, 205

    no *Prut*, 179, 182, 183, 201

    punições genéricas para o, 133, 158, 336

    Ver também contramotim; Forças Armadas; Potemkin; punição

Netchayev, Sergei, 44-45

Negru, Nikolai, 282-85, 287, 292, 294, 334, 335, 337

    e a rendição do Potemkin, 292-93, 295, 309, 335, 336, 337, 341

Neidhardt, Dmitry B., 152

Nelidov, A.I., 188, 242

Nelson, Horatio, 31, 65

Neupokoyev, L.K., 92, 112-13

Neva, rio, 17, 19- 20, 31-33, 157, 351

Nicolau II (tsar), 17, 22, 49, 57, 59, 97, 106, 115, 265, 289, 300

    debilidade do regime de, 9, 10, 15, 17, 240-42, 296-303, 342-46, 348, 350, 353

    e a cerimônia no rio Neva, 17-19

    e o contramotim do *Georgy Pobedonosets*, 282

    e o Domingo Sangrento, 26, 65, 89

e Tchukhnin, 194-96, 197, 199, 205, 206, 208, 304, 315, 317, 318

faz mudanças na Marinha, 346

fica sabendo do motim do Potemkin, 164, 172, 173

gastos navais de, 55

histórico e personalidade de, 94-102, 186

juramento de lealdade a, por recrutas, 49

nacionalistas ucranianos sobre, 129, 131

obrigado a deixar o trono, 355

ordens de, sobre os amotinados, 189, 192, 193, 235-37

planos para derrubar, 58

reformas sob, 348, 349, 353

resiste a reformas, 105, 107, 239, 305, 323

se reúne com nobres, 300-05

visão de Matyuchenko sobre, 49, 205, 207

Ver também Forças Armadas; Manifesto de Outubro, imprensa; Guerra Russo-japonesa; *nomes de navios e palácios específicos de*

Nikichkin, Fyodor Z., 53, 129, 143, 207, 258, 305, 320, 330

dá início ao motim do Potemkin, 112, 128, 180, 320

e a morte de Vakulentchuk, 134

morte de, 320-22

Nikolai (grão-duque), 348

Nikolayev (Rússia), 38, 50, 58, 65, 130, 158, 165, 186, 243, 272, 273, 275-77, 288, 298, 355

lei marcial em, 186

Matyuchenko preso em, 355

planos revolucionários em, 38, 39

Prut recebe ordens de ir a, 293, 304

Tchukhnin em, 289-92

tumultos marciais em, 289, 293

Vekha em, 165

nobres

apoio a Nicolau II, 78, 79, 81, 291

e a notícia do motim no Potemkin, 105-06

oficiais militares como, 78, 99, 100

pressão por jugo constitucional, 44, 49-50

Ver também liberais; *zemstvos*

Novoye Vremya, 98, 109, 155, 326, 342

Odessa (Rússia) 38, 43, 70-75, 78-80, 84-85, 99, 127, 130-31, 134-40, 141-54, 155, 157, 160-61, 162, 172, 174-76

ameaça do Potemkin de bombardear, 134, 138, 142, 179, 186, 189, 192-93, 225, 237, 238, 264

amotinados recebem revolucionários em, 146, 149, 155, 158, 316

bombardeio de, pelo Potemkin, 210-12, 296, 304

compra da carne em, 79-82

conferência militar a ser realizada em, 188, 199, 201, 210, 211, 213

corpo e enterro de Vakulentchuk em, 127, 135, 142, 144, 147, 198, 199, 235, 138

execução dos amotinados planejada em, 297

fechamento do acesso ao porto de, 155-59

Georgy Pobedonosets se volta contra o Potemkin em, 261, 263, 329, 331

história de, 75-79, 299

incêndios em, 183-85, 195, 196, 199, 239, 298, 329, 337

lei marcial em, 157-60

mapas de, 189-91, 193, 195, 96, 206, 207, 209

massacres em, 177, 179-82, 185, 188, 189, 205, 207,

Matyuchenko em, 50, 345, 352

mortes e prejuízos em, 187, 240, 295, 310

planos de revolução em, 38, 70-72, 135, 146, 147, 176, 179, 186-88, 195, 205, 217-19, 305

pogrons em, 346

Potemkin e *Georgy Pobedonosets* em, 245, 247, 249-51

Potemkin no porto de, 139, 146-48, 267-69, 283

Prut segue para, 288-90, 295

rendição do *Georgy Pobedonosets* em, 248-49, 284-86

revoltas operárias em, 75, 77, 146, 147, 176, 179, 186-88, 195, 205, 217-19

saques em,169-70, 182

Stremitelny em, 294-95, 297

Vasilyev-Yujin em, 199, 201, 256-58

Ver também Kakhanov, Semyon, V.

oficiais

assassinato dos, no Potemkin, 9, 106-08, 112-14, 134, 146, 157-59, 160, 188, 237, 289, 305

como informantes de Kakhanov, 194

condições para os, 61, 66

covardia dos, 215, 217-19, 222, 228, 249

do *Vekha*, 166-68, 177

e o motim no Potemkin, 102, 117-19, 129-31, 133-34, 139, 236

históricos dos, 47, 49, 55-57, 68-69, 75, 79, 81, 112, 160, 161

libertação dos, 173-75, 181-83, 239

no *Georgy Pobedonosets*, 235-39

no Potemkin depois do motim, 126-27

no *Stremitelny*, 279, 290-92, 317

número de, no Potemkin,112

planos dos amotinados do Potemkin para os, 49, 126

salários e promoções dos, 58, 92, 159, 164

Ver também oficiais subalternos; *indivíduos específicos*

Okhrana (polícia secreta russa), 11, 155, 344, 354

O'Laughlin, John Callan, 189

operários condições dos, 19, 33, 41-43

campanha de terror contra, 172-73, 176, 177, 184, 206

convocação ao serviço militar dos, 47, 50, 77

esperanças de que agissem como revolucionários, 50, 60, 106, 127, 236, 239-40

revoltas de, em Odessa, 74, 76-77, 79, 138-39, 176, 177, 192, 245, 280

sem reformas para, 47, 50 184

sovietes formados por, 76-77, 150-53

Ver também greves (na Rússia)

Oslyabya (navio russo), 28-30, 33

Otchakov (cruzador russo), 352

Palácio de Inverno (São Petersburgo), 13, 17, 20-21, 25, 33, 62, 107-08, 157, 347

Duma recebida em, 351

Palácio Inferior (Peterhof), 97, 185, 327

Paleologue, Maurice, 191

panfletos. *Ver* propaganda

Pamyat Mercuriya (navio russo), 329

Parachenko (chefe de polícia), 76, 77

Parmen, padre, 81, 116, 118, 141, 178, 180

camponeses, 19, 24, 33, 39, 40, 41, 44, 45, 47, 49-50, 72, 99, 103-06, 126, 128, 138, 139, 197, 208, 238, 280, 339, 346, 349, 350, 355

campanha de terror contra os, 126, 128, 138, 355

condições dos, 19, 24, 33, 128

convocação ao serviço militar dos, 72, 103-06

esperança de que atuassem como revolucionários, 50, 60, 106, 127, 236, 239-40

histórico de Matyuchenko, 44, 45, 47, 49-50, 99

histórico de Vakulentchuk, 72, 99

lideranças comunitárias de, 39, 44, 139, 197

na coroação de Nicolau II, 40, 41, 44

revoltas de, 126, 128, 138, 208, 239

sem reformas para os, 280, 346, 349

Ver também servos

Partido Social-Democrata, 45, 76, 303, 344

campanha de terror contra o, 343

divisões dentro do, 39-40, 75, 76, 190, 301

Kirill e Feldmann no, 138, 155, 157

marinheiros russos no, 39, 45, 47, 59, 72, 189-91, 310

propaganda do, 234, 269, 296

Ver também círculos de estudo

Perelechin, V.P., 153, 247

Perelygin, Kuzma, 176

Peresyp (bairro de Odessa), 74-79, 140, 167, 245, 297

Peterhof (*datcha* do tsar), 97, 110-11, 155, 184, 186, 239, 242, 289, 325, 345-47

Pedro, o Grande (tsar), 19, 57, 59

Petrov, Aleksandr M., 38, 67, 276-79, 343, 358

Petrov, Vladimir, 43

Pisarevsky, S., 275, 336, 341

Plechkov, F., 310-13, 315, 318, 328

Plehve, Vyatcheslav von, 106-07

Plekhanov, Georgy, 45, 193, 337

Pobedonostsev, Konstantin, 101-02

pogrons, 108, 349

Ver também judeus

Polônia, 109

Polyarnaya Zvezda (*Estrela Polar*, iate do tsar), 49, 346-47

436

Porto Artur (Manchúria), 21-23, 62, 83, 114, 244

Potemkin, Grigory (príncipe), 129

Potemkin (encouraçado russo) 8, 9, 10, 11, 12, 13, 34, 39, 50

armas e munição no, 145, 147, 220

carne estragada no, 25, 83, 125, 127, 137, 255, 299

chega ao porto de Odessa, 141

como navio da Frota do Mar Negro escolhido para o motim, 36, 47

Constanta recusa carvão e provisões ao, 287

descrição do, 8, 9, 11, 50

disposição do comando russo de afundar o, 185-86, 213, 226, 231, 274, 286, 303, 315, 329, 341

e pirataria, 294

em Constanta, 271, 279, 181, 282, 284, 286

em Teodósia, 307-10, 312, 313, 315, 317

esperanças no, de dar início a uma revolução na frota inteira, 38, 142

Georgy Pobedonosets se une ao, 203, 219, 225, 229-30, 232, 234, 245, 253

Georgy Pobedonosets se volta contra o, 238, 257-61, 164

história do, depois do motim, 189, 239

importância do motim do, 341

Lenin fica sabendo do motim no, 91

Matyuchenko transferido para o, 12-13, 37

morte de oficiais no, 8, 10, 52

motim no, 13

motivos para o fracasso do, 358

necessidade de carvão e provisões para o, 129

notícia do motim no, levada a outros navios, 211, 213, 215-16

número e tipo de marinheiros do, 9, 12, 13, 24, 25, 31

Odessa bloqueia entrega de carvão e provisões ao, 200, 201-03

opções dos amotinados para o, 267- 269-71

planos dos revolucionários no, para levar a revolução à terra, 60

proclamações internacionais do, 179, 238

reação internacional ao motim no, 179, 180, 181

rebocado de volta a Sebastopol, 341

rendição do, 335, 340, 342

revolucionários de Odessa se juntam a amotinados no, 142, 151-52

segue para a Romênia para a rendição, 182, 261, 270

segue para Constanta em busca de carvão e provisões, 262, 263, 269, 270

segue para Teodósia, 294-96, 303, 304

tentativa de naufrágio na saída dos amotinados, 92

Teodósia recusa carvão e água ao, 318

tripulação dividida no, 238-49, 251, 253

zarpa de Sebastopol, 47, 48

Ver também Frota do Mar Negro; Matyuchenko, Afanasy Nikolayevitch; comissão de marinheiros (no Potemkin); Vakulentchuk, Grigory N.; *marinheiros e oficiais específicos no*

Poti (Geórgia), 294

Preobrajensky, Regimento das Guardas, 102, 152, 156, 351

proclamações

de Nicolau II, 300

de Vichnevetsky, 202

do Potemkin, 143, 201, 309,

propaganda

amotinados mencionados na, dos revolucionários, 9, 82, 279

amotinados proibidos de distribuir, na Romênia, 335

de Nicolau II, 300

disseminação por Matyuchenko pós-Potemkin, 344, 353

entre os operários, 45, 50, 53, 108

nos navios, 164, 240

punição para quem tivesse, 36

soviética sobre o Potemkin, 240, 302, 342

Ver também proclamações

Prut (navio russo), 203, 276-79, 288, 290, 292, 299, 313

como prisão, 298, 343

Pszuape (navio russo), 283-84, 287, 334

Psiol, I.N., 238

Puchkin, Aleksandr, 44

Pykhtin, L., 316, 329

Rakitin, Grigory, 285, 287

Rakovsky, I. Christian, 337, 340

rendição
do *Georgy Pobedonosets*, 264-653, 273
do *Ismail*, 121
do Potemkin, 338, 340, 342
Matyuchenko sobre a, 261, 336, 360
oficiais romenos pressionam Potemkin à, 203
termos da, do Potemkin na Romênia, 335
Retvizan (navio russo), 57
"Revolta da Chibata", 133
Revolução Russa, 12, 107, 359, 360
Revolucionários Socialistas, 45, 73, 74, 129, 150, 240, 347, 349
Reznitchenko, Y.K., 130, 150, 165, 166, 217, 271
em Teodósia, 215, 308, 314-15
na comissão de marinheiros, 129, 313
Richelieu, escadaria de (Odessa), 71, 153, 168, 178, 210
massacre na, 170, 171, 176, 210, 250
Romanenko, Nikolai, I., 247, 256-60, 265
Romênia, 12, 69, 182, 261, 264, 290, 331, 333, 341, 344, 353, 354-55
alguns marinheiros do Potemkin dispostos a se render na, 262, 304
independência da, em relação ao tsar russo, 270, 274, 295
motivos para a ida do Potemkin à, 182, 261, 283
oferta para comprar o Potemkin dos amotinados, 337
Potemkin na, 281, 292
Potemkin segue para a, para se render, 324-25
Potemkin segue para, para obter carvão e provisões, 181, 269, 270
recebe ordens de não ajudar os amotinados, 274, 300
rendição do Potemkin na, 330, 335, 359
Stremitelny na, 287, 297
Ver também Carol I; Constanta
Romanov, família, 21, 58, 99-101, 156, 241
Ver também Forças Armadas; *tsares específicos*
Roosevelt, Theodore, 109, 110, 187-91, 302, 345
Rostislav (navio russo), 39, 54, 215, 219, 220, 226-29, 232, 298
Rostov-sobre-o-Don (Rússia), 43

Rojestvensky, Zinovy P., 21-22, 24-34, 36, 61, 275
e a Batalha de Tsushima, 109, 158, 223
Russkiye Vedomosti, 99, 109, 341
Russkoye Slovo, 326, 341
Ryjy, Nikolai, 129

Santíssima Trindade (navio russo), 37
São Petersburgo (Petrogrado), 13, 17-19, 21, 22, 31, 32, 49, 55, 61-62, 64, 68, 73, 79, 84, 97, 101-02, 108, 111, 115, 120, 152, 158, 169, 172, 180, 184, 186-87, 192, 193, 221, 239, 243, 265, 274, 298, 299, 303, 326, 327, 335, 346, 348
condições dos operários em, 19
greves em, 740, 240-41, 253, 300
sovietes em, 347, 349
Ver também Domingo Sangrento; Guarda Imperial, Palácio de Inverno
Sacalina, ilha de, 187, 290, 291, 300, 342
Sakharov, Vladimir, 168, 291
Schmidt, Pyotr, 352
Schultz, I.A., 116, 138, 180
Sebastopol (Rússia), 35, 36, 37, 115
Comando do Mar Negro com base em, 132, 159, 173, 174, 182, 183,-84
como destino presumido do Potemkin, depois do contramotim do, 248
comportamento rebelde em, 37, 176, 286-88, 345-06
esquadrão de Krieger recua para, depois de confronto com o Potemkin, 239-40
Georgy Pobedonosets segue para, depois do contramotim, 253, 256
lei marcial declarada em, 189
localização de, 301-03
motivos dos amotinados do Potemkin para não se render em, 345
parte da tripulação do *Georgy Pobedonosets* disposta a voltar a, 249, 252-53
parte da tripulação do Potemkin disposta a voltar a, 132, 159, 176,-77, 186, 265, 267, 315, 345, 357
parte do *Ismail* disposta a se render em, 332-34
planos dos revolucionários de tomar, 60-62, 345-07

planos para evitar que o Potemkin tomasse, 245, 274

Potemkin zarpa de, 96, 120, 129, 130

prisões em, 345-46, 350

revolucionários em, 35-40, 53, 57, 125, 252, 339

Stremitelny retorna a, 329

Stremitelny zarpa de, 296

Tchukhnin com base em, 210

Ver também Tsentralka

Sergei (grão-duque), 33, 242

servos, 19, 46, 49, 105, 236

Ver também camponeses

serviço militar obrigatório, 46

Shott, Aleksandr, 57

Simferopol (Rússia), 310, 311

Sindicato dos Sindicatos, 109

Sinop (navio russo), 219, 229, 230, 313, 334

tentativas de motim no, 230-31, 238, 298

Smely (vapor), 215, 216-17

Smirnov, Sergei (dr.), 83, 85-87, 115, 118

soldados. *Ver* exército; cossacos, Forças Armadas

Somers (navio norte-americano), 133

Stalin, Josef, 294, 359, 360

Stolypin, Pyotr, 152

Stremitelny (torpedeiro russo), 275, 287-89, 297, 299-300, 315-16, 328-29

Struve, Pyotr, 106, 240

suboficiais

agindo contra o motim, 179, 183, 246, 318

condições dos, 62-64

depois da rendição, 335, 356, 357

e o motim do Potemkin, 75, 79, 135, 165, 217

libertação de alguns, depois do motim, 315, 319

Matyuchenko sobre, 159, 163, 169, 186, 196

no *Georgy Pobedonosets*, 215, 218, 235

Sukhumi (Cáucaso), 273

Suvorin, A.S., 326

Suvorov (navio russo), 27-31, 33

Svetlana (cruzador russo), 63

Suécia, 97

Syrov, Aleksei, 123

Tchukhnin, Grigory P., 35, 60, 62, 157, 158, 159, 184, 186, 244, 272, 275, 298, 299, 316, 317, 342, 343, 344, 352, 353

assassinato de, 299

e a tripulação do *Georgy Pobedonosets*, 244, 273-74, 299, 317, 343

e Avelan, 157-58, 160-61, 184, 274-75, 342

e Nicolau II, 59

e o motim na frota inteira, 344

e os oficiais do Potemkin, 37, 38, 52, 56, 59

histórico de, 60, 62

incapaz de proteger Teodósia, 316-17

ordena a perseguição do Potemkin, 274, 275, 298

planos de punição para os amotinados feitos por, 160, 186, 244, 273-74, 299

reputação de, 159

sobre a rendição do Potemkin, 342

sobre os revolucionários, 37, 52, 59

sobre os suprimentos ao Potemkin, 316, 317

Tendra, ilha de, *14*, 39, 64, 69, 115, 185, 200-02, 219-20, 231-32, 276-77

manobras da Frota do Mar Negro perto da, 56, 58, 70

Potemkin na, 75, 80

Teodósia (Crimeia)

Potemkin em, 308-10, 312-13

Potemkin segue para, 294-96, 303-06, 307

Stremitelny em, 315

The Influence of Sea Power upon History (Mahan), 57

Times de Londres, 189, 300, 301

Titov, D., 276, 277, 278, 343

Tkachev, Pyotr, 192

Togo Heihachiro, 26

Ton, Guilherme K. 118-19

torpedeiros (russos), 25, 27, 223, 225

"esquadra suicida" do *Stremitelny* em, 343, 352

no esquadrão de busca, 31, 36, 200, 218-20, 226, 230, 238, 275, 286

ordens de Tchukhnin aos, em Sebastopol, 161, 244, 336

Ver também Ismail

Tratado de Berlim (1878), 270

Tratado de Paris (1856), 62, 290

Trepov, Dmitry F., 108, 155, 156-57, 186-87, 239, 347-48, 350

Tri Sviatitelia (*Três Santos*, navio russo), 200, 226, 238
  perseguição do Potemkin pelo, 214, 216-20, 224, 227, 229
Trotsky, Leon, 347
Trubetskoy, S.N., 110, 346
Tsarskoye Selo (Rússia), 21, 32, 97, 158
Tsentralka (organização revolucionária de marinheiros), 35, 53
  execução de membros da, 92, 93, 97
  planos de motim da, 79, 85, 86
  relato dos revolucionários do Potemkin à, 39
  trabalho da, 37, 51, 52
Tsushima, Batalha de, 26, 34, 37, 109, 239, 241
  imprensa sobre a, 99, 109
  reação dos aristocratas à, 158, 187, 341
  revolucionários na, 63, 223
Tsvetkov, N.Y., 118
Tsyrkunov (marinheiro), 323
Turquia, 43, 274, 290, 294, 297, 300
  Ver também Guerra Russo-turca

Ucrânia, 40, 243, 355
União da Libertação, 106
União dos Homens Russos, 289
Ural (cruzador russo), 33

Vakhtin, B.V., 118, 134
Vakulentchuk, Grigory N., 52, 84, 85, 89, 90, 91, 92, 112, 113, 114, 115, 126, 131, 134, 135, 142, 143, 144, 146, 175, 177, 178, 183, 184, 196, 197, 198, 199, 205, 213, 262, 358
  como principal líder revolucionário do Potemkin, 54, 64, 67, 70
  e a carne, 80, 82, 84, 85
  enterro de, 151, 167
  ferimento e morte de, 136
  histórico de, 53, 80, 82
  na reunião da Tsentralka, 39
  velório de, 147, 151

Varna (Bulgária), 299, 315
Varsóvia, 33, 99, 187, 303
Vasilyev-Yujin, Mikhail, 194, 195, 266, 303, 350
Vedenmeyer, Frederick A., 129-30, 208-09, 211-12, 338
Vekha (navio russo)
  como navio-hospital, 215-16, 222
  contramotim no, 255, 263, 273
  segue o Potemkin, 165-66, 168, 172, 175, 185, 262
Vichnevetsky, F.F., 160, 185-86, 218-21, 238, 248
  dispensa de, 342
  estratégia de recuperação do Potemkin de, 199, 200-02, 217, 230
  planos do Potemkin para provocar, 222, 243
  proclamação de, 202
Vladivostok (Rússia), 26, 27, 32, 33-34, 43, 124, 159
Volga (vapor russo), 316
Volgin, Mikhail L., 201, 231
Volkov, E.N., 310-11, 318
Watts, Ethelbert, 111
White, E.J., 189
Wirenus, A.A., 328
Witte, Sergei, 99, 104, 188-89, 242, 345, 347-50

Yakhnovsky, Ivan T., 50, 51, 54, 67
Yalta (Rússia), *14,* 315-16
Yanovitch, Andrei A., 275-76, 287-89, 299, 315-16, 328-29, 341

Zagoskin, M., 311
Zauchkevitch, S.A., 115-17
zemstvos, 100, 105-10
Jutky (torpedeiro russo), 288
Zubtchenko, M., 279

Conheça mais sobre nossos livros e autores no site
www.objetiva.com.br
Disque-Objetiva: (21) 2233-1388

Este livro foi impresso na
LIS GRÁFICA E EDITORA LTDA.
Rua Felício Antônio Alves, 370 – Bonsucesso
CEP 07175-450 – Guarulhos – SP
Fone: (11) 3382-0777 – Fax: (11) 3382-0778
lisgrafica@lisgrafica.com.br – www.lisgrafica.com.br